하나일 수 없는 역사

일러두기

1. 이 책은 국제시사 전문지 《르몽드 디플로마티크》가 기획 출간한 《Manuel d'Historire Critique》(2014)를 번역한 것이다.

2. 외래어의 인명과 지명 표기는 국립국어원의 외래어표기법 원칙에 따랐다.

3. 지도에서 옮긴이가 추가한 설명은 '옮긴이 주'로 각주 처리하였다.

4. 원서의 경우 자료 출처가 해당 자료마다 표기되어 있으나 번역서에서는 별도로 정리하여 부록으로 실었다.

MONDE
diplomatique

르몽드 '역사 교과서' 비평

하나일 수 없는 역사

MANUEL D'HISTOIRE CRITIQUE

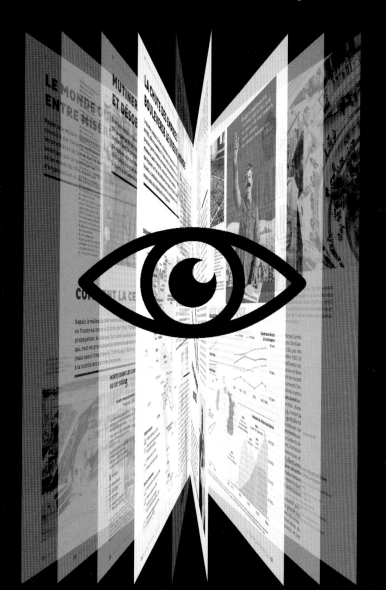

그 어떤 독단도 금지도 터부도 없이 역사를 읽는다!

르몽드 디플로마티크 기획 │ 고광식 김세미 박나리 이진홍 허보미 옮김 │ 김육훈 해제

Humanist

"그 어떤 독단도, 금지도, 터부도 없이"

어쩌면 역사 수업에서 설교를 일절 금지하는 것으로 첫 단추를 끼워야 할지도 모르겠다. 각 개인은 자신의 지식, 신념, 이익, 출신, 적대감에 따라 다양한 주제(종교전쟁, 자본주의, 공산주의, 파시즘, 유급휴가, 유럽중앙은행 등)에 관해 자유로이 견해를 펼칠 수 있다. 그리고 역사학자는 개인이 판단할 수 있도록 돕는다. 과거사에 관한 역사학자의 판단을 강요하기 위해서가 아니라, 역사를 이루는 내용의 대부분이 오늘날의 감수성과 단절돼 있다는 사실을 알기 때문이다. 따라서 역사학자는 과거의 인류가 비인간적이었다거나, 문명화되면서 현재의 인류와 비슷해졌다고 생각하지 않는다.

인류 역사에서 끔찍한 사건들은 한 민족 전체가 능동적 혹은 수동적으로 협력한 탓에 벌어진 일이다. 예컨대 샤를 드골은 《전쟁 회고록》에서 1945년 5월 8일까지 전 독일 민족이 히틀러에게 "그 어떤 민족이 그 어떤 지도자에게도 바치지 않았던 대단한 정성"[1]을 바쳤다고 서술했다. 이에 비추어볼 때, 독일이 "폐허가 된 자국에서 조용히" 연합국 군대를 기다렸으며, '집단최면' 현상을 12년이 넘도록 경험했던 것뿐이라고 주장할 수 있을까? 과연 '유대-볼셰비즘'에 대한 독일의 증오가 정신 나간 수뇌부의 편집증적 망상에 불과했던 것일까? 식민주의, 스탈린주의, 아파르트헤이트, 매카시즘, 피노체트 장군, 마거릿 대처 총리의 등장 역시 정도는 다르지만 같은 문제에 속한다. 이 역시 탄탄한 사회적 토대와 헌신적인 군대가 밑바탕이 되었다. 이 문제를 어떻게 간단히 설명할 수 있을까? 어느 역사 교과서의 문장을 빌리자면, 죽은 자를 거부하며 산 자에게 설교하기보다는 과거를 그저 이해해야 한다.

→ 사진 연작 〈베를린 장벽의 붕괴〉, 알렉산드라 아바키안.

전 세계 모든 주민이 한목소리로 읽을 수 있는 보편적 역사는 존재하지 않는다

폭군과 지배자는 자신의 현재 계획에 생긴 결함을 지우기 위해 역사를 윤색하려 한다. 예를 들어, 만일 소비자운동의 진정과 온건한 타협, 체제의 안정, 유럽 연방주의를 바란다면? 입을 맞춘 듯 냉랭한 어조로, 혁명으로 촉발되었을 재앙이나 전체주의의 확산, 민족주의의 증오심을 강조할 것이다. 또, 만약에 정치적 환멸, 국가 통합의 부재, 조국에 대한 청년층의 무관심을 우려한다면? 역사적 위인과 신성한 단결, 식민주의적·신제국주의적·종교적 '문명 전파의 사명'을 칭송해댈 것이다. 적 보아

도 대립되는 이 두 가지 유형의 담론은 동일한 보수적 사고구조를 기반으로 한다. 거대시장의 탄생과 국경의 종말이 정점을 이루는 연방주의적 역사관은 과거사를 일련의 재앙이자 정치적 열정이 얼마나 파괴적인 결과를 가져오는지에 관한 교훈으로 바라볼 뿐이다. 다른 한편, 민족주의적·종교적 향수에 젖은 역사관은 참호 속 동지애를 찬양하긴 하지만, 중도적 역사관만큼이나 폭동과 바리케이드를 혐오하며 사회투쟁을 후방의 붕괴, 적과의 내통으로 본다.

그런데 이 책에 실린 여러 국가의 역사 교과서 발췌문을 살펴보면, 전 세계 모든 주민이 한목소리로 읽을 수 있는 보편적 역사는 존재하지 않는다. 비록 아무도 히로시마 원자폭탄 투하 날짜나 독일과 소련의 불가침조약 체결 날짜에 의문을 제기하지 않는다 해도, 문제는 그다음이다. 미국이 전쟁에서 이미 이긴 셈이나 다름없었는데도 해리 트루먼 미국 대통령이 원자폭탄을 투하했던 것은 단지 일본을 겁주기 위해서였을까? 그리고 이오시프 스탈린은 독일과 불가침조약을 맺었을 때 폴란드의 절반을 빼앗고자 했던 것일까, 아니면 1년 전 뮌헨에서 히틀러에게 체코슬로바키아를 넘겼던 프랑스와 영

국에 보복하려 했던 것일까? 어쨌든 한 가지는 분명하다. 이 지도자들 중 그 누구도 도덕적으로 세심하게 고민한 끝에 그런 결정을 내리지 않았다는 것이다. 이런 종류의 도덕적인 고민은 오늘날 그때의 상황에 대해 꼼꼼하게 판단하려는 사람들이 떠올리는 것들이다.

"역사학자의 역할은 찬양이나 비난이 아니라 설명하는 것이다"

이제는 1920~1930년대 농업 집단화로 인한 수백만 명의 희생자에 대한 책임이 레닌과 스탈린에게 있다는 생각이 일반화되었다. 그렇지만 1846~1849년에 아일랜드에서 대기근으로 150만 명의 사망자가 발생했던 사건의 근본 원인이 자유무역과 시장경제 때문이었음은 제대로 논의되지 않았다. 그뿐만이 아니다. 처칠 영국 총리가 인도 벵골 주민 약 300만 명의 죽음에 책임이 있다는 사실은 제대로 알려져 있을까? 처칠은 인도인들을 가리켜 "토끼처럼 수를 불린다"고 불평한 바 있는데, 1943년 인도에 대기근이 발생했을 당시 식량 비축분을 굶주린 인도 주민에게 보내는 대신 이미 식량이 풍부했

던 영국군 부대에 수송했다. 대기근으로 '원주민'들이 대거 사망한 뒤에도 처칠은 전혀 당황하지 않고, "피해자들이 전부 수동적이기 때문에 대기근은 벵골의 평화와 안정에 전혀 위협이 되지 않는다"[2]고 영국을 안심시켰다. 이 사건이 점차 잊혔다는 사실은 이념전쟁의 승리자가 누구인지를 잘 말해준다.

2005년 12월, 피에르 비달-나케를 비롯한 위대한 역사학자들이 '기억의 법(lois mémorielles)'을 포함한 정치·사법상의 끝없는 역사 개입을 향해 분노의 목소리를 냈다. 이들은 다음과 같은 역사의 근본 원칙을 상기시켰다. "역사학자는 어떠한 독단도 받아들이지 않는다. 어떠한 금지도, 터부도 존중하지 않으며, 통념을 깨뜨릴 수 있다. 역사는 도덕이 아니다. 역사학자의 역할은 찬양이나 비난이 아니라 설명하는 것이다. 역사는 현재에 종속되지 않는다. 역사학자는 오늘날의 이념적 도식에 과거를 끼워 맞추지 않으며, 오늘날의 감수성으로 과거의 사건을 판단하지 않는다."[3] 이러한 원칙이야말로 이 책에서 이루고자 하는 바이다. 이제 이 원칙은 진정한 자유를 누릴 것이다.

세르주 알리미

1) 샤를 드골, 《전쟁 회고록: 구원(Mémoires de guerre. Le salut)》, Plon, 1959년.
2) 조지프 렐리벨드, 〈처칠이 그들의 아사를 방관했나?(Did Churchill let them starve?)〉, 《뉴욕 리뷰 오브 북스(The New York Review of Books)》, 2010년 12월 23일자.
3) 〈'역사의 자유'를 위한 공동선언(Appel collectif 'Liberté pour l'histoire')〉, 《리베라시옹(Libération)》, 2005년 12월 13일자.

역사를 주체적으로 인식한다는 것의 의미

역사는 로마의 철학자 키케로가 '역사의 아버지'라고 부른 헤로도토스 이전부터 존재해왔다. 대중 속에서 살아 숨 쉬며 전설처럼 전해지고 학문으로 갈무리되어온 역사는 현대로 올수록 다양한 매체에 실려 더 널리, 더 많은 이들에게 알려졌다. 그 바람에 드라마, 연극, 영화, 다큐멘터리를 비롯해 출판물에 이르기까지 세상에 '역사'가 넘쳐난다. 역사학자, 비평가, 드라마 작가, 저술가 등 많은 역사 화자가 과거를 숭배하고, 애국심을 부추기며, 때로는 요란하고 원색적인 에피소드나 참혹하고 비통한 의외의 사건들을 들고 나와 대중의 관심을 끈다. 역사 교과서조차 정치적 이해관계가 반영되거나 특정 관점을 강요하는 식으로 서술되기도 한다. 역사가 흥밋거리로 전락하거나 권력의 입맛대로 왜곡되는 우리 현실에서 역사를 주체적으로 인식한다는 건 무엇인가 다시 생각하게 된다.

《르몽드 세계사》를 통해 현대 세계를 읽는 참신한 시선을 보여주었던 《르몽드 디플로마티크》 편집진은 《하나일 수 없는 역사: 르몽드 '역사 교과서' 비평》을 통해 이번에는 과거와 그것을 기억하는 오늘날의 역사 인식에 주목했다. 이 책은 19세기 산업혁명에서부터 다가올 미래까지 프랑스 고등학교 1~3학년 역사 교과서 프로그램을 망라하고 있다. 77개의 주제를 총 10개의 장으로 구성한 이 책은 강대국 위주의 주류 역사학을 거부하며, 단순히 사건의 진실을 알리는 데 그치는 게 아니라 사건을 설명하고 서로 다른 관점을 밝혀 보임으로써 기존의 상식을 뒤흔든다. 그동안 역사 기술에서 합당한 지면을 부여받지 못한 비(非)강대국들이나 비주류 인물들에게도 관심을 갖고, 승리자와 패배자에게 공정한 가치를 부여하는, 즉 역사를 개별적으로 그리고 동등하게 다루려 한다.

여기에 각 주제별로 프랑스, 미국, 영국, 중국, 일본, 카메룬, 시리아, 알제리, 이스라엘, 쿠바 등 18여 개국의 중·고등학교 교과서 내용을 발췌하여 비교사적 관점에서 역사 교과서의 내용을 검토하고 있다. 역사를 이해하는 서로 다른 시선이 자연스럽게 경합하게 함으로써 주체적인 역사 인식을 돕기 위함이다. 예컨대 독소불가침조약이 러시아 교과서에서는 어떻게 기술되어 있으며, 이스라엘 국가 창설에 대해서 팔레스타인학생들은 무얼 배울까? 아르메니아 학살에 대한 역사적 책임을 거부하고 있는 터키에서는 이 사건을 어떤 관점에서 다루고 교육하고 있는지, 독일은 베트남 전쟁에 대해서 무엇이라고 말하는가? 이 외에도 19세기 자유주의 사상에 대한 검토부터 21세기 경제 위기와 긴축정책에 이르기까지, 세계화의 다양한 국면들을 아우르고 있다.

《하나일 수 없는 역사》는 특정 대상이나 기관의 '찬사'나 '환영'을 기대하고 쓴 책이 아니다. 비평가들의 시선에도 관심을 두지 않았다. 교양이라는 이름으로 시민을 가르치려 들거나, 과거와 억지로 화해시키려 하지도 않았다. 다만, 역사를 현 집권층의 체제유지용 박물관으로서가 아니라 변화 가능한 대상으로 인식하는 이들에게 하나의 참고 텍스트가 되길 바란다. 이 책의 제목처럼 역사는 하나일 수 없다. 그러므로 누구도 역사를 강요하거나 가르칠 수 없다. 자유롭게 역사를 읽고 이해하도록 제안하는 이 책이 우리에게 역사의 객체가 아닌 역사의 주체로 살아야 할 대의를 일깨워 줄 것이다.

성일권(〈르몽드 디플로마티크〉 한국어판 발행인)

'극단의 시대'가 낳은 상식과
역사 인식에 도전한다

2016년 대한민국에는 국정 역사 교과서가 등장했다. 흔히 한국사 교과서 국정화로 알려졌지만, 한국사와 세계사가 통합된 중학교 역사 교과서도 국정화되었다. 때문에 세계사 교과서가 국정으로 발행되는 참극이 일어났다. 다음은 국정 역사 교과서 현장 검토본의 일부다.

> 대공황을 전후하여 사회 혼란이 가중되자 사람들은 안정과 질서를 가져다줄 강력한 정권의 출현을 희망하였다. 이러한 상황에서 이탈리아, 독일, 일본 등에서는 국가의 번영을 위해 개인의 희생을 강요하는 전체주의가 대두하였다. (《역사2》현장 검토본, 95쪽)

이 현장 검토본에서는 물론 이탈리아·독일·일본 세 나라가 전체주의 국가였으며 미증유의 전쟁을 도발한 국가란 점을 부정하지 않았다. 그러나 파시즘을 국민의 자연스러운 혹은 자발적인 선택인 양 바라보는 이 같은 서술은 참으로 놀랍다.

러시아 혁명과 소련에 관한 역사 서술도 이전 교과서와 많이 달라졌다. 소련을 이탈리아·독일·일본과 함께 전체주의의 범주에서 설명하고, 소련에게 제2차 세계대전 발발의 책임을 묻기라도 하려는 듯, 독소불가침조약이 제2차 세계대전의 중요한 계기라고 지적한다. 다음과 같은 서술도 참 낯설다.

> 독일은 수백만 명의 유대인을 학살하였고(홀로코스트), 소련은 폴란드를 쉽게 공산화하고자 포로로 잡은 군 장교들과 사회 지도층을 살해하였다(카틴 숲 학살 사건). 중일전쟁을 일으킨 일본은 난징을 점령하고 중국인을 대량 학살하였다. (《역사2》현장 검토본, 97쪽)

소련의 카틴 숲 학살 사건은 비난받아야 마땅할 사건이긴 하지만, 세계대전의 주범인 독일과 일본이 저지른 무자비한 민간인 학살과 규모나 성격에서 큰 차이가 있는데도 함께 서술한 것이다.

제1차 세계대전이 끝난 후 유럽에서는 군주제가 퇴락하고 다수의 공화국이 형성되었으며, 사회적 권리가 제도화되는 등 민주화가 확산·심화되었다. 그런데 이 시기를 다루면서 "자유민주주가 확산되었다"(《역사 2》현장 검토본, 91쪽)고 서술함으로써, 시장경제와 대의제 정치를 중심으로 한 자유민주주의가 민주주의의 유일한 형태인 양 착시가 일어나도록 하였다. 엄연한 사실 왜곡이다.

그동안 세계사 교과서가 수없이 발행되었으나 비슷한 서술을 찾을 수 없다. 또한 세계사 교과서에 위와 같은 내용을 포함해야 한다는 역사학계나 교육계의 주장이 뚜렷하게 제기된 적도 없다. 국정 교과서 집필진 혹은 그걸 추진한 정권의 역사 인식일 뿐이란 것이다.

국정 교과서는 국가의 역사 해석을 유일하게 옳은 것으로 간주하여 학생들에게 주입하려는 의도가 반영된 교과서이다. 한국의 교육부가 국정 교과서를 '올바른 교과서'로 명명한 것도 이런 맥락으로, 차이는 당연히 인정되어야 할 다름이 아니라 배제하고 억압해야 할 잘못으로 간주하겠다는 뜻이다.

> 09. 역사가들은 항상 가능한 한 객관성 확보를 목표로 할지라도 역사는 주관성을 가질 수밖에 없으며, 다양한 방식으로 재구성되고 해석된다.
>
> 10. 시민들은 조작되지 않은 역사를 배울 권리가 있다. 국가는 교육에서 이 권리를 보장해야 하며, 종교적 혹은 정치적 편견을 배제하고 적절한 과학적 접근을 장려해야 한다.

유럽평의회의 '역사와 역사 교육에 대한 권고안'에 나오는 이야기다. 한편, 국제연합(UN) 총회에서는 "어떤 역사 내러티브도 본질적으로 부분적인 관점을 반영하기 때문이며, 엄밀한 조사에 의해 객관적인 과정이 다 밝혀진 사건에 대해서도 관련자들은 그 행위의 의미와 결과를 놓고 격렬하게 논쟁할 수 있다"라는 권고'를 채택한 바 있다.

모든 학생이 국가가 만든 하나의 교과서로 공부하고, 그 교과서에 논쟁적인 질문을 던지지 못하도록 한다면 그것은 역사 교육이 아니다. 그런데도 권력이 앞장서서 국정화를 추진한 것은 역사 인식을 정치적 쟁투의 수단으로 삼으려 하고, 그 과정에서 국민의 기억을 통제함으로써 그것을 의도하는 이들의 생각대로 미래를 만들고자 하는 일이다.

우리가 상식이라 여기는 것 대부분은 과거에 이루어진 오랜 역사정치—기억의 통제가 빚어낸 결과이기도 하다. 그래서 이 책은 "그 어떤 독단도, 터부도, 금지도 없이" 역사를 읽자고, "역사학자의 역할은 찬양이나 비난이 아니라 설명하는 것"이라고 제안하며, 그것을 넘어서는 순간 현재의 잘못을 지우기 위해 역사를 윤색하는 일이 일어날 수 있음을 우려한다.

나는 《르몽드 디플로마티크》 편집진이 기획한 《하나일 수 없는 역사》가 '장기 20세기'의 역사를 다루었다고 명명하고 싶다. '장기 20세기'라는 표현은 홉스봄이 제1차 세계대전에서 냉전의 종식까지 역사를 '단기 20세기'로 부른 데 대한 일종의 오마주(hommage)인데, 이 책이 홉스봄이 다룬 단기 20세기에 집중하면서 그 배경이 된 1830년대 이후와 그 귀결이라 할 시기를 아우르기 때문이다.

홉스봄은 단기 20세기를 '극단의 시대'로 불렀다. 많은 진보가 있었지만 참여관찰자의 시선으로 볼 때 참으로 끔찍했던 기간이라고 생각했기 때문이다. 그런데 끔찍했던 시대는 그 상황을 정당화하는 역사 인식을 만들어냈고, 특히 극단의 시대를 거치면서 승자로 자리 잡은 이들의 역사 인식은 대다수 사람들의 역사 인식을 지배할 뿐 아니라, 과거의 기억 자체를 왜곡하기 일쑤다.

이 책의 저자들은 국정 역사 교과서를 탄생시킨 오늘날 한국 일각의 역사 인식을 포함하여, 극단의 시대 동안 상식이라 불렸던 역사 인식에 도전한다. 대공황과 제2차 세계대전을 기술한 부분은 그중 한 사례다. 이 책의 저자들은 경제 위기 상황에서 파시즘이 자연스럽게 받아들여진 것처럼 간주하려는 움직임을 분명히 경고한다. 그리고 당시 독일과 이탈리아에서 독재자가 권력을 장악할 때 재계가 노골적으로 이들을 지지하였음을 확인한다. 또한 독소불가침조약을 강조함으로써 은연중에 제2차 세계대전의 책임이 공산주의자들에게도 있다는 뉘앙스를 풍기는 데 반대하고, 제2차 세계대전의 책임은 전적으로 나치스 독일에 있다는 점도 분명히 한다.

최근 한국에서는 시장자유주의와 냉전 시대를 방불케 하는 반공국가주의가 횡행하고 있다. 식민지 근대화론과 경제 성장을 앞세워 친일과 독재를 미화하고, 반노동·친기업적 역사 인식을 유포하는 뉴라이트 계열을 가리키는 말이다. 앞서 소개한 국정 교과서 현장 검토본의 세계사 서술은 이들의 역사 인식이 20세기 세계사에 투영된 결과다. 바로 그 이유 때문에, 오늘날 한국인들은 《하나일 수 없는 역사》가 '장기 20세기'를 관통하면서 던진 여러 질문들을 곱씹어보고, 다른 각도에서 그 시대를 보려는 노력을 기울여야 한다.

자유주의가 역사 발전의 원동력인가? 파시즘은 어떻게 탄생했고, 세계적 규모의 전쟁은 몇몇 괴물의 잘못이기만 한가? 식민 통치가 긍정적 결과를 남겼다는 말은 맞는가? 사회주의 혹은 공산주의는 태어나지 말았어야 할 이념인가? 기업이 일자리를 창출한다는 말은 맞는가?

이 책이 던진 여러 질문 중 일부다. 저자들은 이 같은 질문을 던지면서, 서구·국가·기업인의 관점 외에도, 식민화된 비서구·권리를 가진 개인·노동자를 비롯한 다양한 사회 계층을 소환하고 그들의 목소리를 들려준다. 그리하여 독자들은 서구적 근대화 혹은 20세기 역사를 비판적으로 성찰할 수 있는 길에 들어설 수 있게 된다.

한국의 역사 교육은 오랫동안 자국사 교육을 중심으로 이루어졌다. 과목의 명칭은 '국사'였고, 민족 혹은 국민적 동질성 확립을 목표로 삼았다. 이를 위해 국민 개개인의 권리나 국민 내부의 차이와 갈등은 의도적으로 축소되고, 국경 밖의 다양한 역사 주체와 자신을 구별 짓고, 나아가 침략과 저항의 서사를 중심으로 역사 내용을 구성했다.

국사가 국민적 동일성을 목표로 하였다면, 세계사는 외국사로서 국민이 국가의 과제를 함께 풀어가는 데 필요한 지식을 습득하는 과목으로 간주되었다. 우리보다 먼저 근대화를 이룬 나라들을 따라잡고, 우리도 그들처럼 잘살아보려는 노력의 일환으로 세계사 교육이 이루어진 것이다. 이 과정에서 서유럽과 미국은 한국인들이 지향하는 근대의 모습을 먼저 구현한 하나의 모범으로 간주되었다. 그리스·로마 역사에서 시작하여, 프랑스·영국·미국의 역사로 이어지는 세계사의 큰 얼개가 이렇게 만들어진 것이다.

서양사는 역사 일반에 제시하는 보편적인 역사 발전 패턴을 전형적으로 드러내고 있다. (…) 서양사는 20세기와 현대 세계의 역사적 특성을 명백한 형태로 표출하는 과정이었기 때문에 대부분의 현대 국가들이 그러한 '서양적인 것', 서양사적 유산을 수용하게 되었으며 또 수용하지 않을 수 없었다.[2]

이와 같은 인식이 한국의 서양사학계에서, 그리고 세계사 교과서에서 널리 받아들여졌다. 1980년대 이후 역사학계에서 서구 중심의 역사 인식에 대한 도전이 활발해졌다. 서구의 경험을 보편적으로 간주해서는 안 된다는 입장에서 서구가 문명화라 불렀던 근대적 성취의 이면에 대한 성찰이 이루어졌다. 또한 인류 문명의 발전에 기여한 비서구 사회의 공헌이나 다른 방식의 삶에 대한 공감도 확산되었다.

이후 한국 세계사 교과서들은 '서구 중심-중국 부중심주의'를 넘어서야 한다는 주장과 실천을 많이 담았다. 한편에서는 그동안 교과서에서 보기 어려웠던 지역의 역사를 다루고 비서구권 문명의 가치를 적극적으로 평가하려는 논의를 반영하였으며, '지구사'란 관념을 바탕으로 여러 지역의 역사적 경험을 비교할 수 있는 주제, 각 지역 간의 상호작용을 탐구할 수 있는 주제, 세계화된 질서를 파악하는 데 도움이 되는 주제를 담으려 노력하기도 했다.

학계의 논의와 별개로, 역사 교사들을 중심으로 대안적 역사 교재 개발도 이루어졌다. 서구중심주의를 넘어서면서도 수많은 지역을 단순히 망라하는 식은 지양되어야 하며, 서구적 근대성에 대한 비판적 성찰과 함께 인권과 민주주의, 평화란 가치를 적극적으로 교과서에 담아야 한다는 주장을 담으려는 시도였다.

그동안 한국에서는 '황폐해졌다'고 표현할 정도로 세계사 교육이 충실하지 못했다. 근현대, 특히 20세기 세계사, 그것도 1945년 이후 역사는 더욱 부실했다. 반공국가주의와 시장자유주의를 앞세운 역사 인식의 뒤집기와 사실 왜곡은 바로 이 같은 현실을 숙주로 삼는다.

그러나 이 같은 도발에 맞서면서 역사학계와 역사 교사를 중심으로 세계사를 포함한 역사 교육을 성찰하고 대안을 모색하려는 노력은 갈수록 활발해지고 있다. 근현대사 교육을 충실히 하면서 인권과 민주주의, 평화의 가치를 추구하고, 학생들이 다양한 관점에서 생각하고 스스로 분석하고 해석하는 힘을 기를 수 있도록 열린 토론을 중시하고자 한다.

《하나일 수 없는 역사》는 역사 인식과 역사 교육의 방법이란 두 측면에서 한국인들이 참조할 수 있는 하나의 모범을 제시하고 있다고 생각한다. 이 책을 통해 서구 혹은 승리자의 입장을 넘어서서 역사 속의 다양한 주체들의 진면모에 관심을 기울임으로써 다원적 역사 이해로 나아갈 수 있기 때문이다. 또한 상식에 도전하는 질문, 관점의 차이를 보여주는 교과서 자료, 견해의 검증에 필요한 다양한 자료를 담은 새로운 역사 서술을 시도하고 있기 때문이다. 이 책이 오늘의 한국인에게 꼭 필요한 20세기 역사책으로, 또는 소중한 현대사 교과서로 자리 잡기를 기대한다.

김육훈(역사교육연구소장, 역사 교사)

1) 역사 교과서와 역사 교육에 관한 문화적 권리 분야의 특별조사관의 보고서. 2013년 8월 9일 제69회 국제연합 총회에서 문화적 권리 분야의 특별조사관 파리다 샤히드(Farida Shaheed)가 보고한 내용이다.
2) 차하순, 〈서양사학의 일반성과 특수성〉, 《서양사학의 수용과 발전》, 1988, 나남.

1889년 파리 만국박람회 당시 이미지 세 가지.

ᄀᄀ 당나귀를 타고 산책하는 사람들.

ᄀᄀ 안남인(오늘날 베트남 중부 지역 주민을 일컫던 19세기 용어).

↑ 자와(Jawa) 섬의 전통춤을 추는 무용수들.

ᄀ→ 2013년 6월 11일, 말레이시아의 놀이공원 레고랜드를 방문한 사람들(말레이시아의 레고랜드는 아시아에서 최초로 문을 열었다 – 옮긴이).

1
산업화, 식민화, 대중의 정치 참여
(1830~1900)

19세기에 대중의 열렬한 관심을 받으며 개최된 파리 만국박람회는 프랑스제국의 힘과 과학 발전의 성과를 널리 알리는 기회이자 상업적 거래가 활발히 이루어지는 장이었다. 오늘날 서구 문명은 말레이시아의 레고랜드처럼 대중오락으로 여전히 환호를 받고 있으나 이러한 축제를 이끄는 주체는 국가가 아니라 민영기업이다.

(각 부 첫머리에서는 과거의 역사적 장면과 오늘날의 모습을 비교해볼 수 있는 이미지를 실었다.)

19세기는 자유주의의 산물?

19세기 들어서 무역의 자유를 비롯해 양심과 사상의 자유가 확립되었다고 여기는 까닭에 흔히 이 시기를 (정치·경제적…) 자유주의 시대라고 한다. 하지만 자유주의 사상은 프랑스에서 일어난 1830년 7월혁명과 1848년 2월 혁명의 바탕이 되는 한편, 시장 확대와 문명 전파라는 명분으로 식민지 정복전쟁을 정당화하는 구실도 했다.

자유주의 사상이 태동한 배경에는 18세기 영국의 정치·경제적 발전과 1770년대 미국 독립혁명에서 탄생한 새로운 이념들, 1789년 프랑스 대혁명으로 인해 야기된 상황 등 여러 요인이 있다. 이러한 요인들은 단순하지만 한편에서는 교회와 절대주의 권력 및 기업의 보호와, 다른 한편에서는 사회적 평등 추구와 민주주의를 향한 열망이라는 두 가지 원리에 의해 작동되었다. 이 과정에서 개인의 자유와 법 앞의 평등, 그리고 독립 사상을 옹호하는 사람들은 자신들이 주장하는 권리를 보장하는 정치 형태를 생각하게 되었다. 그들의 구호는 당연히 '자유'였으며, 특히 무역과 사상, 양심의 '자유'였다. 이 자유는 '타인의 자유를 보장하는 한해서의 개인의 자유'를 의미하는 것으로, 한 국가 내에서 작동하며 특

히 부를 창출할 거래의 자유를 침해해서는 안 된다는 점을 포함한다.

이러한 자유주의 사상은 국가마다 혹은 각국의 정치적 상황에 따라 다양한 형태로 나타났다. 예를 들면, 영국의 자유주의는 프랑스나 독일과 차이가 있으며, 계급화된 사회질서를 그대로 유지하거나 반대로 시민의 보다 많은 참여를 통한 진보적 접근을 하는 경우도 있다. 또한 입헌주의 국민국가의 수립을 장려하는 정치적 자유주의와, 시장의 '자연법칙'인 자유경쟁의 원칙을 기반으로 궁극적으로는 만인의 행복을 보장하는 경제적 자유주의로 구별되기도 한다. 1848년 1월 카를 마르크스는 한 강연에서 "값싼 빵과 좀 더 나은 임금, 이것이 영국의 자유무역주의자들이 수백만 달러를 지출한 목적이다"라고 말했다. 공산주의 이론가들에 따르면, 자유무역은 특히 "자본의 자유"를 목적으로 하며, 이로 인해 경제적 갈등이 심화되고 사회혁명이 가속화된다. 마르크스는 "여러분, 이런 의미에서 나는 자유무역 쪽에 투표합니다"라고 빈정거렸다.

자본가들은 보호무역과 자유무역을 번갈아가며 취했다

자유주의의 다양한 형태들은 동일한 범주에 속하는 것이지만 한편으로는 서로 대립되는 결과를 낳기도 한다. 자유주의 법학자들은 '문명국가'의 법적 우월성을 앞세워 식민지 확대를 정당화했다. 그러나 식민지에서는 식민지 국민의 권리라는 이름으로 유럽의 지배에 저항했다. 또한 국가는 시장의 '보이지 않는 손'의 효과를 옹호하면서 다른 대륙에서는 근대 자본주의를 강요하려고 폭력이라는 보이는 손의 사용을 주저하지 않았다.

따라서 19세기를 자유주의 이념만으로 설명할

← 〈노예의 선상 반란〉, 에두아르 앙투안 르나르, 1833년.

1848년 프랑스 식민지에서 노예제가 폐지된 것은 제2공화국의 출현 때문만은 아니었다. 이 그림에서처럼 노예들의 수많은 저항, 특히 마르티니크 섬에서 일어난 반란의 결과이기도 했다.

수는 없다. 경제 자유화는 곧 다른 모순적인 이념들과 충돌했다. 자본가들은 현지 가격과 윤리적 '정당성'을 들어 농업이나 혹은 도시 상공업에서 보호무역과 자유무역을 번갈아가며 취했다. 또 다른 세계관들도 표출되었다. 계급구조가 자연적인 것이라는 원칙에 입각해 절대자에 대한 복종을 강조하고 개인이라는 개념을 거부하는 보수주의를 비롯해, 가난하든 부유하든 동등한 투표권을 보장하고 사회적 차원에서 공정한 거래가 이루어져야 한다는 민주주의, 그 밖에 세기말에 빠지지 않고 등장하는 카리스마 있는 지도자를 염원하는 민족주의운동 혹은 계급투쟁을 반자본주의운동으로 확대하려는 노동운동과 사회주의자, 마르크스주의자, 무정부주의자의 투쟁 등이 등장했다.

그러므로 19세기와 자유주의를 동일시하는 것은 수많은 갈등과 모순을 은폐할 뿐 아니라, 줄곧 다른 열린 가능성을 모색해온 정치적 계획과 시도 및 사회문화적 이념 들을 도외시하는 것이다. ■

산업혁명의 신기루

고등학교 교육과정에서 '산업혁명'이라는 개념은 상당히 중요하게 다뤄진다. 프랑스 고등학교 2학년 교과서(나탕 출판사, 2011년판)에서는 산업혁명을 "기계를 도입해 공장에 노동자들을 집중시킨, 19세기에 일어난 생산 방식의 급격한 변화"로 정의하고 있다. 그렇지만 실제로 서구 각국의 산업화 과정은 급격한 변화라기보다는 계단식으로 이루어진 완만하고 점진적인 변화이다.

19세기 이전의 경제는 농업과 인구 위기가 발생하면 앞서 이루어 놓은 진보가 수포로 돌아가고 마는 답보 상태에 있었다. 그런데 19세기에 이르러 경제 성장의 시대, 다시 말해 생산된 부를 축적하는 시대가 시작된다. 프리드리히 엥겔스는 이런 유례없는 성장을 두고 '산업혁명'이라 불렀으며, 이후 농업 경제가 산업 경제로 급속히 전환되었다고 지적했다. 새로이 탄생한 산업들은 경제 성장의 견인차가 되었다. 일례로 연간 철강 생산량이 1800~1870년 사이에 프랑스는 19배, 영국은 31배 증가했다.

석탄에서 석유로

산업혁명이라는 용어는 오늘날에도 여전히 논쟁의 여지가 있지만, 19세기에 일어난 두 가지 혁신적인 흐름을 구분하기 위해 주로 사용된다. 첫 번째 흐름은 18세기 말 대서양 건너 영국에서 시작되었는데, 주로 제철업과 섬유산업과 관련이 있다. 또한 증기기관 에너지로 석탄의 사용이 증가한 것도 관계가 있다. 물론 증기기관 에너지로 석탄만 가장 중요하게 취급되거나 다른 원료가 배제된 것은 아니다.

이어서 자동차, 화학 등 새로운 산업과 전기, 석유 같은 새로운 에너지의 등장, 그리고 특히 독일과 미국(1900년 이후 국내총생산 세계 1위), 서구 세계 밖에서는 일본이라는 새로운 산업 강국이 부상하면서 1890년대 이후 두 번째 산업혁명이 성장의 바통을 이어받았다.

인위적으로 강조된 연속성

경제사가들 대부분은 산업혁명에 관해 언급하는 것을 피해왔다. 그들이 보기에 경제 성장은 혁명적이었다기보다는 점진적이고 완만한 발전, 즉 공업화를 통해 이루어진 것이었다. 영국의 경제학자 앵거스 매디슨을 비롯한 여러 경제학자가 시도한 장기 경제 성장 추세에 관한 연구에서 성장의 점진성이 확인됐다. 특히 얀 드브리스 교수가 제안한 '근면혁명(industrious revolution, 자본의 확대나 기술 수준의 향상 같은 요소 없이 '근면'이라는 동기를 바탕으로 많은 노동력을 투입해 생산을 늘리고 시장을 통해 상품을 구매하려는 총수요가 늘어나는 경제 성장을 일컫는 용어로, 산업혁명이라는 공급 측면의 혁신이 이뤄지기 전에 수요 측면에서 먼저 근면혁명이 일어났다고 본다–옮긴이)' 개념은 경제 성장의 다양한 측면을 설명해준다. 산업화로 공장이 탄생하고 이후 대기업이 등장했지만 산업활동은 여전히 중소기업이 지배하고 있었다. 요컨대 그 시대 사람들은 산업화의 동력이 기술 혁신이라 생각했고, 이후 성장하면서 기술이 더욱 혁신되는 것으로 여겼다. 파트리크 베를리 같은 역사학자들은 소비의 비약적 발전을 성장의 원천으로 보았는데, 그러한 소비 또한 당시는 대부분 농촌사회였기 때문에 농업의 발전과 연관되어 있었다.

그 당시 큰 영향력을 행사했던 고전경제학자들, 특히 애덤 스미스는 부의 지속적 축적을 진보의 주요 원천으로 보았다. 20세기 말, 자유주의 사상이 다시 확산되자 중등 교육과정에서도 지속적인 경제 성장을 강조하면서 경제 불황과 관련된 내용은 축소하기에 이르렀다.

그러나 19세기의 경제 성장은 줄기차게 이어진 것이 아니라 수많은 위기에 의해 간헐적으로 중단되었다. 오늘날에는 거의 잊힌 1873년의 위기 또한 1929년이나 2008년의 위기만큼이나 중요한 의미가 있다. 1873년 5월 9일 오스트리아 빈 증시의 폭락에서 시작된 경제 위기는 다른 서구 국가에 급속히 확산됐고, 19세기 말 장기 공황으로 이어졌다. 요컨대 성장은 발전의 동의어가 아니다. 성장의 결실은 대단히 불평등하게 분배되었다. 19세기는 '사회문제'의 시대, 다시 말해 노동자들의 빈곤의 시대였다. ■

노동환경

1827년 프랑스 오랭 지역 뮐루즈 면직 산업 노동자의 사례

노동시간

주 6일 노동, 하루 **13시간 30분**

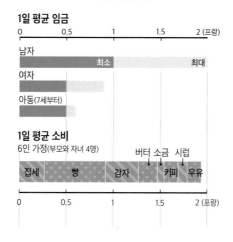

1일 평균 임금

1일 평균 소비

6인 가정(부모와 자녀 4명)

오늘날 프랑스 교과서에서는 19세기의 '산업화와 성장'에 관해 모호한 용어로 설명하고 있다. 1962년 아셰트 출판사에서 나온 교과서에서는 '자본주의의 고도화'와 관련된 내용을 훨씬 노골적으로 설명해놓았다.

세계 각국에서 4~5개의 은행이 중요 대기업을 관리하면서 기업의 확장을 장려한다. (⋯) 기업의 집중은 자본의 집중과 함께 이루어진다. 기업집중과 자본집중의 가장 효율적인 형태가 바로 합자회사다. 유가증권 시장에 일반 대중이 참여하면서부터 산업체들은 최신 산업시설을 갖추거나 개선하고, 원자재를 비축하고, 영리단체를 설립하고, 부실한 경쟁업체를 시장에서 축출할 수 있는 수단을 갖게 되었다. 일부 사업가들은 대형 은행과 상장 기업의 이사회 임원직을 맡고 있다.

아시아의 쇠퇴

산업화 수준
(기준 100=1900년의 영국)

전 세계 공업 생산 분포

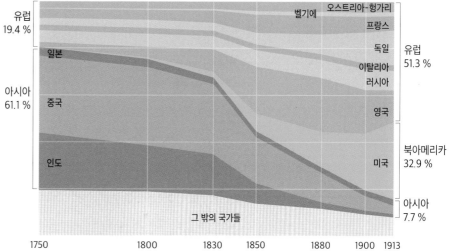

파라과이, 자유무역에 당하다

보호무역으로 문이 닫혀 있을 때, 자유무역은 무력으로 강요될 수도 있다. 엄격한 보호무역을 추구한 파라과이는 1865년부터 1870년까지 브라질·우루과이·아르헨티나로 이루어진 삼국동맹과의 전쟁 당시, 무력으로 자유무역을 강요받는 쓰라린 경험을 했다. 영국 경제계의 재정 지원을 받았던 삼국동맹은 파라과이를 영국 경제계에 굴복시키는 데 성공했다.

↑ 〈1865년 8월 17일, 야타이 전투 후 포로가 된 부상당한 파라과이 군인들〉, 칸디도 로페스, 1891년경.

19세기 후반, 라틴아메리카 국가들 대부분은 세계 제1의 강국인 영국에 종속되었다. 이 국가들은 영국이 필요로 하는 원자재의 공급처이자, 영국의 상품을 판매하기 위한 새로운 시장이었다. 무역을 통해 자국의 '비교우위'를 강화할 수 있다는 자유무역의 지배 이데올로기를 내세워 선진국이 후진국을 세계 경제에 편입시키는 이러한 현상은 수많은 문제를 야기했다. 자유무역은 후진국의 산업화를 저해하고 부를 선진국에 집중시키며, 소수의 지배 집단이 국가 권력을 장악하는 결과를 낳았다. 요컨대, 자유무역은 주변국을 저개발 국가로 전락시켰다.

라틴아메리카 국가들이 이렇게 재편되는 상황에서 파라과이는 예외인 듯했다. 파라과이 지도자 호세 가스파르 로드리게스 데 프란시아는 1814년 정권을 잡은 이후 장기간 독재정치를 펼쳤다. 그러나 그의 독재정치는 국민을 억압하려는 목적에서가 아니라 특정 집단에 권력이 집중된 과두제를 해소하기 위한 차원에서의 독재였다. 농민을 국가의 근간이라 여긴 프랑시아는 대지주의 재산을 몰수했다. 대부분의 국가가 부의 창출을 위해 국내 부르주아 계급의 성장에 기대를 걸었던 반면, 프랑시아는 계획경제체제의 강력한 국가를 세우기 위한 기반을 다졌다. 파라과이는 국내 생산 기반을 약화시킬 수 있는 상품의 국제 유통을 감시하는 등 엄격한 보호무역정책을 수립했다.

1840년 프랑시아가 사망한 뒤, 후계자들(카를로스 안토니오 로페스와 그 뒤를 이은 그의 아들 프란시스코 솔라노 로페스)도 그의 정책을 따랐다. 20년 뒤, 그 결과는 실로 대단했다. 재산 몰수 같은 강력한 조치로 인해 부를 독점하고 있던 거액 자산가들이 사라진 것이다. 많은 외국인 여행객이 파라과이는 부의 재분배 덕분에 극빈층은 물론, 기근과 분쟁이 없다고 이야기할 정도였다. 토지는 농지개혁을 바탕으로 분배되었는데, 이는 20세기 세계에서 가장 진보된 농지개혁 시도였다.

19세기 중반, 파라과이 엘리트들 유럽 대학에서 교육받다

파라과이의 아순시온은 라틴아메리카에서 최초로 철도망이 개통된 도시다. 또한 전신선과 건축자재 및 설비, 직물, 종이, 식기 및 화약 공장을 보유하고 있던 파라과이는 제철산업을 일으키고, 국내 조선소에서 건조한 선박들로 구성된 상선대까지 갖추고 있었다. 파라과이는 무역수지 흑자를 이루어 채무 문제에서 벗어났으며, 국민 가운데 일부를 유럽 명문 대학에서 교육받도록 파견할 만큼 형편이 좋았다.

전쟁으로 인구 격감
영국은 일개 변방국에서 독자적으로 경제 개발을 하는 파라과이의 유례없는 행보를 악의적인 시선으로 바라보았다. 파라과이가 자유무역 노선에서 벗어나 있

었기 때문이다. 영국은 매우 신속하게 브라질과 파라과이 간 국경분쟁에 개입했고, 아르헨티나와 브라질, 우루과이가 연합해 이웃 나라 파라과이를 쓰러뜨리도록 삼국의 동맹조약 체결을 지원했다. 1865년에 발발한 전쟁은 이 조약의 이름을 따라서 삼국동맹전쟁이라 불린다. 삼국동맹국은 런던 은행과 베어링 브라더스 은행 및 로스차일드 은행의 재정 지원을 받았다.

5년 후, 파라과이는 결국 전쟁에서 패배했다. 파라과이는 전쟁으로 인구의 60%를 잃었고, 남성 10명 중 9명이 사망했다. 모든 생산력이 전쟁에 동원되는

바람에 전투에서 살아남은 사람들조차 결국 기근으로 목숨을 잃었다. 또한 병력이 부족하자, 어린아이까지 징집했다. 어린아이들에게 가짜 수염을 붙이고, 무기가 없어서 총 대신 색칠하여 총으로 위장한 나뭇조각을 들게 했다. 몇 년 뒤에는 파라과이의 일부 군인이 군복을 지급받지 못했다. 그들은 벌거벗은 채 싸워야 했다.

1870년 프란시스코 솔라노 로페스 대통령이 전사하면서 전쟁이 끝났을 때, 파라과이 산업시설의 대부분은 파괴되어 있었다. 결국 파라과이는 세계 경제체제에 편입되었다. ■

← 삼국동맹전쟁 당시 참호 속에 있는 브라질 군인들을 그린 판화.

노동자, 가난과 저항의 아이콘

노동자는 흔히 산업화의 최대 희생양으로 간주된다. 그들은 쥐꼬리만 한 월급을 받고도 언제 일어날지 모르는 사고 위험을 감수하며 지옥 같은 노동시간을 견뎌야 했다. 그러나 노동자들이 항상 무능했던 것은 아니다. 19세기 들어서 공장과 탄광 노동자들은 탄탄한 조직력을 바탕으로 기득권의 질서에 저항하는 놀라운 능력을 보여주었다.

19세기 산업사회의 출현과 노동자의 처지에 대해서는 역사학자들 간에 의견이 분분하다. 새로운 역사서가 편찬될 때마다 역사적 내용이 수없이 수정됐다. 오늘날 지식인 대부분은 더 이상 '노동자'를 해방의 원동력으로 보지 않는다. 이런 상황에서 우리는 대체 어떤 식으로 산업화의 출현을 기술해야 할까? 산업화의 메커니즘과 확산 배경, 그것이 인간과 환경에 미친 영향 등을 어떻게 서술해야 할까?

학교 교육에서는 흔히 유럽에 과학기술을 중시하는 사고가 확대되고, 증기기관이라는 '혁명적인' 발명품 덕분에 산업화가 가능했다고 가르친다. 그러나 19세기 초 증기기관은 혁명을 운운할 정도로 발전한 것이 아니었다. 영국을 제외한 나머지 세계에는 아직 증기기관이 보급되지도 않았다. 오히려 사람과 가축의 노동이 중심이 되어 기존의 기술을 잘 활용한 것이 산업사회의 출현에 기여했다. 가령 19세기 말 미국에서는 경제를 움직이는 주요 동력으로 마력(馬力)과 수력(水力)이 이용되었다.

최근에는 유럽이 다른 지역보다 독창적이거나 특출해서 산업화를 먼저 이룬 것은 아니라는 연구들이 속속 발표되고 있다. 근대 이후 원시산업화(proto-industrialization)와 농촌의 가내 공업이 인도와 중국에 집중되었다는 것이다. 케네스 포머런츠에 따르면, 동양과 서양의 '대분기(Great Divergeance, 동서양 간 발전 정도가 크게 벌어지며 서구의 패권 질서가 본격적으로 형성되기 시작한 시점-옮긴이)' 시점은 기존에 알려진 것보다 훨씬 뒤였다. 더욱이 그 이유도 유럽이 내재적으로 더 우월하다거나 어떤 결정적인 조건을 타고나서가 아니었다. 그것은 오로지 역사적 우연성에서 빚어진 결과였다. 영국만 하더라도 탄광과 지리적으로 가깝고, 식민지의 생산품을 쉽게 구할 수 있었다.

> 1830년 이후, 노동조합이
> 합법화되기 전에 이미 노동자
> 단체나 조합운동과 비슷한 종류의
> 활동이 무수히 조직됐다

한편, 최근 연구에서는 당시 노동자상에 대해서도 좀 더 자세히 알려준다. 산업화 시대 초기에는 수공업자, 작업 감독자, 공장 노동자 간의 구분이 모호했으며, 또한 노동 계급의 대부분은 농민이었다. 노동자는 흔히 배를 곯는 불쌍하고 가난한 사람이라는 비참한 이미지로 그려졌다. 하지만 19세기 들어서 노동자들은 자신들의 주장을 관철하거나 협상에 나설 정도로 세력화되어 있었다. 산업현장에서는 인력의 교대 근무가 활발하게 이루어졌고, 노동자는 때로는 명령에 불복할 정도로 높은 자율성을 누렸다.

영국의 러다이트운동(1811~1812, 영국의 공장지대에서 일어난 노동자에 의한 기계파괴운동-옮긴이), '카뉘(canut)'라고 불리는 리옹 지역 견직물 노동자들의 봉기(1831, 1834)가 워낙 유명하기는 하지만, 이런 대규모 반란 외에도 각종 노동분쟁과 은밀한 저항운동이 수없이 벌어졌다. 1830년 이후, 노동조합이 합법화되기 전에 이미 노동자 단체나 조합운동과 비슷한 종류의 활동이 무수히 조직됐다.

↓ 독일 노르트라인베스트팔렌 주 에센에 소재한 크루프 탄약 공장, 1861년.

서인도 제도의 중국인들

세계화가 시작되던 시기에 노동자 계급의 처지를 설명하면서 식민지 플랜테이션 농장에서 일하던 하층 노동자와 아시아에서 건너온 막노동꾼 쿨리(짐꾼, 인력거꾼 등 육체노동에 종사한 하층의 중국인·인도인 노동자를 부르던 호칭-옮긴이)에 대한 이야기를 빼놓을 수 없다. 역사 교과서에서 종종 누락되곤 하지만, 1840~1950년 사이에 플랜테이션 경제의 수요를 충족시키기 위해 서인도 제도로 이주한 중국인과 인도인은 무려 8,000만 명에 달했다.

또한 여러 분야에서 산업화가 진행되면서 눈에 띄게 증가한 산업재해의 위험과 노동자의 건강 문제에 대해서도 지적하지 않을 수 없다. 19세기 산업 지배층은 산업활동에 대한 모든 규제에 결사적으로 반대했다. 오랫동안 산업현장에 안전규범이 부재하면서, 탄광이나 산업현장에서는 각종 사고가 끊이질 않았다. 가장 대표적인 예가 1906년 1,000명이 넘는 노동자의 목숨을 앗아간 프랑스 쿠리에르 탄광 사고였다. 이 외에도 수많

↑ **1831년 리옹에서 일어난 견직물 노동자 카뉘의 반란.**
1939년 출간된 《프랑스 역사·문화 개론》에 실린 작자 미상의 삽화.

은 크고 작은 사고가 발생했다.

마지막으로 오늘날 산업사회의 출현에 대해 설명하면서 어찌 산업화가 환경에 미친 영향이나 엄청난 자연 착취 문제에 대해 언급하지 않을 수 있을까? 산업화는 '유기경제'가 '광물경제'로 이행해나가는 과정이었다. 그 과정에서 인류는 화석연료를 무분별하게 사용(매연, 온실가스 등을 배출)하는 한편, 산림을 대대적으로 파괴하고, 멸종에 이를 정도로 털짐승을 남획했다. ■

쉬어가기

"일부 노예 주인들이 잔혹했다는 사실은 부인할 수 없다. 모든 노예가 죽도록 매를 맞은 것은 아니지만, 그렇다고 노예가 죽도록 매 맞는 일이 보기 드문 것도 아니었다."
미국의 역사 교과서는 이처럼 역사적 사실을 일부 시인하기도 한다(《기독학교를 위한 미국의 역사》, 2001년판). 그럼에도 결론은 이렇게 서술했다. "대부분의 주인은 노예를 잘 대우했다." 말하자면 노예에게는 '죽도록 맞거나', '좋은 대우를 받는 것' 이외에 다른 대안은 없었다.

← **〈마룻바닥을 긁어내는 남자들〉, 구스타브 카유보트, 1875년.**

구스타브 카유보트는 인상파 화가로만 머물지 않고 다른 인상파 화가들의 작품을 구매하거나 전시회 자금을 지원하는 등 후원자로도 활발히 활동했다. 죽은 뒤에는 수집한 작품을 모두 국가에 기증했다.

1830년, 혁명기의 유럽

1830년 7월 25일, 프랑스 샤를 10세는 왕권을 강화하고 공적 자유를 제한하기 위한 칙령을 공포했다. 그러자 이에 반발한 파리 시민이 들고일어나 사흘 만에 샤를 10세를 왕위에서 끌어내렸다. 이 사건은 폴란드와 이탈리아를 거쳐 벨기에에 이르기까지 전 유럽에서 민중이 정치적 권리를 요구하는 혁명의 열기를 불러일으켰다.

1830년대 혁명을 '복수형'으로 말한다는 것은, 프랑스라는 고립된 틀에서 벗어나는 동시에 1830~1832년까지 전 유럽을 강타한 혁명 물결의 다양한 측면을 고찰하는 것을 의미한다. 이를테면 '영광의 3일'(프랑스 7월혁명이 가장 치열하게 진행됐던 1830년 7월 27~29일)을 비롯해 벨기에의 독립, 러시아 지배에 대항한 폴란드의 봉기와 이후 폴란드 엘리트 계층의 '대이민(비엘카 에미그라차Wielka Emigracja)'까지, 혁명이라는 하나의 초국적 프레임에서 각국의 혁명을 분리해 단편적인 사건으로 만들어버린 '역사 지우기'에 관해 할 말이 많다.

> 프랑스와 벨기에에서는 청원과 연회, 소란 행위와 반체제 인사의 장례식 등을 통해 자유주의적 저항 의지가 표출되었다

1790년대 이후 혁명의 기운이 사그라들었던 유럽에서 어떻게 다시 혁명이 '전염'될 수 있었는지 그 메커니즘을 재현해보자. 빈 회의와 군주들 간의 신성동맹으로 경직된 유럽에서 자유주의적·민족주의적 저항의 조짐이 1820년대부터 나타났다. 1820~1821년 사이에는 1812년에 제정된 카디스 헌법(1812년 3월에 스파냐의 카디스 의회에서 제정되어 공포된 헌법. 자유주의 사상에 입각하여 국민 주권 보장과 권력 분립을 내용으로 하고 있다-옮긴이)을 모델로 삼은 혁명이 에스파냐와 이탈리아의 피에몬테, 나폴리에서 발발했다가 금세 진압됐다. 프랑스와 벨기에의 일부 지역에서는 자유주의적 저항 의지가 청원이라는 방식뿐 아니라 연회와 온갖 소란 행위, 반체제 인사의 장례식 등을 통해 더 넓은 공공장소에서 표출되었다. 이렇게 표출된 열망의 핵심에 자리한 것은 다름 아닌 공적 자유였다. 도시의 엘리트 계층과 서민층을 포괄하는 지하 정치 세력이 수면 위로 드러나기 시작했고, 그 외 지역에서는 비밀결사(이탈리아 도시국가들과 폴란드, 그리스)나 학생조합(독일 공국 및 도시국가의 학생동맹인 부르셴샤프트Burschenschaft)이 조국의 해방을 염원했다.

순식간에 늘어난 바리케이드

이러한 큰 줄기에 1827년 이후 도시 서민층(노동자와 수공업자)을 덮친 경제 위기를 더하면, 혁명을 구체화하는 조건들이 한데 모이게 된다. 1830년 유럽의 혁명 물결은 이 같은 상황에서 탄생해 서로 공명하며, 파리의 '영광의 3일'을 계기로 지역마다 혁명 의지가 다양하게 표출됐다.

'1814년 헌장'(1814년 루이 18세가 공포한 헌장. 세습왕권의 신성불가침성을 인정하는 한편, 법 앞의 평등, 소유권 보장, 기본권의 인정 등 대혁명이 이끌어낸 시민적 권리를 받아들인 헌장-옮긴이)과 언론의 자유에 대한 샤를 10세의 맹공격은 민중 봉기에 부딪혔다. 1789년 대혁명 시대에 드물게 보였던 바리케이드가 몇 시간 만에 파리 시내 곳곳에 설치됐다. 바리케이드는 부활한 삼색기와 함께 이 사건을 상징하는 알레고리가 되었다. 자유주의 엘리트들이 혁명을 장악한 결과, 1830년 8월 7일 오를레앙 공 루이 필리프가 프랑스 '시민의 왕'으로 추대됐다. 자유는 당시 반란군의 최우선 가치였다(14쪽 참조). 자유주의자들은 자유의 가치를 엄격한 입헌제 수립으로 실현하려 했고, 파리 노동자들은 노동권과 존엄성의 인정으로, 일부 지방 주민들은 간접세 등의 철폐로 해석하기도 했다. 혁명의 사

← 〈아, 자네는 프레스기*에 깔려 죽을 작정이로군…〉, 오노레 도미에의 풍자화, 1833년.

이 그림은 1830년 7월혁명 당시, 언론의 자유를 억압하는 샤를 10세의 칙령에 언론이 강력하게 반발했을 때 《르 나시오날(Le National)》**이 했던 역할을 상기시킨다.

* 프레스(presse)에는 '언론'과 '압착기'라는 두 가지 의미가 있다.
** 1830년 7월혁명과 1848년 2월혁명에서 큰 역할을 했던 반정부 자유주의적 정치신문.

→ 〈**프랑크푸르트 연방국회 점거**〉, 목판화.

1833년 4월 3일, 혁명파가 독일 연방국회를 상대로 봉기를 조직했으나 실패했다.

이클은 여전히 열려 있었으며, 이후 2년간 보기 드물게 강렬한 사회적·정치적 동요가 이어졌다. 1831년 11월 리옹 견직공들의 봉기는, 이에 겁먹은 국가고문 생마르크 지라르댕의 표현을 빌리자면, "우리의 공업도시들 변두리"에 숨은 "새로운 야만인들"의 존재가 세상에 드러나는 계기가 되었다. 이처럼 혁명의 뜨거운 열기 속에서 사회적·종교적 이상과 이단이 위세를 떨쳤다.

폴란드에서 이탈리아로

한편, 영국에서부터 라인란트 지방과 스위스에 이르기까지 유럽 대륙에서는 기계 및 노동의 기계화에 대항하는 사회적 소요와 정치적·입헌적·애국적 색채를 띤 저항운동이 급증했다. 1830년 8월과 9월 벨기에를 강타한 민중 봉기는 혁명으로 발전하기에 이르렀다. 폴란드에서는 1830년 11월 러시아의 지배에 항거하는 움직임이 사관학교 생도들의 모의에서 시작되어 민중 봉기로 번져나갔다. 이탈리아 중부의 몇몇 도시국가는 중대한 자유주의적 봉기를 경험했다. 입헌주의운동이 독일의 일부 지역과 스위스에까지 영향을 미쳤으며, 혹자는 주권 개념을

→ 〈**영광의 3일, 부르봉 왕가에 대항한 부르주아와 노동자 계층의 봉기**〉, 레옹 코니에의 석판화, 1830년경.

↓ 〈**런던 회의**〉, 오노레 도미에의 풍자화, 1832년.

1830년 11월 이후 영국, 오스트리아, 프랑스, 프러시아, 러시아가 런던 회의에서 네덜란드(맨 왼쪽의 개)와 벨기에(맨 오른쪽의 칠면조)의 분리를 결정했다. 그해 러시아는 폴란드 혁명을 진압했는데, 러시아를 상징하는 곰이 폴란드를 발로 밟고 있다.

기반으로 한 새로운 '민중의 유럽'을 상상했다. 그러나 곧이어 1831~1832년부터 보수적 또는 반혁명적 퇴조의 기운이 이러한 활력을 마비시켰다. ■

1848년, '민중의 봄'

혁명은 전염성이 있다. 한 도시에서 혁명의 불꽃이 타올랐다, 민중은 체제의 변화를 요구하며 왕실 근위대의 총에 맞서 바리케이드를 쳤다. 저항의 불꽃은 이웃 나라로 번져 순식간에 전 유럽을 달구었다. 이 시나리오는 1848년 '민중의 봄'을 탄생시켰으며, 2011년 '아랍의 봄'에도 그대로 적용됐다.

'민중의 봄'으로 알려진 2011~2012년의 아랍 민중 봉기는 어떤 면에서는 1848년의 기억을 되살린다. 두 사건을 단순 비교해보면, 혁명은 희망인 동시에 절망과 오해, 폭력의 순간들로 점철된다는 유사성이 있음을 알게 된다. 봄은 새로운 탄생을 의미하는 바, 이 점을 염두에 두고 1848년 당시 주요 유럽 국가 및 그 식민국을 모두 사로잡았던 움직임들을 고려해야 한다. 바로 이 해에 네덜란드령 앤틸리스 제도에서 노예제도가 폐지되고, 1849년 알제리에서 봉기가 발발했다.

학계에서는 파리의 2월혁명(1848년 2월 22~24일에 걸친 시가전 이후 승리한 혁명. 그 결과 왕정이 해산되고 공화정이 성립

되었다-옮긴이)에서부터 혁명이 확산 혹은 전염되었다는 견해가 오래도록 중시되었다. 그러나 루이 필리프 왕정이 해산하고 제2공화국이 선포된 것이 하나의 계기는 됐을지언정 혁명의 기폭제는

아니었다. 당시 유럽 전역에는 이미 혁명의 불길을 당길 사회적 움직임과 정치 세력, 그리고 여러 상황이 무르익고 있었다.

1848년 1월 12일 시칠리아에서 첫 번째 봉기가 일어났다. 부르봉 왕가의 권력에 맞선 시칠리아인들은 스스로 유럽의 바리케이드가 되겠다는 슬로건을 내세웠다. "민중의 대오와 힘과 단결로 왕을 굴복시키리라. 1848년 1월 12일 여명이 밝을 때, 세계는 새롭게 깨어나

승리를 거두었던 혁명들

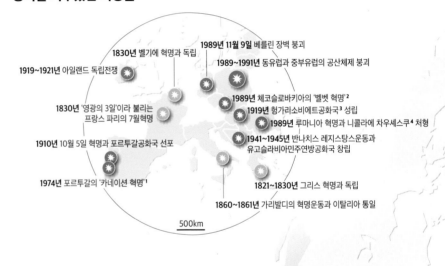

- 1989년 11월 9일 베를린 장벽 붕괴
- 1830년 벨기에 혁명과 독립
- 1989~1991년 동유럽과 중부유럽의 공산체제 붕괴
- 1919~1921년 아일랜드 독립전쟁
- 1989년 체코슬로바키아의 '벨벳 혁명'[2]
- 1830년 '영광의 3일'이라 불리는 프랑스 파리의 7월혁명
- 1919년 헝가리소비에트공화국[3] 성립
- 1989년 루마니아 혁명과 니콜라이 차우셰스쿠[4] 처형
- 1910년 10월 5일 혁명과 포르투갈공화국 선포
- 1941~1945년 반나치스 레지스탕스운동과 유고슬라비아민주연방공화국 창립
- 1974년 포르투갈의 '카네이션 혁명'[1]
- 1821~1830년 그리스 혁명과 독립
- 1860~1861년 가리발디의 혁명운동과 이탈리아 통일

500km

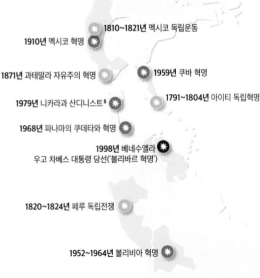

- 1810~1821년 멕시코 독립운동
- 1910년 멕시코 혁명
- 1871년 과테말라 자유주의 혁명
- 1959년 쿠바 혁명
- 1979년 니카라과 산디니스트[5]
- 1791~1804년 아이티 독립혁명
- 1968년 파나마의 쿠데타와 혁명
- 1998년 베네수엘라 우고 차베스 대통령 당선('볼리바르 혁명')
- 1820~1824년 페루 독립전쟁
- 1952~1964년 볼리비아 혁명

참고자료

이처럼 1830년대 유럽이 엄청난 정치적 혼란으로 몸살을 앓던 시기에 알렉시스 드 토크빌은 《미국의 민주주의》를 집필했다. 이 책에서 토크빌은 상업을 혁명에 대한 최고의 치유책으로 보았다.

나는 혁명의 윤리가 상업의 속성과 가장 대립된다고 생각한다. 상업은 본질적으로 폭력적인 열망과는 전혀 다른 종류의 행위이다. 상업활동을 하기 위해서는 평상심을 유지한 상태에서 타협할 줄 알아야 하며, 쉽게 분노해서는 안 된다. 참을성을 가지고 유연하게 넌지시 돌려 말하며, 아주 불가피한 경우에만 극단적인 수단을 사용한다. 상업은 인간을 독립적으로 만들고, 인격에 숭고한 의미를 부여한다. 상업은 개인들이 자신의 일에 집중해서 그 분야에서 성공하는 법을 알려준다. 이처럼 상업은 개인들에게 자유를 줌과 동시에 혁명에서 멀찌감치 떨어뜨려놓는다.

옮긴이 주
1. 40년 이상 계속된 살라자르 독재정권의 지배와 식민지 전쟁에 반발해 포르투갈 좌파 청년 장교들의 주도로 일어난 무혈 쿠데타.
2. 체코의 공산정권 붕괴를 불러온 무혈 시민혁명.
3. 1919년 3월 21일에 성립되어 8월 6일까지 존속했으며, 유럽에서 처음으로 성립된 공산주의 국가.
4. 루마니아에서 25년간 장기집권했던 반인민적 독재자.
5. 소모자 정권을 무너뜨린 니카라과의 민족해방전선.
6. 청나라를 무너뜨리고 중화민국을 성립시킨 중국의 혁명.
7. 1912년부터 1949년까지 중국에 존재했던 공화국.
8. 제2차 세계대전 말에 프랑스 식민지였던 베트남에서 일본이 프랑스를 무력으로 굴복시키고 실권을 행사했으나, 일본이 패망하자 베트남 독립연맹이 정권을 장악한 혁명.
9. 동유럽과 중앙아시아의 구소련 국가에서 공산주의가 붕괴되면서 일어난 일련의 민주화운동.
10. 라피크 하리리 전 총리의 암살로 촉발된 민중 시위로 당시 친시리아 내각이 총사퇴한 사건.
11. 백인 정권의 극단적인 인종차별정책.

영광의 시대를 맞을 것이다." 무력투쟁을 호소하는 어느 유인물에 담긴 메시지다.

상황이 변하면서 대륙 전역의 유럽인들은 전례 없는 경제적·사회적 혼란을 제각기 다른 속도로 경험했다. 산업화와 도시화는 유럽 사회를 근본적으로 변화시켰다. 예컨대, 프랑스의 도시 인구는 1811~1852년 사이에 50%나 증가해 420만 명에서 640만 명으로 급증했다. 여기에 이탈리아의 주세페 마치니 같은 사회참여적 지식인이나, 권력을 잡아 자유주의적 이상을 실현하고자 한 자유주의자들이 주도한 민족 해방과 국가 통일 같은 요구가 덧붙여졌다.

피로 물든 민중의 열망

거의 전 유럽에서 헌법 개정과 자유주의 정책(프랑크푸르트 국민의회 설치, 베를린에서부터 빈까지 검열 해제, 봉건 농노의 해방)이 시행되거나 권력자들이 도주하는 식으로 기존 정권이 무릎을 꿇었다. 민중 봉기는 연중 내내 이어졌다. 1848년 3월에는 부다페스트, 프라하, 빈, 베를린, 밀라노에서 봉기했고, 당시 민중들은 임시로 권력을 신흥 부르주아지에게 넘겨주었다. 하지만 민중의 열망은 이루어지지 않았고, 결국 각국의 민중들은 유혈이 낭자한 과격화의 길을 걸었다. 1848년 6월 파리에서는 바리케이드 양쪽에서 혁명 지지자들이 서로 대립했다. 혁명에 대한 견해가 달랐기 때문이다. 한쪽에서는 혁명을 정부의 한 형태이자 모든 남성에게 보통선거권을 부여하는 참정권의 확대 기회로 여겼고, 다른 쪽에서는 노동권을 확립해 사회를 근본적으로 변혁하는 것을 의미했다.

보통은 영국, 러시아, 벨기에 세 나라에서는 '민중의 봄'이 없었다고들 하는데, 이러한 견해는 되짚어보아야 한다. 벨기에에서는 1830년에 혁명을 겪었을 뿐 아니라, 종종 간과되긴 하지만 1848년에 국경지대인 비르통에서 소요가 일어났다. 영국에서는 1848년 4월 10일, 마지막이긴 했지만 1만 명 이상이 모인 대규모 차티스트운동(영국에서 노동자 계급을 중심으로 1830년대 후반부터 1850년 초까지 이루어진, 선거권 획득을 위한 민중운동-옮긴이)이 펼쳐졌다. 러시아 역시 유럽 혁명의 열기에서 예외가 아니었다. 러시아의 끝자락인 몰도바와 왈라키아에서 민중들이 반란을 일으켰다.

> 콜레라의 확산은
> 러시아부터 서유럽에 이르기까지
> 반동 세력의 승리를 가져왔다

군주들은 폭동을 진압하고 다시 왕좌를 차지하기 위해 군대의 힘을 빌리지만, 때로는 전혀 예상치 못한 힘의 도움을 받기도 한다. 예컨대 러시아군은 1849년 5월 오스트리아군의 헝가리 혁명 진압을 도와주었고, 프랑스군은 로마를 공략해 로마공화국을 함락함으로써 1850년 교황을 복위시켰다. 1849년 이후 혁명운동이 결국 실패했던 것은 하나의 징조처럼 여겨졌던 콜레라의 확산 때문이었다. 콜레라가 확산됨에 따라 러시아에서부터 서유럽에 이르기까지 반동 세력이 승리를 거두었다. ■

혁명은 대부분 진압되었다. 그 후 1871년 파리 코뮌이나 2011년 시리아 혁명에서처럼 잔혹한 반혁명의 움직임이 뒤따랐다.

이 지도에는 정치체제나 경제제도의 변화를 가져온 주요 혁명만을 담았다.

1986년 필리핀 혁명, 독재자 페르디난도 마르코스의 실각

1921~1924년 몽골 혁명과 몽골인민공화국 창설
1911년 신해혁명6과 중화민국7 건립
1949년 내전 종식과 중화인민공화국 탄생
1975년 라오스 공산당의 왕정 전복
1975년 크메르루즈(급진 좌익 무장단체)의 캄보디아 정권 장악
1932년 타이의 절대왕정 폐지
1971년 파키스탄에서 방글라데시 분리
1945년 호찌민의 8월혁명8과 베트남 독립 선포
1945~1949년 인도네시아의 민족주의 혁명과 독립
1998년 인도네시아 혁명과 수하르토 독재정권 전복
2008년 네팔 군주제 전복
1917년 러시아 제정 폐지와 볼셰비키의 정권 장악
1991년 소비에트연방 해체
1947년 인도, 오랜 투쟁 끝에 영국으로부터 독립
'색깔 혁명'9 : 조지아의 '장미 혁명'(2003년), 우크라이나의 '오렌지 혁명'(2004년), 키르기스스탄의 '튤립 혁명'(2005년)
1979년 이란 이슬람혁명
1919~1922년 터키 독립전쟁과 청년 튀르크당의 혁명
1958년 이라크 왕정 전복과 이라크공화국 선포
2005년 레바논의 '백향목 혁명'10
2011년 이집트 혁명과 무바라크 대통령의 실각
1952년 이집트 자유장교단의 혁명
1962년 북예멘 혁명으로 예멘아랍공화국의 창설
1967년 남예멘의 혁명과 독립
2011~2012년 예멘 혁명과 알리 압둘라 살레 대통령 실각
2011년 튀니지 혁명과 벤 알리 대통령의 실각
1969년 리비아 혁명과 무아마르 카다피 대령의 정권 장악
2011년 리비아 혁명과 무아마르 카다피의 실각
1974년 에티오피아 혁명과 왕정 폐지, 군사 독재정권 데르그 창설
1954~1962년 알제리 독립전쟁
1885년 수단 혁명, 13년 동안의 영국-이집트 지배 체제에서 벗어남
1961~1974년 기니비사우 독립전쟁
1960~1972년 카메룬 독립에 이은 혁명 봉기
1962~1975년 모잠비크 독립전쟁
1961~1975년 앙골라 독립전쟁

혁명 발생 시기
19세기
20세기
21세기
현재의 국경 기준

1994년 남아프리카공화국 아파르트헤이트11 정권의 몰락

파리 코뮌, '자유도시'

정치개혁, 새로운 형태의 정부 구성, 공적 결정에 시민 참여. 노동운동 세력이 오랫동안 외쳐온 이 구호는 질리도록 반복된 나머지 이제는 식상해 보인다. 하지만 1871년 봉기를 일으킨 파리의 민중은 이 구호를 눈앞에서 실현했다.

18 71년 3월 18일부터 5월 28일까지 파리에서는 19세기의 모든 혁명적 이상이 한자리에 모였다가 이후 무자비하게 짓밟혔다. 당시 파리는 몇 주 동안 '자유도시'였다. 그해 2월 왕정주의자, 보나파르트주의자(나폴레옹 1세에게 절대적 충성을 바치거나 보나파르트 왕가 치하의 프랑스 제국을 복고하려 시도하는 이들을 가리킨다-옮긴이), 공화주의자가 모두 참여한 선거를 통해 베르사유 의회가 구성되었지만, 파리 코뮌은 거기서 이탈했다. 혁명자치정부 파리 코뮌은 처음에는 20세기 혁명의 '서광'으로, 나중에는 19세기 혁명의 '석양'이라는 좀 더 적절한 평가를 받으며 만인의 기억에 영원히 새겨졌다. 그러나 무엇보다도 파리 코뮌은 역사상 유례가 없을뿐더러 매우 즉흥적으로 이루어진 자치권 쟁취를 위한 민중 봉기였다.

파리 코뮌 가담자들은 자신을 1792·1830·1848년 혁명의 계승자로 여겼으나 실제로는 투쟁 경험이 없는 새로운 인물들이었다. 이들은 조르주 외젠 오스만 남작이 대대적인 도시 재개발로 과거의 모습을 완전히 탈바꿈시킨 파리를, 쥘 발레스가 '혁명의 진지'(쥘 발레스는 1886년 발표한 소설《반란자》에서 파리를 '명예의 본고장, 구원의 도시, 혁명의 진지'라고 표현했다-옮긴이)라고 표현한 이 도시를 어떻게 다시금 손에 넣었을까? 확실한 것은, 오스만의 도시계획으로 인해 파리가 노동자만이 아닌 전 민중의 진지가 되었다는 사실이다.

파리 시민의 대포

파리 코뮌은 프랑스 제2제정의 패배, 특히 1870년 프러시아군의 파리 점령이라는 무시무시한 사건으로 점철된 '끔찍한 한 해'의 산물이었다. 당시 민중은 혁명군의 주축인 국민방위군을 중심으로 단합했다. 파리 민중이 프러시아군의 파리 포위 기간 중 독일 황제에 대항하고자 성금을 모아 제작한 대포를 포기하지 않고, 3월 18일 대포를 탈환하려는 정부군에 맞서 봉기한 것은 왕권을 전복하려는 아래로부터의 의지 표명이자 애국적 저항심의 발로였다. 이처럼 파리 코뮌은 일반적인 혁명의 범주에서 벗어난 독특한 유형의 혁명이었다.

파리 지역에 한정되었지만 3월 26일 정식으로 지방선거를 통해 합법성을 얻은 파리 코뮌은 민주·사회주의 공화국이라는 목표를 실현하기에 이르렀다. 또한 일상생활과 관련된 정부활동에 실제로 참여하기를 바랐던 시민들은 선출된 대표자들에 대해서도 다만 시민의 의사를 대변하는 역할을 '허락했을' 뿐이라고 여겼다. 이러한 파리 코뮌을 두고 역사학자 자크 루즈리는 '민주주의에서 절대자유에 관한 문제'를 제기했다. 코뮌 가담자들은 권력관계를 변화시켰지만 남성 위주의 지배구조를 바꾸는 데까지 이르지는 못했다. 또한 착취를 근절하고

→ **바닥에 쓰러진 방돔 기념탑, 브뤼노 브라케의 사진, 1871년.**

프랑스제국의 상징이었던 나폴레옹 1세의 동상으로 꼭대기가 장식된 방돔 기념탑 역시 1871년 5월 16일에 '철거됐다'. 파리 코뮌 실패 이후, 화가 귀스타브 쿠르베는 기념탑 철거 작업에 가담했다는 이유로 당국에 기소됐다. 이 사진은 쿠르베의 소송에서 철거일 당시 방돔 광장에 그가 있었다는 사실을 입증하는 데 사용됐다. 사진에서 맨 오른쪽 뒷줄에 서 있는 턱수염에 군모 쓴 사람이 쿠르베로 추정된다.

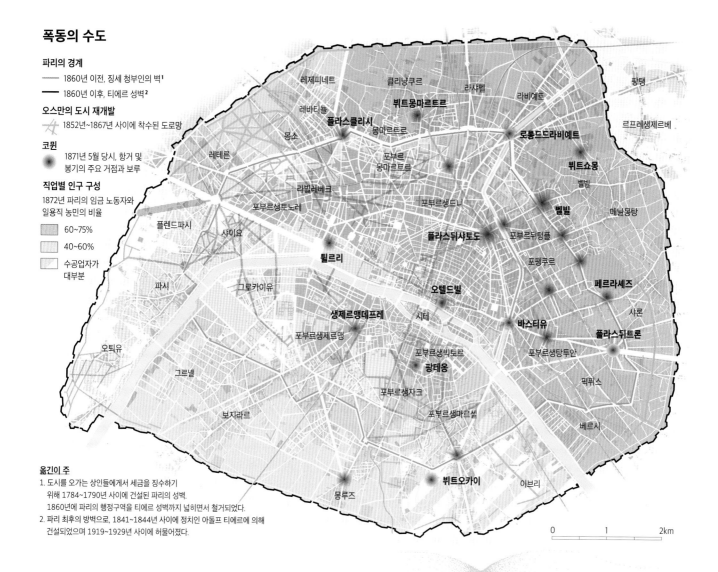

폭동의 수도

파리의 경계
― 1860년 이전, 징세 청부인의 벽[1]
― 1860년 이후, 티에르 성벽[2]

오스만의 도시 재개발
1852년~1867년 사이에 착수된 도로망

코뮌
1871년 5월 당시, 항거 및 봉기의 주요 거점과 보루

직업별 인구 구성
1872년 파리의 임금 노동자와 일용직 농민의 비율
60~75%
40~60%
수공업자가 대부분

레제피네트 · 클리냥쿠르 · 라샤펠 · 라비예트 · 팡탱
레바티뇰 · 뷔트몽마르트르 · 르프레생제르베
플라스클리시 · 몽마르트르 · 로통드드라비예트
몽소 · 포부르 몽마르트르 · 뷔트쇼몽
레테른 · 벨빌
라빌레베크 · 포부르생드니 · 벨빌
포부르생토노레 · 메닐몽탕
플렌드파시 · 플라스뒤샤토도 · 포부르뒤탱플
샤이요 · 포팽쿠르
파시 · 페르라셰즈
그로카이유 · 오텔드빌 · 샤론
튈르리 · 플라스뒤트론
생제르맹데프레 · 시테 · 바스티유
포부르생제르맹 · 포부르생빅토르 · 포부르생탕투안
오퇴유 · 팡테옹 · 픽퓌스
포부르생자크
그르넬 · 포부르생마르셀 · 베르시
보지라르 · 뷔트오카이 · 이브리
몽루즈

옮긴이 주
1. 도시를 오가는 상인들에게서 세금을 징수하기 위해 1784~1790년 사이에 건설된 파리의 성벽. 1860년에 파리의 행정구역을 티에르 성벽까지 넓히면서 철거되었다.
2. 파리 최후의 방벽으로, 1841년~1844년 사이에 정치인 아돌프 티에르에 의해 건설되었으며 1919~1929년 사이에 허물어졌다.

0   1   2km

자 했으나 결국 사적 소유는 예외로 남겨두었다.

이러한 미완의 혁명을 일부에서는 내전으로 보기도 한다. 하지만 코뮌 가담자들은 자치와 철저한 정교분리를 실천함으로써 자신들이 혁명을 통해 이루고자 했던 바를 완수했다. 그 밖에 공공서비스를 평등하게 이용할 수 있도록 재편하고, 생산자 조합을 확대하고, 교육의 세속화와 무상의무교육을 실시하는 등 여러 사안을 논의했다. 하지만 이를 시행하려면 좀 더 시간이 필요했다.

1830년, 1848년 혁명과는 달리 파리 코뮌은 프랑스의 몇몇 지방에 일시적으로 영향을 미쳤을 뿐, 다른 유럽 국가에는 아무런 영향을 미치지 못했다. 한편, 프랑스는 프러시아군의 점령하에서 급하게 선거를 치러 의회를 구성하고 임시정부를 수립한 상태였다. 파리 코뮌은 이러한 베르사유 정부에 홀로 맞섰다. 정규군이 파리를 포위했던 '피의 일주일'(1871년 5월 21~28일)로 인해 파리 코뮌은 역사상 유례없는 사건이 되었다. 베르사유 정부가 진압하는 과정에서 많은 사망자가 발생했는데, 그야말로 아주 냉혹하고 무자비한 근대적인 군사 진압 형태의 대량 학살이었다. 이때 발생한 사망자 수가 1만 5,000명에서 3만 5,000명이었다는 게 오랫동안 정설이었는데, 실제로는 1만 명에 조금 못 미쳤다. '피의 일주일'은 19세기 유럽에서 민간인에 대한 폭력 중 가장 규모가 큰 사건이다. 파리 코뮌을 겪은 이후, 1870년 9월 4일에 선포되었던 공화국이 민주적이지도, 사회주의적이지도 않으리라는 것은 불보듯 뻔한 일이었다. ■

참고자료

카를 마르크스는 파리 코뮌 덕분에 "파리 노동자야말로 새로운 사회의 영광스러운 전령으로서 영원히 칭송받으리라"고 적었다. 그러나 마르크스의 평가와는 달리 대다수 작가와 역사가는 1871년 3월의 사건에 대해 공포스러운 반응을 보였다. 다음은 그러한 반응들이다.

에르네스트 라비스, 1895년판 어느 역사 교과서에서: "파리 코뮌은 많은 유적을 불태웠다. (…) 파리 대주교를 사살했으며 (…) 역사가 기억하는 모든 폭동 가운데 1871년 3월의 폭동이야말로 가장 끔찍한 범죄였다."

빅토르 위고(1871년 4월 9일): "의회가 잔인하지만 파리 코뮌도 무모하긴 마찬가지다. 양쪽 다 잘못 판단하고 있다."

조르주 상드(1871년 4월 22일): 파리 코뮌은 "감시인이 자리를 비운 어느 날 보일러의 거품이 부글부글 끓어넘친 것 같은, 과도한 물질문명이 초래한 결과이다. 갑자기 끓어넘친 위기 이후의 민주주의는 더는 고귀한 것도, 저급한 것도 아니다. (…) 파리 코뮌은 광기의 축제다".

에밀 졸라(1871년 6월 3일): "그들[파리의 민중]이 이제 막 돌입한 유혈극은 끔찍하지만, 어쩌면 그들의 열기를 가라앉히기 위해서는 필요한지도 모르겠다. 이 유혈 사태가 더욱 신중하고도 화려하게 확대되는 모습을 보게 될 것이다."

← 로자 룩셈부르크가 1907년 8월 슈투트 가르트에서 열린 국제사회주의자대회(제2 인터내셔널)에서 연설하고 있다.

독일, 개량주의자 vs 혁명주의자

독일은 19세기 유럽의 정치사와 지성사에서 독자적인 위치를 차지한다. 1875년 마르크스주의에 영향을 받은 사회민주당이 독일에 등장했으며, 이후 제2인터내셔널의 가장 강력한 단체가 되었다. 그러나 얼마 뒤, 혁명이냐 개량주의냐라는 선택의 기로에서 분열했다.

← 1890년 독일사회 민주당 디도르프 지 부의 깃발.

1875년 독일 튀링겐 주 고타에서 노동자 계급의 정치 세력화를 목표로 경쟁해온 두 정당이 합동대회(일 명 '고타 대회')를 열어 독일사회주의노동 당으로 통합했다. 이후 1890년에 독일사 회민주당(SPD, 이하 '사민당')으로 당명을 바꿨다. 통합 당시 카를 마르크스는 사 민당의 정치 강령에 대해 노동자 계급 의 정당으로서 입장이 명확하지 않다고 비판하며 사민당을 인정하는 데 유보적 인 태도를 보였다. 하지만 독일 사민당 은 1883년 마르크스가 사망한 지 10년 도 채 되지 않은 1891년에 에르푸르트 대회에서 마르크스주의를 공식 이념으 로 채택했다. 사민당의 '에르푸르트 강 령'은 1921년에 새로운 강령으로 대체 되기 전까지 유지되었다.

에르푸르트 강령은 유럽에서 마르크 스사회주의를 표방하는 모든 이에게 하 나의 모델이 되었으며, 사민당은 1889년 에 창설된 제2인터내셔널에서 가장 강력 한 단체였다. 노동계에 단단히 뿌리를 내 린 사민당은 노동조합을 비롯해 관련 조 직들을 통솔했다. 또한 '마르크스주의의 교황'으로 불렸던 당대 최고의 마르크스 주의 이론가 카를 카우츠키(1854~1938) 의 활약으로 사민당은 지식인 계층에까 지 깊은 영향을 미쳤다. 사민당은 다른 정치 세력의 반감에도 불구하고 유권자 에게 상당한 인기를 누리며 1914년까지 제1정당의 위치를 차지했다.

서로 대립되는 입장이 공존했던 이 조 직은 당내에서 수많은 논의가 활기차게 벌어졌다. 주요한 논의는 마르스크주의 의 유효성과 그 영향에 관한 것(변증법 적 방법론, 가치론, 사회주의를 실현하기 위 한 혁명의 필요성 등)이었는데, 1899년 에 두아르트 베른슈타인(1850~1932)은 사 민당의 '자본주의 붕괴론' 같은 '극단적 비관론'을 문제로 삼았다. 그는 자본주 의가 예상보다 더 잘 유지되고 있으며 타협할 필요가 있다고 주장하며, "사회주 의의 최종 목표가 무엇이든 내게는 아무 의미가 없으며, 단지 운동만이 전부"라고 강조했다. 이러한 베른슈타인의 입장에 대해 특히 로자 룩셈부르크(1871~1919) 가 강하게 반발했는데, 그녀는 혁명의 길이 타당하며, 자본주의의 실패는 예정 되어 있다는 당의 기존 입장을 재확인 했다. 베른슈타인의 '수정주의'는 1903 년 사민당 전당대회에서 공식적으로 부 인됐다.

전쟁에 들어간 사회주의

1905년 이후, 특히 그해 1월부터 시작돼 10월에 진정된 제1차 러시아 혁명으로 독일에까지 파업의 물결이 일면서 사민 당 내 우파와 좌파 사이에 골이 더욱 깊 어졌다. 우파는 급진적 운동에 반대했으 며 제국의 질서와 타협하길 바랐던 반면, 좌파는 오히려 독일에 공화국 체제를 수 립하기 위해 제국주의의 중추인 군부 세 력에 대항하는 선전·선동에 나서고자 했 다. 중도파였던 카우츠키와 그 외 인물들

→ 〈카를 리프크네히트를 쓰러뜨려라!〉, 게오르게 그로스, 1919년.

다다이즘과 독일 표현주의 운동의 중요한 인물인 게오르게 그로스는 스파르타쿠스단의 창설자인 혁명적 공산주의자 카를 리프크네히트가 1919년 1월에 암살당하자, 이 그림으로 리프크네히트에게 경의를 표했다.

은 어느 정도 현실을 있는 그대로 받아들이면서 체제와 결별할 길을 찾자는 입장이었다. 이는 실질적인 행동 없이 자본주의적 사회질서의 자동 붕괴를 단순히 기다리기만 하는 '혁명적 대기주의'라고 말할 수 있겠다. 한편 노동조합은 대대적인 독자 노선을 강조했으며, '개량주의자'들에 의해 좌우된 1906년 만하임 전당대회에서 이를 관철하기에 이르렀다.

1914년 8월, 사민당은 만장일치로 전쟁 예산안을 승인했다. 이를 통해 사민당이 국가 통합을 얼마나 중요하게 여겼는지를 알 수 있다. 사민당은 인터내셔널의 동지관계보다는 독일 국가를 우선시했던 것이다. 하지만 1914년 12월 카를 리프크네히트(1871~1919)는 제국의회에서 당의 결정을 따르지 않고 전쟁 예산 증액안에 홀로 반대표를 던졌다. 전쟁의 참상이 계속 이어지자, 결국 사회민주주의자 상당수는 '전쟁을 지지하는 사회주의'와 결별하고자 했다. 1917년 전쟁 지속을 반대하는 이들이 모여 독일독립사회민주당(USPD)을 창당했다.

그런데 독립사회민주당 내 급진 좌파가 갈라져 나와 스파르타쿠스단을 결성했다. 고대 로마의 노예 반란을 이끈 지도자의 이름을 딴 이 조직은 1918년 말 창당된 독일공산당(KPD)의 모태가 되었다. 한편, 독립사회민주당의 다른 당원들은 사민당에 점차 재통합됐다. 그보다 몇 주 앞선 1918년 11월에 독일제국이 제1차 세계대전에서 패배하자 독일에서는 혁명이 일어나 두 개의 공화국, 즉 바이에른공화국과 바이마르공화국이 선포됐다. 이는 지도층의 권력 붕괴를 보여준 독일 혁명의 시초였다. 1919년 1월, 스파르타쿠스단의 봉기 당시 스파르타

← **1919년 1월 베를린의 바리케이드.**

시가전이 벌어지자, 반란군은 신문용지 두루마리와 신문더미를 방어벽 삼아 그 뒤에 몸을 숨겼다. 이 장면은 사민당 공식 기관지인 《포어베르츠(Vorwärts, 전진)》를 제작하던 건물 앞에서 찍은 사진인데, 당시 《포어베르츠》가 스파르타쿠스단에 대해 적대적인 기사를 내보냈다는 이유를 들어 반란군이 건물을 포위하고 있었다.

쿠스단의 반대편에 섰던 사회민주주의자들은 사회 지도층과 함께 질서와 협력을 택했다. 스파르타쿠스단은 무자비하게 진압됐고, 주요 지도자는 암살당했다. 이렇게 독일 사회주의가 분열되면서 이후 국가사회주의의 눈부신 발전을 마주하고도 일체의 협력이 불가능했던 것이다. ■

→ 미국 펜실베이니아 주 휴이타운 버러의 탄광에서 일하는 아이들, 1911년.

언론검열은 어떻게 민영화되었나

19세기 중반 이후 프랑스에서는 진보적인 언론매체가 급증했다. 이러한 추세를 막을 수 없게 되자 프랑스 정부는 1881년 7월 29일자 '대신문법'을 제정해 언론의 자유를 천명하면서 각종 인쇄·공고·출판·광고 선전물 등을 포함한 언론매체를 언론사 사주의 감독 아래 두도록 했다.

그 유명한 1881년 7월 29일자 '대(大)신문법'은 언론을 국가의 지배에서 풀어주는 대신 시장의 손에 넘겨주었다. 이는 언론 분야의 자본화(즉, 주식시장에서 자산 거래가 가능한 주식회사 형태의 언론사 설립)와 광고의 동원이라는 두 경향을 부추겼다. 1894년 드레퓌스 사건이 터졌을 당시 주요 언론은 수익성을 좇는 사업체에 불과했다. 판매가를 낮춰 더 많은 독자를 확보하되, 이에 따른 수익성 악화를 보상하기 위해 막대한 광고 자원을 유치해야 했다. 당시 언론매체의 광고 수입은 《르 프티 파리지앵(Le Petit Parisien)》의 경우 전체 수입 중 10~17%를, 《르 마탱(Le Matin)》은 약 30%를 차지했다.

→ 《르 마탱》에 연재될 가스통 르루의 소설에 대한 광고 포스터, 갈리셸로의 삽화, 1905년경.

세기의 전환기에 언론 분야는 이러한 사업 공식을 따르면서 놀라운 성공을 경험했다. 정기간행물은 주식시장에서 중요한 투자 분야가 되었다. 인쇄 부수는 1880~1914년 사이 파리에서는 2.5배, 지방에서는 3~4배가 늘어날 정도로 폭발적인 증가세를 보였다. 정기간행물 수는 전국적으로 수백 개에 달했으며, 공급 형태도 일간지부터 주간지, 잡지 등 다양해졌다.

'4대 대형 신문'의 경쟁

하지만 신문 종수가 늘어났다고 해서 다양한 관점의 신문을 접할 수 있게 된 것은 아니었다. 일례로 드레퓌스 사건 초기에 언론들 대부분은 알프레드 드레퓌스에게 적대적인 반응을 보였다. 어쨌든 핵심은 새로운 시장을 선점하는 것이었다. 하루 100만 부 이상을 찍어내는 《르 프티 주르날(Le Petit Journal)》, 《르 프티 파리지앵》, 《르 마탱》, 《르 주르날(Le Journal)》 같은 '4대 대형 신문'은 가열찬 경쟁에 뛰

20세기 전환기에 아동노동은 미국에서 매우 흔한 일이어서 딱히 미디어의 관심 대상이 아니었다. 사진작가 루이스 하인은 1908년부터 미국 전역을 여행하며 신문을 팔거나 밭에서 자루를 끌고 다니는 어린 여자아이, 얼굴에 까맣게 그을음이 묻은 어린 남자아이 등의 모습을 카메라에 담았다. 하인은 전국아동노동위원회(NCLC)에서 10년간 일했다. 전단지나 벽보 형태로 배포된 그의 르포르타주는 아동노동 관련법의 개혁을 촉구하는 언론 캠페인과 정치적 논의를 일으키는 데에 크게 기여했다.

← 미국 테네시 주 루던 마을의 방적 공장에 고용된 어린 소녀들, 1910년.

어들었다. 이들은 공개 퀴즈쇼, 스포츠 행사, 신문 연재소설 개시를 위한 대대적인 캠페인 개최 등 공격적이고 떠들썩한 홍보전을 펼쳤다.

이처럼 독점과 구독률, 수익을 향한 열띤 경쟁에 대해 수많은 비판이 쏟아졌다. 이미 1890년대 초에 파나마 운하 사건이 터졌을 때 운하 건설 담당 기업을 지원하기 위한 비자금 조성에 여러 신문사가 관여했다는 사실이 밝혀졌다. 이 사건을 계기로 1881년 언론출판법의 자유주의가 돈으로 움직이는 언론을 양산했다는 인식이 널리 퍼지게 되었다.

> 몇몇 언론사 사주는 자신의
> 영향력으로 돈벌이를 하거나
> 실제로 공갈범 행세를 하기도 했다

프랑스 작가이자 정치가로 뒤에 상원의원이 된 앙리 베랑제는 1897년 언론에 대한 대대적인 조사를 실시하면서 그 내용을 정치비평지《르뷔 블뢰(Revue bleue)》에 실었는데, 그는 "우리 입법자들은 언론이 판사와 경찰관으로부터 자유로워질 거라는 예상은 했을지 몰라도, 문어

발식 사업가와 금권정치가에 예속되리라고는 미처 생각지 못했던 것 같다"고 적었다. 실제로 몇몇 언론사 사주는 언론매체를 사적인 용도로 활용하거나 자신의 영향력으로 돈벌이를 하기도 하고, 심지어 공갈범 행세를 하기도 했다. 1897년《르 마탱》을 사들인 사업가 모리스 뷔노바리야는 "내 자리는 왕관 세 개만큼의 가치가 있다"고 떠벌렸다.

정치권력으로부터 언론매체의 독립성은 상황에 따라 달라졌다. 외교정책 분야에서 장관들이 특정한 상황, 이를테면 애국심을 증명해야 할 상황에 맞닥뜨리게 되면 그들은 아바스(Havas) 통신(1835년에 세워진 세계 최초의 통신사로, AFP의 전신이다—옮긴이)이나 당시 언론의 '기준'으로 자리 잡았던 일간지《르 탕(le Temps)》의 호의를 기대할 수도 있었다. 어쩔 수 없는 경우, 정부는 (얼마 안 되는) 비자금을 일시적으로 사용하거나 우호적인 금융기관에 호소해 특정 신문에 영향을 미쳤다. 심지어는 특정 공채 발행 시에 러시아 같은 외국 정부가 프랑스 언론에 직접 지불하도록 할 수도 있었다.

결국 19세기 말에 자리 잡은 '리포터'의 이미지로 상징되는 객관적이고 중립적인 언론, 전문적이고 엄격한 정통 저널리즘이라는 외피를 쓰고 이른바 '정보 전달자'라는 주요 언론들이 정치적 동기에 따라 움직인다는 사실이 드러났다. 상업적 요구와 제도권 및 경제계의 압력에 무릎 꿇은 언론매체는 세기의 전환기에 그저 상대적인 '자유'를 누렸을 뿐이다. ■

↓〈'뿌앙'과 '전단지'의 결혼식〉, 언론 지면에 광고가 넘쳐나자 이를 풍자한 그랑빌의 그림, 1868년.
당시 '뿌앙'이라는 의성어는 '오리' 혹은 신문팔이를 의미했다.

식민 지배로 얼룩진 4세기

식민 지배는 16세기 아메리카 대륙에서 처음 시작되어 19세기에 황금기를 맞았다. 산업화로 촉발된 원자재 수요를 충당하기 위해 유럽 국가들이 세계 정복에 나선 것이었다. 이들은 자국의 번영을 뒷받침해줄 자원 약탈 시스템을 아프리카와 아시아에 확립했으나 그 지역주민들의 저항에 부딪혔다.

↑ 독일 식민지인 독일령 남서아프리카(현 나미비아)의 헤레로인들, 1910년경.
1904년 1월, 헤레로인들은 독일 식민지 개척자들에 대항해 봉기했다. 이에 독일군은 무력으로 응수했다. 이렇게 시작된 전쟁은 7년간 이어졌고, 헤레로인 수만 명의 학살로 종결됐다. 이 비극은 때때로 20세기 최초의 대량 학살로 간주된다.

서유럽과 다른 대륙들이 함께 묶이면서 공통의 과거를 갖게 된 지난 4세기 동안의 식민지 팽창정책은 전 세계에 그 흔적을 남겼다. 경제적·제국주의적 혹은 문명개화를 위한 동기에서 시작된 팽창정책은 무력을 통해 관철되었으며, 때로는 조약과 회담을 통해 서면상 합법화되었다.

예컨대 1884~1885년에 오토 폰 비스마르크 총리의 발의로 베를린에 모인 영국·프랑스·독일·벨기에·포르투갈·이탈리아 대표는 아프리카 주민들의 의사는 전혀 고려하지 않은 채 아프리카 대륙을 분할했다. 프랑스와 영국은 측량사를 대동해 치밀하게 국경을 나누고

는 알토란 같은 지역을 손에 넣었다. 프랑스와 영국이 차지한 국경은 각각 2만 5,865km, 2만 1,595km에 달했다. 요컨대 현재 아프리카 각국 국경의 70%가 베를린 회의와 20세기 초 사이에 유럽 열강에 의해 확정됐다. 직선으로 된 융통성 없는 국경선은 지역의 현실과 동떨어졌으며 지금도 여전히 아프리카 대륙을 불안정하게 만드는 요인이다.

유럽 열강이 착수한 정복전쟁은 수많은 저항을 야기했다. 식민지 개척자들은 원주민의 저항을 누르기 위해 '평정(pacification)' 정책을 시행했는데, 여기서 말하는 '평정'이란 신속한 폭력 행사를 지칭하는 전통적인 식민용어이다. 자

신들의 힘을 어떻게 보여줄지 고민했던 식민지 개척자들은 모든 사안에 연좌제를 적용했으며, 대량 학살을 단행했다. 1904년 나미비아에서는 독일군의 명령 아래 헤레로인들이 몰살당했다. 또한 20세기 초 코트디부아르에서는 프랑스의 제2대 총독 가브리엘 앙굴방이 원주민을 강제로 구금하고 전쟁 배상금 요구와 반란자 추방 등의 '강경수단'을 사용했다.

식민지의 전형적인 사례로
종종 소개되는 알제리는 실제로는
예외적인 경우였다

폭력적인 정복과 평정 이후, 다양한 '식민지 사회'가 형성됐다. 식민지의 전형적인 사례로 종종 소개되는 알제리는 실제로는 예외적인 경우였다. 19세기 유럽 식민지 팽창 열풍이 시작되기 반세기 전인 1830년에 프랑스에 정복된 알제리는 유럽인과 무슬림 알제리인이 1930년대 당시 1 대 6의 비율로 공존했던 이례적인 식민지였다. 예컨대 인도차이나에서 유럽인과 원주민의 비율이 1 대 544에 달했듯이, 다른 식민지에서는 유럽인의 비율이 훨씬 더 낮았다.

프롤레타리아로 전락한 식민지 농민

식민지 어디에서든 토지 대부분은 식민지 개척자의 손에 들어갔다. 인도차이나에서부터 마다가스카르에 이르기까지, 새로운 지주들이 대토지를 소유하게 되자 결국 식민지 농촌의 원주민은 프롤레타리아로 전락했다. 이러한 농업 형태는 식민지 국가에 생태적인 재앙을 초래했다. 인도의 경우 쿠르그 주(인도 남서부의 옛 행정구로, 소수종족인 코다구족의 거주 지역-옮긴이)의 밀림이 파괴되고 그 자리에 영국의 커피

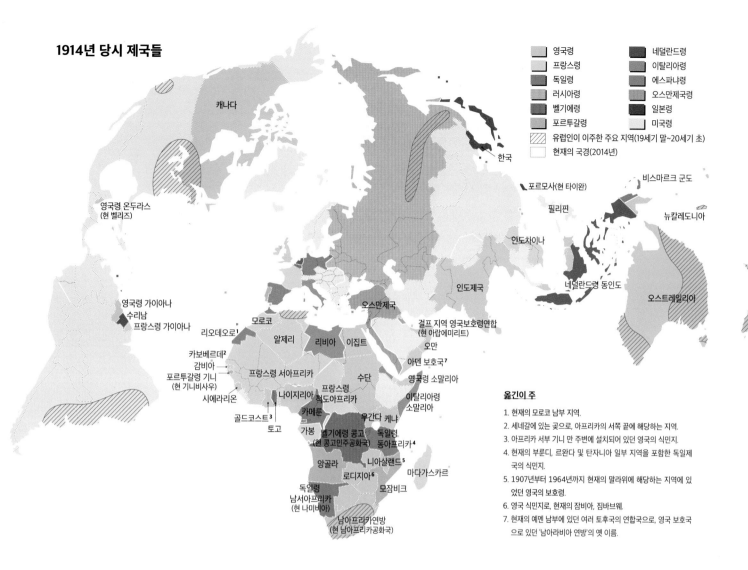

1914년 당시 제국들

범례:
- 영국령
- 프랑스령
- 독일령
- 러시아령
- 벨기에령
- 포르투갈령
- 네덜란드령
- 이탈리아령
- 에스파냐령
- 오스만제국령
- 일본령
- 미국령
- 유럽인이 이주한 주요 지역(19세기 말~20세기 초)
- 현재의 국경(2014년)

지도 지명:
캐나다, 영국령 온두라스(현 벨리즈), 영국령 가이아나, 수리남, 프랑스령 가이아나, 리오데오로¹, 카보베르데², 감비아, 포르투갈령 기니(현 기니비사우), 시에라리온, 골드코스트³, 토고, 모로코, 알제리, 리비아, 이집트, 프랑스령 서아프리카, 수단, 나이지리아, 프랑스령 적도아프리카, 카메룬, 가봉, 벨기에령 콩고(현 콩고민주공화국), 앙골라, 독일령 남서아프리카(현 나미비아), 남아프리카연방(현 남아프리카공화국), 로디지아⁶, 니아살랜드⁵, 독일령 동아프리카⁴, 우간다, 케냐, 이탈리아령 소말리아, 영국령 소말리아, 아덴 보호국⁷, 오만, 걸프 지역 영국보호령연합(현 아랍에미리트), 오스만제국, 인도제국, 한국, 포르모사(현 타이완), 필리핀, 인도차이나, 네덜란드령 동인도, 비스마르크 군도, 뉴칼레도니아, 오스트레일리아, 모잠비크, 마다가스카르

옮긴이 주
1. 현재의 모로코 남부 지역.
2. 세네갈에 있는 곳으로, 아프리카의 서쪽 끝에 해당하는 지역.
3. 아프리카 서부 기니 만 주변에 설치되어 있던 영국의 식민지.
4. 현재의 부룬디, 르완다 및 탄자니아 일부 지역을 포함한 독일제국의 식민지.
5. 1907년부터 1964년까지 현재의 말라위에 해당하는 지역에 있었던 영국의 보호령.
6. 영국 식민지로, 현재의 잠비아, 짐바브웨.
7. 현재의 예멘 남부에 있던 여러 토후국의 연합국으로, 영국 보호국으로 있던 '남아라비아 연방'의 옛 이름.

플랜테이션 농장이 들어섰다.

일련의 억압정책이라고 볼 수 있는 원주민 대상의 형사제도는 원주민을 법적 테두리에 가두고, 법률적 차별을 합법화했다. 종국에는 특별과세를 통해 원주민을 빈곤 상태로 몰아넣었는데, 이는 때때로 항쟁의 불씨가 됐다. 예컨대 1930년에 인도의 마하트마 간디는 영국 식민 당국이 소금세를 신설하려 하자, 이에 반대하는 '소금 행진'을 벌였다.

그렇지만 식민지 사회를 식민지 개척자와 원주민 간의 분열적 공간만으로 볼 수는 없다. 식민지 사회는 지배라는 하나의 원칙만이 통하는, 마치 칸막이로 세상을 나누어놓은 것처럼 운영된 것이 아니다. 개척자와 원주민 간에는 끊임없이 상호작용이 일어났으며, 이를 통해 서로의 정체성을 구축해나갔다. 카페,

사창가, 스포츠 시설, 영화관, 공연장 등은 분명 거울과 거울에 비친 대상처럼 이쪽과 저쪽으로 인종적 구별 짓기를 하는 긴장감이 흐르기도 했지만, 때로는

어쩔 수 없이 상대를 묵인하는 공통의 친교 공간이었다. 즉, 폭력과 차별의 공간이었던 식민지 사회는 '접촉의 세계'이기도 했다. ■

세계의 교과서 들여다보기 ● 프랑스

한때 프랑스 교과서는 식민지 개발을 논할 때 세세한 의미에 그다지 신경 쓰지 않았다. 일례로 아티에 출판사에서 1920년에 출간된 졸업 예정자용 지리 교과서는 프랑스제국을 온갖 미사여구로 서술했다.

프랑스 같은 고도의 문명국에 식민지는 필수불가결한 존재이다. (…) 1. 프랑스와 굉장히 다른 기후대에 위치한 식민지들은 우리나라에 잘 알려지지 않은 생산품을 우리에게 제공한다. (…) 2. 모든 산업국가는 자국에서 생산된 공산품을 판매할 시장이 필요하다. 그런데 유럽이나 아메리카 국가 대부분은 자국의 산업을 보호하기 위해 프랑스 제품에 높은 관세를 부가한다. 그렇기 때문에 우리는 우리 소유의 시장이 필요하며 그것이 바로 식민지이다. 3. 이러한 식민지는 경작하기 알맞은 땅을 우리 국민 중 가장 적극적인 이들에게 제공한다. 식민지 개척자들은 프랑스법의 보호 아래 경작지와 탄광에서 자기 자본을 증식하거나 수익성 높은 일자리를 얻을 수 있다. 4. 이러한 물질적 이익에 대한 관심은 도덕적이고 애국적인 결과를 낳는다. 식민지 개발에서 이익을 보려면 원주민과 협력하면서 평화롭게 개발해야 한다. 실제로 프랑스는 여러 식민지에서 전쟁과 노예제라는 공포를 끝내고 평화를 이루었다. 그 덕분에 원주민들은 인구가 늘고, 야만적인 생활을 하던 예전보다 훨씬 더 행복한 삶을 살게 되었다.

→ 1914년 6월 28일 사라
예보에서 가브릴로 프린치
프에게 암살당한 프란츠 페
르디난트 황태자 부부. 디
지털 채색.

↓ 사라예보 터키인 거리의
시장 광장. 1918~1929년
경, 카를 델리우스의 사진.

demoliranje Teftomaviere

↑↗→ 1992년 사라예보 포위전 당시 찍은
제롬 브레지용의 사진. (사라예보 포위전은
현대 역사상 가장 긴 포위전으로, 보스니아
헤르체고비나의 수도 사라예보가 처음에
는 유고슬라비아 인민군에게, 이후에는 스
룹스카공화국군에게 1992년 4월 5일부터
1996년 2월 29일까지 1,425일 동안 포위
당했다-옮긴이)

2

만국의 희망과 함께한 국제분쟁

(1914~1920)

사라예보 피습 사건은 결국 전쟁을 야기했다. 제1차 세계대전의 동인이었던 유럽 민족주의는 20세기 말에도 뿌리 깊게 남아 있었다. 유럽의 민족주의는 동구권 붕괴 이후 유고슬라비아의 참혹한 분열 사태에도 관여했다.

참호 속 병사들은 한마음이었다?

'병사들은 같은 부대에서 전쟁의 참상을 경험하며 형성된 강력한 유대감으로 한마음이 되어 똘똘 뭉쳤다.' 블랭 출판사(2011년 초판)에서 출간한 교과서에 서술된 것처럼, 프랑스 교과서들은 제1차 세계대전 당시 참호 속에서 이념이나 계급을 초월한 '신성한 단결(Union sacrée)'이 이루어졌다는 견해를 널리 퍼뜨렸다. 하지만 정치적 신념이 서로 다른 사람들이 전투를 함께 치르면서 개인적으로 가까워진 경우가 더러 있었다 하더라도, 전쟁으로 사회계급 간의 거리가 줄어드는 경우는 없었다.

프랑스 역사 교과서 대부분은 제1차 세계대전을 둘러싼 논의에서 당시 프랑스 국민들이 신성한 단결을 이루어냈다며 마치 근거 있는 사실인 양 소개한다. 이러한 설명은 두 가지 차원에서 이루어지고 있다. 먼저 정부 차원에서 보면, 1914년 8월 4일(독일이 프랑스에 선전포고를 한 다음 날-옮긴이) 레몽 푸앵카레 프랑스공화국 대통령이 전 프랑스인들이 이념적 대립을 초월해서 단결하자고 선언했다는 것이다. 바로 그날, 장 조레스의 장례식에 애국자연맹의 회장 모리스 바레스가 참석했으며(장 조레스와 모리스 바레스는 각기 당대의 좌파와 우파를 대표하는 인물이다-옮긴이), 전국구호위원회의 창립식에 레옹 주오 프랑스노동총동맹 위원장을 비롯해 '노동자 인터내셔널 프랑스 지부(SFIO, 1905년에 창당한 프랑스 사회주의자 연합정당으로, 프랑스 사회당의 전신-옮긴이)'와 반공화주의 우익 단체 악시옹 프랑세즈, 파리 대주교구의 대표들이 모두 자리했던 점을 보건대 푸앵카레 대통령의 호소가 구체적으로 실현됐다는 점을 알 수 있다는 것이다.

또한 이 같은 단결이 참호 속에서도 사회계급 간의 교류 혹은 상호영향이라는 독특한 형태를 띠며 이어졌다는 것이다. 조국을 수호하고자 한자리에 모인 병사들은 민간인일 때 사회적 출신과 생활환경이 각자 달랐지만, 포화 속에서 서로를 발견하고 인정하며 존중했을 것이라는 얘기다. 퇴역군인 단체 가운데 가장 규모가 큰 퇴역군인전국연합에서 끝없이 회자되는, '전선에서처럼 단결하라'는 모토가 증명하듯 말이다.

물론 병사들 간에 교류가 이루어졌다. 1914년과 1915년 봄 대규모 인명 피해로 인해 프랑스군은 연대 단위 병력 구성에서 사병들 간의 지역적 동질성을 포기해야만 했다. 이후 서로 멀리 떨어진 지역에서 온, 잘 모르는 방언을 구사하는 병사들이 사실상 서로 부대끼며 지내게 되었다. 반면, 장교직은 대부분 상류계급 출신에 한정됐던 만큼 다른 사회집단 출신과 만날 일은 훨씬 드물었다. 아무래도 이들에게는 퇴역군인전국연합의 모토가 피상적으로 들렸을 것이다.

> 전선에서는 공통의 염려가 과거의
> 정치적 적수마저 화해시켰다

이 밖에도 서로 적대적인 사이의 지식인 진영에서 보여준 다른 종류의 만남이 있었다. 전쟁 이전

↓ 알제리 원주민 기병(프랑스군 소속) 제4연대 병사들과 함께 있는 중대장 무그(붉은색 제복). 오토크롬.
↘ 프랑스 생틸리에(오랭) 전투에 참전한 세네갈 원주민 부대(프랑스군 소속)의 보병. 오토크롬.

에는 정치적 혹은 종교적으로 완전히 대립했던 이들이 같은 전장에서 만나게 된 것이다. 전쟁 중 지식인들의 단결이 어떠했는지, 몇 가지 사례를 통해 보자.

첫 번째는 유명한 역사 교과서 시리즈 '말레-이삭(Malet et Isaac)'의 공동저자인 역사학자 쥘 이삭의 사례이다. 그는 전장에서 부인 로르에게 보낸 서신에서 "모라스(Charles Maurras, 우익 단체인 악시옹 프랑세즈의 결성자 중 한 명-옮긴이)의 신봉자이자 악시옹 프랑세즈에 우호적이며 성심회(Sacre Coeur, 1800년에 프랑스에서 설립된 가톨릭 수도회)의 훈장을 받은, 나와는 아주아주 거리가 먼" 신임 하사지만 놀랍게도 어느 순간 그와 수다를 떨고 있더라면서 "어느 정도 그 사람과 공통된 걱정거리"를 거리낌 없이 나누고 있음을 고백했다.

두 번째로는 1915년 4월 13일 '전쟁 중 적국에 목숨을 잃은' 사회학자 로베르 에르츠와 관련된 기억을 떠올릴 수 있다. 에르츠의 지도교수였던 에밀 뒤르켐이 제자의 사망 소식을 듣고 조문 차 그의 아내 알리스를 방문했을 때, 뒤르켐은 에르츠가 전장에서 보낸 편지를 보고 깜짝 놀랐다. 제자인 에르츠는 '약간 모호한 이상주의'를 내비쳤을 뿐 아니라, 심지어 우파인 바레스에게 '호감'을 가지고 있었다.

소르본 대학 교수인 뒤르켐은 이 젊은 사회학자의 태도를 이해할 수 없었다. 드레퓌스 사건, 정교분리, 조레스주의(사회주의 정치가로서 반전운동을 주도하고, 드레퓌스 사건 당시 죄 없는 유대인 장교를 탄원하는 데 앞장서는 등 인권과 자유를 중시한 장 조레스의 사상을 일컫는 용어-옮긴이) 등으로 좌파가 힘을 얻게 되면서 바레스 같은 우파는 되돌릴 수 없는 정치적 적수가 되어버렸는데, 어떻게 그런 호의적인 표현을 사용할 수 있단 말인가?

참호 속에서 부르주아 지식인 중 상당수는 민간에서는 비록 정치적 적대관계였다 하더라도 서로 나눌 수 있는 사회적 유사점이 많을 뿐 아니라, 서로를 견제하지 않는 전쟁이라는 위기 상황에서는 어쨌든 함께 살아남아야 한다는 사실을 깨달았다. 그런 의미에서 신성한 단결은 아마도 사회계급 간의 평등한 유대감이라기보다는 같은 사회집단의 '동류의식'이라고 정의하는 편이 나을 것이다. 이들은 전쟁이 길어지자 사이가 더 끈끈해졌는데, 그렇게 어울리는 상대를 '동류'라고 지칭했다. ■

사라예보 사건, 전쟁에 대한 지나치게 편의적인 해명

정설로 널리 퍼진 분석에 따르면, 1914년 6월 28일 오스트리아-헝가리제국 황태자 부부의 암살이야말로 '연쇄적인 동맹 체결'의 불을 붙여 제1차 세계대전을 재촉한 원인이다. 그러나 이러한 해석은 충돌의 진정한 원인, 특히 제국주의적 경쟁관계의 결정적인 논리를 은폐하는 데에 한몫한다.

제1차 세계대전은 정말로 1914년 6월 28일, 오스트리아-헝가리제국의 프란츠 페르디난트 황태자 부부의 목숨을 앗아간 사라예보 사건으로 '촉발됐던' 것일까? 정말로 벨기에와 로렌에서 처음으로 전투가 시작됐던 것일까? 유럽에서 발발한 일련의 사건을 중심으로 구성된 이 같은 연대표가 제1차 세계대전에 관한 정설로 알려져 있으나, 전쟁 발발의 실제 원인을 분석에서 배제함으로써 분쟁사의 일부분을 놓치고 있다.

1914년 8월 5일, 영국령 우간다와 독일령 동아프리카의 국경지대에서 교전이 벌어졌다. 8월 8일, 영국 선박 몇 척이 독일령 동아프리카(현재의 부룬디와 르완다, 탄자니아 일부를 포함)의 행정 중심지인 다르에스살람을 폭격했다. 이후 몇 주간 키부 호수(현재의 르완다와 콩고의 경계)를 점령하기 위한 전투가 확산됐다.

그동안 유럽에서는 7월 30일에 러시아에서, 8월 1일에는 프랑스와 독일에서 전쟁 선포와 총동원령이 잇따랐다. 8월

4일, 독일은 벨기에와 룩셈부르크를 침략했다. 나흘 후 프랑스는 당시 독일에 속해 있던 로렌(독일어로는 로트링겐) 지방으로 진격했다. 그러나 프랑스의 전열이 금세 무너져 공세는 실패로 돌아갔다. 또한 동부 전선에서 독일은 러시아를 상대로 승리를 쌓아나갔다. 반면 세르비아는 저항에 성공했다. 8월 23일 체르 전투에서 세르비아는 오스트리아-헝가리제국 군대의 진격을 막아냈다.

이처럼 '끔찍한 연쇄적인' 동맹 체결

제1차 세계대전은 정말로 '세계적인' 전쟁이었을까?

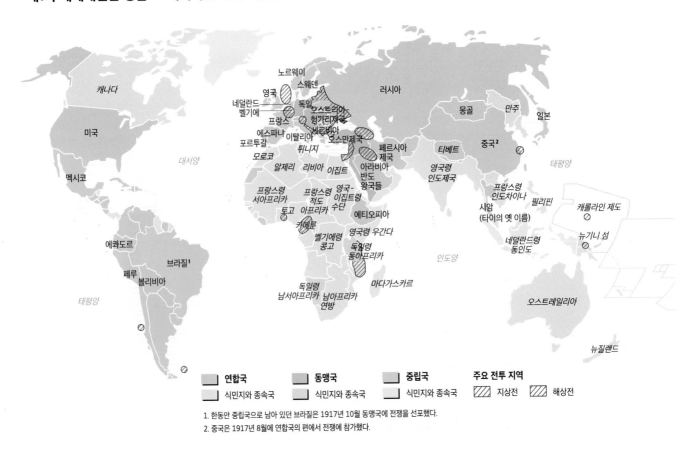

연합국 | **동맹국** | **중립국** | **주요 전투 지역**
식민지와 종속국 | 식민지와 종속국 | 식민지와 종속국 | 지상전 · 해상전

1. 한동안 중립국으로 남아 있던 브라질은 1917년 10월 동맹국에 전쟁을 선포했다.
2. 중국은 1917년 8월에 연합국의 편에서 전쟁에 참가했다.

로 단 몇 주 만에 교전국들은 전쟁에 돌입했다. 한쪽에는 프랑스·영국·러시아의 삼국협상에 이어 세르비아와 벨기에, 이후에는 일본과 루마니아, 그리스가 동맹을 이룬 연합국 측, 다른 쪽에는 독일·오스트리아-헝가리제국·이탈리아왕국의 삼국동맹을 중심으로 한 동맹국 측이 있었다. 그러나 이탈리아왕국은 비록 동맹국에 가입되어 있었으나 1914년 9월부터 중립을 지키다 1915년 4월에는 연합국 측에 가담했다. 동맹국 측에는 1914년 10월에 오스만제국이 합류했다.

발칸 반도 점령을 위해
아프리카나 인도차이나 출신의
프랑스 식민지 군대 병사
수천 명이 목숨을 잃었다

LA DOMENICA DEL CORRIERE

← 1914~1918년 제1차 세계대전 초기 한 전투를 묘사한 삽화: 오스트리아와 세르비아 양국을 이어주는 사바 강의 다리 아래에서 대치 중인 오스트리아군과 세르비아군(1914년 8월).

이러한 동맹 체결 양상은 각국의 이익 논리에 따른 대응이었다. 식민지 제국 건설의 선두에 선 프랑스·영국 측과 전 세계의 제국주의적 분할에서 열세를 보이던 독일 간에 식민지 경쟁이 벌어지면서 양측에 긴장감이 조성되었다. 동아프리카와 카메룬, 탄자니아에 이미 발을 들인 독일은 북아프리카와 중앙아프리카를 탐내고 있었다.

몇십 년 전부터 '유럽의 병자'로 여겨왔던 오스만제국의 운명은 또 다른 중요한 변수였다. 두 차례에 걸친 발칸전쟁(1912~1913) 이후, 유럽에서 오스만제국이 차지했던 영토는 불가리아와 그리스, 몬테네그로, 루마니아, 세르비아로 분할되었다.

그러나 오스만제국이 지배하고 있는 아나톨리아 반도와 서남아시아에 이르는 거대한 영토의 미래는 아직 결정된 바 없이 모든 나라가 주시하고 있었다. 사라예보에서 울린 총성은 상징적인 차원을 넘어, 오스트리아-헝가리제국과 러시아뿐 아니라 프랑스와 이탈리아 역시 발칸 반도에서 자신들의 세력권을 강화하고

자 했다는 사실을 상기시킨다.

그러나 이 같은 국가 간 경쟁관계가 전쟁 발발에 관한 모든 것을 설명해주지는 않는다. 개전 여부는 각국의 내부 사회 논리에 따른 대응이기도 하기 때문이다. 특히 동맹국의 귀족 및 지주 계층, 프랑스와 영국의 부르주아와 상공업자, 금융업자 등 사회 지도층이 보기에, 제국주의적 이념과 민족주의는 민주주의와 사회주의의 진전으로 금이 간 사회적 통합을 다시금 견고하게 해줄 일종의 접착제였다.

마케도니아의 묘지들

최근 프랑스와 독일의 여러 교과서에서는 1920년대에 만연했던 복수심과 적의에 찬 어조로 전쟁 발발의 모든 책임을 '다른 편'으로 돌리는 일을 그만두었다. 하지만 이 '세계적인' 전쟁을 서유럽의 시선으로 바라보는 작업은 계속되고 있다. 제1차 세계대전의 동부 전선, 즉 마케도니아의 비톨라와 그리스의 살로니카(테살로니카)에 위치한 광대한 프랑스

묘지의 절반가량은 발칸 반도를 점령하기 위해 목숨을 잃은 프랑스 식민지 부대의 아프리카나 인도차이나 병사들의 무덤이다. ■

세계의 교과서 들여다보기 ● 프랑스

전쟁의 책임은 누구에게 있는가? 1920년대에 프랑스와 독일은 서로 상대국에 책임을 떠넘기고, 자국 교과서에 공식적인 입장을 밝혀놓았다.

프랑스의 관점(1922년)
삼국협상의 열강은 유럽의 평화와 균형을 유지하려 했던 반면, 빌헬름 2세 치하의 독일은 전쟁으로 이어진 패권정책을 추구했다. (…) 자국의 군사적·경제적 성공에 도취된 독일은 실제로 다른 그 어느 민족보다 제국주의적이고 호전적인 국민성을 지녔다. 탐욕과 오만, 과도한 지배욕에 무력 숭상이 더해진 독일의 국민성이야말로 궁극적인 전쟁의 주원인이었다.

독일의 관점(1929년)
적국의 정치가들은 교활한 외교적 술수를 구사해 독일이 자신이 처한 제약적 상황에서 벗어나고자 프랑스와 러시아에 먼저 전쟁을 선포하는 오류를 범하도록 유도했다. 따라서 삼국협상과 삼국동맹 양측 모두에 떠넘겨진 전쟁 책임은 공식적으로 삼국협상의 책임인 셈이다. 그리고 적국 국민들은 독일이 침략국이었다는 인상을 받았지만, 실제로 독일은 피해국이었다.

대량 학살을 위한 신무기

하루 6,400명의 군인 사망자를 낸, 거기에 민간인까지 더하면 사망자 수가 그 두 배에 달하는 제1차 세계대전은 인류 역사상 가장 많은 사상자를 낸 전쟁이었다. 무연화약부터 고폭탄에 이르기까지 제1차 세계대전은 19세기 중반 이후 개량된 신무기의 '덕을 톡톡히 보았으며', 이러한 신무기는 전술 환경을 근본적으로 바꿔놓았다.

제1차 세계대전의 전투 경험은 종종 서부 전선(베르됭, 솜, 슈맹데담 등)의 '치열한 전투'로만 축소된다. 그러나 다른 지역에서 매우 다른 경험을 했던 병사들도 있었다. 아프리카 전투 중 특히 1918년 11월 24일까지 현재의 탄자니아에 해당하는 지역에서 파울 폰 레토우-포르베크 대령이 이끌었던 독일령 동아프리카 식민지군은, 마치 현재의 팔레스타인이나 메소포타미아 지역 전투에서처럼, 혹은 보어전쟁(1899~1902, 남아프리카에 정착한 네덜란드계 백인인 보어인과 영국인이 대치했던 전쟁)이나 19세기 말의 식민지 정복전쟁에서처럼 영국군에 맞서 게릴라전을 경험했다. 이 부대의 인원은 서부 전선에 배치된 인원보다 훨씬 적었다.

서부 전선의 전투 환경은 다음과 같았다. 전투의 90%는 병사들이 서로를 보지 못한 채 멀리서 총구를 겨뤘다. 이러한 보병의 전투 방식은 예전과 전혀 달라지지 않았다. 보병대와 기관총의 전력은 미국의 남북전쟁(1861~1865) 당시와 같은 수준이었다. 남북전쟁 당시 남군은 병사 수가 대체로 적었지만, 참호를 이용해 북군의 대규모 공습을 차단함으로써 북군에게 크나큰 실패를 안겼다. 이것이 바로 연방군(북군)의 공습을 몇 분만에 무력화했던 콜드하버 전투이다.

이러한 전투 방식은 1870~1871년의 보불전쟁에서, 이후 1899~1902년의 보어전쟁과 1904~1905년의 러일전쟁, 1912~1913년의 발칸전쟁에서 다시 등장한다. 1904년 이후에는 '기관총-철조망-참호'의 끔찍한 3중주가 참호전을 이끌었다. 제1차 세계대전이 진행된 52개월 동안 참호전으로 하루 평균 프랑스군 900명과 전체 교전국 병사 6,400명이 희생되었다.

임시 요새인 참호는 적군이 사용하는 화력장비의 명중률과 집중 포화에 대한 자연스러운 해결책이 되었고, 이후 모든 유럽군에서 군사 전술로 채택되었다. 보병대의 전력 측면에서 보자면 1886년 발명된 무연화약은 결정적인 변화를 이끌어냈다. 그전까지는 사격을 연달아 몇 차례 하고 나면 화약에서 나온 연기 때문에 몇 분간 적군이 보이지 않아 전투 강도가 떨어지기 일쑤였다. 하지만 무연화약 덕분에 전투 '정지시간'이 사라지고 연속 사격이 가능해졌다.

> 베르됭 전장에서는 1m²마다
> 포탄이 하나씩 떨어졌다.

한편, 포병 전력은 상당히 발전했는데, 특히 사정거리가 확연히 증가했다. 착발신관을 갖춘 고폭탄이나 시한신관을 갖춘 대인탄 등은 적군에 큰 피해를 입힐 정도로 위력을 발휘했다. 게다가 사정거리가 늘어나 '시야 범위 밖으로' 포격이 가능해진 포병들은 6~10㎞ 밖에서 벌어진 포격 결과를 직접 대면하지 않게 되면서 죽음에 대한 죄의식에서도 벗어나게 되었다. 그 밖에 다른 문제는 전쟁의 산업화가 모두 해결해주었다. 40㎢ 규모의 베르됭 전장에서는 1m²마다 포탄이 적어도 한 발씩은 떨어질 수 있도록 계산됐다.

제1차 세계대전이 발발하기 전에 이미 전문가들은 이 모든 변화를 알고 있었다. 1904~1914년의 전쟁문학은 미래 전쟁의 사상률에 대한 질문으로 점철됐다. 19세기 말에 대규모 군대가 육성된 결과, 1914년 한 해 동안 굉장히 많은 병사가 전투에 투입되었으며, 이는 각 전장에서 어마어마한 인명 피해가 발생했던 이유를 설명해준다. 예컨대 1914년 8월 초 벨기에를 침략한 150만 명의 독일군은 역사상 최대 규모의 침략군이었다.

나중에서야 과거의 전투 형태를 재발견했던 참호전 시기에 인명 피해가 개전 이후 처음 몇 달간보다 적었던 것으로 밝혀졌지만, 당시 참호전이야말로 인류의 전투 경험을 근본적으로 바꾸어놓았다는 사실에는 변함이 없다. 실제로 참호전은 제일선에 배치된 병사들에게 가장 큰 트라우마를 야기하는 것으로 드러났다. 전장의 제일선 부대는 늘 적군의 포화와 습격, 대대적인 공습 및 독가스 살포 따위에 대한 두려움으로 경직되어 있었다. ■

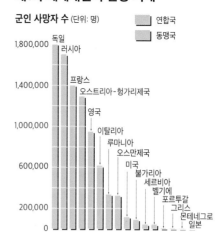

제1차 세계대전의 인명 피해

군인 사망자 수 (단위: 명)　□ 연합국　□ 동맹국

독일
러시아
프랑스
오스트리아-헝가리제국
영국
이탈리아
루마니아
오스만제국
미국
불가리아
세르비아
벨기에
포르투갈
그리스
몬테네그로
일본

1917년, 영국 외무장관 밸푸어는 팔레스타인에 유대인을 위한 민족국가를 수립하는 데 동의했다. 이것이 바로 그 유명한 '밸푸어 선언'이다. 2005년에 출간된 한 팔레스타인 교과서는 이 사건에 대해 다음과 같이 의견을 밝혔다.

이 선언은 전 세계에서 기이한 국제 문서 중 하나일 것이다. 이 선언의 저자는, 원주인이자 땅을 소유할 자격이 있는 팔레스타인의 아랍 민족을 희생시켜가며 자기가 소유한 것도 아닌 땅(팔레스타인)을 소유할 자격이 없는 단체(시오니즘 단체)에 넘겼다. 이 때문에 한 나라가 무력에 의해 몰수당하고, 전 민족이 이동하기에 이르렀다. 이는 역사상 전례가 없는 일이다.

↖↖ 〈전쟁〉, 오토 딕스, 1932년.
'신즉물주의'를 대표하는 예술가들은 1914~1918년의 야만에 대한 반동으로 노골적이고 냉소적인 현실주의를 지지했다. 참호전을 경험하고 돌아온 화가 오토 딕스는 〈카드 게임을 하는 상이용사들〉(1920) 같은 작품에서 생기 없는 얼굴과 난자된 신체로 화폭을 채우며 전쟁의 '야만성'을 표현했다. 시체가 널린 음울한 전장을 그린 그의 유명한 삼단 제단화 〈전쟁〉은 사회참여적 평화주의자인 오토 딕스의 대표작이 되었다. 나치스 치하에서 그의 작품은 '타락한 예술'이란 평가를 받으며, 많은 작품이 불태워졌다.

← 제1차 세계대전 당시 프랑스의 한 군수 공장에서 포탄을 생산하는 모습. 디지털 채색.

반란, 탈영, 불복종

군대 내 반란 및 불복종은 오랫동안 공식적 담론에서 국가 통합을 저해하는 반애국적 행위로 간주됐다. 그러나 전쟁에 대한 공포를 은연중 드러내는 불복종 행위는 정치·군사 제도가 전쟁을 거부하는 병사에게 어떤 방식으로 전쟁을 강요하는지를 잘 말해준다.

전시에는 불복종하거나, 전투를 피하기가 쉽지 않다. 1914년, 민족주의자들이 전쟁을 열광적으로 지지하는 분위기에서 전쟁이 선포되자, 유럽 전역에서 병사들이 강제로 동원되어 부대에 배치되었다. 평화를 보전해줄 거라고 일부의 기대를 받았던 국제 사회주의자 조직 제2인터내셔널은 무력했다. 특히 1914년 7월 31일 파리에서 광신적 주전론자에게 사회주의자 장 조레스가 암살당한 이후 이 현상은 더욱 극심해졌다. 이리하여 독일 신병과 영국 지원병, 차르의 백성과 프랑스 지식인에 이르기까지 모두가 단기간에 끝날 소극적인 전쟁이리라고 굳게 믿었던 전쟁이 시작되었다.

'비전투병' 전략

대부분이 이렇게 믿었던 만큼, 전쟁에 거부 반응을 보이는 경우는 드물었다. 금세 끝날 것 같지 않은 참호전이 벌어진 상황에서도 제일선의 끔찍한 상황을 병사들은 종종 연대감과 소속감을 가지고 '받아들였다'. 병사들이 복종했던 것은 장교들이 강온 양면술을 상호보완적인 차원에서 구사하며 매우 효율적으로 지휘했기 때문이기도 하다. 장교들은 대체로 '자기' 병사들에게 가족애적인 온정적 태도를 보였지만, 머뭇거리거나 잘못을 저지른 병사에게는 엄격하고 단호히 대처했다. 전쟁 초기부터 프랑스 군법은 탈영병이나 불복종 분자로 추정되는 병사들을 처형함으로써 본보기를 보였다. 1914~1915년 사이 500명 이상이 처형당했다.

이러한 상황에서, 1917년까지는 당시에는 생각조차 하기 어려웠던 공개적인 반란보다는 회피 전략이라고 할 수 있는

사적이며 은밀한 전쟁 거부 사례가 왕왕 있었다. 자해 사건은 어느 군부대에서나 일어났는데, 참호에서 벗어나고 싶어서 자기 손바닥에 총을 쏘기도 했다. 또 다른 합법적 방식으로는 '비전투병' 전략이 있었다. 장군의 운전병처럼 전쟁에 덜 노출되는 보직을 얻는 것이었다. 명령을 거부한다는 것은 곧 자리를 지키지 않는다는 뜻이기도 했는데, 예컨대 부대가 전장으로 향할 때 후방에 남아 있는다거나 휴가가 끝난 뒤에도 바로 복귀하지 않는 경우가 그랬다. 마침내 집단적 불복종 사태가 발생했는데, 1916년 5월 베르됭에서 프랑스 제154연대가 참호에서 나와 전투 수행을 거부했다.

1917년에는 새로운 가능성이 열렸다. 인명 손실로 인한 중압감과 정치적·군사적 양상의 변화는 종전에 대한 열망

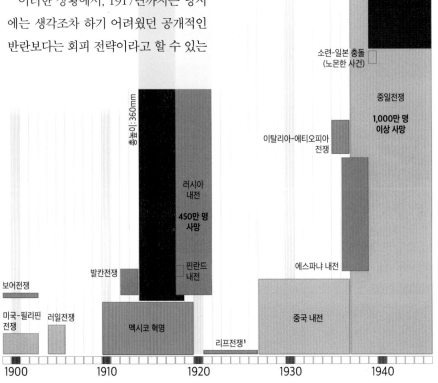

20세기 분쟁으로 인한 사망자 수

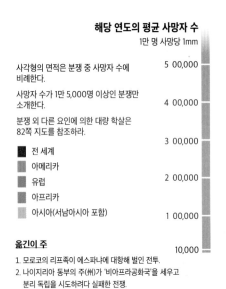

해당 연도의 평균 사망자 수

1만 명 사망당 1mm

사각형의 면적은 분쟁 중 사망자 수에 비례한다.

사망자 수가 1만 5,000명 이상인 분쟁만 소개한다.

분쟁 외 다른 요인에 의한 대량 학살은 82쪽 지도를 참조하라.

■ 전 세계
■ 아메리카
■ 유럽
■ 아프리카
■ 아시아(서남아시아 포함)

옮긴이 주
1. 모로코의 리프족이 에스파냐에 대항해 벌인 전투.
2. 나이지리아 동부의 주(州)가 '비아프라공화국'을 세우고 분리 독립을 시도하려다 실패한 전쟁.
3. 콩고민주공화국 키부 주의 풍부한 자원을 놓고 역내 세력들이 충돌한 분쟁.

을 부채질했으며, 전장에서 단호하고 투쟁적인 병사들은 집단행동을 통해 이러한 열망을 실현하려 했다. 특히 러시아에서 소비에트 군위원회에 소속된 부대들의 불복종은 혁명의 수레바퀴를 움직이는 중요한 요소로 작용했다. 프랑스와 이탈리아도 1917년 봄과 여름에 수많은 반란의 움직임을 경험했다. 이탈리아에서는 군 간부들이 가차 없는 규율을 강요했던 만큼 사태가 한층 폭력적이었으며, 프랑스에서는 항의의 문화가 자리잡혀 있었기에 반란병들이 훨씬 조직적으로 종전을 요구했다. 하지만 도처에서 혹독한 진압이 이루어졌다.

오스만제국이나 오스트리아-헝가리제국 같은 나라의 군대 또한 1917~1918년 사이 민족 분리주의에 힘입은 대대적인 탈영 사태를 겪었다. 일례로 오스트리아-헝가리제국 군대에서 체코, 슬로바키아, 폴란드 병사들이 대거 탈영했다. 병사들의 전쟁 거부 사태는 그보다 좀 더 평화주의적인 분위기의 노동자 파업과 어우러져 사회적 쟁의의 범위를 더욱 확대시켰다. 이처럼 사회와 군대의 불복종이 결합된 역동적인 움직임이야말로 휴전 이틀 전인 1918년 11월 9일에 제정을 무너뜨린 독일 혁명의 특징이었다.

요컨대 제1차 세계대전 당시의 전쟁 거부 사태는 병사들의 전투 경험에 대한 이해와 함께 전장에서의 불복종을 예고하거나 허용했던 사회적 사건들과의 연관성을 깨닫게 해준다. 더 나아가 전시에 국가가 개인의 자유를 제한할 경우, 시민으로서의 권리와 의무는 어떻게 되는지에 관한 근본적인 물음을 제기한다. ■

참고자료

1907년, 판매 급감으로 파산한 프랑스 랑그독 지역 포도 재배업자들이 폭동을 일으켰다. 조르주 클레망소 총리의 명령에도 불구하고 나르본 제17보병연대는 방아쇠를 당기길 거부하고 포도 재배업자들의 편에 섰다. 대중가요 〈17연대에 영광 있으리〉는 이들에게 바친 노래이다.

그대들의 정당한 분노요/거부는 커다란 의무일지니/권력을 쥔 거물들을 위해/그 아버지와 어머니 들을 죽여서는 안 되오/병사여, 그대들의 양심은 깨끗하다오/프랑스인들끼리 총검을 겨누어서는 안 되오/그대의 총검을 붉게 물들이길 거부한/젊은 병사들이여, 그렇소, 그대들은 잘했소!

그대들에게 구원 있으리/17연대의 용감한 병사들이여/구원 있으리! 용감한 보병들이여,/모두가 그대들을 찬양하고 사랑하오/그대들에게 구원 있으리/그대들의 행동은 아주 훌륭했소/그대들이 우리에게 방아쇠를 당겼다면/공화국을 죽인 셈이었으리

그대들은 프랑스를 사랑하오/나는 확신하오, 그대들은 프랑스를 사랑하오/그대들이 붉은색 군복 바지를 입었더라도/그대들은 여전히 시민이라오/조국은 무엇보다 중요한 어머니요,/그대를 키워낸 안식처이니/어머니의 살해를 받아들이기보다는/벌을 받는 게 낫소

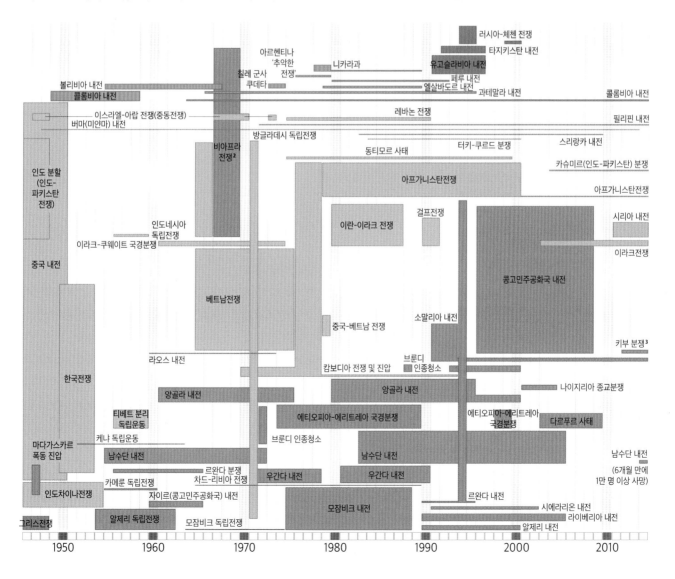

러시아 혁명에 맞선 10개국 군대

1917년 2월, 정부의 분열과 기근에 직면한 페트로그라드 민중이 봉기했다. 저항의 물결은 금세 전국으로 퍼져나가 차르를 폐위시키기에 이르렀다. 이리하여 세 차례의 임시정부 교체라는 정치적·사회적 혼란의 시대가 열렸다. 그해 10월 볼셰비키는 권력을 장악하고, 러시아 소비에트연방 사회주의공화국을 창설했다. 그리고 사회주의 독립국을 열망했던 볼셰비키파 적군과 서구 열강들의 지지를 받았던 반혁명파 백군이 대치한 러시아 내전이 시작됐다.

'백군' 반혁명 세력이 볼셰비키 혁명에 맞서 승리할 수 있도록 지원한 서구 민주주의 국가들의 십자군전쟁을 '대소(對蘇) 간섭전쟁'이라 한다. 1917년 2월(서력西曆으로는 3월) 차르정(政) 폐지 당시, 서구 정치 지도자들 간에 의견이 분분했지만 러시아와의 동맹이 더는 '수치스러운' 일이 아니게 되었다는 데 만족했다. 이제 독일제국과 오스트리아-헝가리제국에 맞설 하나의 단결된 민주주의 전선이 결성된 것이다. 한편으로, 이들은 혁명에 필연적으로 따르게 마련인 소요 사태로 인해 러시아의 전쟁 수행에 차질이 생길까 우려했다.

이러한 우려는 러시아군 전체를 뒤흔든 군사 반란과 새로운 권력기관인 페트로그라드 소비에트가 '병합이나 배상이 없는 평화'를 표방하는 바람에 더욱 커졌다. 더군다나 레닌이 이끄는 사회파 소수정당인 볼셰비키당은 4월 4일 이후 "모든 권력을 소비에트로" 돌리고, "즉각적인 평화"를 이룰 것을 요구했다.

교수대에 매달린 사형수를 지탱하는 목줄처럼

러시아인들의 호전적인 열기를 부추기려는 의도로 연합국 측은 페트로그라드에 두 사절단을 보냈다. 하나는 각국 정부와 새로운 관계를 확립하기 위해서였으며, 다른 하나는 사회주의당 간에 관계를 맺기 위해서였다. 그런데 러시아 혁명을 목격한 사절들은 그 광경에 사로잡혀 점차 소비에트의 이상을 지지하는 쪽으로 돌아섰다. 자국 정부의 이익에만 급급했던 수줍음 많은 대변인이었던 연합국 사절단은 혁명의 영광스러운 예찬자가 되어 본국으로 돌아갔다. 혁명이란 이토록 전염성이 강한 것인가?

러시아의 새 전쟁부 장관으로 취임한 중도파 사회주의자 알렉산드르 케렌스키는 어떻게든 전쟁이 계속되길 바랐던 나머지, 1917년 6월 갈리치아 지방에 공세를 개시했다. 이는 무익한 공격이었으며, 결과적으로 볼셰비키들이 주도한 7월 시위를 촉발했다.

이후 러시아 참모부는 케렌스키를 제거하기로 결정했다. 그것이 바로 라브르 코르닐로프 장군의 쿠데타였다. 페트로그라드의 연합국 측 사절단은 볼셰비키들을 숙청하고 러시아에 군사정권을 세우도록 부추겼다. 영국의 올리버 로커-램슨 소령은 코르닐로프 장군에게 자신의 장갑차와 병사 들을 제공했다. 그러나 쿠데타는 실패로 돌아갔고, 볼셰비키들은 케렌스키를 지지하기로 결정했다. 레닌의 표현에 따르면 이 지지는 "마치 교수대에 매달린 사형수를 지탱하는 목줄" 같은 역할을 할 터였다.

독일과의 단독 강화조약

그해 10월에 발발한 혁명이 레닌 정권의 수립으로 귀결됐을 때, 연합국 측이 이 새로운 러시아 정권에 적대감을 보였던 것은 당연한 일이다. 연합국 측이 레온 트로츠키와 레닌의 평화 제안을 거부했기 때문에, 1918년 3월 브레스트-리토프스크(벨라루스의 도시 브레스트의 옛 이름-옮긴이)에서 러시아 혁명정부는 독일과 '단독 강화조약'인 브레스트-리토프스크조약을 체결했다.

이에 연합국은 러시아 혁명정부의 결정을 제2전선(러시아와 독일이 맞붙었던 동부 전선-옮긴이)의 소멸로 간주하고 러시아 북부에서 군사 개입을 감행하기로 결정했다. 이는 독일과 핀란드가 브레스트-리토프스크조약으로 이득을 보는 것을 저지하는 동시에 '적군'과 싸우기 위해서였다. '백군' 세력이 굉장히 빨리 강화되고 있고, 시베리아에서 체코 병사들이 백군에 가담했다는 사실을 확인한 연합국은 백군을 지지하기로 결정했던 것이다.

그러나 전쟁을 적절히 끝맺는 일은 계속해서 늦어졌다. 연합국 측의 조르주 클레망소와 윈스턴 처칠은 1918년 여름 마른 전투에서 승리를 거둔 이후, 군사 개입의 새로운 표적을 정했다. 그동안 자신들이 맞서 싸웠던 '독일의 우방국' 대신, 이제 '사회주의 적국'을 새로운 적으로 삼은 것이다. 1918년 조르주 클레망소는 볼셰비키주의가 "적군을 앞세운 위협적인 존재로서, 곧 병력이 100만 명에 이를 것이다"라며 "소비에트 체제를 러시아 전역은 물론이고 유럽 전역으로 확대하려

고 한다. (⋯) 그렇기 때문에 연합국은 소비에트 정권의 실각을 이끌어내야 한다"는 글을 남겼다.

외세가 개입하는 바람에
볼셰비키가
'러시아 영토의 수호자'가 되었다

이미 프랑스와 영국은 러시아에서 영향력을 발휘한 덕분에 프랑스는 우크라이나와 광물 자원을, 영국은 캅카스 지역과 그곳에 묻힌 석유 자원을 차지했다. 러시아의 동쪽 끝에는 일본군이 상륙해 동부 지역을 점령했다. 그 후 미국이 동부 시베리아에 군사 개입을 했는데, '백군'을 지원하기 위해서가 아니라 일본의 팽창을 저지하기 위해서였다.

이러한 군사 개입은 발트 해 끝에 위치한 '백군'에게만 실질적인 도움이 되었다. 발트 해 쪽 백군은 열강의 군사 개입을 틈타 한때 페트로그라드를 위협하기도 했다. 그 밖에는 재정적·물적 지원만

↑ 〈10월〉, 세르게이 예이젠시테인의 영화, 1928년.
↖↖ 〈10월의 수호〉, 로스타 통신에 실린 블라디미르 레베데프의 삽화, 1920년.

이 유효했다. '적군'이 결국 스스로의 힘으로 승리를 거머쥐었다는 점을 고려하면, 이 외세 개입은 볼셰비키를 '러시아 영토의 수호자'로 만드는 중대한 결과를 초래했다. 볼셰비키는 더 이상 '인민의 적'이 아니었다. 이것이야말로 1920년에 레닌이 강조했던 바이다. ■

↑↑ 〈(상트페테르부르크 겨울궁전을 점령하기 위한) 새벽의 공포탄〉, 목판화, 비탈리 렌친, 1917년.
↑ 러시아 영화감독 지가 베르토프가 만든 다큐멘터리 〈영화의 눈 - 즉흥적 삶〉 포스터, 알렉산더 로드첸코, 1924년.

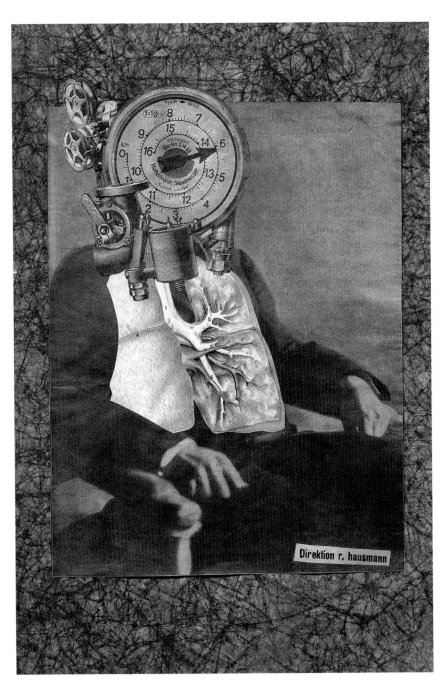

" **클**레망소 프랑스 총리는 적의 경제적 기반을 아예 파괴하고 싶어 했고, 로이드 조지 영국 총리는 일주일간 허락되는 것은 뭐든 영국으로 가져가려고 했으며, 윌슨 미국 대통령은 정의로운 일은 아무것도 하지 않으려 했다." 1919년에 영국 경제학자 존 메이너드 케인스가 쓴 이 글에서 제1차 세계대전이 끝난 뒤 주요 연합국의 전후 처리에 대한 서로 다른 관점을 엿볼 수 있다. 케인스는 이 글을 통해 베르사유조약이 '승자의 평화'를 넘어선 타협에 불과한 평화라고 시사했다.

지독한 반독 감정

일반적으로 베르사유조약은 제1차 세계대전의 가장 주요한 패전국인 독일을 대상으로 한 가혹한 조치라고 소개된다. 이 조약을 통해 독일의 군사력을 무력화하고, 독일 영토 가운데 7분의 1을 양도하도록 하고, 라인란트 지방의 비무장화를 강요하는 등 새로운 국경 안에서조차 독일의 통치권을 제한하고, 독일을 개전의 유일한 책임자로 지목했다는 점에서 이는 진실이다. 게다가 이 조약은 패전국과의 아무런 논의 없이 조정됐다. 이러한 '강요된 평화'는 나치즘의 민족주의 확산에 이상적인 토양을 제공하고, 독일의 경제 침체를 방관하고, 이제 막 정권을 수립해 이미 결정된 수많은 굴욕적 조치를 어쩔 수 없이 떠맡게 된 신생 공화국(바이마르 공화국)을 약화시킴으로써 나치즘의 성장을 부추겼다.

이처럼 베르사유조약은 조약 시행 이

베르사유에서 평화를 잃어버린 전쟁

오늘날에도 여전히 베르사유조약은 각국에서 저마다 다른 취급을 받고 있다. 독일 교과서에서는 독일에 가해진 가차 없는 제재를 강조하는 반면, 영국 교과서에서는 프랑스의 보복주의적 태도를 강조한다. 러시아에서는 신생 소비에트연방공화국이 파리 평화회의에 초대받지 못한 점에 초점을 맞추고 있다. 서로 다른 이 해석들은 역사적 일화를 구성하는 데 각국의 기억이 얼마나 큰 영향을 미치는지 보여주는 사례이다.

후의 결과에 비추어 평가되곤 하는데, 그러기 위해서는 각 조항의 내용이 구상된 구체적인 조건을 분석해야 한다. 1919년 6월 28일, 베르사유 궁전 거울의 방에서 조인식이 거행됐다. 이곳은 1871년 보불전쟁 종료와 함께 독일제국이 선포됐던 장소이기도 하다. 조약이 부당하다고 확신했던 독일 사절은 전쟁을 다시 일으키는 것까지 잠시 고려할 정도로 조인식에 참석하는 것을 망설였다.

독일 사절이 조인하기 전, 클레망소 프랑스 총리는 전쟁으로 인한 안면 부상자 다섯 명의 얼굴을 보도록 사절에게 강요했다. '호랑이'라는 별명으로 불리던 클레망소 총리는 자국 여론에 널리 퍼진 반독 감정과 만족할 줄 모르는 우파 야당을 신경 써야만 했다. 결국 프랑스 점령지 안에 위치한 자르 지방(독일의 석탄·철강 산업의 요충지인 자르 지방은 베르사유조약 체결 이후 15년간 국제연맹의 관리를 받았다-옮긴이)을 완전히 병합하지 못하고 포기해야 했기 때문에, '승리의 아버지'로 칭송받던 클레망소 총리는 얼마

지나지 않아 '승리의 패배자'가 되었다.

> 프랑스가 이득을 보는 경우를 막고자 영국은 독일의 '자력 회복'을 허용했다.

영국 정부의 우선과제는 달랐다. 로이드 조지 영국 총리는 파리평화회의 초기에는 "씨가 터질 정도로 레몬(독일을 뜻함-옮긴이)을 짜내길" 바랐지만, 1919년 3월부터는 독일에 보다 타협적인 태도를 보였다. 독일이 더는 상공업 분야와 해군력에서 심각한 경쟁자가 되지 못한다고 여겼던 그는 소위 '세력 균형'이라는 영국의 대외정책을 재확립했다. 이 정책은 영국의 패권에 도전할 만한 대륙 열강의 출현을 막기 위한 조치로서, 특히 프랑스가 이득을 보는 경우를 막고자 독일 국민의 '자력 회복'을 허용하는 것을 기본 원칙으로 삼았다. 영국 산업계가 독일에 대한 장기적인 차별정책을 열렬히 옹호했음에도 이런 식의 방향 전환이 이루어졌던 것은, 프랑스의 영향력이 갈수록 증대

하고 있음을 보여주는 셈이었다.

민주당 출신의 윌슨 미국 대통령은 보편적 평화라는 기독교적 이상을 내세우는 한편, 동시에 새로운 국제질서에서 1914년 이전 유럽의 패권이 재현되는 것을 막기 위해 대서양을 건넜다. 이처럼 평화와 지배욕의 양면성은, 윌슨 대통령의 제안을 받아들여 베르사유조약의 첫 번째 조항이 된 국제연맹(League of Nations, 국제연합의 전신)의 탄생을 관통하고 있던 요소이다. 비록 짧은 기간이나마 헝가리소비에트공화국이 등장했던 1918~1919년의 헝가리 혁명에 큰 충격을 받은 윌슨 대통령은 동유럽 국가들이 볼셰비즘에 대한 효과적인 보루가 될 수 있을지 의심스러웠다. 그래서 신생 민주정권인 독일의 자립 여부가 중요했던 것이다.

제재 수단이 없는 기관

역사학자 에릭 홉스봄은 "거의 완벽한 실패"라는 말로 단명한 국제연맹을 평가했다. 국제연맹은 강제력이 없는 기관인 만큼 연맹의 견해를 강요할 수 없었으며, 이 기관의 대부 격이라 할 수 있는 미국의 이탈로 곤란을 겪었다. 공화당원이 대다수인 미국 상원이 베르사유조약의 비준을 거부했던 것이다. 미국은 끝내 국제연맹에 참여하지 않았다. ■

← 〈모두가 자기 일을 했다면 세계는 평화롭게 돌아갔을 터이다〉, 1939년.

풍자 주간지 《마리안느》 1939년 10월 363호에 게재된 마리누스(마리누스 야콥 켈트고르)의 포토몽타주. 히틀러가 실제 베를린 거리에 서 있는 것처럼 합성한 이 사진은 히틀러가 회화를 취미로 삼으며 화가의 길을 걷는 데에 실패했다는 사실을 떠올리게 한다.

쉬어가기

2004년 12월, 《뉴욕타임스》는 중국 교과서의 서술 내용이 정부의 공식 견해와 일치한다는 점을 강조했다.[1] 정부의 엄격한 통제를 받는 고등학교 교과서에서는 중국이 '방어전'만 펼쳤던 '평화적 국가'라고 서술돼 있다. 아무래도 중국은 1950년의 티베트에 대한 군사 개입과, 친소비에트 정권인 베트남 북부를 침공했던 1979년 2~3월의 중국-베트남 전쟁을 까맣게 잊어버린 모양이다.

1. 하워드 프렌치, 〈중국의 역사 교과서 왜곡과 축소(China's textbooks twist and omit history)〉, 《뉴욕타임스》, 2004년 12월 6일자.

구세계를 뒤흔든 제국의 몰락

1914년 당시 세계에는 53개의 독립국과 주권국이 존재했다. 1932년에는 77개국으로 늘었다. 그사이 제1차 세계대전의 충격파는 오스만제국과 오스트리아-헝가리제국의 해체를 촉발했다. 비잔틴제국 이후 지중해 동부를 지배했던 이 두 열강의 몰락은 일종의 대재앙이었으며, 지금도 팔레스타인에서부터 구 유고슬라비아에 이르기까지 그 여파가 남아 있다.

19년 제1차 세계대전을 종결시킨 베르사유조약으로 인해 독일제국과 러시아제국만 사라진 것이 아니었다. 과거 지중해 동부의 드넓은 지역과 북아프리카의 아랍 지방(모로코 제외)을 지배했던 오스만제국은 아나톨리아 고원(현 터키)과 그 연안 지방으로 축소됐다. 한편, 오스트리아-헝가리제국은 해체되어 오스트리아와 헝가리, 체코슬로바키아, 그리고 나중에 유고슬라비아가 되는 세르비아·크로아티아·슬로베니아 왕국이 탄생했다.

두 제국이 붕괴된 주요 원인은 유럽에서 시작된 민족주의 열풍이 발칸 반도와 아나톨리아 고원지대, 시리아-메소포타미아 전역으로 퍼져나갔기 때문이다. 이 지역들에서는 고대 이후 비록 인종과 언어가 달랐지만 종교적 연관성을 바탕으로 주민들이 서로 뒤섞여 살아왔다. 그런데 민족국가라는 정치 모델에 대한 관심이 커지고, 1798~1799년 나폴레옹의 이집트와 팔레스타인 원정으로 시작된 지중해 연안 남동부의 식민지 쟁탈전에 유럽 국가들이 뛰어들어 경쟁하자, 19세기 내내 이 지역의 정세는 요동쳤다.

이 지역의 종교적·민족적 공동체들은 외교관과 선교사, 근대적 교육기관의 촘촘한 연결망을 통해 유럽 열강의 '고객'이 되었으며, 서구 열강이 이들에게 제공한 약속은 오스만제국과 오스트리아-헝가리제국의 통일성을 문제 삼는 강력한 분리주의적 움직임을 낳았다. 유럽의 강대국들이 '소수민족'에 권리를 부여해야 한다고 압력을 행사하는 상황을 이용해, 역내 공동체들은 정치화되기에 이르렀다.

그때까지 대부분의 역내 분쟁과 폭력은 농촌 지역에서는 물이나 토지 같은 희소 자원의 분배와, 도시 지역에서는 상업적·경제적 경쟁과 관련된 것이었다. 게다가 다양한 역내 공동체의 지식인 계층이 두 제국의 경영에 관여하고 있었다. 오스만제국의 행정에 그리스인과 보스니아인, 아르메니아인도 참여했으며, 오스트리아-헝가리제국의 행정

제국의 해체

축소된 제국
- 1914년 당시 독일제국
- 독일이 상실한 영토(베르사유조약)
- 1914년 당시 러시아제국
- 러시아가 상실한 영토

조각난 제국
- 1914년 당시 오스트리아-헝가리제국
- 1914년 당시 오스만제국
- 국제연맹의 위임통치 지역
- 1918년 이후 확립된 국경(1925년 상황)

← 아르메니아 학살 사건 당시 아이들과 함께 추방당한 사람들, 1915년 9월.

에는 헝가리인과 크로아티아인이 참여했다.

민족적 혹은 종교적 국가주의가 대두하자, 오스만제국의 반응은 둘로 나뉘었다. 술탄(아랍권 정치 지배자)들은 유럽의 식민 회사에 맞서서 범이슬람주의 연대를 내세운 반면, 튀르크 청년 장교들은 투란주의를 중심으로 결집했다. 투란주의는 오스만제국을 구성하는 모든 다른 인종에 비해 튀르크 '인종'이 우월하다는 신념으로, 이러한 확신이 청년 장교들의 이념적 구심점이 되었다.

제1차 세계대전의 종식과 함께 지중해 동부 지역에서 대학살과 강제이주가 유발된 점은 별로 놀랄 일도 아니다. 사건은 아르메니아인과 튀르크인, 쿠르드인과 아르메니아인, 쿠르드인과 튀르크인, 불가리아 정교회 신자와 튀르크인 사이에서 벌어졌다. 그 과정에서 수백만 명이 목숨을 잃거나 삶의 터전이 파괴되었다.

프랑스와 영국은 1916년 사이크스-피코협정을 맺어 서남아시아를 분할한 뒤, 1922년에 팔레스타인을 영국의 위임통치로 넘겼다. 영국은 1917년 그 유명한 밸푸어 선언으로 유대인들에게 '민족국가' 수립을 약속했다. 이 약속은 차후 팔레스타인 주민이 겪게 될 영토 상실을 예고하는 것이었다.

역사에서 잊히다

이러한 개입은 승전 이후 영국 지도자들이 아랍 민족들에게 했던 약속, 즉 헤자즈에서부터 메소포타미아까지 아우르는 통합 아랍 왕국을 건설해주겠다고 한 약속과 완전히 모순되는 것이었다. 서남아시아의 이 전략적 요지에서 지금도 혼란스러운 정국이 계속되고 있음에도 근대사 서술에서 이데올로기 문제가 워낙 큰 비중을 차지하고 있는 탓에 오스만제국과 오스트리아-헝가리제국의 몰락은 역사에서 잊혔다.

유고슬라비아가 국가 창설 70년 만에 피를 흘리며 해체된 점이나 팔레스타인 민족이 여전히 고통 속에서 살아가고 있는 점, 그리고 말할 것도 없이 1992년 체코슬로바키아가 (다행히도 평화롭게) 분할된 점은 이 지역의 혼란상을 그대로 보여준다. ■

식민지의 선구적 항쟁

식민지 제도가 붕괴한 것은 제2차 세계대전 이후지만, 이미 1920년대부터 균열이 나타나기 시작했다. 이집트, 시리아, 인도, 리비아, 마다가스카르의 민중들은 식민 지배에 항거하며 독립 의지를 표출했다. 별로 주목하지 않는 이 시기야말로 식민지 해방을 향한 긴 여정의 출발점이었다.

1914년 8월 초의 세계지도를 보면, 별다른 의문의 여지가 없다. 남아메리카를 제외한 전 세계가 몇 안 되는 열강과 다수의 식민지·위임통치 지역으로 나뉘어 있으며, 후자는 대부분 영국과 프랑스 혹은 독일과 일본의 영향 아래 놓여 있다. 식민지 인구는 전 세계 인구의 대부분을 차지했으며, 이러한 질서는 견고한 듯 보였다.

하지만 제1차 세계대전은 이 체제에 최초로 균열을 일으켰다. 식민지 민중들이 기존의 사고방식에서 벗어나 투쟁을 일으키게 된 데에는 다양한 요인이 작용했다. 그 첫 번째 요인은 전쟁 당시 수십만 명의 '식민지' 병사가 징집되었다는 점이다. 그들은 무기 사용법을 배워 전장에 나갔다. 그리고 그곳에서 그들은, 아프리카의 군인 출신 작가인 아마두 함파테 바의 표현에 따르면, "영웅과 용감한 사람뿐 아니라 (백인은 천하무적이라는 환상을 깨준) 겁에 질려 울부짖는 백인들"을 목격했다.

두 번째 요인은 1918년 1월 8일 윌슨 미국 대통령이 의회에서 발표한 '14개조 평화 원칙'이다. 이 원칙에는 민족자결권이 반영돼 있지만 동시에 식민지 민족에 대한 엄격한 제재도 공존했다. 민족자결주의를 중시하면서 한편으로는 멕시코, 아이티, 도미니카공화국 등 라틴아메리카 국가에 군사 개입을 확대했던 윌슨 대통령의 이중적 발언을 주목해야 한다.

세 번째 결정적인 요인은 볼셰비키 혁명과 그 메시지였다. 볼셰비키 혁명은 동방의 민족들이 유럽의 프롤레타리아 계급과 손을 잡고 제국주의를 종결시켜야 한다고 호소했다. 1920년 9월 바쿠에서 아랍인과 쿠르드인, 터키인, 인도인, 페르시아인, 중국인 등 2,000여 명의 대

표단이 참석한 '동방피압박민족대회'가 처음으로 열렸다.

세계 도처에서 항쟁이 일어나고, 독립 의지가 표출됐다. 1919년 이집트의 와프드운동(와프드당을 중심으로 영국의 철수와 입헌군주제 개헌을 요구한 이집트 민족주의운동-옮긴이), 1925년 시리아인의 대프랑스 봉기, 1919년 중국의 5·4운동, 1920년 인도 국민회의당 창설(조직 자체가 창설된 것은 1885년이나, 1920년 마하트마 간디가 당대표로 선출되면서 국민회의당은 영국의 식민지 통치에 맞서 싸우는 대중운동 조직으로 탈바꿈했다-옮긴이), 1920년 영국의 식민지 지배에 맞선 이라크의 무장저항운동, 1920년대 이탈리아의 점령에 맞서 싸운 오마르 알-무크타르의 무장저항운동, 1929년 마다가스카르 최초의 대규모 시위 등이 일어났다.

이러한 운동들은 동시다발적으로 일어났으며 전략적으로 공통점을 지녔다. 먼저, 평등과 자유에 관한 서구 세계의 견해를 서구 열강에 고스란히 되돌려주었던 것이다. 식민지 각국에서 벌어졌던

↑ 독일 풍자화가 오스카어 가르펜스가 바라본 모로코 독립전쟁과 시리아의 드루즈 항쟁, 1925년 8월.

← 시리아 혁명(1925~1927) 당시 유격대 기병으로 이루어진 '드루즈 중대'는 프랑스 당국에 충성을 다하며 혁명에 가담하지 않고 남았다.

저항들은 점차 연합과 통일을 추구하는 흐름으로 이어졌다.

1927년 벨기에 브뤼셀에서는 반제국주의연맹 총회가 열렸다. 총회 참석자는 대부분 공산·사회주의당 혹은 급진적 민족주의운동 출신이었으며, 물리학자 알베르트 아인슈타인과 작가 로맹 롤랑이 이 모임을 지지했다. 또한 이 모임은 공산주의 인터내셔널(일명 '코민테른')뿐 아니라 타이완의 장제스 총통이 이끄는 중화민족주의운동 세력인 중국국민당의 재정 지원을 받았다. 뒷날 이름이 알려진 지도자들, 즉 독립국 인도네시아의 수카르노 초대 대통령, 알제리 민족주의운동의 시조 메살리 하지, 페루의 아메리카혁명인민동맹 당수인 빅토르 라울 아야 데 라 토레, 남아프리카 유색인종회의 의장 제임스 라구마 등이 자리를 빛냈다. 나중에 인도 총리가 된 자와할랄 네루는 자서전에서 이 모임을 통해 "피식민국 또는 종속국이 직면한 문

제 중 일부를 이해하는" 데 도움을 받았다고 밝혔다.

'수천 킬로미터 떨어진 곳에서'

30년 후, 비동맹운동의 모태가 된 1955년 반둥 회의에서(130쪽 참조) 수카르노 인도네시아 대통령은 브뤼셀 총회에 관해 이렇게 말했다. "브뤼셀 총회에 참석한 존경스러운 대표들은 서로의 독립 투쟁에 새로운 열기를 불어넣었다. 그러나 회의 자체는 각 나라 대표들의 고향에서 수천 킬로미터 떨어진 곳, 낯선 대륙의 타국에서 외국인들 사이에서 열렸다. 그 회의가 그곳에서 열렸던 것은 선택할 여지가 없는, 어쩔 수 없는 일이었다. 오늘날의 상황은 그 당시와 매우 큰 차이가 있다. 우리 민족과 나라는 더 이상 식민지가 아니다. 오늘날 우리는 자유롭고, 주권이 있으며, 독립적이다. 우리는 다시 우리 나라의 주인이 되었다. 우리는 더 이상 다른 대륙으로 가서 모일 필요가 없다." ■

세계의 교과서 들여다보기 ● 시리아

1920년 이래 프랑스 위임통치하에 있던 시리아는, 몇 년 뒤 식민지 열강의 가혹한 대우에 맞선 항쟁의 무대가 되었다. 이후 항쟁 경험은 국가에 대한 자긍심의 원천이 되었다. 2008년 시리아 정부가 출간한 교과서에서는 이러한 내용을 폭넓게 다루고 있다.

항쟁은 1925년 7월 술탄 파샤 알-아트라시에 의해 드루즈 산맥에서부터 시작됐다. 혁명군은 카프르와 수와이다, 마즈라, 무사이프라 전투에서 대승을 거두었다. 그들은 오아시스 도시인 다마스쿠스를 점령했고, 그곳에서 조바르, 말리하, 주르 전투에 참가했다. 또한 그들은 프랑스 고등판무관(식민지나 보호국에 파견된 본국의 상임 사절-옮긴이)이 근무하는 아젬 궁전을 공격했다. 그러자 프랑스 고등판무관은 다마스쿠스를 중포로 폭격하라는 명령을 내린 후 베이루트로 피신했다. 다마스쿠스 폭격은 전 세계적인 항의의 물결을 촉발했다. 이 때문에 프랑스는 고등판무관 사라이 장군을 민간인인 주브넬로 교체해야 했다. (…) 점차 혁명군은 시리아 전체와 레바논 일부 지역으로 점거를 확대해나갔다. 이 과정에서 혁명군 수백 명이 영웅적인 죽음을 맞았으며, 반식민주의 항쟁의 단결을 공고히 했다. 또한 이 항쟁은 민중항쟁이었다. 시리아 민중은 자신들의 의지를 '독립은 스스로 쟁취하는 것이지 주어지는 것이 아니다'라는 슬로건에 담았다. 이 사건은 프랑스인이 시리아를 점유할 수 없다는 것을 분명히 보여주었다.

프랑수아 콜라르의 사진.

↖ 프랑스 알프마리팀 주 에 위치한 그라스 지역에서의 자스민 수확, 1931년.

↑ 프랑스 오랭의 뮐루즈 시에 위치한 알자스 기계 제조회사에서 일하는 철공기술 노동자, 1931~1934년.

→ 프랑스 생투앵 지역의 알스톰 공장에서 전동기 고정자 제조 중, 1931~1934년.

라파엘 헬레의 사진, 2010년.

↖↑↙ 은행의 자산관리회사에서 근무하는 모습, 파리 라데팡스.

3

양차 세계대전 사이

(1920~1939)

한때 사회와 정치를 움직이는 우수한 동력이었던 노동자들은
서구 국가가 서비스 경제로 완전히 전환하게 된 1980년대부터
그 영향력을 상실했다. 그러나 공장은 사라지지 않고, 임금이 더
낮은 남반구에 자리 잡았다.

1929년, 대공황으로 히틀러가 권력을 잡았다?

프랑스 잡지 《이스투아르(l'Histoire)》를 필두로, 미디어 대부분이 사회문제와 인종차별주의의 확산이 기계처럼 맞물려 돌아가고 있던 상황에서 '1929년 대공황이 터지자 히틀러가 권력을 잡게 되었다'라고 설명한다. 그러나 이 설명은 나치스 정당이 재계의 적극적 지원이 없었다면 독일연방의회를 점령하지는 못했을 것이라는 점을 간과하고 있다.

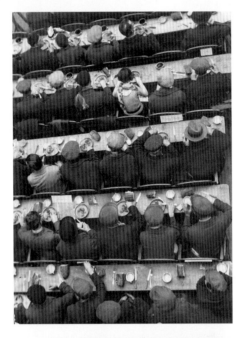

→ 구호 식량을 먹고 있는 실업자들, 베를린, 1933년.

↓ 히틀러는 권력을 잡은 지 한 달 만에 총선거를 조직했다. 이 사진은 베를린의 한 투표소 앞에서 유권자들에게 위압감을 조성하며 선거운동을 하는 나치스를 찍은 장면인데, 사진 속의 나치스를 쳐다보는 경제장관 알프레트 후겐베르크(사진 가운데 중산모자를 쓴 남성)가 눈에 띈다.

↘ 뒤러의 유명한 판화 〈멜랑콜리아〉에서 영감을 얻어 그린 '독일의 극심한 우울증'. 1930년 9월 15일자 풍자 잡지 《심플리치시무스(Simplicissimus)》의 표지.

19 29년 10월 29일, 월스트리트 주식시장에서 주식 1,600만 주가 헐값에 매각됐다. 며칠 뒤 주식시장이 폭락해 예금자들이 줄줄이 파산했다. 그 후 3년간 미국 실업률이 3%에서 24%로 증가했고, 산업 생산량이 절반으로 떨어졌다. 이 위기는 영국과 프랑스, 오스트리아, 일본, 아르헨티나, 브라질 등 전 세계로 급격하게 확산됐다. 경제 면에서 특히 미국에 부채와 투자 등 의존도가 높았던 독일이 큰 타격을 입었다. 이러한 위기가 1933년 1월에 아돌프 히틀러가 권력을 잡는 데 영향을 미쳤다는 것이 익히 알려진 분석이다.

그러나 이 분석은 독일의 국내 정치가 위기에 빠졌을 때 자본이 핵심적인 역할을 하면서 나치즘의 확산을 이끌었다는 점을 설명하지는 못한다. 1928년 6월, 독일사회민주당(이하 '사민당') 당원이었던 헤르만 뮐러가 불안정한 연립내각의 총리가 되었다. 그러나 그는 실업급여를 보장하기 위한 연정 타협안이 부결되자 1930년 3월에 총리직을 사임했다. 군 출신인 바이마르공화국 대통령 파울 폰 힌덴부르크는 뮐러의 후임 총리로 가톨릭중앙당 국회의원

인 하인리히 브뤼닝을 지명했다.

브뤼닝은 기업 경영자들의 실업보험 분담금을 4.5% 인상하는 안을 의회에 상정했지만 국회의원들은 이를 부결했다. 이후 의회는 해산되고 1930년 9월 14일에 총선거가 실시되었다. 이 선거에서 국가사회주의독일노동자당(이하 '나치스', 히틀러가 주도했던 독일의 파시즘 정당인 나치스의 정식 명칭-옮긴이)은 지지율이 1928년 2.6%에서 18.3%까지 올랐다. 그 당시 나치스는 루르 지역 석탄업계의 거물 중 한 명인 에밀 키르도프와 합동제강 회장 프리츠 티센, 라이히스방크(독일중앙은행) 전 총재 햘마르 샤흐트 등의 재정 지원을 받고 있었다. 한편, 선거

결과 과반수 의석을 획득한 정당이 없어 결국 의회의 신임을 받지 못한 내각 유형인 '대통령 내각'(다수 정당이 난립하여 내각을 선출하지 못할 때, 대통령이 비상대권인 총리 임명권을 가동해 성립된 내각-옮긴이)이 성립됐다. 이후 연이어 세 번의 대통령 내각이 구성됐는데, 그중 첫 번째 브뤼닝 내각이 출범했다. 브뤼닝 총리는 의회를 배제한 채 대통령의 권위에 의지해 총리직을 유지했다. 게다가 경제 위기뿐 아니라 재정 위기까지도 감당해야 했다.

> 경영자들은 '볼셰비즘으로 인한 혼란'에 대응하기 위해 '강력한 지도자'가 이끄는 정부를 요구했다

미국과 프랑스, 영국이 독일 은행에서 자본금을 회수하자, 많은 은행이 속절없이 파산했다. 이에 독일 정부는 긴급 구제에 나섰다. 이 과정에서 브뤼닝 총리는 경기 부양을 위해 디플레이션 정책을 택했는데, 이는 대통령의 긴급명령권 발동을 통해 이루어진 독단적 조치였다. 공공지출과 공무원 월급, 실업수당을 각각 25%, 10%, 14%씩 삭감했으며, 세금을 15% 인상하고 담배와 설탕, 맥주에 세금을 부과했다. 하지만 이 같은 경기 부양책으로 오히려 소비가 감소하고, 실업률이 급등해 1932년 2월에는 33.8%까지 올랐다. 중공업계 중심의 경영자 단체는 '국가주의적' 입장을 내세워 의회와 노조를 반대하며, 나치스를 후원했다. 1931년 10월 11일에는 하

르츠부르크 전선(브뤼닝 내각에 반대해 나치스와 우익 세력이 결성한 정치연합체-옮긴이)이 결성되어, 나치스가 권력을 잡을 수 있는 발판이 마련됐다. 하르츠부르크 전선은 '볼셰비즘으로 인한 혼란'에서 독일을 구원할 인물은 히틀러임을 암시하며 '강력한 지도자'가 이끄는 정부를 요구했다.

1932년 7월 31일에 실시된 총선에서 나치스는 37.2%의 득표율로 제1당이 되었다. 하지만 다른 정당들의 거부로 내각을 수립하지 못하자 3개월 후, 실업률이 감소하는 상황에서 다시 총선을 실시해야 했다. 이 투표에서도 나치스가 여전히 선두 자리에 올랐으나 득표율은 33%에 그쳤다. 11월 19일 기업가와 은행가로 구성된 20명의 유력 인사들이 대통령에게 히틀러를 총리로 지명할 것을 요구했다. 힌덴부르크 대통령은 1933년 1월 30일 히틀러를 총리로 임명했다. 하지만 대통령이 당시 이들의 강요로 히틀러를 총리로 임명한 것은 결코 아니었다. 경제가 회복되고 있었고 나치스 지지자들도 감소하고 있었지만, 힌덴부르크 대통령은 당시 총리였던 쿠르트 폰 슐라이허의 제안을 받아들여 히틀러를 총리로 임명한 뒤 의회를 해산하고, 두 달 후 바이마르 헌법에 따라 다시 총선을 실시했다.

히틀러가 총리로 취임한 다음 날, 구스타프 크루프는 자신이 대표를 맡고 있는 산업연맹의 이름으로 히틀러에게 지지를 보냈다. 그에 따르면, 기업가들은 '독일 국민의 복지'에 높은 관심을 보이는 정부이기에 '협조'하게 되었다는 것이다. ■

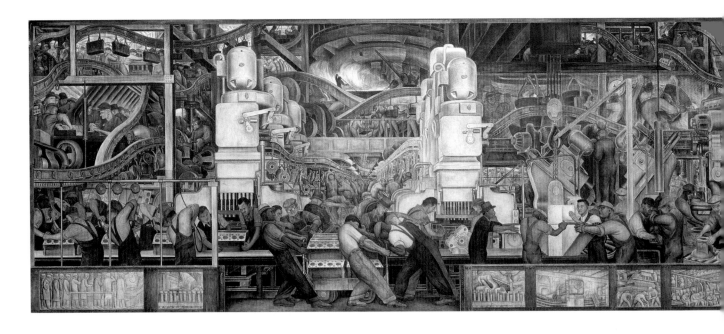

'효율성에 대한 열망'이 공장을 점령하다

20세기 전환기에 미국 엔지니어 프레드릭 테일러가 창안한 '과학적 관리법'은 공장에서의 기존 생산 방식을 완전히 뒤바꾸어놓았다. 이후 생산성 향상을 목표로 노동자의 작업 소요시간을 측정하고 불필요한 동작을 없애면서 작업 속도를 끊임없이 높여나갔다. 기계에 적용되던 효율성에 대한 관심이 이제 인간 노동에까지 확대된 것이다.

↑ 〈디트로이트의 산업 또는 사람과 기계〉, 디에고 리베라의 프레스코 벽화, 1932년.
1910년 멕시코 혁명이 일어나자, 예술가들도 단결해 '사회 및 정치, 예술에 관한 선언'에 서명했다. 이들은 귀족적인 이젤화를 버리고, 대신 공공장소의 벽에 민중들의 평범한 일상을 예술로 승화시킨 프레스코 벽화를 그렸다. 헨리 포드의 아들이 주문한 대작인 〈디트로이트 산업〉에서, 멕시코의 화가 디에고 리베라는 노동자들의 지옥처럼 끔찍한 일상을 장대한 '교향곡'으로 그려냈다.
→ 프랑스 시트로엥 자동차 공장의 조립 라인, 1934년.

제1차 세계대전은 유럽 전역의 경제 기반을 뒤흔들어놓았다. 1918년 말부터 생산체제를 바로잡거나 쇄신해야 할 필요성이 제기됐다. 당시 서유럽 국가의 정부와 기업가 들은 세계 최고 산업 강국인 미국을 본보기로 삼고자 했다. 그들은 미국의 성공 열쇠가 최첨단 기술 혁신의 설비 시설을 뛰어넘는 작업 방법에 있다고 판단했다.

프랑스에서도 앙리 르샤틀리에와 앙리 페이욜을 비롯한 몇몇 엔지니어들이 이 분야에서 선구자 역할을 했다. 그러나 가장 영향력 있는 인물은 단연 미국의 프레드릭 테일러(1856~1915)였다. 1900년 세기 전환기에 그는 산업 분야 전반에서 최소한의 노동으로 생산성을 극대화할 수 있는 시스템을 구상했다. 1911년, 그는 자신의 저서를 통해 새로운 '과학적 작업 관리법'의 원칙을 제시했다. 과학적 관리법의 필수 요소 중 하나는 바로 '시간 측정'이었는데, 노동자가 수행하는 각 작업 단위의 소요시간을 측정해서 표준화하는 것이었다.

무기 공장에서 시도된 '과학적 관리법'

1911년 미국의 무기 공장에서 과학적 관리법이 채택되자 파업이 일어났다. 테일러는 이 관리법이 노동자에게 더 나은 임금을 보장하고 최상의 생산성을 추구한다고 주장했다. 그러나 곧바로 노동조합은 그의 이론 전반을 지배하는 '효율성에 대한 열망'을 규탄했다. 1914년 이전, 테일러 이론이 드물게 적용되던 유럽에서도 이를 염려하는 움직임이 일었다. 결국 테일러 이론은 일부 산업에서만 시도될 수밖에 없었는데, 특히 자동차 산업에 국한됐다.

예를 들면, 헨리 포드는 테일러 이론을 따라 표준 작업 속도를 정하기 위해 작업 시간과, 노동자의 작업 행동 및 동작을 측정해 이를 바탕으로 자신의 자동차 회사에 조립 라인(컨베이어 벨트를 이용한 연속 조립 생산 방식으로 대량 생산을 가능하게 했다-옮긴이)을 설치했다. 그 후 1919년부터는 독일과 이탈리아, 프랑스, 영국에서 '테일러리즘'이 산업 분야에서 생산성을 향상시킬 수 있는 방법을 총칭하는 용어로 인정받게 되었다.

1920~1930년까지 조립 라인을 통한 대량 생산 방식은 제2차 산업혁명의 상징이 되었다. 프랑스에서는 1919년 파리 자벨 부두에 위치한 시트로엥 자동차 공장에 처음으로 조립 라인이 도입됐다.

CHARLIE CHAPLIN

DANS
LES TEMPS MODERNES
ÉCRIT, DIRIGÉ ET PRODUIT PAR CHARLIE CHAPLIN

← 영화 〈모던 타임스(Modern Times)〉의 프랑스어판 포스터.
찰리 채플린은 할리우드 영화사 키스톤 스튜디오의 우스꽝스러운 아이콘을 모델로 삼아 샤를로(찰리 채플린의 애칭-옮긴이)를 창조해냈다. 샤를로는 1914년작 〈베니스에서의 어린이 자동차 경주(Kid Auto Races At Venice)〉에서 첫선을 보인 캐릭터이다. 프록코트를 입은 광대 역할에서 벗어난 적 없는 영국 영화인 찰리 채플린은 1920년대에 〈키드(The Kid)〉를 시작으로 사회 풍자적인 작품에 참여했다. 그는 〈모던 타임스〉에서 컨베이어가 돌아가는 속도에 맞춰 노예처럼 일하다가 실업으로 위축된 노동자를 연기하며 대량 생산 방식을 비판했다. 미국 연방수사국(FBI)은 이 영화에 대해 미국을 비판하려고 제작된, '소련 공산주의의 입김이 서려 있는' 영화라는 혐의를 씌웠다. 결국, 찰리 채플린은 1952년에 미국 비자를 취소당했다.

↙ 1913년 미국 미시간 주 하이랜드파크에 있는 헨리 포드의 자동차 공장에 최초로 도입된 자동차 조립 라인. 디지털 채색.

르노 자동차는 1922년에 비양쿠르에 위치한 공장에 조립 라인을 설치했다.

> 1920년대부터 생산성 향상을 위한 경영 합리화가 실업률을 증가시킨다는 비난을 받았다

그런데 1926년부터 '테일러리즘'과 '포드주의'라는 개념은 규격화된 대량 생산의 길을 열어준 한 단어에 의해 뒷전으로 밀려났다. 바로 '합리화'이다. 이번에도 미국의 예를 들어보자. 1926년 당시 유럽 경제는 여전히 전쟁 이전의 생산 수준을 회복하지 못하고 있었으나, 미국 산업계는 전 세계 생산의 45%를 책임지고 있었다. 그러나 곧이어 기업의 집중과 관련된 요인으로 합리화의 문제가 제기됐다. 공산주의 인터내셔널(이

하 '코민테른')이 처음에는 노동자에게 이롭다고 생각했던 합리화에 대한 입장을 바꾼 것이다. 1928년 8월 브뤼셀에서 열린 회의에서 코민테른은 합리화가 '생산의 기술적 진보'에 어느 정도 기여했으나, 동시에 '상당수의 노동자들'을 '끔찍한 실업 상태'로 내몰았다는 점을 들어 결의안을 가결했다.

테일러는 노동자와 고용주는 물론 사회 전체의 이익을 도모하려는 선의에서 과학적 관리법을 고안했기에 이 관리 방식이 시장을 확장시키고 일자리를 창출할 것이라고 확신했다. 그러나 대량 생산으로 인한 원가 하락은 내수 시장과 수출에만 도움이 되었을 뿐이다. 자본주의를 신뢰했던 테일러는 임금 정체와 노동자의 구매력 부진의 가능성을 고려하지 않았다. 또한 이로 인해 국내 수요가 감소하면서 상품의 과잉생산이 초래되고 결과적으로 경제 위기를 야기할 수 있다는 결론을 예상하지도 못했다. ■

영세농민 사회의 더딘 종말

1967년 눈에 띄는 한 저서에서 프랑스 사회학자 앙리 망드라는 생산 합리화를 위해 새로운 농기계를 사용하는 농업 전문가의 출현과 함께 '영세 농민의 종말'을 언급했다. 그러나 서구에서 농촌 사회의 쇠퇴는 농업 기계화 이전부터 진행되고 있었다. 19세기 말, 수백만 명의 농민이 열악한 생활 환경을 견디지 못해 농촌을 떠나기 시작했다.

19세기 프랑스는 경제활동인구의 대부분이 농민으로 구성된 농업 국가였다. 1914년까지 인구의 56%는 여전히 농촌에 살았으며, 경제활동인구의 42%가 농업에 종사했다. 그러나 제1차 세계대전이 일어나 농촌 인구가 격감했다. 전쟁이 끝난 뒤, 노동력 부족으로 1919~1921년까지 농업 생산량은 전쟁 전에 비해 40%나 감소했다.

프랑스는 부족한 노동력을 확보하기 위해 외국인 노동자 이민정책을 계획했다. 1919년 9월에 프랑스는 폴란드와 이주 및 이민에 관한 협약을 맺었다. 그 결과 이주 노동자를 선별하기 위한 인력사무소가 폴란드에 설치됐으며, 곧이어 이탈리아와 에스파냐에도 설립됐다. 1921~1926년까지 100만 명의 이주 노동자들이 프랑스에 정착했고, 그중 수만 명이 농업 분야에 고용됐다. 이들은 고립된 지역에 거주하며 박봉과 살인적인 노동시간을 견뎌야 했다.

이렇게 농촌에 노동력을 수급했지만 장기적으로 충분한 농업 생산량을 확보하는 데 필요한 노동력에는 미치지 못했다. 1931년 경제활동인구 중 농업 분야 종사자의 비율은 36%로 하락했으나 산업 분야 종사자 비율은 37.5%를 기록했다. 결국, 프랑스 사회는 20세기 초부터 제철업 및 야금업, 자동차 제조업 분야의 공장 수가 상당히 증가하면서, 농촌과 도시 간 인구 역전 현상이 일어나 농촌보다 도시 인구가 더 많아졌다.

이러한 흐름은 프랑스뿐 아니라 다른 유럽 국가에서도 마찬가지였다. 독일의 농업 인구는 1882년에 1,600만 명이었으나, 1925년에는 1,400만 명으로 감소했다. 반면, 같은 기간에 산업 및 상업 분야 인구는 1,000만 명에서 3,600만 명으로 증가했다. 미국에서는 1900년부터 1930년까지 농민 400만 명이 도시로 이주했다. 미국의 농업 생산은 22% 감소했고, 농민 1인당 평균 생산량은 28% 하락했다. 공장 노동자는 농장에서 일하는 농민보다 두 배 이상 더 벌었다.

1929년부터 전 세계를 덮친 경제 위기로 이농 현상은 더욱 심화됐다. 산업

← 파리 지역에서 경작하는 장면, 1931년. 프랑수아 콜라르의 사진.

화된 국가에서 임금 노동자의 구매력이 하락하면서, 농산물 소비가 제한되자 농산물이 남아돌았다. 그 결과 식료품 가격이 3분의 2로 하락했다. 1930년 말, 밀 가격은 4세기 이래 가장 낮은 수준이었다. 이러한 상황에서 상당수 농민들이 적자를 보았다. 농민 입장에서는 농장을 포기하고 공장에서 일자리를 찾는 게 나을 지경이었다.

그럼에도 불구하고 전 세계 인구의 대부분은 농업에 종사했다. 유럽도 예외는 아니었다. 폴란드, 루마니아, 유고슬라비아 같은 몇몇 유럽 국가는 여전히 농업 국가에 머물러 있었다. 경제 위기 속에서 이 국가들은 밀의 초과 생산분을 수출할 수 없었다. 그래서 1930년 8월 바르샤바에서 열린 농업 국제회의를 계기로 이 국가들은 '농업국 블록'을 만들기로 결정했다. 특히 미국과 영국이 보호무역주의 체제의 일환으로 실시한 농산물 수입 억제 정책에 대한 조정을 제안했다. 또한 곡물 판매 기준에 대한 전 세계적 합의와 금융기관인 국제 농업은행의 설립 문제도 제기했다. 그러나 경쟁적 관계에 있던 유럽 각국은 끝내 농산물 관련 국제 기준에 대한 합의를 이끌어내지 못했다.

농산물 교역이 어려워짐에 따라 1930년대 들어서 농촌의 쇠퇴가 전반적으로 가속화됐다. 산업화가 진행 중인 국가에서 19세기 말부터 시작된 이농 현상은 트랙터와 콤바인을 필두로 한 농업 기계화 때문에 노동력 수요가 줄어들자 더욱 눈에 띄게 나타났다.

전 세계에서 임금 노동자의 생활 여건이 대부분 악화되던 시기조차, 인구의 도시 집중 현상이 심화됐다. 농촌에서는 상부상조에 의한 공동체 의식이 복지의 전부인 반면, 도시에서는 사회보장혜택을 누릴 수 있었기 때문이다. ■

과반수를 차지한 농촌 인구

농촌 인구　　도시 인구

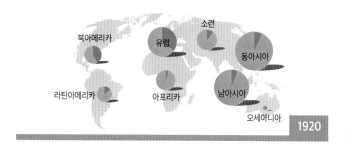

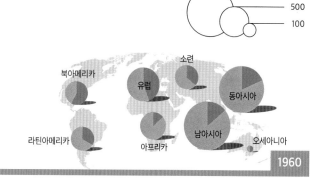

(단위: 100만 명)

1,300
500
100

생산성은 점점 더 늘고, 수는 점점 줄어드는 농민

농업 생산성의 변화
농업 생산 인구 중 남성 1인당 연평균 생산성
(단위: 100만 칼로리)

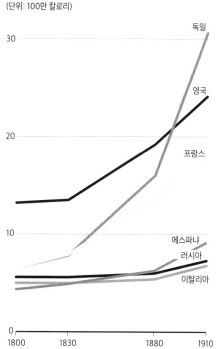

남성 경제활동인구 중 농업 생산 인구의 비율
(단위: %)

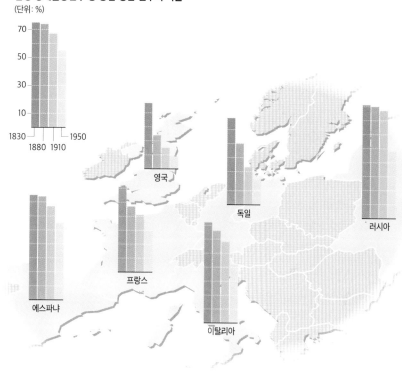

1세기 동안 프랑스 인구의 도시 집중화

(단위: 100만 명)

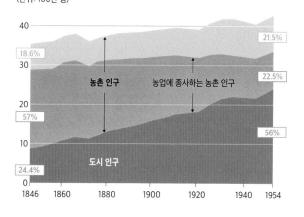

프랑스의 유아 사망률

프랑스에서 아버지의 직업군에 따른 출산 아동 1,000명당 사망자 수
(단위: 명)

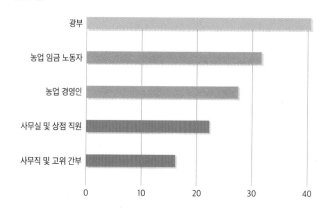

미국 국민을 위한 뉴딜 정책

1929년 대공황이 일어나자 프랭클린 D. 루스벨트 미국 대통령은 사회보장 프로그램을 실시하고, 경기 부양을 위해 공공사업을 일으키고, 진보적인 계획을 펼치기 위해 예술가를 동원했다. 수십 년이 흘렀지만, '뉴딜' 정책은 여전히 공화당 지지자들에게 두려움을 불러일으킨다. 1993년, 한 보수주의 지식인은 "뉴딜은 죽었다. 참을 수 없는 악취가 나기 전에 그 시체를 치우고 묻어야 한다"라는 글을 썼다.

1920~1921년까지 단기간 파업과 휴업 사태가 벌어지긴 했지만, 제1차 세계대전으로 미국은 이례적인 경제 호황기를 맞이했다. 그러나 1929년 10월 월스트리트 주식시장의 대폭락으로 경제 불황이 촉발됐다. 1930년대 산업 생산은 14% 하락했고, 1932년 6월에 실업자 수는 1,800만 명을 넘어섰다.

당시 미국 대통령은 1920년 이래 공화당원으로서 세 번째로 백악관의 주인이 된 허버트 C. 후버였다. 경제 불황에 직면해, 후버는 자신의 자유주의적 경제관과 반대되는, 국가가 경제에 직접적으로 개입하는 정책을 채택할 수밖에 없었다. 하지만 정부의 재정 지원에도 불구하고 경제적 부흥 효과는 미미했다. 1932년 11월 대통령 선거에서, 후버는 다시 한 번 공화당 후보로 출마했다. 그의 경쟁 후보는 민주당 소속의 전 뉴욕 주지사였던 프랭클린 D. 루스벨트였다. 루스벨트는 미국 국민들에게 '새로운 처방', 즉 뉴딜(new deal) 정책을 내세웠다. 뉴딜이라는 용어는 카드 게임에서 나온 표현(카드를 새로 나누어주거나 새로운 게임을 한다는 뜻-옮긴이)으로, 그는 1932년 7월 2일 시카고에서 열린 전당대회에서 처음으로 이 용어를 사용했다.

그해 11월 8일, 루스벨트가 승리했다. 루스벨트는 국가부흥정책을 실시해 달러를 40% 평가절하하고, 빈민층의 구매력을 회복시켰다. 또한 그는 고용주들과 고용 창출을 위한 계약을 체결했다. 농산물의 과잉생산을 방지하기 위한 조치도 취했다.

교량 7만 7,000개와 공항 285개

3년 후, 루스벨트에 의해 경제 위기는 완화됐다. 그러나 사회적 혼란을 종결짓지는 못했다. 1934년, 미니애폴리스에서 화물 운송업자들의 파업이 4개월간 지속됐다. 한편, 농부들의 상황은 개선됐다. 마침내 시골에도 전기가 보급되어 혜택을 받게 된 것이다. 정부는 사회 전반에 걸쳐 공공 인프라 구축에 더욱 매진했다. 도로 100만 킬로미터, 교량 7만 7,000개, 공공건물 12만 2,000채, 공항 285개소가 신설되었다. 또한 정부는 음악가, 사진작가, 배우, 화가 등 가난한 예술가에게까지 보조금을 지원했다. 예술의 사회적 기능을 회복하는 과정에서 수많은 벽화와 조각품, 그림 등이 탄생했다. 1933년에 제정된 노동관계법을 1935년에 개정해 철도공사와 항공사를 제외한 민간기업의 임금 노동자가 조합을 결성할 수 있는 권리를 보장했다.

그렇지만 1937년 4월, 경기가 다시 후퇴했다. 1936년 말에 기업가들은 정부 보조금 덕에 다음 해에 소비자 구매력이 향상될 것이라고 예측하고서 미리 생산을 증대시켜 상품을 비축했다. 그러나 예측과 달리 긴축정책이 발표되자, 기업가들은 생산을 억제하고, 재고 상품을 헐값에 처분했다. 이번에는 실업자 수가 경제활동인구의 20%에 육박했다. 제철

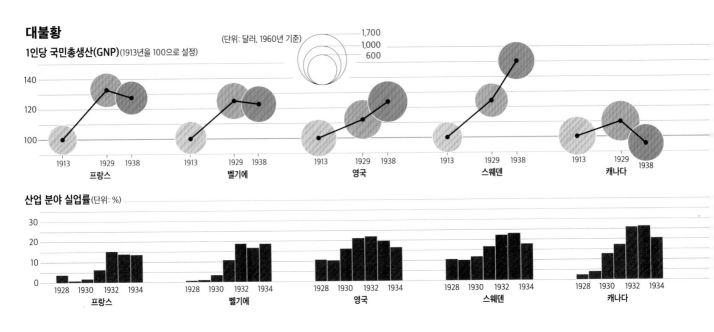

대불황

1인당 국민총생산(GNP)(1913년을 100으로 설정)

(단위: 달러, 1960년 기준) 1,700 / 1,000 / 600

프랑스 · 벨기에 · 영국 · 스웨덴 · 캐나다

1913 · 1929 · 1938

산업 분야 실업률(단위: %)

1928 · 1930 · 1932 · 1934

프랑스 · 벨기에 · 영국 · 스웨덴 · 캐나다

업계는 전체 생산 시설의 가동률이 19%에 불과했다. 이에 자동차 산업이 큰 타격을 입었다. 이후 공공토목사업 계획으로 미약하게나마 실업률 문제는 다소 해소됐으나, 1939년까지도 경제활동인구의 17%가 실업자였다.

후버와 루스벨트 정부는 전 세계적 경제 위기에 대한 미국의 책임을 부정하고, 우선 자국만을 궁지에서 구하고자 노력했다. 그래서 뉴딜 정책은 장기적 관점의 통합된 계획을 통해 엄격하게 이행된 것이 아니었다. 그저 미국 자본주의를 안정시키기 위해 실용적이고, 실험적이며, 임기응변에 해당하는 해결 방안이 이어졌을 뿐이다. 뉴딜 정책은 전 세계는 물론이거니와 미국조차 위기에서 구해내지 못했다. 결국 1939년 말에 상황을 전면적으로 뒤바꿀 '전시경제(전쟁을 효과적으로 완수하기 위해 편성되는 경제 정책-옮긴이)'가 대두하게 된다.

그렇지만 루스벨트의 조치로 미국인들이 받은 불황의 충격은 다소나마 완화됐다. 뉴딜 정책의 후광효과로 민주당은 불평등한 사회구조를 그럭저럭 유지한 채 1953년까지 미국을 통치할 수 있었고, 루스벨트는 1932년에 이어 1936년, 1940년, 1944년 대통령 선거에 출마해 4선 대통령이 되었다. ■

↑ 〈이주민 어머니〉, 도로시아 랭, 1936년.
미국 농업안정국(FSA)에서 시행한 프로그램의 일환으로, 도로시아 랭을 포함한 수많은 사진작가가 예술활동을 통한 사회·정치적 참여를 목적으로 프로그램에 지원해 경제 대불황으로 인한 피해자들의 모습을 사진에 담았다.

선동적인 민중주의자이자 루이지애나 주의 주지사였던 휴이 롱은 뉴딜 정책을 반대한 주요 인사 중 한 명이었다. 그는 뉴딜 정책에 대담한 시도가 결여되어 있다고 비판했다.

몇몇 고위직 인사들은 뉴딜 정책이 빈민을 부양하기에는 여전히 갈 길이 멀다는 점을 유감스럽게 생각했다. (…) 그들 중 휴이 롱은 가장 주목할 만한 인물이다. 그는 1928년에 루이지애나 주의 주지사가 되었으며, 1932년에는 상원의원이 됐다. 그는 비범한 방법으로 권력을 잡았는데, 때로는 그 방법이 협박이나 부패와 같이 법적 테두리에서 벗어난 것이었다. 그러나 그는 권력을 잡은 후, 그 권력을 가난한 사람을 돕는 데 사용했다. 그는 지속적으로 루이지애나 주의 대기업에 세금을 부과했으며, 거둬들인 세금으로 도로와 학교, 병원을 건설했다. 그는 흑인을 백인과 같은 조건으로 고용했는데, 이 때문에 쿠클럭스클랜(Ku Klux Klan, 약칭으로 'KKK단')과 맞서게 되었다. 처음에 그는 뉴딜 정책을 지지했으나, 1934년부터는 뉴딜 정책이 지나치게 복잡하고 진척이 없다고 비난했다. 그래서 그는 개인 자산을 300만 달러, 연 소득을 100만 달러까지 제한하는 것을 골자로 한 '재산 분배(Share Our Wealth)' 프로그램을 내놓았다. (…) 공격적이고 정력적인 인물인 휴이 롱은 친구가 많았지만 적도 그만큼 많았다. 1935년 휴이 롱이 암살당하기 전까지 루스벨트는 그를 맥아더와 함께 미국에서 가장 위험한 두 사람이라고 못 박았다.

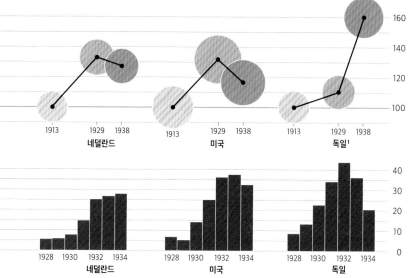

1. 1930~1938년, 독일의 군비 지출은 국민총생산(GNP)의 0.9%에서 28%로 증가했다.

→ 〈낙하산이 펼쳐지기 전에〉, 툴리오 크랄리, 1931년.

1909년에 필리포 마리네티가 발표한 〈미래주의 선언〉에 서명한 이탈리아 미래파는 파괴적이고 공격적인 폭력 예술을 찬미했다. 툴리오 크랄리를 비롯한 '항공 화가'들은 전쟁을 '세계에서 유일한 위생 수단'으로 찬미하고, 과학기술에 매료되어 근대 교통수단의 속도와 위력을 구현하기 위해 공중에서 내려다보는 듯한 우주적 관점을 이용했다. 1920년대부터 미래파 대부분이 파시즘에 가담했다.

기업들이 일조한 이탈리아 파시즘

이탈리아 파시즘의 탄생은 제1차 세계대전의 결과물로 보인다. 종전 후, 이탈리아는 인플레이션과 실업으로 격렬한 사회적 동요에 휩싸였다. 기업가와 지주 들은 자구책으로 1915년 베니토 무솔리니가 창설한 파시스트 조직에 도움을 청했다. 이로써 무솔리니의 권력 장악을 위한 발판이 마련됐다.

이탈리아는 19세기 말부터 독일 및 오스트리아-헝가리제국과 삼국동맹을 맺어왔으나, 1914년 제1차 세계대전이 발발하자 중립을 택했다. 소수에 불과했던 '개입주의자'들은 이탈리아가 프랑스·영국·러시아의 삼국협상국 편에 서서 참전하기를 원했기에, 자신들의 대변인으로 사회당 기관지 《아반티(Avanti, 전진)》의 편집장이던 베니토 무솔리니를 낙점했다. 무솔리니는 반전을 주장하던 《아반티》의 기존 논조를 바꾸어 참전을 독려하는 입장을 취했다가 사회당에서 제명되었다. 그러나 1914년 11월 14일, 그는 프랑스의 재정 지원을 받아 일간지 《일 포폴로 디탈리아(Il Popolo d'Italia, 이탈리아 인민)》를 창간했다. 1915년 1월 1일자 신문을 통해 그는 '혁명적 참전운동 파쇼'의 지지를 기반으로 '무기력한 군주제에 대항하는 혁명'을 일으킬 것을 촉구했다.

1915년 5월 23일, 결국 이탈리아는 입장을 바꿔 삼국협상 편에서 참전하게 된다. 여기에 무솔리니와 그가 이끄는 파쇼가 대단히 큰 역할을 한 것은 아니었다. 이탈리아 정부는 승전할 경우 영토 혜택을 받는 것을 조건으로 삼국협상과 조약을 체결했다.

전쟁 결과 이탈리아의 재정 적자는 8배로 증가한 반면, 기업가들의 이윤은 20% 이상 증가했다. 이탈리아 국민은 인플레이션과 실업이라는 이중고를 겪어야 했다. 공업 중심인 북부에서 파업자 수가 20만 명에 달했고, 농업 위주의 남부에서도 상황은 마찬가지였다. 폭동이 일어났고, 상점들은 약탈당했다. 기업가들과 지주들은 국가가 폭동을 진압하길 기다리기보다는 '볼셰비즘의 위협'을 구실로 파시스트 조직의 개입을 촉구했다. 마침내, 혁명적 참전운동 파쇼를 대신해 1919년 3월 23일 무솔리니에 의해 창립된 '전투 파쇼'가 노동조합과 노동조합 사무소를 공격하게 된다.

언론 통제, 비밀경찰 창설, 소득세 철폐

그때까지 '파시즘'은 무솔리니에 의해 만들어진 일종의 '이데올로기'에 불과했다. 그러나 1921년 11월 12일 국가파시스트당(Partito Nazionale Fascista)의 창당은 파시즘이 성장하는 계기가 됐다. 기업계에서는 보수주의와 국가주의 이념이 섞인 국가파시스트당을 강력히 지지했다. 그들은 파시스트 조직에 재정을 지원했다. 그 덕분에, 1919년 10월에 1만 7,000명에 불과했던 전투 파쇼 당원이 3년 뒤에는 30만 명 이상으로 늘어났다.

무솔리니는 이제 자신의 힘을 보여줄 때가 되었다고 생각했다. 1922년 10월 28일, 마침내 무솔리니는 파시스트당의 무장행동대인 '검은 셔츠단'을 이끌고 로마로 진군했다. 국왕 비토리오 에마누엘레 3세는 내전에 대한 우려로 군대를 동원해 쿠데타를 진압하려던 정부의 계엄령 승인 요청을 거부했다. 1922년 10월 30일, 국왕은 결국 무솔리니에게 굴복해 그에게 새로운 내각 구성을 맡겼다.

의회로부터 이탈리아 국가원수(두체)라

← 〈무솔리니의 두상(무솔리니 옆모습의 연속)〉, 레나토 베르텔리, 1933년.

↙ 1938~1940년 사이에 건축가 게리니와 라 파두라, 로마노가 건설한 팔라초 델라 치빌타 이탈리아나(Palazzo della Civiltà Italiana, 명품 브랜드 펜디의 로마 본사)는 파시즘 건축양식의 상징적 기념물이다.

는 절대권력을 획득한 무솔리니는, 가장 먼저 민주주의를 표방한 기관들을 공격했다. 그 후 언론을 통제하고 비밀경찰을 창설해 사회주의자들을 투옥·암살하는 등 독재체제를 수립했다. 또한 유산계급의 경제적 권한을 강화하고, 양도세와 상속세, 소득세, 사치성 품목에 대한 소비세 등을 폐지하며, 국영 기업을 민영화했다.

무솔리니는 사회복지정책도 수정했다. 50시간을 초과했던 주당 근무시간을 1923년에 40시간으로 제한했다. 1925년 4월에는 '도폴라보로(Dopolavoro)'라는 노동자들을 위한 여가활동 조직을 발족했다. 1927년에는 공중보건 프로그램을 시행했다. 그러나 같은 해 노동 헌장을 공포해, 노동자 200만 명의 임금을 20% 삭감했다.

세계 경제 위기의 파급 효과가 이탈리아에까지 미치자, 1931년에 무솔리니는 파산한 은행들을 구제했으

나 고용 대책의 효과는 전혀 없었다. 2년 동안 이미 수백만 명의 이탈리아인이 일자리를 찾아 타국으로 이주했음에도 불구하고 실업자 수는 수십만 명에서 100만 명 이상으로 증가했다.

파시스트 체제와 함께 새로운 유형의 독재가 탄생했다. 유럽 전역에서 '공산주의'의 영향을 받은 듯한 파시스트 반대파들이 사회 변화에 대한 전망을 내놓자, 전투 파쇼를 모델로 삼은 행동대들이 조직되었다. ■

세계의 교과서 들여다보기 ● 이탈리아

파시스트 체제에 혹독하게 억압당했음에도 불구하고 공산주의자들의 저항은 격렬했다. 2008년 이탈리아에서 발행된 교과서에 실린 다음 내용처럼, 공산주의자들은 20년 동안 두체에 대한 저항을 멈추지 않았다.

파시즘에 격렬하게 저항한 사람들에게 선택지는 두 가지뿐이었다. 해외로 망명하거나 이탈리아에서 은밀히 선동활동에 참여하는 것이다. 처음부터 후자를 택했던 사람들은 전부는 아니더라도 대부분 공산주의자였다. 이들은 소속 집단의 조직 구조상의 이유로, 또는 당국의 철저한 탄압을 피하기 위해 불법적인 지하활동을 각오한 사람들이었다. 결국 이탈리아공산당(Partito Comunista Italiano, PCI)은 살아남는 데 성공했다. 20년 동안 이들은 해외뿐 아니라 국내에서도 지하조직망을 지원하고, 선전용 책자와 신문을 배포했으며, 조합과 청년 파시스트 조직에 활동가들을 투입했다. 그러나 당장 눈에 보이는 성과는 보잘 것 없었고, 활동가들은 항상 거대한 위험 속에 놓여 있었다. 실제로 특별법원에서 유죄선고를 받은 4,500명 중 4분의 3 이상, 그리고 1926~1943년까지 가택 연금을 당한 1만 명의 사람들이 공산주의자였다는 사실이 이를 뒷받침한다.

인민전선이 노동자의 위대한 쟁취를 이끌어내다

유산 계급은 정부가 개인의 이익을 침해하려는 것처럼 보일 때마다 해외로 떠나겠다고 위협했다. 1981년 프랑스 사회당이 정권을 잡자 사회주의자들을 피해 미국행 망명을 택했던 명품 브랜드 루이뷔통의 회장 베르나르 아르노처럼, 1930년대 프랑스 기업계는 국내의 개인 자산을 회수하는 방식으로 인민전선의 승리를 저지하고자 했다. 기업계의 이러한 대응으로 인해 결국 1937년 레옹 블룸이 이끈 인민전선은 실패했다.

19 31년, 프랑스에 경제 위기가 닥쳤다. 3년 동안 내각이 연달아 다섯 번이나 교체됐으나, 어느 내각도 해결책을 내놓지 못했다. 오히려 반복되는 재정 스캔들로 인해 의회제도에 대한 반감 여론이 확대됐다. 1934년 초부터는 스타비스키 사건(정부 관련 인물인 스타비스키가 불법채권을 발행해 거액을 사취한 혐의로 체포되었다가 의문사를 당한 사건인데, 이 사건을 계기로 극우파가 정부를 비롯해 공화파를 공격하자, 이에 맞서 좌파들이 인민전선을 결성했다-옮긴이)이 대중의 이목을 사로잡았다. 그러나 정부 고위직 인사들이 연루됐던 스타비스키의 사기 행각에 대한 소송은 계속 지연됐다. 이러한 미온적 태도에 대한 비난과 부패 혐의로 인해 결국 당시 총리였던 급진사회당원 카미유 쇼탕이 1월 28일 사임했다.

프랑스 제3공화국 대통령인 알베르 르브룅은 자신이 속한 급진사회당의 동료 에두아르 달라디에를 쇼탕의 후임으로 천거했다. 달라디에는 총리직을 맡자마자 바로 경찰청장인 장 시아프를 극우동맹과 영합했다는 혐의로 파면했다.

이 결정에 격분한 '극우동맹원'들은 달라디에 총리의 취임식 날인 1934년 2월 6일에 국회 난입을 시도했다. 기동대와 대립하는 과정에서 시민 14명과 경찰 1명, 총 15명의 사망자가 발생했다. 프랑스 의회가 새 총리를 신임했음에도 불구하고, 달라디에는 총리직을 사임했다. 이후 가스통 두메르그가 새로운 급진사회당 내각을 구성했다.

마침내 프랑스공산당 지도자들은 극우 세력의 공격에 대응하기로 결정하고 좌익 세력을 소집했다. 1934년 2월 9일과 12일, 사회주의자들과 공산주의자들이 함께 집회를 열어 양당 간에 행동통일협정을 체결했다. 곧이어 공산당 서기장인 모리스 토레즈는 노동자 계급과 중산 계급의 협력을 이끌어내고자 중간층에 기반한 급진사회당에 이 협정에 참여할 것을 제안했다. 이로써 1928년에 국제공산당에 의해 정의된 '계급 대 계급'(당시 프랑스공산당이 우익 세력은 물론 심지어 사회당까지 파시즘 세력으로 간주한 정책 기조-옮긴이) 정책이 끝나고, 중산 계급까지 포함한 '인민전선'이 형성됐다.

← 농구 시합 전, 르발루아, 1936년. 프랑스 드메의 사진.
기능직 노동자와 '프랑스 노동자 스포츠와 체조연맹(FSGT)' 회원. 프랑스 드메는 최초로 유급휴가를 얻어 야외에서 운동경기 중인 친구들을 촬영했다.

쉬어가기

이 나라에서 저 나라로 가면 단어의 의미가 바뀌기도 한다. 니카라과에서 보급된 역사 교과서(《Historia 8》. América de la prehistoria a la actualidad, Santillana, 2012)에 따르면, '포퓰리즘(Populism)'은 '정책 혹은 서민 계급의 이익과 주장을 대변하는 정치적 움직임'으로 정의된다. 프랑스 교과서(《Terminale Histoire》, Nathan, coll. 〈Jacques Marseille〉, 2004)에서는 어감이 확실히 덜 긍정적인데, 같은 단어가 '통속어로서, 세계와 사회에 대한 이원론적 관점 또는 지나치게 단순하고 급진주의적이며, 민중을 선동하고자 하는 정치적 움직임'으로 지칭된다.

1935년 7월 14일, 50여 개의 진보주의 정당 및 단체가 소집한 시위에 수십만 명이 참여해 파리에서 행진했다. 공산당원인 옥타브 라바테가 군중 앞에서 새로운 인민전선이 맺은 약속을 낭독했다. "우리는 민주주의를 지키고, 선동적인 동맹을 무력화하거나 해체시키며, 우리의 자유를 파시즘의 공격으로부터 벗어날 수 있도록 단결할 것을 맹세한다. (…) 우리는 프랑스 국민이 얻어낸 민주주의적 자유를 지키고 노동자들에게는 빵을, 청년들에게는 일자리를 제공하며, 전 세계 인류에게 위대한 평화를 가져다줄 것을 맹세한다." '위기'에 대한 대응과 '재력가들을 위해 위기를 이용하는 파시스트 조직'에 대한 투쟁을 골자로 한 강령 덕분에, 인민전선은 1936년 4월과 5월에 걸쳐 실시된 총선에서 승리를 거두었다. 하지만 혼란스러운 상황에서 인민전선이 승리하자 이에 반발한 프랑스 기업계가 자본 탈출을 주도했다. 게다가 프랑화에 대한 국제적 투기 바람이 불어 국제 정세가 더욱 악화됐다. 결국 노동자들의 분노와 선거 승리로 변화에 대한 희망이 일면서 유례없는 대규모 사회운동이 포문을 열었지만, 이는 열정과 함께 두려움도 불러왔다.

공장이나 상점 등 9,000건의 작업장 점유 파업을 비롯해 총 1만 2,000건의 파업이 일어났으며, 250만 명의 노동자가 참여했다. 작가 루이 아라공 및 폴 니장, 앙드레 지드, 장 지오노와 영화 〈인생은 우리의 것(la vie est à nous)〉 감독 중 한 명인 장 르누아르와 〈멋진 친구들(La Belle Equipe)〉의 감독 줄리앙 뒤비비에르가 노동자 편에 섰다.

주당 노동시간 48시간에서 40시간으로 단축, 유급휴가 탄생

1936년 6월 4일, 사회당(SFIO) 당수인 레옹 블룸은 인민전선 내각의 수반이 되어 연립정권을 조직했다. 이때 공산당은 입각하지 않고 대신 의회에서 인민전선 정부를 적극 지지할 것을 약속했다. 그로부터 3일 후, 경영자 측과 노동자 측이 마티뇽협정을 체결했다. 이 협정으로 기업에서 노동조합의 자유가 인정되고, 주당 노동시간이 48시간에서 40시간으로 단축됐다. 노사 간 단체협약이 구체화되고, 한 해 2주간의 유급휴가와 실업수당이 탄생했다. 이렇게 파업은 끝났지만 투쟁은 계속되었다.

1937년 6월에 사회당의 공식 기관지인 〈르 포퓔레르(Le Populaire, 민중)〉는 여전히 "인민전선은 반동파와 대자본가들의 공격을 무력화할 것이다"라는 제목을 붙였다. 블룸 내각은 '예금 및 통화, 공적 자금에 대한 공격에 대비'하기 위해 재정권

↑ 〈자닌의 초상화〉, 1935년경에 촬영한 피에르 바우처의 사진 위에 시인 자크 프레베르가 꾸민 콜라주.

시인 자크 프레베르의 두 번째 부인이자 댄서인 자닌 트리코테를 찍은 사진이다. 자크 프레베르는 초현실주의 그룹의 작가로서 첫 시집을 발간한 이후, 1932년부터는 옥토버 그룹(groupe Octobre)의 작가로 활동했다. 그는 시대의 흐름에 발맞춰 현장 예술가로 활동하며, 스케치를 하거나 연극 대본, 노래 가사 등을 썼다. 작품이 완성되면 몇 시간 후에 파업이나 노동자의 시위가 벌어지고 있는 공장에서 연극 활동가 그룹에 의해 공연되었다. 그는 신랄한 해학으로 권력자의 태도와 무산 계급의 비참함, 민족주의의 득세와 군국주의 등을 규탄했다. 인민전선이 형성된 이후에 프레베르는 이 같은 실험을 끝내고 영화 작업에 몰두했다.

을 완전히 장악하고자 강력한 자본 통제권을 부여하는 법안을 제출했다. 의회는 이를 받아들였지만 '부자들의 의회'인 상원은 거부했다. 결국 레옹 블룸은 사퇴했다. 상원의원들의 투표를 통해, 1936년 6월 파업에 분개했던 프랑스의 보수 세력의 영향력이 드러난 것이다. ■

첫 세계 경제 위기의 돌풍이 불어 닥치기 1년 전인 1928년 10월 1일, 스탈린의 제1차 경제 개발 5개년 계획이 시작되었다. 그 이전 10년간은 소비에트사회주의공화국연방(이하 '소련')에서 신경제정책이 시행됐다. 레닌은 신경제정책을 실시해 신속하게 국가를 산업화하고 농업 생산을 통해 자금을 조달하려고 했다.

1922년에 대규모로 지주의 소유지가 폐지되고 국유화된 후, 소련의 농업 생산자들은 세 부류로 나뉘었다. 빈농과 중농, 쿨락(koulak)이라 불린 부농이다. 이 중 중농은 60%로 그 수가 가장 많았으나, 농기계를 소유하지 못한 탓에 농장에서의 생산량은 한계

가 있었다. 결국 농업 생산량은 부농에 의해 좌우되었다. 부농은 10% 미만의 농장을 소유했지만, 경작 면적의 30%와 노작가축의 35%, 방목장의 35%를 차지하고 있었다.

그러나 부농 중 다수가 투기 목적으로 곡물을 저장해놓고서는 국가의 곡물 수매를 거부했다. 이들은 사익을 위해 가축을 도살하기도 했다. 1928년 1월, 농민들의 반발에도 불구하고 수확물 징발에 대한 법령이 공포됐다. 하지만 징발로 얻은 수익은 산업화에 필수적인 기계를 수입하기에 턱없이 부족했다.

당시 이오시프 스탈린은 농민들을 더 강하게 밀어붙인다 하더라도 수확물의 징발량을 늘리는 것은 어렵겠다고 판단했다. 소련이 식량 위기에 빠질 위험이 있었기 때문이다. 따라서 스탈린은 농업 집단화 정책을 시행하기로 결정했다. 바로 소포즈(sovkhoze)라고 불린 국영농장과 콜호즈(kolkhoze)라고 불린 집단농장이다. 이로써 농장 경영이 국가 당국의 감독하에 이루어지게 되었다.

소련은 농민들을 집단농장

에 가입시키기 위해 다양한 방법으로 그들에게 압력을 가했다. 1929년 1월 1일에만 하더라도 농업 집단화에 저항하는 농민은 1.7%에 불과했는데, 그 수가 6월에 3.9%, 10월에 7.6%로 증가했다. 이에 억압 조치가 가동되어 극도로 가혹한 방법으로 농민 반란을 저지했다. 1929년 7~8월까지 부농은 농업 집단화에 맹렬하게 저항했다. 이 때문에 부농을 뜻하는 '쿨락'이라는 단어는 집단화 편성에 반대하는 모든 사람을 지칭하게 됐다.

> 1929년 12월, 스탈린은 '계급으로서의 부농을 제거'하는 것이 바람직하다고 발표했다

이러한 난관에도 불구하고, 1929년에 집단농장과 국영농장은 부농의 1927년 수확량과 비슷한 양의 곡물을 수확했다. 이때까지의 상황을 지켜본 스탈린은 1929년 12월 27일 연설에서 '계급으로서의 부농 제거', 다시 말해 부농의 농장을 강제수용하는 것이 바람직하다고 발표했다.

농업 집단화의 강행과 함께 폭력도 확대됐다. 전통적 농민층이 붕괴되고 기후 불순으로 흉작까지 겹치면서, 카자흐스탄부터 우크라이나까지 농촌 지역은 끔찍한 기근을 겪게 됐다. 1932년부터

스탈린, 강제 농업 집단화와 산업 개발

1921년 러시아의 내전은 종결됐지만 그로 인해 경제는 심각한 타격을 입었다. 레닌은 경제를 회생시키기 위해 '한시적으로 자본주의를 일부 도입하는' 신경제정책(NEP)을 내놓았다. 사회주의 건설 과정에서 이러한 '전략적 후퇴'는 스탈린이 특히 농업 분야에서의 집단화 정책 및 계획경제를 강행하기 전까지 거의 10년간 지속됐다.

→ 〈동지들, 우리 콜호즈에 가입해요!〉, 1930년대 소련 포스터.

1930년대에 수백만 명의 목숨을 앗아간 우크라이나를 덮친 기근이 묵과됐던 것은 아니지만, 그동안 거의 강조되지 않다가 2006년 러시아 교과서에서 우연한 계기로 언급되었다. 하지만 교과서 집필진은 우크라이나의 산업화를 위해 애쓴 소련의 노력을 부각시키는 데 더 집중했다.

1922년 12월 우크라이나 소비에트 사회주의공화국은 소비에트연방 창립국 중 하나가 되었다. 제2차 세계대전이 일어나기 전까지 수년 동안, 우크라이나는 발전된 산업 지역 중 하나였다. 소련의 전폭적인 지원 덕분에, 우크라이나는 자국 영토에 거대 산업체들을 건설할 수 있었는데, 이는 소련뿐 아니라 다른 유럽 국가 혹은 전 세계에서도 유례를 찾아볼 수 없는 일이었다. 1940년에 소비에트 우크라이나의 산업 생산은 1913년 수준보다 7.3배나 높았다. (…) 다른 소비에트공화국과 마찬가지로, 우크라이나는 1930년대에 일어났던 비극적인 기근과 경기 침체를 겪었다. 이후 1941~1942년 사이에 발생한 격렬한 전투 이후 우크라이나는 나치스 독일군에 점령당했다. 독일은 우크라이나에 점령체제를 수립하고 영토를 분할했다.

↖ 〈풀베기〉, 카지미르 말레비치, 1912년.

1915년경 '절대주의'를 창시한 카지미르 말레비치는 무(無)로 변모하는 형태에 주목했다. 색채 예술가로 순수한 예술적 감각을 추구했던 카지미르 말레비치는 〈흰색 위의 흰색〉(1918) 같은 작품처럼 완전히 추상적인 단순한 기하학적 형태의 작품을 시도했다. 그러나 1930년대 들어 그는 소련 당국으로부터 작품이 지나치게 주관적이라는 평가와 함께 탄압을 받았다. 결국 카지미르는 농민의 생활을 그리며 초기 작품과 같은 구상 예술로 돌아갔다.

1933년에는 탄압이 극에 달해, 우크라이나 농민 중 열에 한 명이 사망했다.

스탈린은 수차례에 걸쳐 자신의 전략을 정당화했다. 스탈린은 자본주의 국가들의 목표가 소련을 붕괴시키는 것이라고 생각했기 때문에 반드시 중공업 발전을 이뤄야만 했다. 그리하여 1930년대 초, 소련에서 비극으로 얼룩진 10년이 시작됐다. 약 200만 명의 농민이 1930~1931년까지 농장에서 멀리 떨어진 곳으로 추방됐다. 이 중 80만 명 이상이 체포됐고, 약 50만 명이 사망했다.

공장에서 일하는 여성

한편, 소련의 국내 생산에서 산업 비중은 1927년에는 42%였으나 제1차 5개년 계획이 끝나갈 무렵에는 70%로 증가했다. 1928년 소련의 노동자 수는 거의 1,000만 명, 그중 공장에 고용된 노동자는 400만 명에 달했고, 경제활동인구의 17.6%를 차지했다. 1939년부터 1940년에는 이 비율이 50%에 이르렀다. 같은 기간에 공장에서 일하는 여성의 비율은 5배로 증가했다.

또한 집단화로 인해 농업의 기계화가 가능해졌다. 1928년에 집단농장의 전체 경작 면적은 겨우 150만 헥타르였다. 하지만 1933년에는 경작 면적이 7,500만 헥타르에 달했는데, 평균적으로 집단농장 한 곳당 400헥타르, 국영농장은 2,000헥타르였다.

소련은 자본주의 국가들이 겪었던 경기 침체에서 벗어났다. 소련은 이러한 상황을 이용해 다른 나라에서 농기계를 저렴한 가격에 구매할 수 있었다. 결국 1932년에는 전 세계에서 생산된 농기계 종류의 절반이 소련의 집단농장과 국영농장에서 사용됐다. ■

↓ 농업 집단화의 일환으로 토지를 몰수당한 부농의 추방, 1928~1937년.

→ 1936년 10월 에스파냐. 공산주의 활동가이자 1930년대 에스파냐의 상징적 인물인 돌로레스 이바루리는 공화파 민간인과 군인이 다수인 군중을 향해 연설하고 있다. 침(Chim)의 사진.

이 사진은 '멕시칸 슈트케이스(The Mexican Suitcase)'에 들어 있던 사진들 가운데 하나다. 멕시칸 슈트케이스는 1939년에 사라졌다가 2007년 멕시코에서 다시 발견됐으며, 그 후 포토저널리스트의 작품을 보관하기 위해 뉴욕에 설립된 국제사진센터(ICP)라는 사진 박물관에 반환됐다. '슈트케이스'(실제로는 세 개의 큰 상자)는 로버트 카파와 게르다 타로, 침(데이비드 세이무어)이 에스파냐 내전을 촬영한 4,500장의 네거티브 필름을 모아둔 상자이다. 이 인화된 사진을 통해 우리는 사진가의 움직임과 각도의 변화를 파악할 수 있다.

↑ 레타마르(Retamar) 신학교, 가톨릭 종교 단체인 오푸스 데이(Opus Dei)가 고위 성직자를 양성하기 위해 설립한 사립 남학교, 2003년 9월 15일.

→ 바르셀로나 도심에서 점령 시위를 시작한 '분노한 사람들(Los Indignados)', 2013년 5월 12일. 기욤 다리보의 사진.

4

검은 동맹

(1934~1945)

에스파냐에서 독재가 종식됐음에도 불구하고 거대한 이데올로기적 균열은 오랫동안 지속됐다. 프란시스코 프랑코의 독재체제에 힘입어 영향력을 확대할 수 있었던 보수적인 가톨릭 종교단체 오푸스 데이는 인민당 내부에 깊숙이 관여했다. 그러나 2011년부터 '분노한 사람들'이 저항의 횃불을 다시 피워 올리고 있다.

유럽이 미국에 자유를 빚졌다고?

제2차 세계대전에서 미국의 역할에 대해 이야기할 때, 우리는 대체로 미국을 '유럽의 구원자'로 만든 노르망디 연합 상륙 작전을 먼저 떠올린다. 그런 탓에 1939~1941년까지 미국이 중립과 고립주의 정책을 취하며 '자유를 위한 전 세계적 투쟁'과 거리를 두었다는 사실은 간과하게 된다.

↑ 캡틴 아메리카. 잭 커비와 조 사이먼이 미국 청년들의 애국심을 고취시키기 위해서 1940년에 제작한 만화 캐릭터.

우파가 이데올로기 면에서 승리하면서 두 가지 사회통념이 자리를 잡게 되었다. 첫 번째는 파시즘과 공산주의라는 '20세기 두 전체주의'가 과거에 서로 야합했을 것이라는 점이다(86쪽 참조). 이 사회통념으로 인해 제2차 세계대전에서 독일 제3제국을 분쇄하는 데 소련군의 동부 전선 전투가 아니라 미군의 노르망디 상륙 작전이 결정적인 역할을 했다는 (잘못된) 착각이 생겨났다. 그리고 할리우드가 이러한 착각을 더 확대시켰다. 세르게이 예이젠시테인(사회주의 혁명의 선전영화를 만든 구소련 영화감독-옮긴이)이 생을 마감한 이후 스티븐 스필버그(노르망디 상륙 작전을 배경으로 한 영화 〈라이언 일병 구하기〉의 감독-옮긴이)의 시대가 도래하면서 대중의 미국에 대한 이미지와 생각이 바뀌었을 것이다.

두 번째는 '서구 민주국가들'과 '자유를 위한 전 세계적 투쟁' 사이에 긴밀한 연관이 존재할 것이라는 점이다. 바로 이 같은 역사적 이미지 때문에, 세계에서 대량 살상범죄가 자행될 때마다 으레 거대 미디어와 영향력 있는 사람들은 이렇게 질문을 던진다. '그렇다면 서구 국가는 무엇을 할까?' 사실, 서구 국가는 언제나 해왔던 대로 할 뿐이다. 자국의 이익에 직

접적으로 해를 끼칠 것이 확실하다고 판단하는 순간 그 이익을 보호하기 위해 발 벗고 나서는 것이다.

아주 먼 과거에만 있었던 일이 아니다. 1973년 미국은 칠레에서 아우구스토 피노체트가 인민연합 정부를 몰아내기 위해 일으킨 군사 쿠데타를 지지했다. 1977년 지미 카터 미국 대통령은 모하마드 레자 샤 팔레비(38년간 장기 집권하며 공포정치를 펼친 친미 성향의 군주-옮긴이)란 국왕에 대해 '이란 국민에게 존경과 사랑'을 받고 있는 인물이라며, 자신과의 '개인적인 친분'을 과시했다. 또한 2010년에는 국제통화기금(IMF)의 총재였던 도미니크 스트로스 칸이 튀니지의 독재체제를 아프리카 지역 국가들이 따라야 할 '좋은 본보기'라고 치켜세웠다. 2013년에는 존 케리 미국 국무장관이 이집트에서 무슬림 시위자 1,000여 명이 학살됐음에도 불구하고, 이집트 군부가 자국에서 '민주주의를 바로잡기'를 원한다는 것을 '보여줬다'고 평가했다.

미국 영웅이 나치스의 명예훈장을 받다

그런데 '자유를 위한 투쟁'의 시기에도 세계의 상황은 다르지 않았다. 실제로 1939~1941년 동안, 서로 닮아 있고 은밀히 통하는 전체주의의 두 보수적 사상이 허울뿐인 독소불가침조약을 체결했을 때, 장차 '자유국가'의 대부(代父)가 될 미국은 무엇을

↓ 2013년 9월 10일 칠레 산티아고에서 아우구스토 피노체트 장군의 쿠데타 40주년을 맞이해 피노체트 독재체제 아래에서 희생된 사람들을 추모하기 위해 벌인 시위.

← 〈1945년 얄타 회담〉, 인도네시아 사진작가 아간 하라합의 작품, 2011년. 이 예술가는 우리가 공동으로 기억하는 이미지에 대중문화 속 캐릭터를 합성해 역사를 재해석한다.

↑ 2003년 2월 5일 국제연합(UN) 안전보장이사회에서 콜린 파월 미국 국무장관이 이라크에 대한 군사 개입의 필요성을 역설했다. 당시 그는 이라크가 '대량 살상무기'를 보유하고 있음을 증명하기 위해 허위 증거를 제시했다.

했는가? 다른 역사에 비해 훨씬 덜 알려진 다음과 같은 역사적 사실은 시사하는 바가 크다.

1939년 5월, 아돌프 히틀러는 체코슬로바키아 전역을 점령했다. 그럼에도 불구하고 당시 미국 의회는 독일과의 교전국에 대한 무기 판매를 금지하는 '중립법(Neutrality Act)' 개정안을 부결했다. 이에 대해 당시 유력한 민주당 상원의원은 "유럽의 상황은 긴급 조치를 취할 만한 것으로 보이지 않는다"라고 설명했다. 1939년 9월 3일, 마침내 프랑스와 영국이 독일에 대한 유화정책에 종지부를 찍고 전쟁에 돌입하자 비로소 미국이 사태의 급박함을 느낀 것일까? 물론 여전히 아니었다. 프랭클린 D. 루스벨트 미국 대통령은 "제2차 세계대전에서 미국이 중립적 입장을 유지하길 원하며, 또 그렇게 되길 기대한다"라고 국민들에게 호소했다.

며칠 뒤에는 찰스 린드버그가 라디오 방송의 대담화에서 미국 참전을 반대하는 연설을 했다. 단독으로 대서양 무착륙 횡단 비행에 최초로 성공한 미국 영웅인 찰스 린드버그는 그 전해에 베를린에서 나치스 돌격대 대장 헤르만 괴링으로부터 명예훈장을 받았다. 그는 연설에서 '아메리카 퍼스트'라는 미국 고립주의를 주창했고, 이에 미국인들은 즉각적이고 열광적인 반응을 보였다. 영국을 지원하려고 시도했던 미국 정치가들에게는 수백만 통의 항의 전보와 편지, 카드가 쇄도했다.

1940년 4월(영국과 프랑스가 독일에 선전포고를 한 1939년 9월부터 이듬해 4월 이전까지는 영국과 프랑스 연합군과 독일군의 큰 충돌이 없었으나, 바로 4월에 독일군이 연합군을 격퇴하고 벨기에, 덴마크, 노르웨이를 점령하고 이어서 프랑스로 진격했다-옮긴이)까지만 해도 미국 책임자들은 "연합국이 이길 것이라 확신해서 미국의 도움이 필요하다고 판단하지 않았다. 그 이후에는 연합국이 질 것이라 확신해 도움을 줄 수 없다고 판단했다"고 나중에 윈스턴 처칠이 쓸쓸하게 회고했다. 미국 우파 중 일부는 뉴딜 정책을 반대하는 투쟁을 하기 위해 힘을 비축해놓기를 원했다. 한편, 린드버그의 연설에 이끌린 다른 일부 우파는 '잔인하고 신을 거부하는 야만스러운 소비에트연방과 연합하느니 영국 또는 심지어 독일과 연합하는 것이 백배 낫다'고 생각했다. 장차 미국 대통령이 될 해리 트루먼도 다음과 같은 입장을 택했다. "독일이 이기면, 우리는 소련을 도울 것이다. 그러나 소련이 이기면, 우리는 독일을 도울 것이다. 그래야 두 국가가 서로를 최대한 많이 죽일 수 있을 것이다."

마침내 1941년 12월 11일에 독일은 일본과 연합해 미국에 전쟁을 선포했다. 앞서 12월 7일에 일본이 진주만을 공습해 미국 해군기지를 파괴한 뒤였다. 당시 나치스군은 약 6개월 전부터 모스크바로 향하는 관문에서 전투 중이었다. ■

에스파냐, 사회혁명에서 내전까지

사망자 50만 명, 초토화된 도시, 정복자 파시스트. 공화파 진영과 쿠데타를 일으킨 국민파 진영이 대결했던 에스파냐 내전(1936~1939)은 제2차 세계대전의 전초전이었다. 프랑스 고등학교 교과서에서 두 문장으로 어물쩍 넘긴 이 시기는 당시 유럽을 관통했던 뿌리 깊은 위기의 실체를 보여주었다.

1931년 4월 14일, 에스파냐는 국왕 알폰소 13세를 강제추방하고서 제2공화국을 선포했다. 공화당과 사회당의 연합정부는 농지개혁, 정교분리, 카탈루냐 자치권 같은 사회·민주개혁을 약속했다. 그러나 이 같은 정책은 세계경제 위기뿐 아니라 반복된 군사 쿠데타 시도로 난항을 겪었다. 1934년에 우파는 좌파의 개혁을 되돌리고자 극우 세력과 동맹을 맺었다. 이에 좌파는 총파업으로 대응했으나, 아스투리아스 지역에서는 총파업이 반란의 형태로 확대되면서 우파인 프란시스코 프랑코 장군에 의해 폭력적으로 진압됐다.

그 결과로 1936년 1월에 공화연합과 공화좌파, 사회주의노동자당, 에스파냐 공산당, 마르크스주의 통합노동자당 및 카탈루냐와 갈리시아 자치주의자들이 연합한 인민전선이 형성됐다. 인민전선은 온건한 선거 전략을 내세워 2월 16일 선거에서 34.3%의 득표율로 33.2%를 얻은 국민전선을 꺾고 승리했다. 이러한 결과는 선거 참여를 거부한 일부 무정부주의자와 전국노동연합의 지원 덕분이기도 하다.

이 선거에서 승리하면서 사회주의자와 공산주의자가 모두 배제됐던 정부를 뛰어넘는 강력한 민중운동이 촉발됐다. 각계각층의 시위로 인민전선에서 사면을 약속했던 죄수들이 석방됐다. 공장에서는 정부가 발표했던 임금 인상을 요구하는 파업이 일어났다. 농민들은 약속된 농지개혁을 기다리지 않고 임의로 지주들의 농지를 점거해버렸다. 교회 방화뿐 아니라 좌우 진영의 유력 인사들에 대한 암살도 잇따랐다.

독일 폭격기

왕정주의 우파 지도자 가운데 한 명인 호세 칼보 소텔로가 암살당하자, 1936년 7월 17일 그동안 행동을 주저해왔던 프랑코 장군이 모로코에서 몇 달 전부터 준비한 반란의 선두에 서기로 결심했다. 한편, 민중운동도 그동안 여러 차례 군사 쿠데타 시도를 겪으면서 점차 무장 투쟁으로 전환해, 공장과 농지 및 교회 재산을 장악하게 됐다. 혁명이 진행되고 있었던 것이다. 이렇게 향후 3년 동안 지속될, 제2차 세계대전의 전초전이 된 에스파냐 내전이 시작됐다.

불과 일주일 만에 에스파냐는 양분됐다. 공화파는 에스파냐에서 부유한 지역인 카탈루냐와 아라곤, 카스티야 지방 대부분과 대도시인 마드리드, 바르셀로나, 말라가, 산탄데르, 발렌시아를 차지했다. 또한 두 진영은 각각 50만 명으로

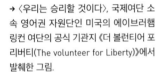

→ 〈우리는 승리할 것이다〉, 국제여단 소속 영어권 자원단인 미국의 에이브러햄 링컨 여단의 공식 기관지 《더 볼런티어 포 리버티(The volunteer for Liberty)》에서 발췌한 그림.

↓ 1977년, 파블로 피카소의 〈게르니카〉 복제화 앞에서 지역주민들이 모여 1937년 4월에 일어난 게르니카 폭격을 기념하는 추모식을 열었다. 〈게르니카〉 원작은 민주주의가 회복된 이후 1981년에 마드리드로 다시 돌아왔다. 레오나르드 프리드의 사진.

↑ 공화파 포스터 〈승리, 그 어느 때보다도
지금〉, 호세프 레나우, 바르셀로나, 1938년.

비슷한 수준의 병력을 보유했으나, 프랑
코 장군파는 이탈리아 파시스트와 독일
의 나치스로부터 군사와 무기 등 상당
한 지원을 받고 있었다. 특히 나치스 독
일군은 1937년 4월 26일에 일어난 게르
니카 학살과 같은 폭격기를 동원한 무차
별 공습을 펼치는 등 쿠데타 세력을 위
해 항공 지원에 나섰다.

　프랑코 장군파에 맞선 공화파는 소련
의 도움에 매달릴 수밖에 없었다. 하지
만 소련의 비밀정보기관은 프랑코 장군
파뿐 아니라 무정부주의자와 트로츠키
주의자와도 맞서 싸우고 있었기 때문에
그 도움은 미미한 수준이었다. 프랑스
인민전선 내각은 이탈리아와 독일의 쿠
데타군 지원으로 에스파냐가 유린당하
고 있음에도 불구하고 영국의 압력으로
'불간섭' 입장을 천명했다. 이러한 프랑

스의 위선적 태도에 분노해, 전 세계 좌
파운동가 3만 5,000명이 국제여단 소속
으로 공화파 편에서 싸우다 그중 1만 명
이 목숨을 잃었다. 하지만 이러한 희생
에도 불구하고 연이은 공격으로 점차 에
스파냐 전역을 점령해 들어오는 파시스
트 세력을 막기에는 역부족이었다.

'백색 테러' 전략

에스파냐 내전 동안 전장이나 폭격 혹은
좌우 진영의 탄압으로 50만 명이 사망
했다. 그렇지만 많은 역사가가 공화파와
프랑코 장군파 양쪽 모두에게 똑같이 그
책임을 돌릴 수는 없다고 한다. 의도적
이고 중앙집권적인 전략의 일부로 자행
된 우익 세력에 의한 '백색 테러'가 훨씬
더 많은 희생자를 낳았다. 프랑코 장군
은 "에스파냐를 구하기 위해 해야만 했
다면, 나는 에스파냐 국민의 절반을 총
살했을 것이다"라고 밝히기도 했다. ■

**1972년(프랑코 사망 3년 전), 1978년, 2010
년에 각각 발행된 에스파냐 교과서 발췌 내
용을 보면, 에스파냐 내전의 원인에 대한 분
석이 정권에 따라 어떻게 달라졌는지를 알
수 있다.**

1972년
처음부터 에스파냐 국민의 신념을 무시한 채 전쟁
을 일으킨 쪽은 바로 공화파였다. 공화파는 전대미
문의 방법으로 교회 대표자들을 괴롭히면서 교회
를 공격했다. 공화파는 시민의 공동체성을 파괴하
고 에스파냐의 존립을 위협했다.

1978년
좌우 진영이 공존할 수 있는 기반을 마련하는 것이
불가능한 상황에서 지배 계급의 이기주의와 노동자
계급의 혁명적 기세가 충돌하는 바람에 비극적인 동
족상잔의 전쟁이 촉발됐다. 이 전쟁에서 영웅적 행
위와 아주 교묘하고 잔학한 행위가 서로 충돌했다.

2010년
제2공화국의 정치적 민주화와 사회개혁에 대한 에
스파냐 보수주의자들의 적대감이 1936년 7월 17
일에 시작된 쿠데타에서 표출됐다. 인민전선의 출현
으로 야기된 좌우 간 대치 국면은 보수주의자들이
쿠데타 결행을 정당화하는 구실이 됐다.

1939년 8월, 소련이 나치스와 협정을 맺다

우리는 폴란드 점령, 핀란드 침공, 우크라이나 병합 등 독소불가침조약의 결과에 대해 잘 알고 있지만, 소련이 나치스와의 교섭을 결정하게 된 상황에 대해서는 여전히 잘 모른다. 이 상황을 알게 되면, 제2차 세계대전의 원인을 새로운 시각에서 보게 될 것이다.

19 39년 8월 23일 밤부터 24일 새 벽, 모스크바 크렘린에서 소련 외무장관 뱌체슬라프 몰로토프와 독일 제3제국 외무장관인 요아힘 폰 리벤트로프가 독소불가침조약을 맺었다. 이 조약에는 양국이 폴란드를 분할통치하고, 소련이 루마니아의 베사라비아 및 발트해 연안국을 병합하는 것을 승인하는 내용이 담긴 비밀의정서도 포함되어 있었다. 소련 지도자들은 1989년이 되어서야 이 비밀의정서의 존재를 인정했다.

독일의 목적은 분명했다. 제1차 세계대전에서 얻은 교훈대로 나치스 독일은 유럽 정복에 성공하기 위해서는 동시에 두 전선에서 전쟁을 하는 상황은 피해야 했다. 여기서 아돌프 히틀러는 폴란드를 점령한 뒤에 프랑스와 영국에 전념하고자 했다. 따라서 이 조약 덕분에 그는 서부전선에 군의 주력을 집중시킬 수 있었다. 서쪽 전투에서 성공을 거둔 이후, 히틀러는 동쪽, 즉 소련으로 총구를 돌렸는데, 그때가 바로 1941년 6월 22일이었다.

한편, 나치스 지도자들의 침략 의도를 간파하고 있었던 소련은 이 조약 덕분에 시간을 벌 수 있었다. 이오시프 스탈린은 서방 국가들이 소련을 공격하도록 히틀러를 부추길까 내심 걱정했다. 실제로 프랑스와 영국은 독일의 팽창주의적인 도발에 확실한 반대 입장을 내세우지 못했

다. 오히려 양국은 독일에 대해 '유화정책'을 취했다. 1936년 3월 7일에 독일 제3제국이 라인란트 비무장지대를 점령했으나 프랑스는 아무런 반격도 하지 않았다.

서방 국가의 침묵

1938년 9월 29일, 뮌헨에서 프랑스의 에두아르 달라디에 총리와 영국의 네빌 체임벌린 총리, 이탈리아의 베니토 무솔리니 총리는 독일 제3제국의 오스트리아 병합을 승인하고, 독일계 주민이 다수인 체코슬로바키아의 수데텐 지역을 제3제국에 넘겼다. 이틀 뒤인 10월 1일 나치스 독일군은 수데텐을 병합한 뒤, 여세를 몰아 1939년 3월 15일에는 프라하를 점령했다. 그러나 베르사유조약을 보증하는 강대국들은 별다른 대응을 하지 않았다. 프랑스와 영국은 독일과 이탈리아의 간섭에 '불간섭' 정책으로 맞서기로 결정했던 기나긴 에스파냐 내전 당시와 똑같은 태도를 보였다.

↓ 1939년 9월, 폴란드 침공 당시 의기투합하는 독일과 소련 장교들.
↘ 평화와 자유 벽보(제4공화국의 프랑스 반공산주의운동), 1952년경.

POUR LA PRISE DE PARIS 14 JUIN 1940, HOMMAGE D'UNE PROFONDE ADMIRATION AUX GLORIEUSES ARMÉES NAZIES. STALINE

→ 1927년 바우하우스(Bauhaus)에서 출간한 사진 촬영 기술과 활용(렌즈, 색상, 프레임, 셔터 속도)에 대한 라슬로 모호이 너지의 책 표지.
1919년에 시작된 바우하우스운동은 최대한 많은 사람에게 감동을 주기 위해 예술과 산업을 결합하고자 했다.

이에 소련은 폴란드와 루마니아, 발트해 연안국 보호를 골자로 한 공동안보조약을 서방 국가에 제안했으나 헛수고였다. 이 국가들은 소련의 붉은 군대(적군)가 자국 영토에 체류하거나 통행하는 것조차 원치 않았기 때문이다. 요컨대 프랑스의 도움으로 루마니아는 1918년에 소련이 점령했던 베사라비아를 되찾았고, 1920~1921년 사이에 폴란드는 소련으로부터 동쪽 갈리치아를 분할받았다. 1939년 8월 11일부터 24일까지 모스크바를 방문했던 영국-프랑스 사절단이 소련의 계획에 뚜렷한 반응을 보이지 않자, 사절단이 떠나기 전날에 소련은 독일의 제안을 받아들이게 된 것이다.

스탈린은 첩보를 통해
히틀러가 소련을 침공할 날짜를
이미 알고 있었다

독소불가침조약은 서명 일주일 뒤에 실행됐다. 나치스 독일군은 9월 1일에 폴란드를 점령했고, 붉은 군대는 17일에 폴란드 동부를 차지했다. 그 후 소련은 독일과의 약속을 철저히 지켰다. 소련은 독일에 다량의 원자재뿐 아니라 소비에트 러시아로 망명한 반파시스트 독일인들을 독일로 보냈다. 그리고 소련이 지도하고 있던 공산주의 인터내셔널(이하 '코민테른')은 회원국에 '제국주의 전쟁'을 규탄할 것을 촉구했다. 이 기간 중 가장 어두운 면은 소비에트군이 폴란드의 카틴 숲에서 5,000명 이상의 폴란드 장교와 지식인을 처형한 학살 사건이다(카틴 숲 학살 사건). 그런데 소련에서는 이 사건을 소련에 대한 히틀러의 공격이 한창이던 1941년 여름에 자행된 나치스의 소행이라며 독일에 그 책임을 돌렸다.

불가침조약에서 가장 이상한 점은 스탈린이 조약에 집착하며 독일의 불가침 약속에 확고한 믿음을 보여주었다는 것이다. 그는 소련 침공을 위한 나치스의 계획에 대해 점차 더 정확한 정보를 얻게 됐다. 그중에는 1940년 말부터 독일 참모부가 소련을 침공하기 위해 공들여 계획한 바르바로사 작전(1941년 6월 22일부터 1941년 12월까지 동부 전선에서 나치스 독일이 소비에트연방을 침공한 작전명 - 옮긴이)도 포함되어 있었다. 얼마 후 유명한 스파이인 리하르트 조르게가 히틀러가 소련을 침공할 날짜까지 스탈린에게 알렸다. 그렇지만 히틀러의 침공이 시작됐는데도 스탈린은 이를 믿으려 하지 않았다. 며칠이 지나서야 그는 냉정을 되찾고, 침략자에 대항하기 위한 '대조국전쟁'을 개시했다. ■

세계의 교과서 들여다보기 ● 러시아

1939년 8월에 맺은 독소불가침조약은 프랑스 교육과정에서는 '민주주의에 반하는 전체주의 양국 간의 야합'으로 소개된 반면, 2010년 러시아 교과서에서는 서방 국가의 비열한 외교 결과로 묘사됐다.

영국을 비롯한 서구 민주국가들은 비밀외교를 적극적으로 이용했다. 이들의 목적은 (소비에트의 전략과) 정반대였다. 바로 히틀러의 총구가 동쪽을 향하도록 유도하는 것이었다. (…) 1936년 당시 영국 총리였던 스탠리 볼드윈은 "독일이 동쪽으로 세력을 확장하길 원한다는 것을 모두 알고 있다. 유럽이 대립구도를 피할 수 없다면, 나는 소련과 독일이 대결하는 대립구도를 선택할 것이다"라고 밝혔다.

(독일과의) 타협정책은 영국·프랑스·독일·이탈리아가 체코슬로바키아 분할을 위해 맺은 뮌헨협정에서 절정에 달했다. (…) 이번에 소련의 문 앞까지 독일의 시나리오를 전했기 때문에, 스탈린은 영국·프랑스·독일이 비밀교섭을 했다는 정보를 얻었다. 특히 영국이 폴란드를 방어하기로 한 약속을 더 이상 지키지 않으려는 의도에 대해 알게 됐다.

수차례 일어난 '제2차 세계대전'

2004년 프랑스의 한 여론조사기관에서 실시한 조사에 따르면, 제2차 세계대전 중 연합국의 승리에 가장 큰 기여를 한 나라는 미국이라고 답한 비율이 응답자 중 58%에 이른다고 한다. 반면 소련이라고 대답한 프랑스인은 20%에 불과했다. 확실히, 냉전의 승자가 기억의 전쟁에서도 승리를 거둔 것이다. 실제로 전투가 가장 치열했던 동부 전선에서는 독일군이 165개 사단이나 동원될 정도였고, 노르망디 상륙 작전의 서부 전선에서는 독일군 동원력이 76개 사단에 불과했다.

→ 나치스 무장친위대(Wa-ffen SS) 대원과 독일 노동국 직원 들이 시체 구덩이 가장자리에 무릎 꿇은 채 죽음을 기다리는 우크라니아 출신의 유대인을 사살하려는 특무 대원을 지켜보고 있다. 1941~1943년, 우크라이나 빈니차.

제2차 세계대전은 유럽과 아시아뿐 아니라 지중해에서도 일어났다. 또한 아돌프 히틀러에 의해 유럽에서 발발한 세계대전조차 동부 전선과 서부 전선으로 구별된다.

서부 전선에서 독일군은 가능한 한 가장 효과적으로 점령하고 착취하기 위해 어떤 저항이든지 무자비하게 진압하면서 '전통적인' 정복전쟁을 벌였다. 나치스가 저지른 가장 야만적인 행위는 바로 영국 본토 공습이었다. 1940년 9월 7일부터 1941년 5월 21일까지 이루어진 무차별 폭격으로 무려 1만 4,600명의 사망자와 2만 300명의 부상자가 발생했다.

동부 전선에서의 상황은 더욱 가혹했다. 독일 제3제국은 중동부 유럽에서 확보한 '레벤스라움(Lebensraum, 우월한 민족인 게르만족의 생존과 번영을 위한 '생활권'이라는 뜻으로, 독일계 인구로 동유럽을 채우려는 민족주의적 개념이다-옮긴이)'을 점령하고 착취했을 뿐 아니라 게르만화하고자 했다. 그동안 독일은 제3세계 분할에서 거의 배제되었다가 뒤늦게 식민지 전쟁에 뛰어들었다. 나치즘에 영감을 준 인종차별주의와 인구통계학적 이론을 따른 독일의 식민지 전쟁은 인종 말살의 성격을 띠었다. 중동부 유럽 영토에서 아리안화(Aryanization)와 자급자족

을 실현하려는 이 전략은 '순수 아리안 혈통'인 독일인의 생활권을 확보하기 위해 유대인과 집시족, 폴란드인, 슬라브족, 장애인 등과 같은 '열등인종'을 내쫓고 몰살하는 결과를 초래했다. 이 전략은 유럽에 살고 있던 유대인을 말살하려는 계획과도 일치했다.

> "올해 러시아에서
> 2,000만~3,000만 명의 사람들이
> 기근으로 사망할 것이다"

폴란드 침공 당시 이미 드러났던 이 같은 동부 전선의 특징은 소련에서 더욱 분명해졌다. 유대-볼셰비즘(볼셰비즘이 소위 세계를 경영하려는 유대인의 국제적 음모의 산물이었다는 이론-옮긴이)을 증오한 반유대주의운동은 '홀로코스트', 즉 나

치스 독일이 자행한 유대인 대학살의 발단이 되었다. 나치스의 살인 특무 기동부대인 아인자츠그루펜(Einsatzgruppen)은 소련에서 지역 민병대의 적극적 공조로 현장에서 150만 명 이상의 유대인을 학살하기에 이르렀다.

그러나 반유대주의운동은 소련인 또한 노리고 있었다. 독일군의 포로가 된 소련 병사들 가운데 300만 명 이상이 1년 사이에 가혹 행위와 기근, 추위로 사망했다. 소련인을 기아 상태로 내모는 것은 당시 독일의 전시경제 최고책임자였던 헤르만 괴링의 목표이기도 했다. 그는 1941년 11월에 이탈리아 외무장관인 갈레아초 치아노 백작을 접견했을 때 "올해 소련에서 2,000만에서 3,000만 명의 사람들이 기근으로 사망할 것이다"라는 정보를 전했다.

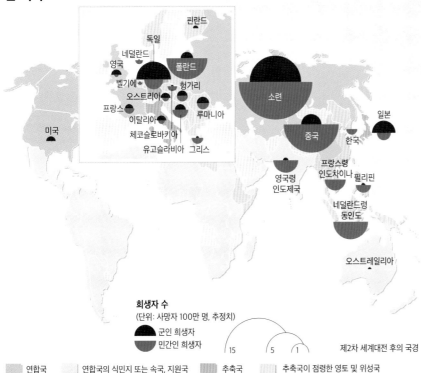

→ 〈어지러운 행성〉, 막스 에른스트, 1942년.

막스 에른스트는 초현실주의 작품인 〈어지러운 행성(The Bewildered Planet)〉을 그릴 당시 미국에서 망명 중이었다. 1920년대에 탄생한 초현실주의는 정신분석적 해석과 정치, 상상계를 접목했고, 알려지지 않았거나 괄시받던 예술사조(원시예술이나 나이브 아트)에서 영감을 얻었다. 또한 문학의 자동기술법이나 회화에서 물감 흘리기 같은 새로운 기법을 통해 양차 대전 사이 시기에 예술을 혁신했다.

전시경제를 위한 4개년 계획을 맡은 독일의 학자 출신 기술 관료들은 이 정도로 많은 사망자 수에도 별다른 양심의 가책을 느끼지 않았던 듯하다. 1942년 10월에 그들은 이렇게 기록했다. "점령한 영토(소련)의 주민 수가 (…) 평균 3분의 1로 줄어들었으니 (…) 전시가 아닌 평시라면 다음 번 수확 때 당초 예상보다 4분의 1 이상의 초과 수확량을 기대할 수 있다. 그러면 러시아 남부의 수확량만으로도 독일뿐 아니라 유럽의 밀가루 부족분까지 모두 충당할 수 있을 것이다."

독일 역사가 괴츠 알리와 수잔네 하임의 설명에 따르면 "소련에서 대량 학살이 가능했던 이유는 독일 국민이 이러한 범죄를 거부감 없이 받아들이는 경향이 강했기 때문이다. 소련에서 전쟁 포로와 민간인 수백만 명을 아사시킨 기근정책은 유럽에서의 유대인 말살정책보다 앞서 시행됐다. 식량과 식민지 개발에 관한 이 같은 실험 및 선택과 유대인 말살 사이에는 개념적 공통점이 존재한다. 바로 새로운 유럽을 위한 정치-인구통계학적 계획이라는 것이다. (유대인 학살은) 가장 많이 진행되고 또한 가장 대규모로 실행된, 훨씬 더 광범위한 말살 계획의 일부였을 뿐이다."

또한 히틀러가 유럽에서 일으킨 두 전쟁 사이의 차이점은 희생자 수의 격차로도 설명된다. 유대인을 포함해 사망자 비율이 가장 높았던 전쟁은 바로 동부 전선이었다. 1939년 당시 동부 전선에 속했던 폴란드는 인구의 16%(580만 명), 소련 13%(260만 명), 유고슬라비아 6.7%(100만 명)가 사망한 반면, 서부 전선의 프랑스는 인구의 1.35%(56만 명), 이탈리아 1%(45만 명), 영국 0.9%(45만 명)가 사망했다. 독일과 오스트리아의 경우는 인구의 8~10%(650만~870만 명의 사망자)를 기록했다. ■

큰 격차

희생자 수
(단위: 사망자 100만 명, 추정치)

- ● 군인 희생자
- ◐ 민간인 희생자

15 5 1

제2차 세계대전 후의 국경

- 연합국
- 연합국의 식민지 또는 속국, 지원국
- 추축국
- 추축국이 점령한 영토 및 위성국

(지도 라벨) 핀란드, 독일, 네덜란드, 영국, 폴란드, 벨기에, 헝가리, 오스트리아, 프랑스, 루마니아, 이탈리아, 체코슬로바키아, 유고슬라비아, 그리스, 소련, 일본, 중국, 한국, 미국, 영국령 인도제국, 프랑스령 인도차이나, 필리핀, 네덜란드령 동인도, 오스트레일리아

쉬어가기

● 2014년에 인도 북서부 지역 5만 명의 초등학생들은 구자라트(Gujarat) 교육연구심의회가 공식적으로 발행한 역사 교과서에서 다음과 같은 문구를 발견할 수 있었다. "제2차 세계대전 당시 일본이 미국에 핵폭탄을 투하했다."

● 캐나다 퀘벡 지역 고등학교에 보급된 역사 교과서(《서구의 12가지 사건》, 그랑 두크 출판사, 2008)에 "독일의 나치스 친위대 대령인 아돌프 아이히만이 반제(Wannsee) 회의를 소집했다. 반제 회의에서 아돌프 히틀러와 라인하르트 하이드리히와 하인리히 힘러가 유럽에 거주하는 모든 유대인에 대한 말살 계획을 수립했다"라는 내용이 나온다. 그러나 실제로 히틀러와 힘러는 이 회의에 참석하지 않았고, 반제 회의를 소집한 사람은 하이드리히이며, 아이히만은 반제 회의에 대한 보고서를 작성했을 뿐이다.

아시아·태평양전쟁

일본의 진격

■ 1941년 당시 일본제국

▨ 일본 통제하의 육상과 해상의 최대 권역(1942년 12월)

■ 1941년 이후 일본 동맹국

→ 일본의 해·공군 공격

★ 일본에 유리한 전투 및 충돌 지점

미국의 반격

■ 연합국 통제하의 영토

■ 태평양 전선과 일부 관련된 연합국

★ 연합국에 유리한 전투 및 충돌 지점

⇒ 미국의 반격

✹ 원자폭탄 투하

일본 제국주의가 태평양전쟁의 방아쇠를 당기다

제2차 세계대전 중 아시아·태평양전쟁은 일본이 만주를 점령한 1931년에 발발했으며, 히로시마와 나가사키에 원자폭탄이 투하된 지 한 달 뒤인 1945년 9월에 종결됐다. 14년 동안 일본은 제국주의적 야욕으로 아시아 대륙의 동쪽 연안 지역을 초토화했고, 특히 1,200만 명 이상의 중국인이 사망하는 결과를 초래했다.

일본은 제1차 세계대전의 승전국이었음에도 불구하고, 베르사유 회의 결과에 만족할 수 없었다. 일본에 할당된 정복 영토가 기대에 미치지 못했기 때문이다. 베르사유 회의 결과에 대한 실망으로 일본에서는 패권주의와 아시아 지배에 대한 정당성을 주장하는 국가 이념이 더욱 강화됐다. 일본 천황에 의해 구현된 이 이념은 1931년 9월에 만주를 침략해 만주국 괴뢰정부를 수립하면서 처음으로 적용됐다. 그리고 6년 뒤, 베이징 교외의 마르코 폴로 다리(루거우

차오)에서 일어난 분쟁은 중국 전체와 맞선 중일전쟁의 발단이 됐다.

1940년 9월 27일, '떠오르는 태양의 제국' 일본은 독일, 이탈리아와 함께 베를린에서 삼국동맹조약을 체결했다. 일본은 유럽에서의 나치스 독일과 파시스트 이탈리아의 우세한 지위를 인정했고, 독일과 이탈리아는 아시아에서 일본의 지위를 인정했다. 이러한 외교적 행보는 일본이 인도차이나 북부를 점령한 시기에 이루어졌다. 마침 프랑스령 식민지를 노리고 있던 타이는 인도차이나에 상륙

한 일본과의 동맹으로 라오스와 캄보디아의 일부를 획득하게 됐다.

미국은 이에 대한 보복으로 일본에 석유 금수 조치를 취했다. 그러자 일본은 '대동아전쟁', 즉 아시아·태평양전쟁을 일으키고 하와이 제도의 진주만을 공습하면서 미국에 반격했다. 1941년 12월 7일 저녁, 진주만 공습으로 미국의 태평양 함대가 파괴됐다. 미국은 일본에 전쟁을 선포했고, 독일 역시 이탈리아와 함께 미국과의 전쟁을 선포했다.

하지만 연합군은 독일과의 전쟁이 급선무였다. 일본은 이러한 상황을 이용해 아시아 식민지 정복에 매진하여 버마(현 미얀마)를 필두로 홍콩, 싱가포르, 필리핀, 말레이시아, 네덜란드령 동인도, 오세아니아 주까지 정복했다. 처음에는 아

← 〈싱가포르는 왜 무너졌는가〉, 《라 스메느(La Semaine)》의 표지, 1942년 2월 19일자.

↙ 1937년 12월 일본군의 침략으로 중국 국민당의 수도 난징이 무너진 뒤, 난징 인근에서 다섯 명의 중국인 포로가 일본군에 의해 산 채로 매장되고 있다. 한 일본 군인이 찍은 사진.

↓ 한국 평택의 작은 방에서 일본군 '위안부'였던 배씨(80세)가 얼굴을 가리고 있다. 7세 때부터 천식을 앓았던 그녀는 사회적 지원으로 생계를 꾸리며 산소호흡기 대여 비용을 감당하고 있다. 제2차 세계대전 동안, 일본군 '위안부' 여성들은 일본군을 상대로 성노예 생활을 강요당했다. 이석용의 사진, 2008년 11월 9일.

↖↖ 〈중국이여 절규하라〉, 리화의 목판화, 1938년.

시아 지역주민들 상당수가 일본군을 서구의 식민 지배로부터 해방시키러 온 구원자로 생각했기 때문에, 일본이 아시아 국가들을 쉽게 정복할 수 있었다. 그러나 곧 일본군의 행동으로 인해 지역주민들은 더 이상 일본에 호감을 갖지 않게 됐다. 따라서 일본은 민족적 저항에 직면할 경우에 대비해 만주국과 중국, 버마, 필리핀, 타이 등과의 동맹체제를 결성하고자 했다(이러한 배경에서 일본은 대동아공영권을 주창했다―옮긴이).

일본의 팽창정책에 대한 미국의 첫 반격은 1942년 6월에 시작되었다. 바로 미드웨이 해전이다. 이 해전에서 일본은 항공모함 네 척을 잃었다. 이때부터 미국은 레이테 만 전투를 거쳐 과달카날 섬, 솔로몬 제도, 필리핀을 비롯한 태평양 섬을 재탈환하고자 해군을 투입했다. 이어서 미국은 이오지마와 오키나와를 점령했고, 1945년 봄에

는 일본 대도시를 곧바로 공격할 수 있는 기지를 확보했다. 1945년 3월 10일 도쿄 대공습(사망자 10만 명)에 이어 미국은 8월 6일 히로시마, 8월 9일 나가사키에 원자폭탄을 투하했다. 그사이에 소련은 공식적으로 일본에 전쟁을 선포하고, 만주와 내몽골을 점령했다. 8월 15일에 전투는 중지되었고, 9월 2일 일본이 항복했다.

일본 총리의 야스쿠니 신사 참배 문제가 오늘날에도 아시아에 충격을 준다는 점을 이해하려면, 당시 일본군이 저지른 전쟁 범죄의 규모를 따져봐야 한다. 1937년 여름, 일본이 택한 두 가지 결정으로 모든 것이 시작됐다. 바로 전쟁 포로 보호와 독가스 사용 허가에 관한 국제 협정의 이행 중단이었다. 이 결정은 모든 학살을 허가하는 신호였다. 먼저, 중국에서 자행한 학살로 총 320만 명의 군

인과 900만 명의 민간인이 목숨을 잃었다. 이 중 30만 명이 난징 대학살로 희생되었다. 다른 식민지에서는 대량 학살뿐 아니라 강제노역과 세균 무기 실험까지 자행되었다. 심지어 일본군 장교들은 식인 행위까지 벌인 것으로 알려졌다. ■

세계의 교과서 들여다보기 ● 일본

2012년에 발간된 일본 교과서는 진보주의적(1) 성향이냐 혹은 민족주의적(2) 성향이냐에 따라 연합국의 승리로 인한 결과를 다르게 분석한다.

1. 일본은 항복했다. (…) 일본은 군국주의를 포기하고, 평화적이고 민주적인 정부를 세우기 시작했다. 정부는 연합군 최고사령부에서 작성한 지침을 바탕으로 마련한 헌법 초안을 내놓았다. (…) 전쟁 동안, 일본은 심각한 피해를 야기했을 뿐 아니라 스스로도 막대한 손해를 입었다. 새로운 헌법은 평화주의를 기본 원칙으로 삼았다.

2. 일본을 굴복시킨 연합국은 일본제국의 헌법이 전쟁의 주요 원인이었다고 간주했다. 연합군 최고사령부는 헌법 수정을 요구했다. 정부는 헌법 개정을 제안했지만 사령부는 이를 거절했다. 대신에 사령부는 새로운 헌법을 일주일 안에 작성했고, 일본 정부에 그 헌법을 채택할 것을 강력하게 촉구했다. (…) 연합군은 일본의 비무장화를 요구했고, 헌법에 이 규정을 넣을 것을 주장했다.

비시 정부 시기의 프랑스

제2차 세계대전 당시 어떤 프랑스가 우세했을까? 레지스탕스의 프랑스? 아니면 대독 협력체제의 프랑스? 이에 대한 응답은 시기와 사회집단의 성향에 따라 달라진다. 기업은 주로 비시 정권을 지지한 반면, 노동운동계에서는 레지스탕스 편에 서곤 한다.

↑ 독일의 재무장에 반대하는 애국투사수용포로연맹(FNDIRP)의 선전용 카드, 1950년경.

프랑스에서는 두 가지 신화가 시기별로 이어지면서 제2차 세계대전의 역사를 대신했다. 첫 번째 신화는 한 줌밖에 안 되는 '대독 협력자'를 제외한 나머지 모든 프랑스인이 (각자 선택에 따라) 드골 장군과 공산당을 중심으로 일치단결했다는 해석이다. 그러나 1970년대 초 역사가 로버트 팩스턴의 《비시 프랑스(La France de Vichy)》(저자는 비시 정부 당시 대독 협력은 독일의 요구나 압력에 의한 것이 아니라 프랑스인 스스로가 결정한 것이었다고 주장했다—옮긴이)가 출간되고, 마르셀 오퓔스의 다큐멘터리 영화 〈슬픔과 동정(Le Chagrin et la Pitié)〉(비시 정부 시기의 나치 부역자부터 노동자까지 프랑스의 한 마을 사람들의 인터뷰를 통해 영웅시되었던 역사의 위선을 벗긴 영화로, '전 국민이 일치단결한 레지스탕스의 프랑스'라는 신화를 깨는 데 일조했다—옮긴이)이 개봉되면서, 그간의 해석과는 다른 해석이 등장했다. 과거 역사에 대한 두 해석 모두 불완전했으나, 시기에 따라 프랑스 상황과 맞물려 두 해석이 이용되었다.

국회 투표로 페탱에게 전권을 넘기다

1940년 6월에 패전으로 독일에 굴복한 프랑스 사람들 대부분은 페탱파였다. 그들은 베르됭 전투(제1차 세계대전 중 독일과 프랑스가 벌인 공방전으로, 서부 전선에서의 큰 전투 중 하나였다—옮긴이)를 승리로 이끈 필리프 페탱을 구원자로 보았고, 그가 추진한 휴전 요청(1940년 6월 17일)과 휴전협정 체결(6월 22일)에 찬성했다. 그 후 1940년 7월 10일 프랑스 남부의 비시에서 하원과 상원 의원들은 국회를 열어 투표를 통해 페탱에게 전권을 위임했다. 하지만 그해 10월 24일 몽투아르에서 페탱이 아돌프 히틀러를 만난 뒤, 10월 30일 라디오 방송의 대국민 성명을 통해 "오늘 나는 협력의 길로 들어선다"라고 선언했을 당시에도 프랑스 사람들이 그를 전폭적으로 지지했는지에 대해서는 알려진 바가 전혀 없다.

그럼에도 불구하고, 페탱은 '프랑스 국가(Etat français, 비시 체제의 공식 명칭)'의 역할로서 대독 협력을 추진했다. 즉, 독일 제3제국과 프랑스(1942년 11월 11일까지 독일 점령지와 비점령지를 포함) 간의 정치적·경제적 협력은 물론, 경찰 및 심지어

군사적 협력을 강화한 것이다. 비시 정부는 휴전협정을 명목으로 독일에 천문학적인 금액을 지불하고 셀 수 없이 많은 생산물을 보냈다. 이 외에도, 기업인들은 독일 자본과 제휴가 늘어나자 협력정책의 일환으로 이루어지는 사업에 투자했다.

유대인 박해와 관련해서도 페탱 원수는 독일이 요구한 것보다 더 심하게 유대인을 박해했다. 유대인 지위를 규정한 두 개의 법령 공포(1940년 10월과 1941년 6월) 후에, '아리안화'라는 미명 아래 유대인 기업을 약탈하고 독일 점령지의 프랑스 유대인들에게 노란별을 달게 했다. 또한 프랑스 경찰에 의한 유대인 대량 검거가 증가했다. 프랑스 경찰은 체포된 유대인들을 임시 수용소에 몰아넣었다. 총 7만 6,000명의 프랑스 거주 유대인이 강제수용됐는데, 이 중 겨우 2,500명만이 살아남았다. 강제수용된 유대인 중 3분의 2는 외국인이었고, 3분의 1은 프랑스인이었다.

1942년 4월 18일 피에르 라발이 다시 총리로 권력에 복귀하면서 대독 협력이

←← 나치스의 하켄크로이츠 기가 내걸린 《르 피가로(Le Figaro)》 건물, 파리, 앙드레 주카의 사진.

←← 1940년, 프랑스인의 독일 파견을 위한 강제노동국의 홍보용 광고.

← 반볼셰비키 프랑스 의용대(LVF)의 병역을 모집하기 위해 페탱파에서 배포한 선전용 책자, 1942년경.

강화됐다. 라발 총리는 6월 22일 라디오 연설을 통해 다음과 같이 입장을 표명했다. "나는 독일의 승리를 원한다. 독일이 승리하지 않는다면, 볼셰비즘이 유럽 전역에 뿌리내릴 것이기 때문이다." 1943년, 프랑스의 나치스 무장친위대인 샤를마뉴 사단이 1941년에 창설된 반볼셰비키 프랑스 의용대(LVF)에 합류했다. 또한 1942년부터 다양한 형태로 이루어진 노동력 파견을 국가적 차원에서 공식화했다. 비시 정부는 1943년 2월 16일 강제노동국(STO)을 설립해 프랑스 노동자 65만 명을 독일로 파견했다.

비시 정부가 나치스에 굴복하는 것처럼 보일수록, 비시 정부의 정치 기반은 더욱 축소됐다. 20여 개의 대독 협력주의자 정치단체 중 당원 수가 2만 명을 넘어선 것은 자크 도리오의 프랑스 인민당(PPF)과 마르셀 데아의 인민민족연합(RNP) 두 정당뿐이었다. 1943년 1월 30일에 설립되어 조제프 다르낭이 총수를 맡은 프랑스 민병대(Milice français, 레지스탕스를 탄압하기 위해 창설된 조직-옮긴이) 역시 반볼셰비키 프랑스 의용대와 마찬가지로 병력이 1만 5,000명을 넘어서지는 못했다.

정반대로 1943년은 장 물랭에 의해 레지스탕스 전국평의회(CNR)가 창설되고 무장 항독 지하단체가 증가하면서 레지

스탕스가 우세한 해였다. 다음의 수치와 설명을 보면 레지스탕스의 규모를 충분히 짐작할 수 있다. 레지스탕스에 대한 탄압으로 수감된 정치범은 6만 명, 총살자 수는 3만 명에 달했다. 특기할 만한 사실은, 당시 프랑스에서 살고 있던 유대인이 33만 명이었는데, 이 중 강제수용된 인원은 앞에서 언급했던 것처럼 7만 6,000명에 불과했다는 점이다. 즉, 4분의 3 이상의 유대인이 집단학살을 피했던 것이다. 이것은 독일에 점령된 다른 유럽 국가와 비교할 수 없는 규모라는 점에서 결코 우연이 아니다.

이러한 레지스탕스의 활약에 대해 유럽 전선의 연합군 최고사령관이었던 드와이트 데이비드 아이젠하워는 이렇게 말했다. "우리 사령부는 군사작전 시에 종종 프랑스 국내군(FFI, 파리 시민들이 주

← 1945년 사진 작가 로베르 드와노가 파리의 비밀 인쇄소에서 일하고 있는 레지스탕스 활동가 이본느 데비뉴를 촬영한 사진. 사진작가의 딸인 프랑신느 드와노는 당시 상황을 재연해서 사진 촬영을 한 이유에 대해 다음과 같이 설명했다. "당연하겠지만, 비밀스러운 인쇄 작업을 하고 있는 인물을 찍은 사진 중에 자연스럽게 촬영된 사진은 한 장도 없다. 프랑스가 독일에 점령되었던 시기에 이런 사진 자료들은 레지스탕스를 매우 위험하게 만들 수도 있었기 때문이다. 해방 직후 당시 모습을 재연해 촬영했던 사진들은 1945년 3월 프랑스 서남부 수이약 지역의 《르프앵(Le Point)》 잡지사에서 《비밀 인쇄소》란 이름의 작품집으로 발간됐다. 이 작품집은 레지스탕스의 작업 방법을 보여주면서 음지에서 활동한 모든 레지스탕스의 업적을 기린다. 사진 속 데비뉴는 소설가 베르코르의 친구이며, 소설 〈바다의 침묵(Le Silence de la mer)〉이 포함된 《심야총서(Editions de Minuit)》(베르코르가 창설한 비합법 문예 지로서, 레지스탕스 문학의 모체가 되었다-옮긴이)을 손으로 가제본했다. 그녀는 사진 촬영을 위해 전에 했던 일을 재연해 보였다."

↓ 1942년 파리 벽보, 앙드레 주카의 사진.

축이 되어 구성된 무장단체-옮긴이)의 지원을 받았는데, 이는 15개 여단이 동원된 규모와 맞먹는 수준의 지원이었다고 평가한다. 덕분에 우리는 신속하고 수월하게 프랑스를 가로질러 진격할 수 있었다." ■

참고자료

영국 외교관 프랜시스 다시 오스본이 남긴 기록 가운데 1944년 1월 26일자 노트를 보면, 바티칸 교황청이 외교부에 이상한 요구를 했다는 것을 알 수 있다.

오늘 국무원장 추기경이 와서 교황이 연합국의 유색인 군인 중 그 누구도 해방 이후 이탈리아에 주둔하는 군대에 배속되지 않기를 희망한다는 메시지를 전했다. 그는 서둘러 교황청은 인종차별을 하지 않지만, 이 요구가 받아들여지길 바란다고 덧붙였다.

'유대인 문제의 최종 해결…'

아돌프 히틀러가 처음부터 '유대인 말살'을 계획했던 것은 아니었다. 1933년 권력을 장악했을 당시만 해도 그는 유대인을 격리시킨 뒤 독일에서 추방하려고 했다. 예를 들면, 나치스 고관들은 마다가스카르나 폴란드, 시베리아 등지로 유대인의 강제이주를 고려했다. '최종 해결(Final Solution)' 안이 나오고 강제수용소까지 탄생하게 된 것은 다름 아닌 전쟁 때문이었다.

19 39년 1월 30일, 제국의회에서 아돌프 히틀러 총리는 "나는 오늘 예언자로서의 모습을 보여주려 합니다. 유대인 금융계가 유럽과 그 외 국가에서 한 번 더 국민들을 세계 전쟁으로 몰아넣는다면, 그 결과는 세계의 볼셰비즘화나 유대인의 승리가 아니라, 반대로 유럽에서의 유대인 말살일 것입니다"라고 선언했다. 이 연설은 나치즘의 반유대인 정책의 전환점이 됐다.

권력을 잡은 히틀러가 의회에서 이 연설을 하기 전까지, 나치스는 두 가지를 목표로 삼았다. 독일 사회에서 유대인을 배척하고, 그들을 해외로 추방하는 것이었다. 1933년 4월 7일에 제정된 공무원 재임용법(이 법에 의거해 비아리안계 관리들을 해고하거나 퇴직시켰다-옮긴이)과 1935년 9월 15일에 제정된 뉘른베르크법을 통해 엄격한 유대인 분리제도를 수립했다. 특히 뉘른베르크법은 유대인과의 혼인 금지, 유대인의 공무담임권 박탈 등 '아리아인'과 유대인 간 접촉을 일절 금했다. 한편, 유대인 상점에 대한 강제 보이콧부터 수천 명의 유대인 투옥까지 유대인에 대한 폭력도 증가했다.

1938년 11월 초, 파리 주재 독일 대사관의 에르스트 폼 라트 참사관이 유대인 청년 헤르셸 그린슈판에게 암살당한 사건이 발생했다. 이 사건은 유대인 학살을 촉발하는 구실이 됐다. '수정의 밤(크리스탈나흐트Kristallnacht)'이라 불리는 11월 9일, 게슈타포의 지원 아래 요제프 괴벨스와 하인리히 힘러에 의해 조직된 유대인 박해가 독일 전역에서 이루어졌다. 결과는 참혹했다. 191개의 유대교 사원이 불타고, 이 중 76개는 파괴됐다. 7,500개의 유대인 상점이 약탈당했으며, 91명의 유대인이 잔혹하게 살해됐다. 또한 1933년부터 이미 투옥 중이던 공산주의자 및

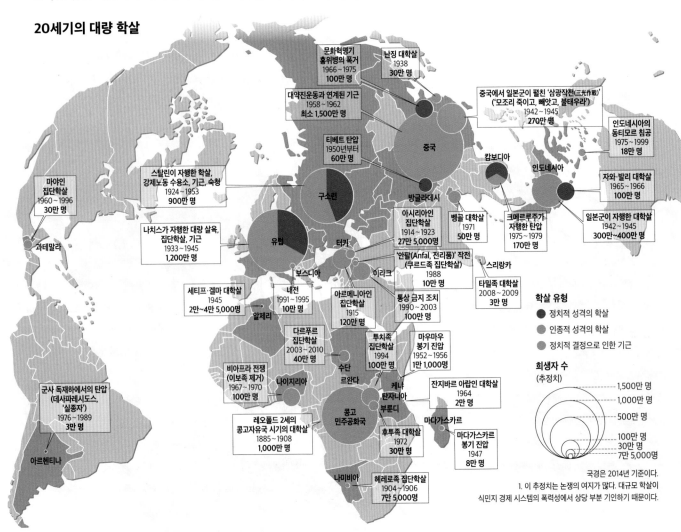

20세기의 대량 학살

문화혁명기 홍위병의 폭거
1966~1975
100만 명

난징 대학살
1938
30만 명

대약진운동과 연계된 기근
1958~1962
최소 1,500만 명

중국에서 일본군이 펼친 '삼광작전(三光作戰)'
('모조리 죽이고, 빼앗고, 불태우라')
1942~1945
270만 명

티베트 탄압
1950년부터
60만 명

인도네시아의 동티모르 침공
1975~1999
18만 명

스탈린이 자행한 학살,
강제노동 수용소, 기근, 숙청
1924~1953
900만 명

마야인 집단학살
1960~1996
30만 명

나치스가 자행한 대량 살육,
집단학살, 기근
1933~1945
1,200만 명

캄보디아

인도네시아

자와·발리 대학살
1965~1966
100만 명

크메르루주가 자행한 탄압
1975~1979
170만 명

일본군이 자행한 대학살
1942~1945
300만~400만 명

아시리아인 집단학살
1914~1923
27만 5,000명

벵골 대학살
1971
50만 명

과테말라

유럽

구소련

터키

이라크

방글라데시

스리랑카

타밀족 대학살
2008~2009
3만 명

'안팔(Anfal, 전리품)' 작전
(쿠르드족 집단학살)
1988
10만 명

통상 금지 조치
1990~2003
100만 명

세티프·겔마 대학살
1945
2만~4만 5,000명

내전
1991~1995
10만 명

보스니아

아르메니아인 집단학살
1915
120만 명

알제리

다르푸르 집단학살
2003~2010
40만 명

투치족 집단학살
1994
100만 명

마우마우 봉기 진압
1952~1956
1만 1,000명

비아프라 전쟁
(이보족 제거)
1967~1970
100만 명

나이지리아

수단

르완다

케냐

탄자니아

부룬디

잔지바르 아랍인 대학살
1964
2만 명

마다가스카르

군사 독재하에서의 탄압
(데사파레시도스,
'실종자')
1976~1989
3만 명

아르헨티나

레오폴드 2세의
콩고자유국 시기의 대학살'
1885~1908
1,000만 명

콩고
민주공화국

후투족 대학살
1972
30만 명

마다가스카르 봉기 진압
1947
8만 명

나미비아

헤레로족 집단학살
1904~1906
7만 5,000명

학살 유형

● 정치적 성격의 학살
● 인종적 성격의 학살
● 정치적 결정으로 인한 기근

희생자 수
(추정치)

1,500만 명
1,000만 명
500만 명
100만 명
30만 명
7만 5,000명

국경은 2014년 기준이다.
1. 이 추정치는 논쟁의 여지가 많다. 대규모 학살이 식민지 경제 시스템의 폭력성에서 상당 부분 기인하기 때문이다.

사회민주주의자, 반체제 기독교 신자와 함께 2만 명이 수감됐다. 반유대인 법이 한층 더 강화됐고, 유대인 소유의 기업과 재산이 '아리아인'에게 이전되면서 독일 경제에서 유대인은 제거됐다.

"중요한 문제가 아직 남아 있다. 바로 독일 밖으로 유대인을 내쫓는 것이다"라고 라인하르트 하이드리히가 말했다. 처음에는 유대인들이 모든 경비를 부담하는 이민제도로만 문제를 해결했다. 1933년부터 1941년 10월 31일까지, 해외 유대교 신자들이 지불한 950만 달러를 대가로, 53만 7,000명의 유대인이 합법적으로 독일과 오스트리아, 보헤미아-모라바 보호령을 떠났다. 이후 마다가스카르로 유대인들을 모두 추방할 생각을 하게 된 나치스 고관들은 폴란드에 유대인을 다시 집결시키기 시작했다. 그러고는 마침내 시베리아에 '유대인 거주 지정 지역'을 고안하게 됐다. 이렇게 나치스 고관들은 점진적으로 1941년 6월 22일에 시작된 소련 침공부터 히틀러에 의해 발표된 '최종 해결'에까지 이르게 된다.

'열등인간'에 대한 집단학살

유대인 문제에 대한 '최종 해결' 안은 나치스의 살인 특무 기동부대인 아인자츠그루펜이 수십만 명의 유대인을 동부 전선에서 학살했던 1941년 여름 동안 준비되어, 1942년 1월 20일 베를린 근교 반제에서 열린 회의에서 나치스 수뇌부의 승인을 거치면서 더욱 진척됐다. '최종 해결' 안은 유럽 점령지의 모든 유대인을 기존의 집단수용소를 비롯해, 특히 새롭게 건설 중인 집단학살 수용소로 강제수용하는 것을 전제로 했다.

아우슈비츠와 트레블링카, 벨제크, 소비부르, 헬름노 같은 집단학살 수용소가 이렇게 탄생했다. 집단학살 수용소 가스실에서 매일 수천 명이 목숨을 잃었다. 반제 회의에서 하이드리히는 "유럽에서 유대인 문제에 대한 최종 해결은 대략 1,100만 명의 유대인과 관련이 있다"라고 추정했다. 동부 전선과 게토, '죽음의 공장'에서 학살된 피해자 수를 합하면, 그 '목표'를 절반 이상 달성했다.

하지만 유대인들이 나치스가 자행한 집단학살의 주요 피해자이긴 해도, 유일한 피해자는 아니었다. 유대인뿐 아니라 집시족, 정신병자, 폴란드인, 슬라브족 등을 비롯한 모든 운테르멘셴(Unter-menschen, 열등인간)은 '유대-볼셰비즘'을 증오한 반유대주의운동의 표적이 됐다. 유대인 학살에는 몇몇 특이점이 있다. 바로 한 국가가 모든 방법을 총동원해 공표하고 실현한, 순전히 인종과 관련된, 역사적으로 유일한 대량 학살이라는 점이다. ■

↑ 2005년부터 파리 쇼아(홀로코스트) 기념관에서 전시 중인 제2차 세계대전 중 프랑스에서 강제수용된 유대인 청년 2,500명의 사진 중 일부.

← 수정의 밤(1938년 11월 9~10일)에 불타고 있는 독일 빌레펠트의 유대교 사원.

↑ 사진 연작 〈베를린 장벽의 붕괴〉,
알렉산드라 아바키안.

↑ → 2013년 12월, 우크라이나 수도
키예프의 마이단 광장에서 대치 중인
경찰과 시위대. 막심 돈듀크의 사진.

5

승전의 결과와
민주주의의 시련

(1945~1950)

1989년 베를린 장벽이 무너지고, 소련이 붕괴하면서 비로소 냉전 시대가 막을 내렸다. 그러나 이후에도 동서 대결이 지속되어 옛 소련 연방국들을 괴롭혔다. 2013년과 2014년 유혈분쟁의 현장이 된 우크라이나가 대표적인 예이다.

전체주의는 전부 한통속이다?

2011년 9월에 발간된 프랑스 고등학교 2학년 역사 교과서는 모두 5개 주제로 구성되어 있다. 그중 하나가 바로 '전체주의 시대'다. 말하자면 소련의 스탈린, 독일의 히틀러, 이탈리아의 무솔리니 집권 시기를 통틀어 '전체주의'라는 한 주제로 다루고 있는 것이다. 25년 전부터 유행하기 시작한 이런 종류의 역사관은 공산주의와 나치즘을 동급으로 취급하는 오류를 범하고 있다.

프랑수아 올랑드의 나라 프랑스, 레제프 타이이프 에르도안의 나라 터키, 니콜라스 마두로의 나라 베네수엘라 그리고 유럽연합(EU). 언뜻 보기엔 공통점이 전혀 없는 조합이다. 그런데 거론된 상대들은 모두 2014년에 똑같이 '전체주의'란 꼬리표를 달았다. 내무장관이 테러 선동을 이유로 코미디언 디외도네 음발라 음발라의 공연을 전격 금지하며 표현의 자유를 둘러싼 논란을 불러일으킨 프랑스. 정부가 자의적으로 소셜 네트워크 서비스인 트위터 접속을 차단하여 지나친 검열 비판으로 몸살을 앓은 터키. 정부가 일부 반정부 시위를 무력으로 진압한 베네수엘라. 개별 국가의 주권을 구속하는 유럽연합. 이것이 저마다 '전체주의'란 타이틀을 얻은 이유다.

역사적으로 전체주의는 다양한 의미로 변용되어왔다. 전체주의란 말이 처음 등장한 것은 1920년대 초 이탈리아에서였다. 당시 베니토 무솔리니 총통(두체)의 독재에 반대하는 반체제 인사들은 전체주의란 용어를 이용해 파시스트 정권을 비판했다. 그런데 무솔리니가 오히려 이 단어를 긍정적 의미로 차용했다. 가령 1925년 무솔리니는 이탈리아 국민을 한데 결속시키는 '강렬한 전체주의적 의지'에 대해 예찬했다. 그에게 전체주의는 곧 국가의 위대함을 의미했다.

같은 시기에 이오시프 스탈린의 적대 세력도 소련을 전체주의 사회로 묘사했다. 1917년 러시아 혁명을 지지한, 아나키스트 저술가 빅토르 세르주는 훗날 소비에트 정권을 일컬어 "권력에 취한 독재적이고 전체주의적인 카스트 국가"라고 비판했다. 1939년 8월 독소불가침조약이 체결되자, 영미권에서는 본격적으로 전체주의 세력의 연대라는 테마가 유행하기 시작했다.

그러나 전체주의란 개념이 강력한 이념적 색채를 띠게 된 것은 제2차 세계대전 종전 후였다. 이때부터 전체주의는 반공주의의 구호이자, 동시에 볼셰비즘 척결의 구실로 자리매김했다. 1944년 급진적 자유주의 이론가 프리드리히 하이에크는 《노예의 길》에서 국가의 개입은 불가피하게 개인의 자유를 제한하고, 자유로운 시장의 운영을 방해하며, '전체주의의 출현'을 초래한다고 주장했다. 그로부터 3년 뒤 해리 트루먼 미국 대통령도 히틀러와 스탈린을 동급으로 간주했다. 1947년 트루먼 대통령은 "모든 전체주의 국가들 사이에는 털끝만큼의 차이도 없다"고 확언했다.

> 독일의 역사학자 에른스트 놀테는
> 나치즘이 볼셰비즘 유행에 대한
> 극단적 대응이었다고 주장했다

사실 독일과 소련을 동급으로 간주하는 시각은 논쟁의 여지가 많다. 그럼에도 1951년 한나 아렌트에 이어 카를 프리드리히와 즈비그뉴 브레진스키의 공동연구 논문이 발표되면서, 이러한 역사관은 상당히 학술적인 설득력을 얻게 되었다. 1956년 프리드리히와 브레진스키는 전체주의 정권을 가늠하는 여섯 가지 기준을 다음과 같이 제시했다. 카리스마 있는 지도자가 이끄는 대중 정당, 공포의 일상화, 중

→ 소년 파시스트 단체 '암늑대의 아들들'의 열병식 모습. 1935년 경 이탈리아.

↖ 장 라플뢰르 감독의 〈일사, 시베리아의 암호랑이〉 영화 포스터, 1977년. (국내에서는 〈시베리아 14 수용소〉라는 제목으로 소개됐다. 시베리아 수용소의 사상범들을 고문하고 괴롭히는 악녀 일사 이야기를 다루었다-옮긴이)

↑ 돈 에드몬즈 감독의 〈일사, 나치스 친위대의 암늑대〉 영화 포스터, 1975년. (국내에서는 〈일사, 나치 친위대의 색녀〉라는 제목으로 소개됐다. 독일 포로수용소에서 포로들을 대상으로 생체 실험과 잔혹 행위를 일삼은 여의사 일사를 다룬 영화-옮긴이)

앙집권적 경제, 공권력에 의한 모든 소통 수단의 장악 등이 바로 그것이다.

히틀러와 스탈린의 차이점을 무시하고 이처럼 공통점만 크게 부각시키는 역사관은 냉전 시대에 유행했다. 그러다 소련 붕괴 후인 1990년대에 이르러 제2의 전성기를 맞이했다. 가령 독일 역사학자 에른스트 놀테는 나치즘이 볼셰비즘 유행에 대한 극단적 대응이었다는 주장을 내놓았다. 프랑스 역사학자 프랑수아 퓌레도 국가 주도의 개혁정책은 개인의 자유를 제한하고, 폭력과 '전체주의 메커니즘'을 초래할 수 있다는 점을 지적했다. 프랑수아 퓌레는 《환상의 과거(Le Passé d'une illusion)》(1995)에서 "스탈린적 볼셰비즘, 국가사회주의(나치즘을 의미한다-옮긴이)는 20세기 전체주의 정권의 대표 격에 해당하는 두 가지 사례"라며, "양자는 서로 비슷할 뿐 아니라, 심지어 어느 정도 동일한 정치적 부류로 간주될 수도 있다"라고 썼다.

최근에는 학교 교육과정에서도 이런 식의 역사관을 따르는 듯 보인다. 2011년 이후 프랑스의 고등학교에서는 이탈리아의 파시즘 시대, 독일의 나치즘 시대, 그리고 소비에트연방 시대를 '전체주의 시대'라는 한 장(chpter)으로 묶어 가르치고 있다. 그러나 이런 수업 방식은 세 가지 사상의 차이점을 무시하고 나치즘의 본질을 도외시하는 결과를 낳을 위험이 있다. 사실상 나치즘이 독일 민족의 '생활권(레벤스라움)'을 부르짖으며, 유대인·집시족·슬라브족 등 이른바 '열등인간'을 말살하려고 하는 등 온갖 인종차별적 행태를 일삼았다는 사실을 간과하게 된다.

오늘날 전체주의는 역사학자 엔조 트라베르소가 말한 '서구의 승리를 합리화하는 수단'으로 변질됐다. 그 바람에 귀에 걸면 귀걸이, 코에 걸면 코걸이 식으로 널리 오용되기 일쑤다. 어떤 이들은 자유의 한계를 설명하기 위해, 또 어떤 이들은 사회개혁정책을 폄훼하기 위해 여기저기에 '전체주의'란 말을 갖다 붙인다. 그래서 슬라보예 지젝을 비롯한 일부 저술가들은 이런 역사관에서 완전히 탈피할 것을 주문하기도 한다. ■

40년 전부터 저예산 Z급 졸작영화 가운데 때로는 나치즘과 공산주의도 구별 못할 정도로 우스꽝스럽게 냉전 시대의 망상증을 담은 기괴한 내용의 영화들이 선보였다. 가령 색녀 일사 시리즈에서 여주인공은 때로는 소련 강제수용소의 간수로, 또 때로는 나치스 포로수용소의 간수로 등장한다.

미국이 평화를 진두지휘하다

1918년 베르사유조약이 제1차 세계대전의 패전국 응징에 초점을 맞춘 조약이었다고 받아들이는 반면, 제2차 세계대전을 종결짓기 위한 전후 처리 회의는 그보다 훨씬 관대했다는 평가를 받는다. 가령 2011년 블랭 출판사가 펴낸 프랑스 고등학교 2학년 역사 교과서는 당시 승전국들이 평화회의를 통해 "전후 재건의 밑바탕이 될 정의롭고 항구적인 평화"를 안착시키고자 했다고 기술하고 있다. 그러나 얄타 회담부터 브레튼우즈 회담에 이르기까지, 미국은 사실상 이 회의들을 통해 자국 중심의 국제질서를 형성하는 발판을 마련했다.

추축국(제2차 세계대전에서 연합국에 맞서 싸운 일본·독일·이탈리아 등을 주축으로 한 국제동맹-옮긴이)이 제2차 세계대전에 패한 뒤, 또다시 전승국 중심으로 세계질서가 재편됐다. 1943년 말부터 연합국은 수차례 대규모 회담을 열고 새로운 국제질서의 틀을 하나씩 짜나갔다. 회담을 주도한 미국은 1930년대 대재앙의 근원이 개별국의 자국 우선주의와 국제연맹의 무능에 있다고 비판했다. 미국은 확실한 자유주의 경제 환경을 마련하는 것이야말로, 헨리 월리스 미국 부통령의 표현을 빌리자면, "세계를 빈곤에서 해방"시키기 위해 갖추어야 할 선결 조건이라고 판단했다.

달러 중심의 통화질서에 반기를 든 영국

1944년 7월, 소련을 포함한 44명의 대표단이 미국 북동부 브레튼우즈에 모여 국제 통화질서를 구축하는 데 팔을 걷어붙였다. 경제학자 존 메이너드 케인스를 필두로 한 영국의 반대가 있었지만, 결국 달러는 금과 교환이 가능한 세계 유일의 기축통화로 자리매김하게 되었다. 세계은행(World Bank)의 전신인 국제부흥개발은행(IBRD, 제2차 세계대전 후 각국의 전쟁 피해 복구와 개발을 위해 설립한 국제은행-옮긴이)과 국제통화기금(IMF)이 창설됐다. 특히 국제통화기금의 경우, 미국이 최대 공여자로 참여하여 실질적인 거부권을 행사했다.

1944년 중후반, 덤바턴오크스 회담에

'자유세계'와 독재정권

과테말라
☆ 1954
☆ 1967~1969
★ 1960

엘살바도르
1980~1990 ☆

온두라스
니카라과
1979~1989 ☆

파나마 ★ 1964
★ 1989

쿠바

도미니카공화국
★ 1965

그레나다
★ 1983

베네수엘라
1952 ☆

페루
1965 ★

가이아나
☆ 1964

볼리비아
☆ 1967

칠레
1973 ☆

파라과이

브라질
☆ 1964

아르헨티나

우루과이

미국

에스파냐
포르투갈

그리스
1947 ☆

레바논 이라크 ☆ 1953
★ ★ 1963
1958
1983

리비아
★ 1986

가나
☆ 1966

라이베리아

수단

에티오피아

남예멘

콩고민주공화국
★ 1962~1964

앙골라

모잠비크

남아프리카

소련

아프가니스탄
☆ 1979

이란

타이

한국
★ 1950~1953

타이완

필리핀
☆ 1946
☆ 1989

베트남, 라오스,
캄보디아
1965~1973 ★

인도네시아
★ 1958
☆ 1965

피지
1987 ☆

1970년대 말 공산주의 진영

바르샤바조약기구 회원국(1955년 5월 기준)

기타 공산주의 혹은 친소련 국가

미국의 개입

★ 미국의 군사 개입 지역

☆ 미국 중앙정보국(CIA)의 군사·재정·정치적 지원을 받아 쿠데타 혹은 정치적 격변이 일어난 지역

1970년대 말 국경선 기준으로 작성

윈스턴 처칠이 천명한 '자유세계'

북대서양조약기구(NATO) 회원국(1949년 4월 기준)

1952~1982년 북대서양조약기구(NATO) 회원국

기타 비공산 국가

1945~1990년 공공연히 미국의 지원을 받은 독재정권

→《자유 만세!(Vive la Vliberté!)》, '자유 기업협회'(프랑스 경영자 단체-옮긴이)가 발간한 소책자, 1947년. (국가 주도의 계획경제dirigisme를 철폐하고 시장의 자유를 보장하라는 의미를 담고 있다-옮긴이)
↘ 전후 재건을 홍보하는 선전 포스터, 뤼시앵 부셰의 삽화, 1947년경.

쉬어가기

이탈리아의 전직 총리인 실비오 베를루스코니는 자국 역사 교과서가 좌편향된 내용을 담고 있다고 비판했다. 그러나 정작 토스카나 지역에서 편찬된 역사 교과서(Federica Bellesini, 《I nuovi sentieri della storia. Il Novecento》, Istituto Geografico De Agostini, Novara, 2003)는 19세기 말 '역사적 우파'(온건보수주의 성향)와 '역사적 좌파'(온건진보주의 성향)의 차이를 다음과 같이 구분하고 있다. "우파 인사의 대부분은 귀족이나 대지주 출신이었다. 그들은 개인의 영달이나 부의 축재가 아니라 오로지 국가에 봉사하기 위해 정치에 참여했다. 그리고 국가 재정을 자신의 재산을 돌보듯 성심성의껏 관리했다. 반면, 자유직업 종사자나 경영자 혹은 변호사가 주류를 이루는 좌파 인사들은 때로는 사리사욕을 취하기 위해 국가의 재산을 나 몰라라 할 정도로 경력에 도움만 된다면 물불을 가리지 않았다."

서는 새로운 국제 정치기구의 초석이 마련됐다. 1945년 2월 얄타 회담에서는 국제기구 설립의 기본 원칙이 확정됐으며, 1945년 4~6월, 샌프란시스코 회의에서는 51개국으로 구성된 국제연합(UN) 창설이 결정됐다.

자유경쟁과 근대화로 버무려진 세계 경제질서

국제연합 헌장은 정글 같은 국제사회에 일종의 질서를 확립하고자 하는 내용을 담았다. 민족 자결권을 허용하고, 다른 나라의 내정에 간섭하지 못하게 규제하는 한편, 국가 간 분쟁 시 평화적 해결을 도모하고, 국제 협력을 활성화하며, 식민지 민족이 자유로운 정치체제를 발전시키는 데 도움을 줄 의무 등을 명시했다. 국제연합은 군사 개입을 포함해 다양한 개입 수단을 보유했다. 연례 총회에서는 1국 1표 원칙에 입각해 회원국 3분의 2 이상이 찬성해야 결의안 통과가 가능하도록 규정했다. 상설기구인 안전보장이사회는 중국·미국·프랑스·영국·소련 등 5개 상임이사국과 총회에서 선

출된 6개 비상임이사국(1965년에 10개국으로 확대되었다-옮긴이)으로 구성됐다. 5개 상임이사국의 만장일치 규정은 사실상 각 상임이사국에 거부권을 허용한다는 의미였다.

1946년 미국은 국제연합에서 압도적인 발언권을 누렸다. 1950년대 중반까지 미국 외교부가 발의한 결의안은 모두 일사천리로 통과됐다. 국제연합 본부가 뉴욕에 있다는 사실 역시 미국의 헤게모니를 상징적으로 보여준다.

'팍스 아메리카나'(미국이 주도하는 세계 평화를 의미한다-옮긴이)는 자유경쟁에 의거한 세계 경제 구축이라는 꿈을 바탕으로 한다. 냉전은 팍스 아메리카나 체제를 더욱 견고하게 해주었다. 마셜 플랜(94쪽 참조)의 일환으로 미국이 유럽 대륙에 쏟아부은 달러는 허약한 유럽 국가들이 국가 재정 지출을 최소화하며 경제 재건에 필요한 자금을 마련할 수 있는 길을 열어주었다. 1947년 10월, 총 23개국이 향후 국제 통상질서를 규정한 '관세 및 무역에 관한 일반 협정(GATT)'에 가입했다. 관세 인하, 국내 생산품과 동등한 수준의 수출품 대우, 양차 대전 사이에 도

입된 각종 규제 철폐 등이 새로운 세계화의 기본 질서로 자리 잡았다.

미국은 마침내 세계 여러 나라에 자유경쟁과 근대화로 버무려진 새로운 국제 경제질서를 강제할 수 있게 되었다. 그러나 새로운 경제 원칙이 완벽하게 적용되기에는 다소 무리가 있었다. 여전히 전후 피해가 장기간에 걸쳐 지속되고 있었고, 새로운 질서를 주창한 미국에서조차 대대적인 국가 개입이 강화됐기 때문이다. ■

CERTIFICATS D'INVESTISSEMENTS
EXEMPTS DE TOUS IMPOTS

1945년, 골리앗 미국의 적수가 되지 못했던 소련

유럽의 몰락과 전후 새롭게 형성된 국제질서는 미소 간 대립 구도를 탄생시켰다. 그러나 양국의 힘은 결코 대등하지 않았다. 미국이 제2차 세계대전의 수혜를 톡톡히 입었다면, 1945년 소련은 전쟁의 여파로 국력이 상당히 소진된 상태였다. 소련은 결코 군사적으로나 경제적으로 미국의 적수가 되지 못했으며, 미국과 충돌해봐야 별로 득될 것이 없었다.

전쟁의 참화에서 멀리 비켜나 있던 미국은 1941~1945년 눈부신 경제성장을 이룩했다. 미국은 이 기간에 국민소득이 두 배나 늘어나, 러시아의 세 배, 영국의 다섯 배가 넘는 수준에 이르렀다. 또한 1945년 미국은 전 세계 금의 3분의 2를 보유했고, 전 세계 투자 자본의 4분의 3을 유치했다. 그뿐 아니라 전 세계 산업 역량의 절반과 잉여농산물의 대부분을 차지했다. 또한 미국은 전 세계 주요 유전을 장악했으며, 직접 석유를 생산하기까지 했다. 마지막으로 미국은 위력적인 무기를 최다 보유하며 제공권과 제해권을 장악하는 한편, 세계에서 유일하게 원자폭탄 제조 비법을 손에 쥐었다.

그러나 미국은 시시각각 불안감에 시달렸다. 유럽의 상황, 라틴아메리카에 대한 영향력 약화 등이 골치 아픈 문제로 떠올랐다. 또한 세계대전 참전용사들의 노동시장 복귀와 높은 인플레이션에 따른 산업 재편의 여파도 우려스러웠다. 실제 이런 불안감은 현실로 나타났다. 정부의 농산물 가격 통제에 농민들이 강한 불만을 표출했고, 1946년 파업 사태가 속출했다.

종전 뒤 세계 곳곳에서 좌파 세력이 부상했다. 그런데 미국은 정반대였다. 1944년 대선에서 민주당 내 우파 세력은 뉴딜 정책의 기수인 헨리 월리스 대신 해리 트루먼을 부통령 후보로 내세웠다. 헨리 월리스는 훗날 반소 냉전체제에 반기를 든 인물이기도 하다. 1946년 선거는 공화당의 승리로 돌아갔다. 공화당은 모든 사회개혁을 저지하겠다며 목소리를 높였다. 가령 1947년 태프트-하틀리법(노동자의 권리를 대폭 제한한 노사관계법-옮긴이)을 제정해 노동조합의 입에 재갈을 물리는가 하면, 1955년 조합원 수가 1,000만 명에 달하는 미국 최대노동조합합조직 미국노동총연맹산업별조합회의(AFL-CIO, 1955년 미국의 양대 노동조합기구였던 미국노동자협회AFL와 산업별노동조합회의CIO가 결합하면서 출범한 미국 최대의 노동조합. 경제 문제뿐 아니라 정치·사회·국제 문제에까지 막강한 영향력을 행사하는 미국의 대표적인 이익단체이다-옮긴이)의 개혁 의지에도 제동을 걸었다. 미국의 정치적 우향우는 경제·사회·외교 등 다른 분야에까지 많은 영향을 미쳤다.

군사적 측면에서 소련은 골리앗 미국에 전혀 적수가 되지 못했다. 물론 소련은 보병과 포병이 우수했지만 공군과 해군력이 약해 사실상 미국의 전반적인 군사력을 따라가지 못했다. 더욱이 결정적으로 소련은 핵무기를 보유하고 있지 않았다. 소련은 제2차 세계대전에서 입은 막대한 인적·물질적 피해로 전력이 상당히 약화된 상태였다. 전쟁으로 인한 사망자 수가 최대 2,600만~3,000만 명에 이르렀고, 물리적 피해도 1939년 전체 국민소득의 5.5배에 달했다.

'대조국전쟁'(러시아는 1941~1945년 제2차 세계대전 중 벌인 독소전쟁을 대조국전쟁 혹은 대애국전쟁이라고 부른다-옮긴이)은 소련이 정치적 긴장과 1929년 이후 실시해온 엄격한 계획경제정책을 완화하는 계기가 되었다. 동시에 행정권의 중앙집중화와 권력의 사인화(私人化)로 이오시프 스탈린의 입지가 더욱 공고해졌다.

대조국전쟁은 소련 지도부에 근본적인 고민을 안겨주었다. 안드레이 즈다노프를 비롯한 일부 인사들은 유연한 외교정책을 구사하며 1930년대 중앙집권적인

← 소련의 체제 선전 포스터, 1946년.

↙ 냉전이 한창이던 1950년대 미국의 한 가정주부가 핵 방공호에 비축해놓은 생필품을 소개하는 모습.

경제정책을 장기간 완화하고, 경공업에 집중해야 한다고 보았다. 반면, 라브렌티 베리야와 게오르기 말렌코프 등은 과거의 엄격한 모델을 계속 유지하며 군산복합체 강화에 주력해야 한다고 주장했다.

'서구 퇴폐주의'라고 비난받는 지식인과 예술가

1946년 스탈린은 후자의 손을 들어줬다. 국제 긴장, 군부 갈등, 도시 범죄, 흉년 등은 소련이 극도로 중앙집권적인 경제체제로 회귀하는 계기가 됐다. 한편,

대외관계 악화에 대해 소련은 체제 강화로 대응했다. 가령 서구 문화에 대한 관심을 '서구 퇴폐주의'라고 규정하며 문화 통제를 단행했다.

즈다노프는 1948년 세상을 뜨기 전까지 지식인과 예술인을 표적으로 한 문화 통제에 앞장섰다. 1946~1947년 소련은 제2차 세계대전 당시 미국과 맺은 '대동맹 관계'를 완전히 단절할 의향은 없었지만, 차차 새로운 시류에 맞설 준비를 조금씩 해나가기 시작했다. ■

↖ 1947년 6월 4일 노동조합의 특권 및 파업권 제한을 뼈대로 한 태프트-하틀리법 통과를 저지하기 위해 뉴욕 매디슨스퀘어가든에 운집한 수천 명의 시위대 모습. 당시 시위대는 트루먼 미국 대통령에게 거부권 행사를 요구했다.

↑ 제4차 경제 개발 5개년 계획을 홍보하는 소련의 선전 포스터(1945~1950).

결코 대등하지 않은 두 초강대국(1945~1990)

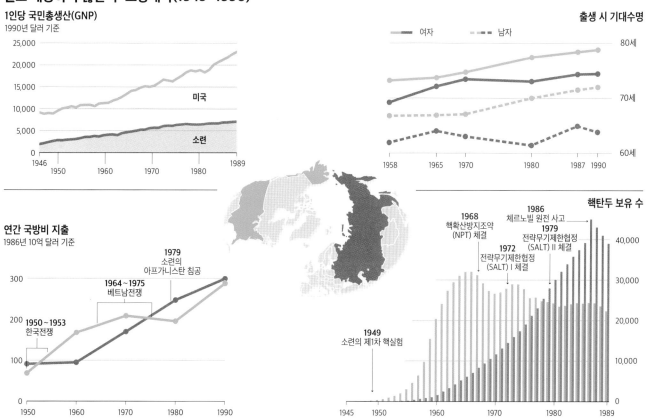

1인당 국민총생산(GNP)
1990년 달러 기준

미국
소련

출생 시 기대수명
여자 ----- 남자

연간 국방비 지출
1986년 10억 달러 기준

1979
소련의 아프가니스탄 침공

1964~1975
베트남전쟁

1950~1953
한국전쟁

핵탄두 보유 수

1968
핵확산방지조약(NPT) 체결

1986
체르노빌 원전 사고

1979
전략무기제한협정(SALT) II 체결

1972
전략무기제한협정(SALT) I 체결

1949
소련의 제1차 핵실험

냉전은 누가 일으켰을까?

냉전이 불가피했던 것만은 아니다. 과거 30년 동안 미국과 소련은 비교적 평화롭게 공존했으며, 심지어 제2차 세계대전 중에는 동맹관계를 맺기까지 했다. 그러나 미국의 갑작스런 봉쇄정책은 뜨거운 불에 기름을 붓듯 '대동맹'의 분열을 초래했다.

어떤 이들은 냉전의 시작이 소비에트 공산주의가 승리를 거둔 1917년이었다고 말한다. 반면 1941년에 전쟁이 세계적 차원으로 확대되면서 미소 양강이 출현한 때가 바로 냉전의 출발점이라고 보는 시각도 있다. 어쨌든 분명한 사실은 냉전이 1945~1947년에 본격화됐다는 점이다.

1943년 이후 미국의 여러 외교관이 소련의 유라시아 장악에 깊은 우려를 표명했다. 반면 소련 지도자들은 자본주의 서구를 불신의 눈으로 바라봤다. 특히 소련에 강한 반감을 가지고 있던 영국을 가장 못 미더워했다. 가령 윈스턴 처칠 영국 총리는 1945년 5월 12일 한 전보 메시지에서 처음으로 '철의 장막'이란 표현을 써서 동서 유럽 간 분열을 언급했다.

처음에 미국은 무역 자유화나 1945년 수립된 새로운 국제질서만으로도 충분히 자국의 헤게모니를 보장할 수 있을 것이라 판단했다. 또한 소련이 원하는 것도 일단은 제2차 세계대전 이후의 영토를 사수하고, 1917년 볼셰비키 혁명 이후 서방 세계가 만들어놓은 '방역선'(제1차 세계대전 이후 서구는 공산주의가 서유럽으로 확산되는 것을 막기 위해 폴란드, 핀란드, 발트 3국, 루마니아 등을 소련을 고립시키기 위한 방역선으로 활용하고자 했다-옮긴이)을 자신들에게 유리하게 역이용함으로써 서부 지역에 일종의 보호지대를 구축하는 것이었다.

> 1947년 미국은 공식적으로 공산주의 '봉쇄'를 외교정책의 토대로 삼았다

그러나 해리 트루먼 미국 대통령은 1945년 4월 12일 임기 첫날부터 우경화 여론에 떠밀려 "소련을 애지중지 돌보는 것이" 더는 힘들다고 판단했다. 트루먼 대통령은 어느새 모조리 강경파 중심으로 새롭게 물갈이된 내각의 의견에 귀를 기울이지 않을 수 없었다. 대표적인 강경파 인사로는 소련 주재 미국 대사 조지 케넌이 있었다. 그는 1946년 2월 소련의 팽창주의를 '저지'할 필요성을 역설했고, 미국은 곧 공포 전술에 돌입했다.

그해 소련은 이란의 석유와 터키 해협에 대한 자유로운 항행을 원했고, 이런 소련의 바람은 곧 팽창주의의 징후로 인식됐다. 그러나 미국이 정말 두려워한 것은 소련의 도발이 아니었다. 그것은 사실상 실행 불가능한 일이었다. 정작 미국이 걱정스러워한 것은 소련의 외교정책과 서유럽 내 좌파 세력의 부상, 좌익사상의 세례를 받은 식민지 내 민족주의의 대두 등이 복합적으로 작용해 가져오게 될 결과였다. 1946년 당시 어제의 동맹국들은 독일·한국·핵무기 등 민감한 주제에서 서로 팽팽하게 맞서며 전후 처리 협상에 난항을 겪고 있었다.

그리스에서 공산주의 반군과 군주정을 지지하는 정부군 사이에 내전이 발발했다. 한편, 미국은 독일 점령지 세 곳에 대한 통합 작업을 가속화하기로 결정했다. 1947년 3월 12일 미국 대통령은 '자유세계'가 위험에 처했다며 목소리를 드높였다. 미국은 공식적으로 공산주의 봉쇄(containment)를 외교정책의 기조로 삼았다. 이것이 이른바 '트루먼 독트린'이다. 한편, 소련도 외교 인력을 교체하며 최악의 상황에 대비했다.

1947년 6월 5일, 미국 국무장관 조지 마셜 장군은 유럽을 상대로 한 경제 원조정책을 제안했다. 일명 '마셜 플랜'이라고 불리는 미국의 경제 원조 제안은 공식적으로 유럽의 모든 나라를 대상으로 했다. 처음에 소련은 잠시 갈등했지만, 미국의 제의가 결국 동유럽과 중부 유럽에 대한 자국의 영향력을 약화시킬 수 있다고 결론 내렸다. 그해 7월, 소련은 다른 위성 국가들에 미국의 제의를 거부하라고 압력을 가했다.

1947년 9월 말 코민포름(Cominform, 일명 공산당 정보국. 1943년 해체된 코민테른이 국제공산주의 운동의 세계적 지도기관이었다면, 1947년 미국의 봉쇄정책에 대항해 유럽 9개국 공산당이 조직한 코민포름은 정보 및 경험의 교류와 활동 조정을 목적으로 한 지역조직에 그쳤다-옮긴이)에서 안드레이 즈다노프는 세계가 '두 진영'으로 나뉘었다고 선언했다. 미국의 월터 리프만 기자는 그 당시 '냉전'이 시작됐음을 알리는 유명한 글을 남겼다(냉전이란 용어를 창안한 사람은 미국 언론인 스워프이지만 리프만의 칼럼을 통해 널리 알려졌다-옮긴이).■

← 1949년 '친프랑스공산당평화운동'이라는 이름으로 널리 알려진 '평화자유용사들'이 발간한 소책자 표지. 트루먼 미국 대통령에게 보내는 탄원 편지 형식으로 꾸민 소책자에 미국의 적대적인 대소련 정책과 북대서양조약기구(NATO)의 설립을 규탄하는 내용을 담았다.

참고자료

1948년 3월 15일 한 전보 메시지에서 미국 외교관 조지 케넌은 미국 국무장관 딘 애치슨에게 이탈리아 선거에서 공산주의 세력이 승리하는 것을 막기 위한 비책을 다음과 같이 소개했다.

이탈리아는 정책적으로 매우 중요한 나라입니다.

만일 이탈리아 선거에서 공산주의 세력이 승리한다면, 지중해 지역과 서유럽 내 미국의 입지가 흔들릴 위험이 있습니다. 유권자를 협박하지 않는 한 결코 공산주의 세력의 승리를 막을 수는 없을 것으로 보입니다. 이런 상황에서 공산주의 세력이 선거에 승리하도록 내버려두는 것보다는 차라리 사전에 선거 자체를 못하게 막는 편이 나을지도 모릅니다.

따라서 저는 이탈리아 정부가 아예 공산당 활동을 전격 금지하고, 선거 전에 적극적으로 반공 조치를 취하면 어떨까 생각합니다.

그러면 공산주의 세력은 아마도 내전으로 대응할 것이고, 우리는 이탈리아의 포자 공군기지나 그 밖에 원하는 시설을 다시 점령할 명분을 얻을 수 있을 것입니다. 물론 이탈리아에 유혈 사태나 군사적 분열이 일어날 수도 있습니다. 그러나 D-데이가 임박했습니다. 저는 미국이 개입하지 않은 무혈 선거가 열리는 것보다 차라리 이런 해법을 강행하는 것이 더 바람직하다고 생각합니다. 선거가 열리면 이탈리아 반도를 송두리째 공산주의자들의 손에 내주어야 할 것이고, 공포의 물결이 인근 지역으로 확산될 것입니다.

→ 존 파넬 토마스와 조지프 매카시가 매카시즘이라는 미명 아래 반공주의 마녀 사냥에 한창 열을 올리던 1951년, 한 여성이 '공산주의의 위협(red menace)'이라는 문구가 적힌 껌 상자를 들고 포즈를 취하고 있다.

무엇을 위한 마셜 플랜인가?

유럽연합 웹사이트에서는 유럽연합의 기원을 이렇게 설명하고 있다. "유럽연합이 탄생하게 된 배경은 역사적으로 제2차 세계대전에 근거한다. 유럽인은 끔찍한 살육의 광기로부터 안전을 보장받길 원했다." 그러나 미디어나 학교에서 전파되는 이런 식의 담론은 미국이 유럽의 경제 통합에 미친 중대한 영향을 의도적으로 무시할 뿐이다.

제2차 세계대전이 종식된 뒤 독일은 한동안 뒤로 밀려나 있었다. 영국과 프랑스는 여전히 식민지 열강의 위상을 유지했지만, 전쟁으로 인해 국력이 크게 손실됐다. 1930년대 이후 활기를 띠기 시작한 미국 경제는 전쟁 이후 회복에 가속도가 붙은 반면, 유럽 대륙은 어려움이 가중됐다. 나치스 점령에 맞서 저항을 지속해온 반파시즘 동력은 유럽 여러 나라의 정책을 좌경화로 이끌었다. 공산주의는 아직까지 비주류 사상에 불과했지만, 핀란드·프랑스·아이슬란드·이탈리아에서 당원 수가 600만~700만 명에 이를 정도로 크게 증가했으며, 득표율도 20%를 넘길 정도로 눈부신 성장을 거듭했다. 더욱이 전시경제가 활성화되고, 사회민주주의 사상이 유행하는 가운데 공산주의의 약진으로 독특한 수정경제체제가 등장했다. 비로소 주류 자본주의가 힘을 잃고 사회복지모델이 출현한 것이다. 전쟁이 끝나고 사회복지시스템은 발전을 거듭했다. 영국 경제학자 윌리엄 베버리지는 1942년 한 공식 보고서에서 '복지국가(welfare state)'에 관해 언급했을 뿐 아니라 더 나아가 1944년에는 완전고용을 이루기 위한 기본적 토대를 언급했다.

국가의 개입이 지나친 것은 아닐까? 1946~1947년, 미국은 유럽의 정치 변화상을 걱정스러운 눈으로 지켜봤다. 1947년 봄에는 미국 외교관들이 유럽의 정치·사회적 위기의 심각성에 대해 경고했고, 유럽 경제의 재건 상황을 의도적으로 낮게 평가했다. 그들이 요란하게 위기의 경종을 울린 것은 공산주의를 '봉쇄'하기 위해 기획한 서유럽 경제 지원책이 통과될 수 있도록 미국 의회를 설득해야만 했기 때문이다.

코카콜라, 할리우드, 무역 자유화는 미국 경제 원조의 대가였다

공산주의를 봉쇄할 수단이란 바로 1947년 6월 5일에 수립된 마셜 플랜이었다. 1948년 4월 12일, 미국 의회는 국민총생산(GNP)의 1.2%에 달하는 무려 130억 달러의 경제 원조안을 통과시켰다. 이것은 오늘날 미국이 제3세계에 지원하는 원조액보다 훨씬 큰 금액이었다. 한편, 경제 원조안에는 수혜 조건도 명시됐다. 먼저, 16개 수혜국은 유럽경제협력기구(OEEC, 1960년에 설립된 경제

← 독일연방공화국(서독) 프랑크푸르트 공보실에 제출된 마셜 플랜(유럽부흥계획·ERP) 홍보 포스터 그리기 대회 작품들, 1950년 4월 27일.

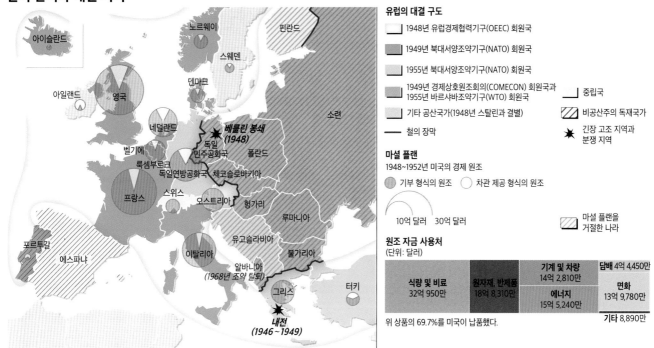

달러 단비가 내린 지역

유럽의 대결 구도

- □ 1948년 유럽경제협력기구(OEEC) 회원국
- ■ 1949년 북대서양조약기구(NATO) 회원국
- ▨ 1955년 북대서양조약기구(NATO) 회원국
- ▨ 1949년 경제상호원조회의(COMECON) 회원국과 1955년 바르샤바조약기구(WTO) 회원국
- ░ 기타 공산국가(1948년 스탈린과 결별)
- □ 중립국
- ▨ 비공산주의 독재국가
- ── 철의 장막
- ★ 긴장 고조 지역과 분쟁 지역

마셜 플랜
1948~1952년 미국의 경제 원조

- ◐ 기부 형식의 원조 ○ 차관 제공 형식의 원조
- 10억 달러 30억 달러
- ▨ 마셜 플랜을 거절한 나라

원조 자금 사용처
(단위: 달러)

식량 및 비료 32억 950만	원자재, 반제품 18억 8,310만	기계 및 차량 14억 2,810만	담배 4억 4,450만
		에너지 15억 5,240만	면화 13억 9,780만
			기타 8,890만

위 상품의 69.7%를 미국이 납품했다.

협력개발기구OECD의 전신)에 가입해야 할 의무를 졌다. 또한 무역수지 불균형을 해소하고, 무역 자유화를 경제 재건의 기본 원칙으로 삼아야 했다.

미국은 경제 원조를 지원하기에 앞서 각 나라와 강제적인 성격의 양자조약을 체결했다. 이 조약을 통해 미국은 원조 자금의 사용처를 '조언'하거나, 대유럽 수출을 확대할 권한을 누렸다. 잉여농산물, 공산품, 코카콜라, 할리우드 영화는 미국식 모델의 위상과 '녹색 지폐(달러)'의 힘을 상징적으로 보여줬다.

사실상 유럽연합은 냉전의 산물이지, 사람들이 흔히 이야기하는 것처럼 제2차 세계대전에서 비롯된 것이 결코 아니었다. 1948년 서방 지도자들은 수차례의 회담을 가졌다. 그해 1월에 영국의 어니스트 베빈 외무장관이 서유럽동맹(WEU, 동유럽 공산세력에 대항해 창설한 서유럽동맹체로, 1999년 유럽연합에 통합되었다-옮긴이)의 창설을 제안한 데 이어, 5월에 헤이그에서 대규모 유럽회의가 소집됐고, 7월에 프랑스의 조르주 비도 총리가 경제 및 관세 통합을 주창했다. 1948년 6월 ~1949년 5월, 베를린 봉쇄로 독일의 분

단이 가속화됐다. 1949년 5월 독일연방공화국(FRG, 서독) 수립에 이어, 1949년 10월 독일민주공화국(GDR, 동독)이 수립됐다. 1949년 중부유럽과 동유럽은 마셜 플랜에 맞설 소련의 대응책으로 경제상호원조회의(CMEA 혹은 COMECON, 사회주의 국가 간 경제협력 조직-옮긴이)를 결성했다.

서유럽의 정치적·군사적 통합 계획은 난항을 거듭했다. 각종 제도적 문제로 통합 작업이 어려움에 부딪히자, 유럽의 지도자들은 경제 통합이라는 우회로를 선택했다. 1950년 5월 프랑스와 신생국 독일연방공화국이 공동으로 노력한 끝에 최초로 의미 있는 결실을 거두었다. 1951년 4월 프랑스 출신 장 모네의 주도로 유럽석탄철강공동체(ECSC)가 탄생했다. 이것은 훗날 단일시장을 바탕으로 한 유럽 통합의 모태가 되었다. ■

← 헬베티카는 각종 영화와 책에 자주 등장하는 서체로, 국제적인 인기를 누리고 있다. 1957년 취리히 출신의 막스 미딩거가 디자인한 이 산세리프 서체는 뉴욕 지하철 표지판은 물론 가장 최근에는 애플 제품의 디지털 인터페이스에 이르기까지 다양한 곳에서 널리 사용되고 있다. 안정감 있고 균형 잡힌 서체라는 칭찬과 함께 개성 없는 글꼴이라는 비판을 받는 이 서체는 오늘날 국제적으로 유명한 스위스 서체이다.

참고자료

팡테옹에 안장된 장 모네는 프랑스 역사 교과서에서 매우 긍정적인 인물로 평가되곤 한다(1). 그러나 정치학자 앙투안 슈바르츠와 프랑수아 드노르가 공동집필한 《사회적 유럽은 이룰 수 없다》에서는 이 '유럽 통합의 아버지'에 대해 잘 알려지지 않은 면모를 소개하고 있다(2).

1. 장 모네는 1919~1923년 국제연맹의 사무차장으로 활동했고, 제2차 세계대전 중에 미국의 관료로 임명되어 '승리 프로그램(Victory Program)'에 참여했다. 1942년 루스벨트는 그에게 앙리 지로와 샤를 드골의 중재를 맡겼다. 그는 프랑스민족해방위원회(CFLN)에 임명된 데 이어 1945년 드골에 의해 국가계획위원회에 발탁됐다. 한편, 그는 유럽 통합 계획에 다양하게 참여하며 훗날 '유럽 통합의 아버지'로 불리게 된다.

2. 장 모네는 한 코냑 판매상 가문에서 태어났다. 1888년생으로 16세 때 학교를 그만두고 가업을 물려받았다. (…) 전후 국제연맹 사무차장에 임명됐고, 이어 1923년 사무차장직을 사임하고 다시 가업에 복귀했다. 그 무렵 그는 금융계에 발을 디뎠다. 특히 라자드 은행 등 평생 금융계와 돈독한 관계를 유지했다. 1920년대 그는 미국투자회사 블레어앤코에 들어가, 그 기업의 프랑스 자회사 부사장이 되었다. (…) 1929년에는 샌프란시스코에 있는 방크아메리카 블레어와 트랜스아메리카의 부사장을 역임했다.

이데올로기, 체제 선전,

미소 냉전은 '차가운' 전쟁이긴 해도 전면전 양상을 띠었다. 군사·미디어·산업·문화·과학·외교 등 모든 분야가 전쟁의 소용돌이에 휩싸였다. 미국과 소련 사회는 특히 양국 간의 경쟁적인 흑색선전과 경찰의 감시·통제 강화로 심한 몸살을 앓았다.

1940년대 말 냉전은 두 개의 군사 전략 동맹체제를 낳았다. 먼저 세계 유일의 글로벌 해양 강국인 미국이 지역 통합에 돌입했다. 첫 타깃은 라틴아메리카 지역이었다. 1947년 9월 미주기구(OAS, 아메리카 대륙의 지역적 협력을 위해 설립된 기구-옮긴이)가 설립됐다. 그러나 뭐니 뭐니 해도 미국의 가장 주된 관심사는 유럽이었다. 미국 정부는 1948년 6월 11일 반덴버그 결의안(미국의 안전에 영향을 미치는 지역적·집단적 방위협정에 참가할 것을 표명한 결의안-옮긴이)을 통과시키며 비로소 집단안보 기구에 가입할 수 있는 길을 활짝 열었다. 1949년 4월 4일 미국은 캐나다 및 유럽 10개국과 함께 북대서양조약을 체결했다. 1949년 10월 중국공산당의 승리와 1950~1953년 한국전쟁으로 냉전의 규모가 확대됐다. 미국은 독일을 재무장하고, 아시아 및 서아시아로 동맹관계를 확대하는 쪽으로 정책의 기수를 틀었다.

반면, 유라시아 대륙의 강자로 군림해온 소련은, 1955년 5월 집단안보체제인 바르샤바조약기구를 창설하기 이전까지는 유럽·중국 등 동맹국과 양자 간 군사협력협정 체계를 구축하는 데 만족했다. 그러나 실제로 소련은 동구권의 경제·치안 시스템만큼이나 국가방위 시스템 역시 강력히 통제했다. 이처럼 서구 진영이나 동구 진영이나 '스파이 광풍(spy mania)'이 '공공의 이익'과 관련된 문제로 취급되기는 마찬가지였다.

1948년 해리 트루먼 미국 대통령은 프랭클린 D. 루스벨트의 뉴딜 정책(60쪽 참조)을 계승한 '페어딜(Fair Deal) 정책'(모든 집단과 개인이 정부로부터 '공정한 대우'를 받을 권리가 있다는 의미의 사회복지정책으로, 국내적으로는 사회보장, 노동권 확립, 시민권 확대 등을, 대외적으로는 냉전체제하에서 미국의 지도적 지위 확보를 표방했다-옮긴이)을 공약으로 내세워 재선에 성공했다. 그러나 트루먼은 곧 국가의 규제에 반기를 들고, 소련에 더욱 강경한 외교책을 취해야 한다고 압박하는 공화당과 타협하지 않을 수 없었다. 1940년대 말 경기 침체, 1949년 8월 소련 원자폭탄 개발에 이어 한국전쟁 발발로 미국의 정책은 일대 전환점을 맞았다. 1950년부터 군비 경쟁이 가열됐고, 1950~1960년

ⵜⵣⵉ *Пabeждaли в бoях — Пabeждaем в труде!*

안보 강박증

사이 국방비가 무려 4배 가까이 확대됐
다. 군산복합체는 미국이 경제 강국으로
우뚝 서는 원동력이 되었다.

1948년 소련은 1930년대 같은 극단적
인 중앙집권체제로 완전히 회귀했다. 전
쟁으로 당원들이 완전히 물갈이된 일당
체제하에서 이오시프 스탈린은 그 어느
때보다 절대적인 권력을 과시했다. 소련
은 오로지 군비 증강과 중공업에만 전
력투구했고, 소비재 생산 산업이나 농업
등은 도외시했다.

전면전으로 치달은 냉전은 사회에도
큰 영향을 미쳤다. 미국 사회는 안보 강
박증에 휩싸였다. 트루먼은 확대된 대통
령 권한에 기대어 1947년 국가안전보장
이사회(NSC)와 중앙정보국(CIA) 설치를
강행했다. 1947년 3월 21일, 대통령령에
근거해 연방 공무원들의 충성도를 검증
하는 프로그램이 도입됐다. 이 규제책은

공화당 의원, 특히 조지프 매카시 위스
콘신 주 상원의원의 주도로 사회 전체로
확대됐고, 미국 사회에 편집증적인 광풍
을 몰고 왔다. 법의 심판대에 서거나 경
찰의 수사를 받은 미국인이 5년 만에 수
백 명에 달했다. 극한의 공포에 사로잡
힌 미국 사회는 루스벨트 지지자들을 포
함해, 사회의 모든 계층을 상대로 '마녀
사냥'을 벌였다. 그 바람에 찰리 채플린
도 망명객 신세가 됐다.

'미국식 라이프스타일'에 대항해 '소비에트적 신인간'을 예찬하다

1946년 소련 사회가 이념적으로 경직
되자, 동구권 국가들에도 탄압과 통제가
확대됐다. 또다시 전시재판(show trial)의
광풍이 휘몰아쳤다. 스탈린 정권 말기,
경찰의 통제와 감시가 확대되는 한편,

집단수용시설이 만원사례를 이뤘다. 일
례로 1953년 소련의 수감자는 250만 명
에 육박했다. 한편, 지식인 계급도 탄압
의 표적이 되었다. 문학과 예술 분야에
서조차 '자기 진영을 분명히 선택'해야
만 하는 시대가 도래했다.

미국에 매카시즘이 있었다면, 소련에
는 즈다노비즘(Zhdanovism, 즈다노프의 주
도로 시행된 소련 문화 통제정책-옮긴이)이
등장했다. 또한 '미국식 라이프스타일'에
대항해 '소비에트적 신인간'이 예찬됐다.
서구 국가 내 공산주의 세력이 소련식 모
델을 찬양했다면, 《리더스 다이제스트》
를 비롯한 미국의 각종 잡지와 선동기구
들은 '전체주의'에 대항해 '자유세계'의
이념을 선전했고, 미국식 기업 경영의 장
점을 열렬히 홍보했다.■

라틴아메리카에서 아시아까지

흔히, 서구 진영은 전체주의에 대립해 '자유세계'라고 불린다. 그러나 이것은 어느 정도 어폐가 있다. 오히려 서구 세계는 이란·쿠바·과테말라·에스파냐 등의 독재정권과 원만한 관계를 유지했다. 심지어 민주주의 정권을 뒤엎는 쿠데타 시도를 적극 지원하며, 독재정권 수립에 직접 팔을 걷어붙이기까지 했다.

'**전**체주의' 편인가, 아니면 '자유세계' 편인가? 해리 트루먼이 물었다. '전쟁 진영'인가, 아니면 '평화 진영'인가? 안드레이 즈다노프도 물었다. 제2차 세계대전 종전 후 수년간 어느 쪽에서도 결코 '중립'은 허용되지 않았다.

어제의 적이 오늘의 동맹으로 변신했다. 미국은 독일에서 1945년 이후 단행한 탈나치화 정책을 폐기하고, 전쟁에 패배한 나치스 정권의 고위급 인사들을 대거 발탁하며, 유럽 내 세력 균형을 위해 독일의 재무장을 시도했다. 한편, 일본에서도 미국 정부는 1948년 주요 전범 처벌을 끝내고 곧바로 일본의 주권을 일방적으로 회복시켜주었다. 1951년 9월 8일 샌프란시스코 평화조약과 이어 미일안보조약이 체결되면서 일본은 '자유세계' 수호에 동참했다.

국제연합의 일원이 된 프랑코 장군

반공주의를 표방한 나라들은 이미 미국의 동맹국 자격을 갖춘 것이나 다름없었다. 따라서 트루먼 대통령이 예찬하는 '자유세계'에는 독재정권도 적지 않게 포함됐다. 냉전 초부터 미국은 1933년 안토니우 드 올리베이라 살라자르가 수립한 포르투갈 독재정권과 원만한 관계를 지향했다. 1948년 살라자르 정권은 마셜 플랜의 수혜를 받았고, 북대서양조약기

← **쿠바의 과테말라민족혁명연합(URNG) 지지 포스터, 라파엘 엔리케즈, 1982년.**

이 포스터는 1966년 1월 창설된 아시아·아프리카·라틴아메리카인민연대기구(에스파냐어로는 Opaaal)의 요청으로 제작됐다. 이 제3세계운동은 남아프리카공화국의 아파르트헤이트에 항거하거나 베트남전쟁에서 베트남을 지지하는 한편, 남반구 개도국에 대한 약탈 행위 등을 비판했다.

쉬어가기

● 2011년 프랑스의 마냐르 출판사에서 펴낸 고등학교 2학년 역사 교과서는 냉전 종식 후 "북대서양조약기구군이 진정한 평화군으로 활약"했다고 기술하고 있다. 그러나 북대서양조약기구군은 아프가니스탄, 이라크, 리비아 등지에서 군사 개입을 통해 해당 지역에 화합과 평화를 확립하기보다는 오히려 불안을 조장하는 데 일조했다.

● 보수주의 성향의 부유한 사업가로 2010년 칠레의 대통령이 된 세바스티안 피녜라의 집권기 동안, 국가교육위원회가 역사 교과서를 개정했다. 2012년 1월에 공개된 교과서 관련 보고서를 보면, 역사 교과서에서 피노체트 정권(1973~1990)을 더 이상 '독재정권'이 아닌 '군사정권'으로 기술할 것을 지시한 내용이 있다.

● 2004년 프랑스 나탕 출판사에서 펴낸 역사 교과서는 수에즈전쟁에 대해 두 번이나 언급하고 있지만, 정작 전쟁을 일으킨 이스라엘은 전혀 거론하지 않았다. 이 교과서는 "영국과 프랑스가 수에즈 운하에 대한 통제권을 되찾기 위해 이집트에 군사 개입을 결정했다"고만 설명하고 있다.

독버섯처럼 퍼져나간 독재정권

구에도 가입했다. 그러나 1945년 포츠담 회담에서 프란시스코 프랑코가 이끄는 에스파냐는 민주주의 국가에서 배제됐다.

이후 미국 외교관들은 에스파냐의 '안녕'에 좀 더 관심을 기울여야 할 필요를 느꼈다. 1948년 에스파냐 프랑코 독재정권 앞에 굳게 닫혔던 서방의 문이 활짝 열렸다. 1950년 국제연합은 에스파냐에 대한 제재를 해제했고, 이어 1953년 미국이 에스파냐 영토에 군사기지를 설치했다. 그리고 마침내 1955년 프랑코 독재정권은 국제연합의 일원이 되었다.

반공주의 정책을 표방한 미국은 처음에는 자국에 대한 경제 의존율이 높은 라틴아메리카를 그다지 신경 쓰지 않았다. 그러나 이 지역에 노동조합이나 공산주의 세력의 지원을 등에 업은 개량주의 정권이 줄줄이 들어서자, 미국은 당혹스러움을 감출 수 없었다. 결국 미국은 라틴아메리카에 개입할 뜻을 품게 된다. 1954년 미국 중앙정보국은 민족주의 성향의 하코보 아르벤스 과테말라 대통령을 축출하는 쿠데타를 획책했다.

또한 도미니카공화국, 니카라과, 쿠바, 베네수엘라의 독재정권이 미국의 중요한 세력권 안에 편입됐다. 1953년 이란의 민족주의 지도자인 모하마드 모사데크 총리 축출 이후 이란 정권이나, 제2차 베트남전쟁(1946~1954년 베트남이 프랑스와 벌인 독립전쟁이 제1차 베트남전쟁이라면, 1960~1975년 베트남이 미국과 벌인 독립전쟁은 제2차 베트남전쟁에 해당한다-옮긴이)을 계기로 동아시아 역시 미국의 손아귀 안으로 들어왔다.

냉전이 시작될 무렵, 식민지 국가들이 조금씩 요동쳤다. 그러나 경쟁 관계에 있던 두 초강대국은 이로 인한 직접적인 영향은 받지 않았다. 공식적으로 미국과 소련은 모두 이론적으로는 반식민주의를 표방했다. 그러나 미국 정부는 점차 식민지 세계의 변화를 걱정스러운 눈으로 바라보게 되었다. 아프리카 민족주의운동은 과격한 노동운동의 강력한 뒷받침을 받았다. 1947년 프랑스령 서아프리카에서 1만 9,000명의 철도 노동자가 대규모 파업을 일으켰다. 호찌민이라는 영웅을 낳은 베트남의 사례도 민족주의와 공산주의의 결합이 어떠한 결과를 불러오는지 여실히 보여주었다. 필리핀이나 인도네시아의 사례도 마찬가지였다.

미국의 '하수인'

소련은 처음에는 신중한 태도를 보였다. 유럽 지역을 장악하고 있던 소련은 통제 불능의 민족주의운동을 경계했다. 그러나 스탈린 정권 말기에 이르면서, 그동안 미국의 '하수인'이라며 비난하던 자와할랄 네루가 집권한 인도에 대해 좀 더 전향적인 태도를 취했다. 1955년 니키타 흐루쇼프는 이집트, 버마(현 미얀마), 인도네시아와 외교관계를 강화했다. 이후 소련은 제국주의 열강의 지배를 벗어나려는 국가에 공개적인 지지를 서슴지 않았다. 1960년 소련은 공식적으로 '민족·민주주의 국가'들을 소련의 잠재적 동맹국으로 지칭했다. ■

↖ 1968년, 미국의 영화배우 존 웨인은 베트남전쟁을 기리는 영화를 연출·제작했다.

↑ 올더스 헉슬리의 《멋진 신세계》 초판 표지, 1932년.

← 미국의 국영 국제 방송인 '라디오 프리 유럽'의 광고, 1950년.

↑ 문화혁명 당시 만주 하얼빈 중앙광장에 운집한 수천 명의 인파가 마오쩌둥을 찬양하고 있다. 리전청, 1968년 6월.

↑ 평양의 지하철역, 북한, 2007년.
→ 평양 김일성 초상화, 북한, 2007년.
두 사진 모두 토마스 반 후트리브가 촬영했다.

6

동서 대결

(1950~1991)

1976년 마오쩌둥이 세상을 떠났다. 문화혁명이 일어난 지 꼭 10년째 되던 해였다. 이때부터 중국에는 '사회주의 시장경제'를 도입하려는 혁명기가 시작됐다. 그러나 '사회주의 시장경제'는 순식간에 야만적인 자본주의로 돌변했다. 베이징에서 불과 수백 킬로미터 거리에 있는 북한에서는 오늘날에도 여전히 스탈린식 공산주의 정권이 유지되고 있다.

'공산주의, 겪어봐서 다 안다고?'

신자유주의 세계화를 비판하려고 하면 언제나 '공산주의가 거둔 성적표'를 되돌아보라는 반박이 돌아오곤 한다. 이를테면 소련의 강제노동 수용소, 경찰의 탄압, 식량난 따위를 떠올려보라고 응수하는 식이다. 그러나 자본주의 시장에 대한 대안을 찾으려는 계획을 그저 한낱 어리석은 시도로 치부하는 모습을 지켜보면서, 우리가 여전히 소비에트 시절의 교훈을 얼마나 바로 새기지 못하고 있는지 깨닫게 된다.

19 89년 베를린 장벽이 붕괴된 지 25년이 넘게 흘렀건만 지금도 여전히 '현실의 공산주의'는 무조건 소련의 강제노동 수용소(굴락)로 환원시켜버리는 흑색선전이 난무하고 있다. 이 분야에 정통한 역사학자 스테판 쿠르투아도 "공산주의 정권이 끔찍한 학살을 자행했음은 분명한 사실"이라고 지적했다. 그러나 이런 종류의 사상전쟁은 현재나 미래를 논하기보다는 과거에만 매달려 있는 것에 지나지 않는다. 사람들에게 시장법칙을 대신할 '대안은 없다'는 확신을 더욱 강하게 심어주려는 처사일 뿐이다.

소련의 사회주의나 그 아류가 마르크스 사상을 실천(혹은 왜곡)한 것이었는지, 아니면 애당초 마르크스 사상과는 전혀 무관한 사상이었는지는 중요한 문제로 다뤄지지 않는다. 70년 넘게 사람들은 대부분 소련식 사회주의 모델을 사회주의 사상과 동일시해왔다. 그 결과 소련식 사회주의의 실패는 곧 사회주의 사상의 실패로 간주되었다.

그러나 소련과 동구권의 몰락이 가져온 실질적 결과들을 보면, 사회주의를 겨냥한 신랄한 비판에 의구심을 던지게 된다. 가령 소련이나 동구권의 민족들은 오히려 야만적인 자본주의로 이행하면서 사회적으로나 정신적으로 심한 퇴행기를 겪었다. 1991~1994년, 러시아에서는 출생 시 기대수명이 무려 7년이나 줄어들었고, 2010년에도 1980년의 수준을 좀처럼 회복하지 못했다. 1991년 이후 지구촌 곳곳에서 일어난 민족해방운동은

그들을 강력히 지지해주던 소련이라는 구심점을 잃었다. 동서 대결 구도에서 차지하던 중요한 위상이 타격을 입으면서, 국제무대에서도 관심이 줄어들고, 영향력과 활동수단도 잃어버렸다. 특히 팔레스타인·니카라과·앙골라·모잠비크, 그리고 서부 사하라 지역 주민들까지 이러한 현실을 뼈저리게 경험했다. 미국을 필두로 한 서방 세계는 주적이 사라지자 그로 인한 압박에서 벗어나 비로소 스스로 세계의 유일한 지배자가 되었다는 믿음을 갖게 되었다.

반공주의 흑백논리는 공산주의 실험의 역사적 맥락을 도외시하는 결과를 낳았다. 사실상 자본주의는 지구상에 출현하자마자 유일무이한 사상으로 전 세계를 지배해왔다. 이러한 상황에서 1917년 10월 혁명은 최초로 자본주의 시스템에서 탈피한 사회를 실현했다. 그러나 이 '최초'의 실험이 이뤄진 곳은 안타깝게도 비선진 국가와 이제 막 식민지 굴레를 벗어난 국가들이었다. 더욱이 이 새로운 세계는 온갖 종류의 보이콧, 과도한 군비 경쟁, 외세 개입 등 서방 세계의 적대적 태도를 감내해야만 했다.

> 유혈분쟁으로 해체의 운명을 겪기
> 전까지 유고슬라비아는 매우 진취적인
> 노동자 자주관리의 실험장이었다

급진적 사회변혁을 꿈꾸는 사람이라면 누구나 공산주의 실험이 때로 잔혹한 탄압으로 이어질 수밖에 없었던 현실에 대해 깊이 성찰해보아야 한다. 어

← 〈무제〉, 아이언 버클라데아누의 포토몽타주, 2006년.

↗ 우크라이나 알타 광장에서 열린 무도회. 다비데 몬테레오네, 2007년.

떤 연유로, 어떤 과정을 거쳐 공산주의 실험이 대대적인 탄압으로 이어지고, 공산정권의 민주개혁 시도가 실패로 돌아갔는지 올바르게 이해해야 하는 것이다. 최근의 예로 1968년 '프라하의 봄'을 꼽을 수 있다. 소련과 그 동맹국은 이 극단적 모험주의가 결국 집단자살과 다름없다는 사실을 미처 인식하지 못한 채, 군사력을 동원해가며 '프라하의 봄'을 무참히 짓밟았다.

사실 70년간의 공산주의 실험이 무조건 부정적인 교훈만 남긴 것은 아니다. 공산주의 시절 소련을 방문한 사람들은 누구나 러시아 민족의 우수한 문화 수준과 무상 대학교육, 저렴한 주택 가격에 경탄을 금치 못했다. 중국도 마오쩌둥의 실정을 딛고 오늘날 세계 제2의 국내총생산(GDP)을 자랑하는 경제대국으로 우뚝 섰다. 유고슬라비아도 유혈 분쟁을 통해 해체의 운명을 겪기 전까지는 매우 진취적인 노동자 자주관리의 실험장이었다. 쿠바 역시 라틴아메리카 지역에서 최고로 우수한 의료 시스템을 갖추고 있다. 그런가 하면 베트남은 프랑스,

미국 등과 수십 년에 걸친 지난한 전쟁의 폐해를 멋지게 극복해냈다.

반공주의 선전 공세 앞에 그저 침묵으로 일관하며, 공산주의 실험들이 이룩한 성과를 조용히 은폐하는 것은 결코 온당치 못한 일이다. 공산주의 실험의 명암을 정확히 이해하고 분석할 때, 비로소 제대로 된 사회변혁 계획을 수립할 수 있을 것이다. ■

세계의 교과서 들여다보기 ● 루마니아

2006년에 편찬된 루마니아의 역사 교과서는 공산주의가 남긴 유산이 현재 루마니아가 직면한 경제·사회적 문제의 근원이라고 가르치고 있다.

루마니아가 민주주의로 이행하는 데 어려움을 겪는 주된 이유는 공산주의가 남긴 유산에서 비롯됐다. (…) 1980년대 초부터 급속도로 쇠퇴하기 시작한 공산정권은 루마니아에 심각한 위기를 안겨주었다. 루마니아의 위기는 산업·농업·상업 등 경제 분야에만 국한되지 않고, 시민들의 집단적인 정신세계에까지 지대한 영향을 미쳤다. 공산주의 이념을 표방한 루마니아 정권은 사실상 사회적 목적의 작업이나 노동 현장에 인민을 강제동원하는 등 중앙집권적인 경제체제를 구축했다.

공산정권이 무너지자, 곧 노사 간의 사회·경제적 관계도 급변했다. 개인 주도의 진취적인 기획, 돈을 벌고 싶다는 욕망, 경쟁의식 등 과거 정권이 지양한 모든 가치관이 사회적으로 수용 가능한 가치관으로 받아들여졌다. 물론 이런 사회적 변화를 일궈내기까지는 많은 노력이 필요했다. 공산주의 체제에서 노동윤리가 파괴된 탓이었다. 불법 관행을 양산한 불법 정권이라 할 만한 공산주의가 사실상 법치주의 정신마저 파괴한 것이다.

냉전을 비추는 거울, 베를린

베를린은 1945년 4개 지역으로 분할된 데 이어, 동서를 가르는 장벽이 설치된 이후 두 나라로 분단됐다가, 1989년 재통일됐다. 이런 역사적 과정에서 베를린은 숱한 외세 개입의 현장이 되었다. 50년 동안 독일의 수도 베를린은 자국의 역사와 세계 냉전의 역사가 복잡하게 뒤얽힌 가운데 글로벌 역학관계를 비추는 거울처럼 작동했다.

1945년 5월 초, 소련의 붉은 군대가 베를린에 입성했다. 미국과 영국의 군대는 7월이 다 돼서야 도착했다. 그러나 미국·영국·소련은 1945년 2월 얄타 회담의 합의에 따라, 소련이 이미 점령 중이던 베를린과 그 밖의 독일 영토를 4개 점령지로 분할했다.

서방 정부와 소련의 의견 차는 순식간에 노골적인 대립으로 치달았다. 각국은 관할 지역 안에서 각자 따로 나치스 청산과 민주화 과정을 진행했다. 연합국 공동관리위원회가 설치됐다고는 하지만, 4개국 간 합의는 말에 그칠 뿐이었다. 1945년 여름부터 미국과 영국 정부는 이오시프 스탈린의 의도에 대해 노골적으로 의심하기 시작했다. 1946~1947년, 미국은 서유럽을 '자유세계'의 궤도 안에 묶어두기 위해 본격적인 행동에 돌입했다. 베를린은 지리적인 위치로 인해 미국의 공산주의 '봉쇄' 전략의 핵심 거점으로 떠올랐다(92쪽 참조).

베를린 봉쇄와 공수 작전

1947년 1월 영국과 미국이 관할 지역을 통합키로 한 데 이어, 1948년 봄 미국·영국·프랑스·베네룩스 3국의 외무장관들이 런던에 모여 서방측 3개 점령지를 상대로 화폐개혁을 단행키로 결정했다. 그들의 목적은 점령지에 '자유민주주의' 정부를 세우고, 독일을 서방과 소련 진영 둘로 나누자는 것이었다. 사회주의 경제를 표방한다는 이유로 소련 관할 지역은 개혁에서 배제됐고, 그 결과 베를린도 개혁 대상에서 제외됐다.

소련은 서방 국가들이 1945년 7월에 체결한 포츠담조약을 위반했다고 비난했다. 독일 영토의 통일을 보장해주기로 한 규정을 위반했다는 것이다. 소련의 바실리 소콜롭스키 원수가 항의의 표시로 연합국 공동관리위원회를 탈퇴하면서 사태는 걷잡을 수 없이 악화됐다. 본래 화폐개혁에서 베를린을 제외하기로

한 서방은 6월 20일 베를린을 개혁 대상에 포함시키기로 결정했다. 1948년 6월 23일 밤~24일 새벽, 소련은 서방 점령지를 상대로 봉쇄 조치를 발표했다. 이에 해리 트루먼 미국 대통령도 공수 조치를 취하며 맞대응했다. 미국은 매일 항공기를 이용해 서베를린으로 생필품 수천 톤을 실어 날랐다. 1949년 5월 11일 마침내 소련은 원하는 협상 조건을 얻어내지 못한 채 한 걸음 물러서야 했다.

그사이 5월 8일, 서방 국가들은 점령지 통합을 결정하고, 5월 23일 본을 수도로 한 독일연방공화국(이하 '서독')을 세웠다. 그러자 소련은 동베를린에 사회주의 국가를 세우며 맞불을 놓았다. 1949년 10월 7일 동베를린을 수도로 하는 독일민주공화국(이하 '동독')이 수립됐다.

1961년에는 사태가 더욱 악화됐다. 소련군이 미국의 첩보비행기를 격추하는 사건이 발생했는데, 소련의 니키타 흐루쇼프 서기장이 이것을 도발적 행위에 대한 대응이라고 일갈한 것이다. 1961년 8월 1일 그는 동독의 발터 울브리히트 서기장을 만났다. 그리고 8월 13일, 베를린의 분단을 확정하고 동베를린 주민의 서베를린 이탈을 막기 위해 장벽을 설치했다. 소련과 동독이 '사회주의 성벽'으로 예찬한 베를린 장벽이 건설되면서, 베를린은 본격적으로 두 지역으로 분단됐다. 이로써 독일의 옛 수도 베를린은 '자유세계'와 '사회주의 진영' 간 대립을 상징하는 도시가 되었다.

1963년 6월 26일, 존 F. 케네디 미국 대통령은 서베를린을 방문해 주민들 앞에서 "나도 베를린 시민입니다"라는 유명한 말을 남겼다. 그리고 이렇게 선언했다. "여러분은 자유의 섬 안에 살고 있습니다." 만약 미국의 군사적·재정적 지원이 없었다면 그 섬은 존재할 수 없었을 것이다. ■

쉬어가기

● 프랑스에서는 윈스턴 처칠 영국 총리(재임 1940~1945, 1951~1955)가 나치스 투쟁의 선봉장으로 인식되곤 한다. 2011년 나탕 출판사가 편찬한 고등학교 2학년 역사 교과서에서는 처칠 총리가 "전쟁 기간 영국인들이 독일의 히틀러를 상대로 불굴의 항전을 지속할 수 있도록 정신적 지주가 돼주었다"라고 기술하고 있다. 그러나 이런 주례사식 인물평이 처칠에 대한 모든 것을 알려주지는 않는다. 1940~1945, 영국은 독일과의 전투에 전력을 쏟아붓기는커녕, 제국주의 열강의 위상을 유지하는 데 온 힘을 기울였다.

● 프랑스와 독일이 공동편찬한 역사 교과서(나탕 출판사/클레트 출판사, 2권, 2012)는 역사를 매우 단선적으로 해석하고 있다. 빈 회의(1814~1815, 프랑스 혁명과 나폴레옹 전쟁에 대한 사후 수습을 위해 빈에서 개최한 유럽 여러 나라의 국제회의-옮긴이)에서, 이탈리아의 '청년유럽당'(1834, 이탈리아 혁명가 주세페 마치니가 창당한 당으로 전 유럽의 민족주의운동을 호소했다-옮긴이), 범유럽운동(1923, 베르사유 유럽체제가 분열된 시기 쿠덴호베 칼레르기 백작은 미국에 뒤지지 않으려면 유럽이 뭉쳐야 한다며 범유럽운동을 제창했다-옮긴이)을 거쳐, 로카르노조약(1925, 중부유럽의 안전보장을 위해 유럽 국가들이 체결한 국지적 안전보장조약-옮긴이)에 이르기까지, 모든 사건을 유럽연합을 향해 가는 과정으로 해석하고 있다. 이에 따르면 유럽연합은 "거의 감지하기 힘든 점진적 과정을 거쳐 건설"됐다는 것이다.

반세기에 걸친 분열

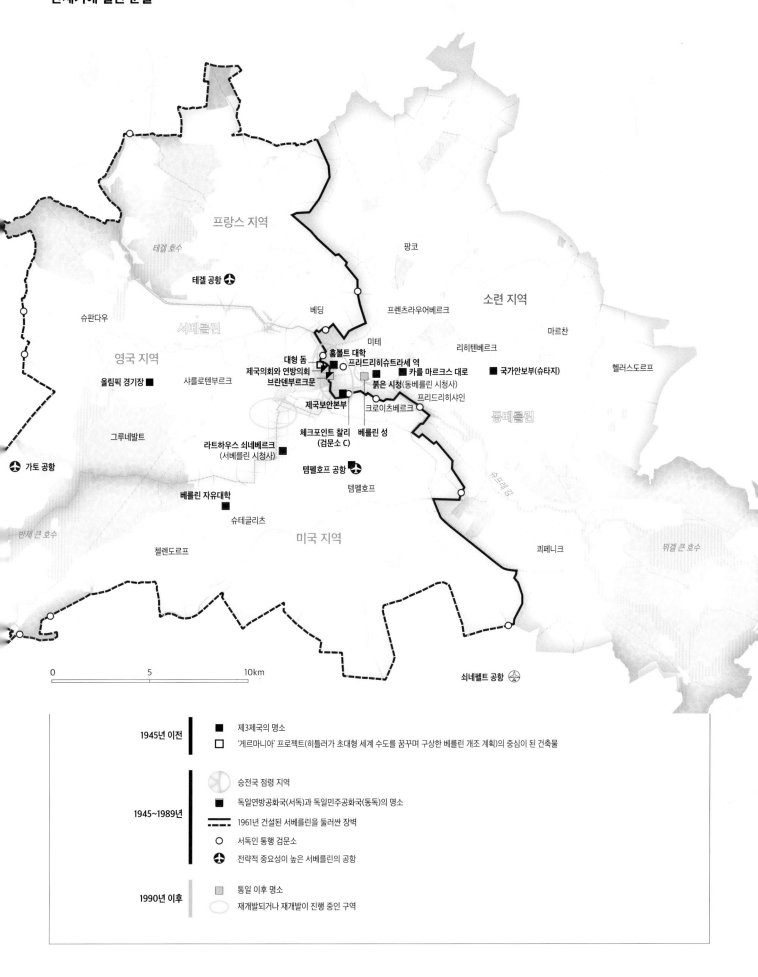

프랑스 지역

테겔 호수

팡코

테겔 공항

소련 지역

슈판다우

베딩

프렌츠라우어베르크

마르찬

세베를린

미테

리히텐베르크

헬러스도르프

영국 지역

홈볼트 대학

대형 돔

프리드리히슈트라세 역

올림픽 경기장

제국의회와 연방의회

카를 마르크스 대로

국가안보부(슈타지)

브란덴부르크문

샤를로텐부르크

붉은 시청(동베를린 시청사)

제국보안본부

프리드리히샤인

가토 공항

크로이츠베르크

동베를린

그루네발트

라트하우스 쇠네베르크
(서베를린 시청사)

체크포인트 찰리
(검문소 C)

베를린 성

슈프레 강

템펠호프 공항

베를린 자유대학

템펠호프

반제 큰 호수

슈테글리츠

미국 지역

쾨페니크

뮈겔 큰 호수

첼렌도르프

0   5   10km

쇠네펠트 공항

1945년 이전	■	제3제국의 명소
	□	'게르마니아' 프로젝트(히틀러가 초대형 세계 수도를 꿈꾸며 구상한 베를린 개조 계획)의 중심이 된 건축물
1945~1989년	◔	승전국 점령 지역
	■	독일연방공화국(서독)과 독일민주공화국(동독)의 명소
	▬▬	1961년 건설된 서베를린을 둘러싼 장벽
	○	서독인 통행 검문소
	✈	전략적 중요성이 높은 서베를린의 공항
1990년 이후	▤	통일 이후 명소
	⬭	재개발되거나 재개발이 진행 중인 구역

지배 수단으로 전락한 과학

전쟁을 하는 동안, 대개 많은 나라는 전쟁에 승리할 기술을 확보하기 위해 연구개발에 막대한 자금을 쏟아붓는다. 1945년 이후 미소 대결도 예외는 아니었다. 과학은 군을 위해 열성적으로 봉사했다. 트랜지스터·컴퓨터 등 다양한 기술은 본래 군사기술로 활용됐지만, 훗날 일반 소비 상품으로 재탄생했다.

"**독**일의 연구원과 학자 들이 승승장구 중인 우리 군을 위해 쉼 없이 경이로운 무기를 발명해내고 있다." 1915년 8월 한 독일 기자가 최근 성공한 독가스 무기 개발을 자축했다. 그러나 역사학자 도미니크 페스트르가 입증한 것처럼, 제1차 세계대전에서는 과학기술이 그다지 중요한 변수가 아니었다. 사실상 제1차 세계대전에 승리한 국가들은 가장 발전된 무기를 보유한 국가가 아니라, 장기간 값비싼 무기를 많이 만들어낼 수 있는 '생산전'을 가장 잘 버텨낸 국가였다.

반면, 제2차 세계대전에서는 '기술전'이라는 이름에 걸맞게 과학이 매우 중요한 역할을 수행했다. 전 세계적으로 전선이 형성된 탓에 참전 국가들은 우수한 물자 보급 기술을 확보하는 것이 시급했다. 미국은 국방부 요청에 따라 개발된 수학 프로그램을 바탕으로 무기 보급

과 군사 파병 과정을 체계화했다. 그리고 무엇보다 많은 과학자가 제트기, 대전차포, 유선조종무기, 적외선 탐지기 등 신종 무기를 개발하거나 개량하는 데 동원됐다. 핵분열에 관한 닐스 보어와 퀴리 부부의 연구는 미국 국무부가 원자폭탄을 개발하는 데 활용됐다. 1920~1930년대 원격 탐지 및 전자기술의 발전으로 레이더가 개발됐는데, 사실상 연합국이 독일보다 먼저 이 기술을 손에 넣었다. 1945년 이후 미국과 소련은 과거 나치스 정권에서 일했던 학자들을 영입하기 위해 치열한 경쟁을 벌였다.

냉전은 '자국의 기술을 과시하는 전시장'을 방불케 했다. 각국은 기술적 우위를 이용해 상대를 제압하고자 했다. 역사학자 도미니크 페스트르는 "기술 과시를 통한 대리전이 수행됐다"고 했다. 역사학자 데이비드 에드거턴은 미국의 사례를 거론하며 '과학의 국영화'에 대해

지적했다. 미국에서는 1920년대 시작된 과학의 국영화가 1945년에 이르러서야 결실을 보게 됐다. 당시 과학은 국가를 위해, 아니 좀 더 정확히 말하자면 군을 위해 물심양면 봉사했다. 먼저, 군은 사전에 연구개발 단계에서 아낌없는 지원을 해주었고, 연구개발로 탄생한 무기를 구입해주는 등 사후 처리까지 깔끔하게 도맡았다. 이를테면 공해상 폭발 능력을 개선하기 위해 유체역학에 대한 연구가 이뤄졌고, 확률통계학은 대공 방어 시스

수천 번의 핵실험

노바야제믈랴 제도(소련)　세미팔라틴스크(소련)

네바다 사막 (미국)

북한

이란
이스라엘

뤄부포 호 (로프노르 호)(중국)

히로시마
나가사키

에니웨톡 환초 (마셜 제도)

무루로아 환초 (프랑스령 폴리네시아)

○ 벨라 사건[1]

공식적인 핵강국

핵무기 보유 및 개발 의심 국가

★ 1945년 원자폭탄 투하

핵실험 실행 국가
- 미국(1945~1992)
- 소련(1949~1990)
- 영국(1952~1991)
- 프랑스(1960~1996)
- 중국(1964~1996)
- 인도(1974~1998)
- 파키스탄(1998)
- 북한(2006~2013)
- ○ 미확인(1979)

지역별 핵실험 횟수
(40회 이상 핵실험 실행 지역)

900　100

옮긴이 주 1. 1979년 9월 22일 남대서양에서 핵실험으로 추정되는 폭발과 섬광이 미국 인공위성 벨라에 포착된 사건.
처음에는 이스라엘과 남아프리카공화국의 제3차 합동 핵실험으로 추정하고 조사를 시작했으나, 미국 정부는 핵실험이 아닌 것으로 결론을 냈다.
일각에서는 이것이 이스라엘이 실시한 비밀 핵실험이었으나 미국이 진실을 은폐했다는 음모론을 제기하기도 한다.

템을 향상하는 데 이용됐다. 그런가 하면 수학과 정보처리기술은 미사일 경로를 정확하게 계산하는 데 활용됐다.

반도체 등 일부 산업은 낮은 시장 경쟁력에도 불구하고 군수산업 덕에 생존을 지속하다 훗날 일반 소비 상품 개발에 접목되면서 제2의 전성기를 구가했다. 가령 반도체는 트랜지스터의 개발로 1950~1960년대에 이르러 일반 시장에 진출했다. 정보통신기술(IT) 분야도 비슷한 전철을 밟았다. 프랑스의 과학사가 아미 다양은 이런 현상을 일컬어 '군산학 복합체'라고 불렀다.

미국의 사립 단과대학에서는 군의 재정 지원하에 물리학 연구가 진행되었다. 국방부는 군인과 과학자 들이 협업 중인 수많은 싱크탱크를 지원했다. 1945년 미국 공군은 랜드코퍼레이션(공군의 원조 자금으로 설립된 미국의 대표적인 민간 연구개발기관-옮긴이)을 설립했다. 이 기관에서는 수십 명의 수학자, 경제학자, 통계학자, 논리학자, 물리학자가 모여 전쟁을 다방면으로 연구했다. 존 포스터 덜레스 미국 국무장관은 '국가 안보와 과학 지식의 보다 효과적인 협업 체계를 구축'하고자 1956년 '국방연구원(IDA)'을 설립했다. 이 기관에는 매사추세츠 공과대학(MIT), 캘리포니아 공과대학, 스탠포드 대학 등 명문대 인재들이 대거 참여했다.

그러나 이런 대대적인 투자에도 불구하고 미국은 여전히 경쟁자 소련을 추월하는 데 여러모로 어려움을 겪었다. 사실상 소련은 과학아카데미를 통해 노벨화학상(1956)이나 노벨물리학상(1958, 1962, 1964, 1975 등)을 수상할 만한 능력이 되는 우수한 인재들을 대거 보유하고 있었다. 소련은 오래지 않아 핵무기 기술도 손에 넣었다. 1949년 8월 29일 제1차 핵 실험에 나선 소련은 1961년 10월 30일에는 히로시마에 투하된 원자폭탄보다 무려 3,000배나 더 위력적인 '차르 봄바

(황제 폭탄)'를 터뜨렸다.

소련은 항공우주 분야에서도 우위를 점했다. 1957년 10월 4일, 인류 역사상 최초로 인공위성 스푸트니크(Sputnik) 호를 하늘로 쏘아올린 데 이어, 1961년 4월 12일에는 인류 최초의 우주 비행사 유리 가가린까지 배출했다. 미국은 소련과의 '기술 격차'가 벌어질까봐 전전긍긍했다. 우주 개발 경쟁은 단지 상징적인 의미만 지닌 것이 아니었다. 이 분야의 기술은 방어 시스템이나 정보 통제 시스템 등 다양한 분야에 실질적으로 응용됐다. 미국은 수천억 달러를 쏟아부은 끝에 결국 소련과의 기술 격차를 따라잡았다. 1969년 7월 20일, 미국인이 최초로 달에 착륙하면서, 향후 미국의 기술 지배 시대를 예고했다. ■

↑ 영화 〈지구 최후의 날〉 포스터, 로버트 와이즈 감독, 1951년.

↖ 뉴욕에서 일어난 비행접시 충돌 모습. 《판타스틱 유니버스 사이언스 픽션》에 실린 버질 핀레이의 삽화, 1958년 2월.

세계를 위협한 일촉즉발 핵전쟁 위기

1945년 미국에 이어 1949년 소련이 핵무기 개발에 성공하면서, 전 세계는 만성적인 가공할 핵전쟁 위협에 시달리게 된다. 두 나라는 상대를 완전히 섬멸해 지도상에서 깨끗하게 사라지게 할 수 있을 만큼 무시무시한 전력을 보유했다. 1962년 10월, 쿠바 미사일 사태로 핵 긴장은 최고조에 이르렀다. 15일간 전 세계는 벼랑 끝에 내몰렸다.

1952년 드와이트 데이비드 아이젠하워 미국 대통령은 단순히 공산주의를 '봉쇄'하는 것이 아니라 '격퇴(roll back, 공산주의 세력이 봉쇄선을 넘어오지 못하도록 수동적으로 차단하는 봉쇄 정책과는 달리, 롤백은 이미 공산주의 세력권 안에 편입된 지역을 군사적으로 탈환하고자 하는 적극적이고 공세적인 정책을 의미한다-옮긴이)'하는 것이 목표라고 주장했다. 이오시프 스탈린의 뒤를 이은 소련 정치 지도자들은 국제적 데탕트(détente, 긴장 완화) 분위기에 기대어 소련에 대한 서방의 압박에서 벗어나고자 했다. 특히 1956년 공산당 지도자 니키타 흐루쇼프

는 서로 대립 중인 두 진영 간 '평화 공존'의 가능성을 역설했다.

미국과 소련은 모두 핵무장을 주요 군사전략에 포함시켰다. 가령 미국은 1954년 대량 보복전략(적의 공격을 받을 경우 핵무기를 적재한 전략폭격기를 출격시켜 즉각 거대한 보복력으로 반격하는 전략-옮긴이)에 이어 1962년에는 유연반응전략(게릴라전에서 핵전쟁에 이르기까지 모든 형태의 도전에 대해 효과적인 공격과 방어 체제를 갖춤으로써 적의 침략 의도를 억제하고, 확전을 피하면서 이의 해결을 위한 제반 조처를 강구하려는 전략-옮긴이)을, 소련은 1955~1958년 소콜롭스키 독트린(핵전

력만으로도 전쟁의 결과를 결정할 수 있으므로 선제공격으로 주도권을 장악해야 한다는 점을 강조했다-옮긴이)을 채택했다. 그러나 군산복합체가 비대해지고, 1952년에는 영국이, 1960년에는 프랑스가 핵무기를 보유하는 등 핵 확산 위협이 가중되자, 미국과 소련은 양국이 함께 핵무기를 관리해야 할 필요성을 느끼게 된다.

흐루쇼프는 1959년 9월 미국에서 아이젠하워와 회담을 가진 데 이어, 1961년 6월 빈에서 새로 미국 대통령으로 취임한 존 F. 케네디를 만났다. 그러나 여전히 양국은 군비 증강에 강박적으로 매달렸다. 1960년 케네디 대통령은 미국의 핵전력이 소련에 한참 뒤진다며 '미사일 격차' 문제를 제기했다. 양국은 비이성적일만큼 과도한 군비 경쟁에 돌입했다. 그로 인해 미사일 기지에는 다량의 핵탄두가 쌓여갔다. 1960년대 미국이 보유한 핵탄두는 무려 3만 기에 달했다. 한편,

↑ 영화 〈닥터 스트레인지 러브〉의 포스터, 스탠리 큐 브릭 감독, 1963년.
→ 쿠바 병사들에게 둘러싸 인 피델 카스트로, 엘리어 트 어윗의 사진, 1964년.

1954~1956년 미국의 항공 정찰 시스템이 발전하자, 소련도 첩보망을 확대하기 시작했다. 더욱이 옛 식민지 국가들이 국제연합에 대거 가입하고, 1961년 비동맹운동(130쪽 참조)이 대두하면서, 국제기구에 대한 미국의 영향력은 한결 약화됐다. 한편, 1960년부터 시작된 중국과 소련의 분쟁은 소련이 같은 공산권 국가들과도 경쟁관계에 처할 수 있음을 여실히 보여주었다.

미국과 소련의 군축협상은 양국의 긴장 국면으로 번번이 중단되기 일쑤였다. 가령 1960년 5월, 소련 영공에서 미국 정찰기가 격추되는 사건이 일어났고, 1961년에는 베를린 제2차 위기(1948~1949년 소련의 베를린 봉쇄에 대해 미국이 공수작전으로 맞불을 놓으며 소련의 베를린 탈취 시도를 저지한 사건이 제1차 베를린 위기에 해당한다면, 1958년 흐루쇼프가 베를린에 관한 4개국 지위협정 무효화를 서방측에 통지하고, 1961년 8월 동독 정부가 베를린 장벽을 구축하며 동·서 베를린 사이에 교통을 단절한 사태가 제2차 베를린 위기에 해당한다–옮긴이)가 발생하면서 양국 관계가 경색됐다. 그러나 뭐니 뭐니 해도 최악의 사태는 1962년 쿠바 미사일 위기였다.

피그 만 상륙 작전의 실패는
쿠바가 소련과 더욱 가까워지는
계기가 됐다

1959년 1월, 피델 카스트로와 그가 이끄는 게릴라군은 풀헨시오 바티스타 쿠바 독재정권을 전복하고 급진적인 민족주의 정부를 세워 소련을 당황하게 만들었다. 쿠바의 농업혁명과 국유화를 바라

보는 미국 관료들은 나날이 불신이 커져갔다. 이윽고 1960년 여름 미국은 새로 집권한 쿠바 정권을 축출할 계획을 획책했다. 이듬해 4월 미국 중앙정보국은 반카스트로 쿠바 망명자들의 피그 만 상륙 작전을 모의했지만, 작전은 실패로 돌아갔다. 이 사건을 기점으로 쿠바는 소련과 더욱 가까워졌다.

1962년 카스트로와 흐루쇼프는 쿠바 섬에 미국 영토를 타격할 수 있는 중거리 핵미사일을 설치하는 데 전격 합의했다. 소련은 쿠바의 안전을 보장하면서, 동시에 군축협상 중인 미국을 더욱 강하게 압박하고자 했다. 그러자 케네디도 이에 질세라 무력으로 해상을 봉쇄하고 쿠바 아바나로 향하는 소련 선박을 위협하기 시작했다. 쿠바는 미사일 배치를 계속 고집했지만, 흐루쇼프는 핵전쟁의 위험을 감수하려 들지는 않았다. 소련은 핵미사일 부품을 실은 선박을 회항시키고 미사일을 철수했다. 대신 미국으로부터 쿠바에 대한 모든 무력 개입을 포기하겠다는 약속을 받아냈다.

흐루쇼프는 대외적으로 패배자로 인식됐다. 쿠바 미사일 위기 이후, 소련에서 흐루쇼프의 위상은 추락했고, 그와 더불어 제3세계에 대한 소련의 영향력도 약화됐다. 쿠바는 라틴아메리카 각지로 게릴라 전술을 통한 혁명 투쟁의 불씨를 퍼뜨렸으며, 중소 분열은 가속화됐다. 그러나 무엇보다도 쿠바 미사일 위기는 미소 두 강대국이 핵무장 국가로서 향후 평화적 공존을 모색하는 전기를 마련했다. 바야흐로 '해빙'의 분위기가 무르익었다. 양국 정부 간 개설된 '핫라인'이 그 상징이었다. ■

↑ 쿠바 체제 홍보 포스터,
라울 마르티네스, 1968년.

세계의 교과서 들여다보기 ● 쿠바 vs 캐나다

쿠바 미사일 위기에 관해서는 여전히 논란이 분분하다. 쿠바의 역사 교과서에서는 미국의 침략적 행태를 비판(1)하는 반면, 미국의 우방 캐나다 교과서에서는 피델 카스트로와 소련의 책임을 지적하고 있다(2).

1. 피그 만 상륙 작전이 실패로 돌아가자 미국은 쿠바 혁명을 제압할 유일한 길은 직접적인 군사 개입뿐이라고 판단했다. 1961년 4월 25일, 미국 정부는 쿠바에 대한 금수령을 내렸다. 이미 구매하거나 미국 항구에 적재 중인 상품에 대해서도 모조리 금수 조치를 취했다. 반카스트로 세력은 각종 방해 공작과 첩보활동, 정권 전복 시도 등을 벌이며 다양한 활동을 전개했다. 미국은 이 무장그룹들을 물심양면으로 지원했다. 그들은 피델 카스트로를 포함한 쿠바 혁명 주역들을 상대로 암살을 시도했다. (…) 1962년 5월 29일 소련은 쿠바에 중거리 미사일 배치를 제안했고, 쿠바는 이를 승낙했다. 쿠바 미사일 배치는 사회주의 진영과 쿠바의 안보를 모두 강화해줄 수 있었기 때문이다.

2. 1959년 피델 카스트로가 이끄는 군이 쿠바에 부정한 군사정권을 수립하고 사회주의 혁명을 시도했다. 미국의 케네디 정부는 1961년 반카스트로 군사 파병을 지원했지만, 끝내 피그 만에서 모조리 격퇴당하고 말았다. 한편, 그사이 소련은 쿠바에 미사일 배치를 결정했다. 케네디는 피그 만 작전 실패로 단단히 화가 난 데다 서방 세계를 공산주의로부터 보호하기를 원했기에, 1962년 10월 소련에 미사일 철수를 강력하게 요구했다.

→ 문화혁명 당시 베이징 시위 모습. 솔랑주 브랑의 사진, 1966년 11월. 홍위병들은 한눈에 알아볼 수 있는 붉은 완장을 차고 다녔다.

사회주의 진영의 이단아, 중국

냉전 시대 서구 진영은 거의 완벽할 정도로 단합된 모습을 보여준 반면, 동구 진영은 사분오열을 면치 못했다. 피비린내 나는 내전을 거친 중국은 1949년 마오쩌둥을 주석으로 한 중화인민공화국을 수립하면서 소련 패권에 반기를 든 데 이어, 급기야 1960년 소련과의 관계를 단절했다. 대약진운동에서 문화혁명에 이르기까지 중국 공산주의가 보여준 특이성은 과연 무엇이었을까?

청조가 무너지고 7년이 지난 1919년, 마오쩌둥이 본격적으로 정치에 뛰어들었다. 그는 농부의 아들로 태어났지만 어느 정도 공부를 할 형편은 되었다. 후난 성에서 마오쩌둥은 수십 년에 걸친 영국·독일·일본·프랑스 등의 외세 점령에 맞서 5·4운동을 이끌며 반제국주의운동을 벌였다.

1921년 7월 상하이에서 중국공산당 창설에 참여한 마오쩌둥은 장제스가 이끄는 국민당과 손을 잡고 제국주의 열강에 맞서 싸웠다. 그러나 국민당은 1927년 4월 공산당원에 대한 대량 학살을 자행했고(상하이 쿠데타), 결국 마오쩌둥은 무법자 신세로 전락했다. 이에 마오쩌둥은 중국공산당 당원들과 함께 1934년 10월~1935년 10월까지 장시 성에서 산시 성에 이르는 대장정에 나선 끝에 마

침내 승리자가 되어 돌아왔다. 마오쩌둥은 농민을 지지 기반으로 삼아, 무려 80여만 명에 달하는 공산당 당원을 모집했다. 홍군의 수도 무려 100만 명을 넘었다. 이 정도면 점령자 일본을 상대하기에 충분했다. 당시 일본은 30만 명의 목숨을 앗아간 난징 대학살 등 중국에서 온갖 만행을 일삼고 있었다. 민족주의와 통일에 대한 염원은 훗날 '마오이즘'이라는 특수한 혁명사상을 탄생시켰다. 1945년 일본을 물리친 뒤에도 여전히 중국은 소련을 등에 업은 공산당과 미국의 지원을 받는 국민당 간에 내전으로 심한 몸살을 앓았다. 내전에 패배한 국민당은 타이완으로 달아났다.

1949년 10월 1일, 중화인민공화국이 수립되었으며, 마오쩌둥이 권력을 잡았다. 그는 조국을 재건하는 한편, 평등하

고 '혁신적인' 사회를 건설하기 위해 노력했다. 집권 초기 그는 농민에게 무상으로 토지를 배분했지만, 곧 생산 저조와 농산물 투기, 냉전 상황으로 인해 결국 소련식 모델을 도입하지 않을 수 없었다. 중국 정권은 토지를 집단화하고, 생산수단을 국유화하는 한편, 권력의 중앙집권화를 꾀했다.

마오쩌둥은 위대한 중국을 꿈꾸었다. 그는 거대한 자발적 유토피아를 건설하겠다는 구상 아래 1958년 5월 대약진운동(노동력 집중화를 통해 농공업 분야의 생산성 증대를 도모한 경제성장운동-옮긴이)을 선포했다. 중국 인민들은 다른 부유한 나라들을 뛰어넘기 위해 모든 것을 포기하고 오로지 산업 생산에만 매진하도록 강요당했다. 중국이 추월하고자 한 잘사는 나라들에는 서방은 물론 소련도 포함됐다. 그동안 소련은 중국에 원조를 하면서 언제나 그 대가로 정치적 양보를 요구하며 사실상 사회주의 진영의 지도자 역할을 하고 있었다. 그런데 대약진운동이 진행 중이던 1959년부터 '3년간 계속된 흉작'으로 무려 3,000만 명의 중

국인이 굶어 죽었다. 1960년 중국은 소련과의 관계를 단절했다.

이후 중국공산당은 경제를 재건하기 위해 각종 개혁 조치에 착수했지만, 신흥 부유층의 출현을 우려한 마오쩌둥은 1966년 5월 문화혁명을 단행했다. 그는 공산당을 장악하려는 속셈으로 '인민에게 권력을 돌려준다'는 명분을 내세워, 봉건적 위계질서를 뒤엎고 관료주의를 타파하는 한편, 엘리트층을 말살했다. 이 때문에 중국뿐 아니라 서방에서도 많은 이가 문화혁명에 열광했다.

주로 중학생에서 대학생까지 젊은이들로 구성된 홍위병은 문화혁명의 충실한 전사 역할을 했다. 홍위병들은 '일탈자'와 '반동분자'를 색출해 그들의 집을 몰수하고, 대중 앞에 강제로 끌어내 자아비판을 시켰다. 공포 분위기가 극에 달하자, 마오쩌둥은 수백만 명의 홍위병을 농촌으로 내려보내기로 결심했다(하방운동). 이 같은 결정은 막 되살아나기 시작한 경제를 해체했고, 젊은이들을 농촌으로 몰아 육체노동을 강요함으로써 중국이 중요한 인재를 잃어버리는 결과

를 낳고 말았다.

그러나 중국은 이런 어려움을 딛고서 발전을 거듭했다. 마오쩌둥이 집권한 동안, 중국은 2.9%의 성장률을 기록했으며, 1950년 80%에 달하던 문맹률도 1978년에는 16%로 감소했다. 위생 조건이 개선되고, 식수 설비가 확대됐으며, 의료시설이 설치됐다. 덕분에 출생 시 기대수명이 같은 기간에 41세에서 66세로 크게 늘어났다. 이것은 1976년 마오쩌둥 사후에 중국이 대대적인 경제개혁을 실시하는 자양분이 되었다. ■

1934~1935
마오쩌둥의 대장정

마오쩌둥이 이끄는 8만 6,000명의 홍군은 국민당의 제5차 공격을 피해 대장정에 돌입했다. 1만 킬로미터에 달하는 대장정을 완수하고 산시성에 도착한 사람은 8,000명에 불과했다. 마오쩌둥은 지난한 여정을 마치고 중국공산당 지도자로 확고히 자리매김했다.

1937~1945
항일투쟁을 위한 국공합작

1937년 2월 10일, 국민당과 중국공산당은 내전을 멈추고 항일투쟁을 위해 국공합작을 결행했다. 일본의 침략으로 중국은 학살과 온갖 만행, 기아 등 많은 희생을 치렀다. 1941년 진주만 공격을 기점으로 연합국은 일본과의 전쟁을 개시했다.

1946~1949
공산당 승리

1945년 9월 2일 일본이 항복했다. 마오쩌둥과 장제스가 협상에 실패하면서 1946년 7월 중국은 또다시 내전에 돌입했다. 농촌을 지지 기반으로 하는 홍군은 1949년 10월 1일 중화인민공화국을 수립했고, 마오쩌둥이 중국의 국가수반이 되었다. 국민당 정부는 타이완으로 달아났다.

미국에 치욕스런 패배를 안겨준 베트남전쟁

1946~1954년 인도차이나전쟁을 계기로 민족해방운동의 상징으로 떠오른 베트남은 1960년부터 또다시 냉전의 소용돌이에 휘말렸다. 미국 정부가 공산주의를 몰아내기 위해 북베트남과 전쟁을 벌인 것이다. 전쟁이 최고조에 달했을 때 베트남전쟁에 동원된 미군은 무려 300만 명에 육박했다. 그러나 대규모 전력 투입에 화학무기까지 대거 사용하고도 미국은 베트남전쟁에서 사상 초유의 참혹한 패배를 맛보았다.

→ 응웬 티 쑤언 군대의 여성 영웅. 꽝빈 주 꽝푹, 1969년. 추 치 타인의 사진.

↘ 〈이제는 평화〉, 미국 평화운동 포스터, 1968년.

1954년 프랑스군의 패배 이후(122쪽 참조), 미국은 베트남의 분단을 기정사실화했다. 그리하여 베트남 북부에는 공산주의 정권이, 남부에는 미국의 비호 아래 친미 정권이 들어섰다. 1960년에 대통령으로 선출된 존 F. 케네디가 집권한 동안, 베트남은 냉전의 심장부로 떠올랐다. 1961년부터 남베트남 전투에 미국 공군이 투입됐다. 그러다가 케네디 암살 후 대통령직에 오른 린든 존슨이 1965년 2월 북베트남을 상대로 전쟁을 개시하면서 사태가 악화됐다.

이후 10년 동안 참혹한 전쟁이 지속됐다. 미국의 군산복합체가 총동원됐다. 총 300만 명에 달하는 미군이 베트남에 파병됐고, 미국 공군은 제2차 세계대전의 무려 두 배가 넘는 폭탄을 적지에 무차별로 쏟아부었다. 심지어 네이팜탄, 고엽제, 화학무기까지 총동원됐다. 인도차이나전쟁 때는 비교적 전쟁의 참화에서 비켜나 있던 라오스와 캄보디아에까지 전쟁의 불길이 옮겨 붙었다.

미국은 패배를 거듭했다. 대표적인 예가 1968년 테트 대공세(Tet Offensive, 베트남 설 명절을 앞두고 잠시 휴전을 통보했던 베트콩과 북베트남이 기습 공격을 벌인 사건으로 '구정 대공세'라고도 불린다.-옮긴이)였다. 베트남군은 장기간에 걸쳐 베트남 전역을 장악했고, 사이공(현 호찌민) 주재 미국 대사관까지 위협했다. 베트남인이 보여준 불굴의 저항은 많은 이를 놀라게 했고, 전 세계에 호찌민이란 위대한 인물을 널리 알리는 계기가 됐다. 반면, 부정부패로 얼룩진 친미 남베트남 정권은 북베트남과 비교할 수 없을 정도로 아무런 역량을 발휘하지 못한 채 대중의 싸늘한 외면을 받았다.

북베트남은 중요한 저항의 거점이 되었다. 특히 그 유명한 '호찌민 루트'(남베트남 공산주의자들에게 병력과 전쟁 물자를 공급하기 위해 산악이나 밀림 지대에 설치한 통로-옮긴이)가 바로 북베트남에서 시작됐다. 당시 무기는 중국이나 소련제가 대부분이었는데, 이 루트를 거쳐 다른 전선으로 물자가 보급되었다. 훗날 미국 영화를 통해 널리 알려진 것처럼, 지상전을 치르는 병사들에게 베트남의 밀림은 악몽과도 같았다.

미군이 패배를 거듭하자 미국 사회에는 반전 여론이 거세게 일었다. 사상 초유의 도덕적 혼란이 미국 사회를 휩쓸었다. 종종 폭력을 동반한 과격 시위가 미국의 주요 도시와 대학 캠퍼스에서 일어났다. 그로 인해 1970년 4명의 학생이 시위 도중 사망하는 사건이 발생했다.

당황한 존슨 대통령은 재선 출마 포기를 선언했다. 1969년 베트남전 철수를 공약으로 내건 리처드 닉슨이 존슨의 뒤를 이어 대통령직에 올랐다. 그는 친미 남베트남 정권의 자위 능력을 획기적으로 증강시키는 한편, 자국의 참전용사들(boys)을 고국으로 송환했다. 이것이 이른바 '베트남화 정책'(베트남전쟁은 베트남인이 치르도록 하고 미군은 철수하는 전략-옮긴이)이었다. 그러나 북베트남은 결코 무릎 꿇지 않고, 게릴라군이 남베트남과 캄보디아,

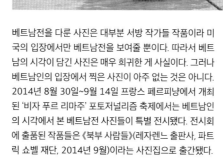

베트남전을 다룬 사진은 대부분 서방 작가들 작품이라 미국의 입장에서만 베트남전을 보여줄 뿐이다. 따라서 베트남의 시각이 담긴 사진은 매우 희귀한 게 사실이다. 그러나 베트남인의 입장에서 찍은 사진이 아주 없는 것은 아니다. 2014년 8월 30일~9월 14일 프랑스 페르피냥에서 개최된 '비자 푸르 리마주' 포토저널리즘 축제에서는 베트남인의 시각에서 본 베트남전 사진들이 특별 전시됐다. 전시회에 출품된 작품들은《북부 사람들》(레자렌느 출판사, 파트릭 쇼벨 재단, 2014년 9월)이라는 사진집으로 출간됐다.

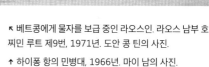

↖ 베트콩에게 물자를 보급 중인 라오스인. 라오스 남부 호찌민 루트 제9번, 1971년. 도안 콩 틴의 사진.

↑ 하이퐁 항의 민병대, 1966년. 마이 남의 사진.

← 무장한 채로 입수 훈련 중인 베트남 하남 주 카퐁 마을의 민병대, 1967년. 마이 남의 사진.

라오스 등을 대거 장악했다. 미국 정부는 평화회담을 통해 문제 해결에 나서기로 했다. 평화회담은 파리에서 개최됐다. 미국과 베트남, 두 나라 협상 대표인 헨리 키신저와 레둑토가 지난한 협상 끝에 1973년 1월 평화협정에 조인했다.

미국은 친미 남베트남 정권에 물심양면 지원을 지속하면서, 공식적으로는 자국 군대를 베트남에서 철수했다. 그러나 패색이 완연했다. 친미 남베트남군은 사이공, 프놈펜, 비엔티안 등에서 혁명군의 거센 공세 앞에 급속도로 와해됐다.

1975년 1월 최후의 일격이 시작됐다. 북베트남의 지도자들마저 놀랄 정도로 남베트남군은 속수무책으로 무너졌다. 불과 몇 주 만에 친미 정권이 붕괴된 것이었다. 1975년 4월 30일, 프랑스군을 상대로 첫 총성이 울린 지 30년 만에 마침내 혁명군이 남베트남의 수도 사이공에 입성해 베트남 전체를 손에 넣었다.

한편 북베트남의 승리가 이루어지기 수일 전, 캄보디아의 크메르루주(1975~1979년 캄보디아를 통치한 급진적인 공산주의 세력-옮긴이) 또한 남베트남의 친미 정권보다 훨씬 더 부패한 정권을 상대로 전쟁을 벌였다. 하지만 크메르루주가 집권 뒤 자행한 범죄 행각은 20세기 최악의 비극으로 기록됐다.

베트남은 승리했지만, 승리를 위해 뼈아픈 대가를 치러야만 했다. 전쟁으로 수백만 명이 목숨을 잃었고, 수천 개의 마을이 파괴됐다. 그리고 무엇보다 '에이전트 오렌지'라 불리는 고엽제 살포로 인해 많은 사람이 장기간에 걸친 후유증에 시달리며 오늘날까지도 고통을 호소하고 있다. ■

세계의 교과서 들여다보기 ● 독일

독일의 역사 교과서(2007)는 베트남에서 자행된 미군의 학살을 매우 잔인하게 묘사하고 있다. 그러나 미국 교과서에는 '에이전트 오렌지' 살포 사실조차 언급되지 않는 상황인지라, 이런 글이 교과서에 실린다는 것은 상상조차 할 수 없는 일이다.

1961~1971년, 미군은 다이옥신이 첨가된 고엽제, 일명 '에이전트 오렌지'를 4,400만여 리터나 살포했다. 베트남 밀림 속에 감춰진 베트콩(북베트남의 지원을 받아 1960년 12월 20일 결성되어 남베트남 및 미국과 전쟁을 치른 남베트남민족해방전선-옮긴이) 은신처를 찾아내고, 매복과 보급 작전을 차단하기 위해서였다. (…) 고엽제에 노출된 이들은 모두 심한 화상 증세를 호소하다 얼마 뒤 사망했다. '에이전트 오렌지'는 광범위한 지역을 오염시켰고 장기간에 걸쳐 막대한 피해를 남겼다. 베트남 정부가 추산한 바에 따르면 '에이전트 오렌지'로 인한 희생자 수는 약 80만~100만 명에 달한다. 한편, 전쟁이 끝난 뒤에도 제3세대에서 심각한 신체 기형이나 뇌의 이상, 유전자 변형 등 고엽제 살포의 피해가 속출했다. 피해자 가족들은 장애를 지닌 자녀를 수치스럽게 여기며 그들의 존재를 은폐했다. (…) 다이옥신과 암의 유관성이 과학적으로 입증되지 않은 탓에 미국 측의 피해 보상은 전혀 이뤄지지 않았다.

← 요제프 쿠델카가 1968년 8월 21일에 촬영한 사진. 바르샤바조약군의 전차들이 프라하에 입성한 모습. 뒤에 보이는 바츨라프 광장은 평소의 활기를 잃었고, 체코 시민들은 모조리 집안으로 숨어들었다. '정상화(normalization, 두브체크에 이어 집권한 후사크는 이른바 '정상화'를 슬로건으로 내걸고, 모든 것을 프라하의 봄 이전 상태로 되돌리려 했다–옮긴이)'는 이내 '프라하의 봄'을 상대로 순식간에 승리를 거두었다.

소련 해체의 기나긴 여정

기존의 전쟁과 달리 냉전은 공식적인 종전 절차가 없었다. 즉, 평화조약 체결로 전쟁이 종결된 것이 아니었다. 대립하던 양 진영 가운데 한쪽이 내부 분열과 민족주의운동의 여파로 붕괴하면서 비로소 냉전 시대가 막을 내렸다. 사실상 동구권 붕괴의 역사는 수많은 위기로 점철된 길고 긴 해체의 여정이었다. 1991년 소련 붕괴와 함께 마침내 냉전이 종식됐다.

1956년 2월 소련공산당 제20차 전당대회에서 니키타 흐루쇼프가 스탈린 시대를 신랄하게 비판하는 비공개 연설을 했다. 그는 이 자리에서 1947년 이후 동유럽과 중부유럽을 휩쓴 숙청과 통제의 피바람이 소련의 책임이라고 인정했다. 1948년 소련과 결별하고 독자노선을 추구하다 큰 희생을 치른 유고슬라비아로서는 흐루쇼프의 견해에 만족할 만했다. 그러나 불가리아를 제외한 동유럽 공산당 지도자들은 큰 타격을 입었다. 특히나 전시재판(show trial)이 이루어졌음을 인정함으로써 그들의 입지가 상당히 약화됐다.

스탈린 격하 연설의 여파로 폴란드와 헝가리에서 대대적인 반소 민주화운동이 일어났다. 소련은 폴란드에서 어쩔 수 없이 과거 반체제 탄압의 희생양이었던 공산주의 지도자 브와디스와프 고무우카를 복권시킬 수밖에 없었다. 반면 헝가리에서는 공산주의자 임레 너지의 각종 민주개혁 조치에도 불구하고, 민주화운동이 기득권 세력을 무너뜨리는 데 실패했다. 소련은 헝가리를 침공했고, 이것은 훗날 1956년 11월 '피의 목욕 사건'(헝가리 혁명으로 소련과 헝가리가 팽팽한 신경전을 벌이고 있는 가운데 1956년 멜버른 올림픽 수구 경기에서 맞붙게 된 양국 선수들이 경기 도중 피를 튀기는 과격한 몸싸움을 벌인 사건–옮긴이)이 발생하는 불씨가 되었다.

헝가리의 비극에도 불구하고 흐루쇼프는 스탈린 격하운동을 지속했다. 그러나 방법론적인 미숙함과 잇따른 실정으로 1964년 오히려 본인이 축출되는 처지

→ 1956년 부다페스트 봉기 당시 소련 탱크 위에 올라가 항거하는 헝가리 시위대.

가 됐다. 흐루쇼프의 계승자들은 레오니트 브레즈네프의 지휘 아래 과거 권력층이었던 직업적 혁명가 집단을 대신해 서민 계급 출신의 행정·기술 엘리트, 일명 노멘클라투라 세력을 키웠다. 1960년대 중·후반, 이 특권적 지배층은 1930년대 수립된 극도로 엄격한 중앙집권적 체제를 한층 완화하긴 했지만, 정작 공산당의 독점적 권력은 포기하지 않았다. 이 같은 개혁 조치는 결국 일관성과 지속성 부족으로 별 효과를 거두지 못했다.

1990년대 초, 소비에트연방은
각국에 불어온 민족주의 바람으로
세력이 약화됐다

중국의 독자적 행보(1960~1963), 루마니아의 탈소 자주 노선(1963~1964) 등으로 국제공산당운동이 분열된 가운데, 여러 공산권 국가들은 소련의 통제가 느슨해진 틈을 타서 독자적 행보에 나섰다. 가령 카다르 야노시가 집권한 헝가리나 체코슬로바키아가 대표적인 예이다. 1968년 알렉산드르 두브체크를 비롯한 체코슬로바키아의 새로운 집권 세력은 사회주의와 민주주의가 결합된 '인간의 얼굴을 한 사회주의'(두브체크가 표방한 민주적·자유주의적 사회주의. 그는 언론·출판·집회의 자유, 재판의 독립, 의회제도의 확립, 농공업 부문의 개혁, 국외 여행의 자유 보장, 경찰 정치의 종식 등의 개혁 조치를 발표했다-옮긴이)를 구현하고자 시도했다. 소련 지도자들은 점점 더 회의적이 되어 이런 선례가 사회주의 진영 전체를 뒤흔드는 것은 아닌지 우려했다. 1968년 8월 소련은 바르샤바조약에 가입한 동맹국들을 설득해 체코슬로바키아를 침공하기로 결정했다. 수백 대의 탱크가 결국 '프라하의 봄'에 종지부를 찍었다.

소련의 브레즈네프 정권(1964~1982)은 수구적인 정책으로 일관하며 체제의 위기를 가속화했다. 특히 재앙과도 같았던 아프가니스탄 침공(1979)이 위기를 더욱 부채질했다. 미국을 추월하겠다는 야심찬 꿈이 실현되기는커녕, 소련의 성장률은 더욱 정체됐고 삶의 조건도 악화됐다. 유리 안드로포프(1982~1984), 콘스탄틴 체르넨코(1984~1985)의 짧은 집권기를 거쳐, 권좌에 오른 미하일 고르바초프(1985~1991)는 소련을 부흥하기 위해 마지막 노력을 다했다. 그는 기본 정책 노선으로 동서 긴장 완화(데탕트), 경제개혁(페레스트로이카), 진정한 정치 자유화(글라노스트)를 표방했다.

잠시 희망이 꿈틀대는 듯 보였지만, 이내 대중의 관심은 정치에서 멀어졌다. 반면 노멘클라투라는 점차 개혁 열풍에 회의감을 표출했다. 그들은 개혁의 필요성을 느끼지 못했을뿐더러, 심지어 그로 인해 위협을 느끼기까지 했다. 1990년대 초 소비에트연방은 위성국의 분리 독립 운동으로 심한 홍역을 치렀다. 1991년 8월 보수파가 고르바초프를 축출하기 위한 군사 쿠데타를 시도했지만 작전은 실패로 돌아갔다. 쿠데타 실패는 결국 소련의 패배를 가속화했고, 1991년 말 소련은 마침내 역사의 뒤안길로 사라졌다.

그사이 동유럽 사회주의가 붕괴됐다. 1970년대 초 시작되어 장기간 지속된 폴란드의 위기는 1980년대 말 모든 사회주의 국가로 확산됐다. 고르바초프는 군사적 해법을 배제했고, 결국 사회주의 체제는 루마니아를 제외한 거의 모든 소련 진영에서 평화적인 방식으로 해체됐다. 1989년 11월 대규모 대중운동이 일어났고, 이것은 베를린 장벽의 붕괴로 이어졌다. 냉전의 상징물이 파괴되면서, 냉전의 동력도 함께 상실됐다. ■

← 1991년 8월 19일, 소련공산당 내 강경파가 미하일 고르바초프를 축출하기 위한 쿠데타를 시도했다. 훗날 러시아 대통령이 될 보리스 옐친은 당시 쿠데타 참가자들에 대해 강력하게 항거했다. 이 사진에서 옐친은 탱크 위에 올라가 연설문을 들고 군중을 향해 총파업을 호소하고 있다.

↗↘ 피에르 브르디외의 사진, 《알제리의 이미지, 감정적 공통점》에서 발췌, 악트쉬드-신바드 출판사, 2003년.
〈알제리, 1959년 5월〉,〈밥 엘-우에드, 알제리, 1959년 4월〉,〈무제〉

"식민지에서 전통주의를 고집하는 것은 본질적으로 상징적인 의미가 있다. 객관적으로 볼 때 우선 그것은 거부 의사의 표현이라고 볼 수 있다. (…) 가장 뚜렷하고 명백한 거부는 히잡류나 셰시아 같은 본질적으로 상징적 의미를 지닌 전통에 집착하는 것이다. (…) 알제리 여인들은 히잡류를 착용해 교류를 거부하는 상황을 만든다. 그들은 마치 정정당당하지 못한 선수처럼 상대의 눈에 포착되지도 않고, 스스로를 드러내지 않은 채 상대를 보고 있다. 식민 지배를 받는 사회 전체가 히잡류를 착용함으로써 상호성을 거부한다. 그들은 바라보고 주시하면서 상대를 파악하지만, 자신의 속을 들여다볼 수 있도록 내보이는 것을 거부한다."

이 세 컷의 사진은 피에르 브르디외의 《알제리의 이미지, 감정적 공통점》(악트쉬드-신바드 출판사, 2003)에서 발췌한 것이다. 브르디외 재단과 사진잡지 《카메라 오스트리아(Camera Austria)》가 이 책의 출판과 순회 전시회를 지원했다.

↗↘↓ 이 이미지들은 부뤼노 부제랄이 3년의 작업 끝에 펴낸 최신작 《알제리, 책을 덮듯이 닫아버렸나?》에서 발췌한 것이다. 사진집은 2014년 가을에 르 베 캉레르 출판사와 오토그래프 에이비피(Autograph ABP, 영국 기반의 국제적 비영리 사진 예술 에이전시)가 공동으로 출간했으며, 같은 해 11월 10~30일까지 파리 퐁뇌프 화랑에서 '사진의 달' 행사 프로그램으로 전시됐다.

알제리 태생인 브뤼노 부제랄은 사진을 통해 자신의 정체성을 모색하고 있다. 알제리로 귀국하려는 아버지를 따라 1993년 알제리로 돌아갔다. 그는 그곳에서 폭력이 난무하는 내전에 휩싸인 한 나라를 목격했다. 이 여행은 뒷날 그가 사진 작업에서 자전적인 접근과 다큐멘터리적인 접근을 아우르는 양식적 모험을 감행하는 데 밑거름이 되었다. 재빠르게 포착한 이 이미지들은 마치 오페라의 간주곡처럼 은은한 반향을 남긴다. 브뤼노 부제랄은 알제리와 그곳의 복잡한 내면을 환기시키고 있다. 화사하면서도 쓸쓸한 색채, 균형을 잃어버린 풍경, 흐릿한 존재를 통해 분열되고 갈등을 겪고 있는 하나의 문화를 찾으려는 본질적인 탐구 자세를 드러내고 있다.

식민지 독립기부터
선-후진국 분열의 시대
(1945~1970)

1962년, 에비앙조약에 따라 132년 동안 이어져왔던 알제리 식민
지배가 막을 내렸다. 새로운 독립국 알제리는 보다 공정한 사회질서를
바라는 제3세계 민중들에게 모범이 되었다. 50년 후, 알제리는
아랍세계를 휩쓴 혁명의 광풍에서 비켜나 있었다. 정치적으로는
침체 상태에 있었다 할지라도 사회적으로는 활발한 변화가 있었다.

식민 통치는 긍정적인 결과도 가져왔다?

혹자는 도로와 학교, 병원 건설 등의 명분을 들어 식민 통치의 '긍정적인' 결과도 소개해야 한다고 주장한다. 이 같은 주장은 대개의 경우 부수적으로 나타난 긍정적인 결과와 의도적인 수탈을 공평하게 다루어야 한다는 논리에 근거하고 있지만, 이는 제국주의 지배 전략의 특수성을 도외시한 접근법이다.

"교 육과정은 북아프리카를 비롯한 프랑스의 해외 식민지 지배에 대한 긍정적 측면을 특별하게 취급한다." 2005년 2월 23일 프랑스 의회는 이와 같은 조문을 포함한 법안을 채택함으로써 이 주제에 관한 논쟁을 불러일으켰다. 이듬해 이 조문은 삭제됐지만 논쟁은 수그러들지 않았다. 주로 세 가지 문제가 쟁점이 됐다. 정복당한 국가에 도로와 학교, 행정조직을 제공한 식민지 지배를 융통성 없게 비난해야만 하는가? 식민지 정복과 지배는 정말로 폭력적이었는가? 독립 후 정권을 쟁취한 새로운 지배층에 의한 자국민 수탈은 없었는가?

첫 번째 쟁점은 식민지 지배가 종속국 국민에게 실제로 어떤 '기여'를 했느냐에 관한 논의다. 예컨대 교육 혜택은 언제나 매우 제한적이었다. 한정된 극히 일부의 '원주민'만이 혜택을 누렸다. 더구나 알제리에서는 1830년부터 전통적인 교육 시스템을 파괴함으로써 오히려 교육 분야의 퇴보를 가져왔으며, 이러한 퇴보는 나중에도 복구되지 못했다. 물론 도로와 철도가 건설되기도 했다. 그러나 이로 인한 혜택은 대도시에만 집중되었고, 오히려 전국적 착취가 가능해졌을 뿐이다. 게다가 그 어떤 역사가도 나치스가 방대한 고속도로망을 건설했다는 이유로 그들이 '긍정적 역할'을 했다고 주장하지는 않을 것이다.

식민지 경영은 비난받아 마땅하다. 이는 '열등한 민족'이 존재하며 이들을 문명화할 '우월한 민족'이 존재한다는 인간 존재의 불평등성이라는 관념에 근거하기 때문이다. 정신분석학자 프란츠 파농은 자신의 유명한 저서 《대지의 저주받은 사람들》(1961)에서 이렇게 말했다. "식민지 주민을 지칭하는 식민지 개척자들의 언어는 동물학에서나 사용할 법한 용어들이다. 황인종은 기어다니듯이 움직이고, 원주민 마을에는 이상한 냄새가 나며, 그들끼리 무리지어 다니면서 악취를 풍기고, 엄청나게 번식을 하는 바람에 우글거리고, 손짓발짓으로 의사표현을 한다는 식으로 식민지 주민에 대해 표현한다. 식민지 지배자들은 식민지에 대해 정확한 단어를 찾으려면 우화집을 꾸준히 참조해야 할 것이다."

식민지 주민을 열등한 인간으로 취급하는 이런 경멸은 인명 살상으로 이어졌다. 이는 생명에 대한 전적인 무시와 크고 작은 살육을 정당화했다. 콩고민주공화국은 1885년부터 1908년까지 벨기에의 레오폴드 2세의 통치하에 있었다. 식민 당국은 지

◤ 식민 통치 반대 포스터, 2010년 7월 13일. 당시 프랑스 대통령이었던 니콜라 사르코지는 2007년 세네갈의 수도 다카르에서 한 치의 주저함도 없이 확신에 찬 어조로 이렇게 연설했다. "아프리카인들은 역사에 그다지 큰 흔적을 남기지 못했다. (…) 아프리카의 문제는 유년기의 잃어버린 향수에 젖어서 현재에만 집착하며 살아가는 것이다. (…) 언제나 모든 것은 다시 새롭게 시작한다는 이런 생각에는 인류의 모험이나 진보라는 관념이 들어설 여지가 없다."

◤◤ 롤랑 바르트는 《신화》에서 식민지 신화를 분석하기 위해 1955년 6월 주간지 《파리 마치(Paris Match)》의 표지를 인용했다. "표지에는 프랑스 군복을 입은 한 흑인 어린이가 눈을 크게 뜨고 군대식 거수경례를 하고 있다. 아마도 시선은 프랑스 국기인 삼색기에 고정되

었으리라. 이것이 이 이미지가 주는 의미일 것이다. 그러나 순진하든지 않든지 간에 내가 생각하는 의미는 이렇다. 프랑스는 위대한 제국이며 제국의 모든 아들은 피부색에 상관없이 프랑스 국기 아래 충성을 다해야 한다. (…) 신화는 사물을 부정하지 않는다. 오히려 신화의 임무는 사물에 대해 말하는 것이다. 간단히 말해서, 신화는 사물을 정화하고 순진하게 만들며, 자연스럽고 영원한 것으로 정당화한다. 신화가 사물들을 명료하게 만든다면 그것은 설명을 통해서가 아니라 사물들을 기정사실처럼 진술해버림으로써 명료하게 만드는 것이다. (…) 이 어린 흑인 병사의 경우, 신화에 의해 사라진 것은 프랑스 제국주의가 아니다 (반대로 제국주의를 현실화한다). 한마디로 제국주의가 지닌 사건적이며 역사적인 특성이 지워졌다.

← 〈프란츠 파농의 발자취〉, 부뤼노 부제랄의 사진

시계 방향으로:

알제리, 블리다, 2012년.

알제리, 아인 케르마, 프란츠 파농이 잠들어 있는 튀니지 국경 인근 지역, 2012년.

가나, 은크로풀, 가나의 초대 대통령 은크루마의 출생지, 2012년. 알제리의 프랑스 당국으로부터 추방된 프란츠 파농은 당시에 튀니지에 자리한 알제리공화국 임시정부(GPRA)에 합류했다. 범아프리카주의와 탈식민주의 사상가였던 그는 가나 대사로 임명되어 은크루마 대통령을 만났다.

마르티니크, 포르-드-프랑스, 2012년.

역 주민들을 고무 채취에 동원해 착취하면서 수백만 명을 죽음으로 내몰았다.

> 영국은 60년이 지난 뒤에야
> 케냐의 마우마우 봉기를 폭력적으로
> 진압한 데 대해 사과했다

20세기 첫 대규모 살상은 독일령 남서아프리카(현 나미비아)에서 헤레로인들을 대상으로 이루어졌다. 독일인이 자행한 이 학살로 전체 헤레로인의 80%에 달하는 약 7만 5,000명이 목숨을 잃었다. 필리핀 폭동(1899~1902) 당시 100만 명의 인명 손실을 가져온 미군의 학살, 1945년 5월 프랑스가 알제리에서 범한 학살, 1952~1956년 사이 케냐에서 영국군이 마우마우 봉기(무장투쟁 단체 마우마우의 주도로 일어났던 케냐 독립운동-옮긴이)를 폭력적으로 진압한 사건 등도 빼놓을 수 없다. 2013년에 영국은 이 학살에 대해 공식적으로 사과했다.

그런데 독립 후의 상황도 마찬가지로 절망적이지 않았던가? 정치적 독립이 곧바로 경제적 독립으로 이어지지 않았다는 점을 상기할 필요가 있다. 중국이나 인도, 남아프리카, 브라질이 그랬던 것처럼 경제 발전의 기반을 마련해줄 수에즈 운하를 비롯해 석유 등 독립한 국가들이 자신들의 부를 회수하는 데에만 수십 년이 걸렸다. 새로운 나라들은 초·중등 교육정책을 실시해 문맹률을 낮추고, 새로운 사회 계층이 대학에 접근할 수 있도록 문을 열어놓았다. 또한 보건정책을 수립해 사망률을 획기적으로 낮추고 기대수명을 높였다.

민주주의는 처음부터 약속된 것이 아니었기에 많은 독립국에 독재체제가 들어섰다. 해당 지역의 일부 엘리트들이 부와 권력을 독점했다. 그러다 이들은 시간이 갈수록 점점 조직화된 저항에 부딪혔다. 이처럼 식민지 지배의 끝은 해방을 향한 여정의 첫걸음에 불과했다. 하지만 반드시 내디뎌야만 하는 걸음이었다. ■

↓ 프란츠 파농의 《검은 피부, 하얀 가면》의 미국판 표지.

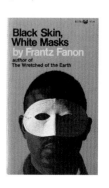

좌초된 팔레스타인 분할 계획

기존 역사에 따르면, 이스라엘 국가는 나치스의 인종 학살에 대한 대응으로 1948년에 창설됐다. 그러나 계획 자체는 제2차 세계대전 훨씬 이전에 수립됐다. 팔레스타인을 향한 유대인들의 첫 번째 이주 물결은 19세기로 거슬러 올라간다. 이후 1917년부터 영국은 서남아시아에 '유대인 국가' 수립을 약속했다.

제2차 세계대전이 끝난 뒤, 영국의 위임통치를 받고 있던 팔레스타인 지역에는 주민 180만 명이 거주하고 있었다. 그중 3분의 1은 유대인이었고, 3분의 2는 아랍인 기독교도와 무슬림이었다. 1917년 11월에 당시 영국 외무장관이었던 밸푸어 경은 팔레스타인에 '유대인 국가'를 수립해주겠다는 약속을 했다(밸푸어 선언). 이에 대해 저술가인 아서 쾨슬러는 "한 국가가 제3자의 영토에 나라를 세워 제2자에게 주겠다고 경건하게 약속했다"라고 평했다. 밸푸어 선언에 반대하는 저항운동이 조직되자, 영국은 팔레스타인의 엘리트 대다수를 학살하는 등 가혹한 박해를 가했다.

시오니즘(Zionism, 유대인들의 민족국가 건설을 위한 민족주의운동-옮긴이)은 반유대주의가 창궐했던 19세기 말 유럽에서 태동했다. 테오도르 헤르츨은 《유대인 국가》(1896)에서 유대인을 위한 국가의 창설을 주장했다. 당시 사회주의와 공산주의를 비롯한 여타 정치적 흐름은 유럽에 살던 유대인들에게 영향을 미쳤다. 그러나 시오니즘은 나치스의 유대인 학살 이후에야 본격적으로 대두되었다.

제2차 세계대전이 종료되자 프랑스와 영국을 비롯한 전통적인 식민 강국들이 쇠락하기 시작했다. 아랍민족주의는 아랍세계의 통합을 시도했지만, 아랍 국가들은 지역 내 패권을 다투는 쪽에 치중했다. 게다가 아랍 국가들은 새로이 등장한 중간계급의 민족해방운동 요구에 직면하게 되었다.

> 1948년 12월,
> 팔레스타인인을 추방하고 토지를 몰수하는 법안이 제정됐다

영국은 1947년 유대인과 팔레스타인 문제를 국제연합에 상정해 그 해법을 찾으려 했다. 이에 국제연합은 팔레스타인에 조사위원회를 파견하기로 결정했다. 조사를 마치고 돌아온 위원회는 독립을 추천하며, 두 가지 안을 제안했다. 위원회 내 다수는 유대인 국가와 아랍인 국가를 각각 세우고, 예루살렘을 국제도시로 만들자는 제안을 했고, 소수는 예루살렘을 수도로 한 유대인과 아랍인을 포괄하는 연방국가를 세우자는 제안을 했다. 1947년 11월 29일 국제연합 총회에서 팔레스타인을 두 개의 국가, 즉 유대 국가(영토의 55%)와 아랍 국가로 분할하고 성지(특히 예루살렘)는 국제 신탁통치 지역으로 한다는 결의안 제181호가 찬성 33, 반대 13, 기권 10으로 가결됐다. 미국, 소련, 프랑스는 찬성했고, 중국과 영국은 기권, 시리아, 이집트, 이라크, 인도, 쿠바는 반대표를 던졌다.

팔레스타인의 아랍인들은 분할에 반대했다. 그들은 이 조치가 민족 자결권에 위배된다고 간주했다. 반대로 시오니스트들은 국가를, 그것도 팔레스타인 영토의 절반이 넘는 지역을 얻은 것에 만족했으며, 유대인 인구가 다수를 차지하게 되기를 염원했다.

이스라엘의 초대 총리인 다비드 벤구리온은 국경을 획정하지 않은 채 1948년 5월 14일 이스라엘 국가 창설을 선포했다. 그다음 날 아랍 군대가 전쟁 상태에

이스라엘의 점령지

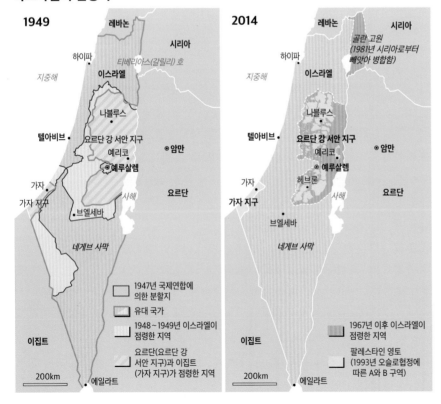

1949

레바논
시리아
하이파
티베리아스(갈릴리) 호
이스라엘
지중해
나블루스
텔아비브
요르단 강 서안 지구
예리코
암만
예루살렘
가자
가자 지구
사해
요르단
브엘세바
네게브 사막
이집트
200km
에일라트

- 1947년 국제연합에 의한 분할지
- 유대 국가
- 1948~1949년 이스라엘이 점령한 지역
- 요르단(요르단 강 서안 지구)과 이집트(가자 지구)가 점령한 지역

2014

레바논
시리아
골란 고원
(1981년 시리아로부터 빼앗아 병합함)
하이파
이스라엘
지중해
나블루스
텔아비브
요르단 강 서안 지구
예리코
암만
예루살렘
헤브론
가자
가자 지구
사해
요르단
브엘세바
네게브 사막
이집트
200km
에일라트

- 1967년 이후 이스라엘이 점령한 지역
- 팔레스타인 영토 (1993년 오슬로협정에 따른 A와 B 구역)

→ 〈부재한 것들〉, 브루노 페르트의 사진 연작, 네타냐, 이스라엘, 2014년.

1950년에 가결된 '부재자 재산법'은 이스라엘 국가가 팔레스타인과의 전쟁 기간 중 이스라엘 관할 지역에 살던 아랍인 가운데 '부재'로 간주되는 이들의 재산을 몰수하는 것을 가능하게 했다.

이스라엘 이외의 지역으로 피난하려고 거주지를 이탈한 아랍인들은 이른바 '현존하는 부재자'로 간주되어서 자기 재산에 대한 재산권 행사를 박탈당했다. 그러자 아랍인들은 부동산을 지키기 위해 접근을 차단해 놓았다. 황당한 법안으로 인해 이런 희한한 풍경이 연출된 것이다.

돌입했다(제1차 아랍-이스라엘 전쟁). 팔레스타인인을 자기 땅에서 내모는 일이 이보다 훨씬 일찍 시작됐다는 데 대해서는 유대인 '새 역사가들'과 팔레스타인 역사가들이 일치된 의견을 보이고 있다. 예컨대 1948년 4월 예루살렘 근처 아랍 마을인 데이르 야신에서 학살 사건이 일어나 100여 명의 주민이 사망하고 나머지 사람들도 마을에서 탈주를 감행했다. 이러한 학살 사건이 이어지면서 팔레스타인인들은 대탈주의 길로 내몰렸다. 1948년 12월부터 이스라엘은 '버려진 재산'에 대한 법안('부재자 재산법')을 통과시켜 토착 아랍인들이 쫓겨난 지역의 토지를 몰수했다.

이스라엘의 광적인 영토 확장

1949년 이스라엘과 아랍 국가들 간의 휴전협정은 소련의 지원을 받은 이스라엘이 군사적으로 승리를 거두었다는 것을 확인해준다. 전쟁 결과, 이스라엘 국가의 영토는 국제연합이 허가한 것보다 3분의 1 정도 더 확대됐다. 반면, 팔레스타인 국가는 결국 창설되지 못했다. 이스라엘과 요르단은 요르단 강 서안(West Bank) 지구와 예루살렘을 분할통치하기로 합의했다. 가자 지구는 이집트의 위임통치로 편입됐다.

전쟁 당시 팔레스타인 피난민은 80만 명에 육박했다. 이들의 귀환과 보상을 보장하는 국제연합 결의안 제194호를 수용하는 대가로 1949년 이스라엘의 국제연합 가입이 허용됐다. 하지만 그 이후 팔레스타인 피난민들의 귀환 가능성은 완전히 차단됐다. 팔레스타인인들은 추방되어 영토마저 빼앗긴 이중의 고통에 더해 팔레스타인이라는 이름마저 사라지는 쓰라린 고통을 감수해야만 했다. 그야말로 나크바('대재앙'이란 뜻의 아랍어)였다. ■

세계의 교과서 들여다보기 ● 시리아

서아시아에서는 언제나 서방의 영향력을 직설적으로 규탄하는 경향이 있다. 그런데 2009년 발간된 시리아 교과서는 제1차 아랍-이스라엘 전쟁에서 소련이 1948년 3월부터 이미 유대 군대의 주요 무기 공급자였다는 사실을 '언급하지 않고 있다'.

아랍 연합군은 1948년 5월 15일 팔레스타인에 진주해 도처에서 승리를 거두었다. 시오니스트들의 패배가 확실하다는 것을 인지한 서방 국가들은 그들을 구하기 위해 서둘러 개입했다. 서방 국가들은 국제연합 안전보장이사회를 압박해 모든 전투의 즉각적인 중지와 1948년 6월 11일부터 4주간의 휴전, 스웨덴 외교관 베르나도트 백작을 국제연합 평화중재자로 임명해 이 분쟁을 평화적으로 해결하는 임무를 맡기자는 내용의 결의안을 채택했다. 이 휴전이 아랍에게는 재앙이나 다름없었다. 이 휴전 기간 동안 이스라엘 측은 무기와 대규모 전투원을 충원하고 방어시설을 구축하는 등 공격력을 강화해나갔다.

7월 19일 전투가 재개되자 아랍 연합군은 여러 가지 사유로 후퇴해야만 했다. 연합군 내 지휘체계는 혼선을 빚고 있었고, 무기는 고장 났으며, 대체할 무기도 부족한 상황이었다. 안전보장이사회는 1948년 7월 16일 두 번째 휴전을 강요했는데, 그 역시 재앙으로 이어졌다.

인도차이나 수렁에 빠진 프랑스와 미국

인도차이나전쟁(1946~1954)은 기간도 길고 인명 피해도 컸을 뿐 아니라 상징적 의미도 깊다. 이 전쟁은 제2차 세계대전 후 프랑스 식민제국을 강타한 첫 번째 불꽃으로, 이후 해방을 원하는 많은 민족의 본보기가 되었다. 이 전쟁이 끝나자 알제리 폭동이 시작됐다.

1946년 인도차이나전쟁이 시작되던 당시, 베트남, 캄보디아, 라오스를 포함한 이 지역은 거의 100년 동안 프랑스 식민지였다. 그러나 공식적인 확인과는 달리 '프랑스가 보장하는 평화'는 이 지역에까지 미치지 못했다.

1941년부터 1945년까지 이 지역은 아시아·태평양전쟁의 폭풍을 어렵사리 견뎌왔다. 전쟁이 끝나갈 무렵, 프랑스는 일본과 베트남으로부터 인도차이나에서 물러가라는 이중의 압박을 받았다. 특히 호찌민을 비롯한 공산주의자들이 이끌던 통일전선 '베트민(베트남독립동맹, 비엣민)'의 압박이 심했다. 1945년 9월 2일,

베트민은 전 국민의 열렬한 환영을 받으며 베트남 독립을 선언하기에 이르렀다(베트남민주공화국 수립).

프랑스 측에서도 식민지 지배를 철회하자는 현실주의가 고개를 들기 시작했다. 1946년 3월 6일 프랑스 정부는 호찌민이 이끄는 베트남민주공화국을 '자유

↑ 〈베트남은 승리할 것이다〉, 쿠바의 그래픽 디자이너 르네 메데로스의 호찌민 기념 포스터, 1971년.
← 피에르 쇤도르페르의 영화 〈317 소대〉 포스터, 1965년.

국가'로 인정하고 프랑스 연방의 일원으로 받아들였다. 그해 여름, 호찌민은 프랑스에 체류하며 베트남과 프랑스 간의 협정을 성사시키기 위해 온 힘을 쏟았다. 그러나 얼마 지나지 않아 프랑스에서 주전론자들의 목소리가 높아지기 시작했다. 티에리 다르장리외 해군 제독, 조르주 비도 총리, 마리우스 무테 하원의원 등이 대표적인 인물이었다. 1946년 11월 프랑스군은 약속을 어기고 베트남 북부 하이퐁에 무시무시한 폭격을 가했다. 이에 맞서 그해 12월 보응우옌잡의 지휘 아래 베트민이 하노이에서 반격을 개시했다. 이렇게 해서 제1차 인도차이나 전쟁이 시작됐다.

당시 프랑스 정치 지도자들 사이에서는 전쟁을 쉽게 이길 수 있으리라는 자신감이 넘쳤다. 호찌민이 이끄는 정부는 쫓기는 신세였고, 경험 없는 지휘관들이 지휘하는 군대는 빈약했다. 베트남민주공화국은 고립됐다. 소련은 이 '작은 나라'에 별달리 중요한 의미를 부여하지 않았으며, 중국공산당 전사들은 수천 킬로미터 밖에 있었다.

이렇게 분쟁 상태로 3년이 지난 후, 외부적 요인에 의한 변화가 상황을 역전시켰다. 1949년 10월 1일 중국의 마오쩌둥이 중화인민공화국 수립을 선포하고 정권을 장악한 뒤, 베트민을 공산세계의 일원으로 지원했다. 반면, 그동안 프랑스 정책에 적대적이었던 미국은 프랑스를 지지하는 쪽으로 돌아섰다. 미국산 무기를 실은 첫 번째 선박이 사이공(현 호찌민)에 도착했다. 이러한 상황 변화는 1950년 6월에 한국전쟁이 발발하면서 다시금 확인되었다. 차후 냉전이 아시아에서 뜨거운 전선을 형성하게 되었다.

인도차이나에서 힘의 균형관계도 변했다. 베트민 군대는 프랑스 원정군을 점차 무너뜨려나갔다. 프랑스 본토의 무관심 속에서 시작됐던 이 전쟁은 전투에 패할 때마다 민심을 자극했다. 전쟁에

반대하는 항의의 목소리도 프랑스 공산당을 중심으로 표출됐다. 여기에 철학자 장 폴 사르트르를 비롯해 주간지 《롭세르바퇴르(L'Observateur)》 편집진과 기독교 좌파 들이 합류했다. 급진적인 정치 지도자 피에르 망데 프랑스도 전쟁 반대 대열에 서서 프랑스가 고집스럽다고 비판했다. 그러나 그가 내세운 이유는 달랐다. 프랑스라는 국가의 운명과 이익은 유럽과 아프리카에서 이루어져야 한다는 것이 그 이유였다.

1953년 전황이 계속해서 악화되자 프랑스군의 앙리 나바르 장군은 적군을 함정에 빠뜨려 분쇄하려고 베트남 북부의 정글과 협곡으로 둘러싸인 디엔비엔푸로 베트민군을 유인했다. 그러나 이는 재앙과도 같은 작전이었다. 1954년 5월 7일 프랑스군의 엘리트 장군은 패배를 인정할 수밖에 없었다. 이후로는 어떠한 군사적 승리의 가능성도 사라졌다. 전체적으로 프랑스 측의 인명 손실은 10만 명에 달했다. 인도차이나 주둔군 절반에 해당하는 수치다. 베트남 측의 인명 손실은 100만 명(민간인 포함)에 이르는 것으로 추산됐다.

디엔비엔푸 전투 이후 제네바에서 국제회담이 열렸다. 프랑스 대표단은 정치적·군사적 패배를 인정했다. 1954년 7월 20일 제네바협정이 체결됐다. 캄보디아와 라오스는 중립국화와 영토 보존을 보장받았다. 베트남은 북위 17도를 경계로 둘로 분할됐다. 이는 기술적이고 임시적인 분단으로, 1956년 7월까지 총선거를 실시해 평화적으로 통일하기로 합의했다. 회담 참석자들은 모두 이런 상황에서라면 베트민이 승리할 것이라고 내다봤다.

그러나 강대국들의 생각은 달랐다. 그들은 제네바협정에 명시된 조건들을 준수할 생각이 없었다. 특히 미국이 크게 반발했다. 더 치명적인 새로운 전쟁이 기다리고 있었다. 이 전쟁은 이후 20년 동안 계속되었다. ■

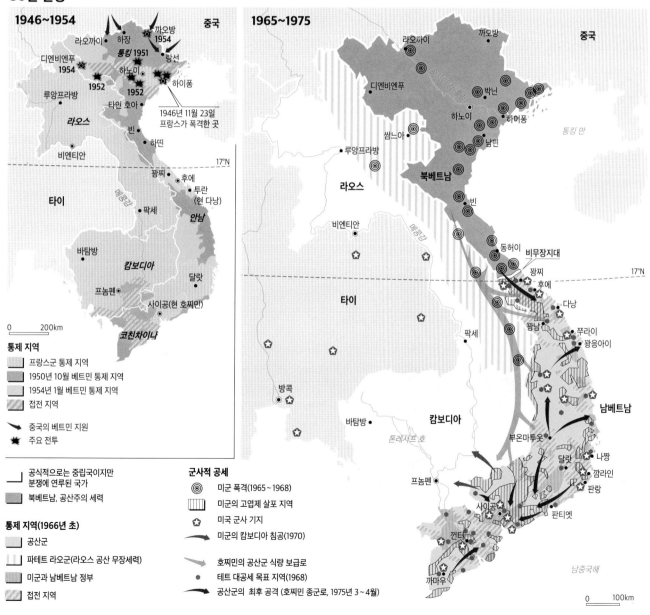

30년 전쟁

1946~1954

중국
라오까이 · 하장 · 까오방 1954
통킹 1951 · 랑선
디엔비엔푸 1954
하노이
1952 · 1952 · 하이퐁
타인 호아
루앙프라방
라오스
1946년 11월 23일 프랑스가 폭격한 곳
빈
하띤
비엔티안
17°N
꽝찌 · 후에
타이
팍세 · 투란(현 다낭)
안남
바탐방
캄보디아
달랏
프놈펜
사이공(현 호찌민)
코친차이나

0 200km

통제 지역
프랑스군 통제 지역
1950년 10월 베트민 통제 지역
1954년 1월 베트민 통제 지역
접전 지역

중국의 베트민 지원
주요 전투

1965~1975

중국
라오까이 · 까오방
디엔비엔푸 · 박닌
하노이 · 하이퐁
쌈느아 · 남딘
통킹 만
루앙프라방
라오스
북베트남
비엔티안
빈
동허이 · 비무장지대
꽝찌 · 17°N
후에
타이
팍세 · 다낭
꽝남 · 쭈라이
꽝응아이
남베트남
방콕
바탐방
캄보디아
부온마투옷
톤레사프 호
프놈펜 · 달랏 · 나짱
깜라인
판랑
사이공
판티엣
껀터
까마우
남중국해

0 100km

공식적으로는 중립국이지만 분쟁에 연루된 국가
북베트남, 공산주의 세력

통제 지역(1966년 초)
공산군
파테트 라오군(라오스 공산 무장세력)
미군과 남베트남 정부
접전 지역

군사적 공세
미군 폭격(1965~1968)
미군의 고엽제 살포 지역
미국 군사 기지
미국의 캄보디아 침공(1970)
호찌민의 공산군 식량 보급로
테트 대공세 목표 지역(1968)
공산군의 최후 공격(호찌민 종군로, 1975년 3~4월)

1960년대의 아프리카, 독립을 향한 행진

1950년대 중반부터 1960년대 말까지 아프리카 국가 대부분이 독립을 이루었다. 때로는 수많은 인명 피해를 낳은 전쟁을 치러야만 했는데, 피 흘린 만큼 온전히 '탈식민지화'에 성공한 것은 아니었다. 해방은 복잡하고 지루한 과정이다. 단지 정치적인 차원만이 아닌, 경제적·사회적·문화적 그리고 정신적 차원까지도 아울러야 한다.

제1차 세계대전은 식민지 체제의 문제를 되돌아보는 데 중요한 계기였다. 아프리카인들은 전쟁 중 유럽인들이 저지른 만행으로 인해 이들이 자랑하는 '문명'이라는 것이 한낱 허상에 불과하다는 것을 깨닫게 되었다. 이어서 닥쳐온 1930년대의 경제 위기와 제2차 세계대전은 식민주의의 조종을 울렸다. 아프리카 도처에서 노동조합과 사회단체, 지식인 집단, 정당 들이 동등한 처우와 인종차별주의의 종식을 요구했다.

나치스 독일이 몰락한 이후, 아프리카는 반식민주의를 지향한다는 두 초강대국, 즉 미국과 소련이 지배하는 새로운 국제 질서에 의존하며 식민 통치 당사국들도 준수해야 하는 국제법을 내세워 독립의 목소리를 내게 되었다.

유럽의 식민지 본국들도 국제법을 비롯한 국내외 정세에 발목이 잡혀 우물쭈물하고 있었다. 식민지 본국은 정치·사회적 문제에 대해 어느 정도 양보를 할 수밖에 없었지만, 저항운동은 강력하게

진압했다. 식민지 체제에 반대하는 많은 사람이 투옥되거나 살해당했다. 프랑스는 마다가스카르 봉기를 꼼짝 못하게 진압했고(1947~1948), 영국은 케냐에서 마우마우 봉기에 맞서 전쟁을 치렀다(1952~1956). 아프리카인에 대한 존엄과 평등은 제국주의와 양립할 수 없다는 사실을 깨달은 아프리카 주민들은 자치권을 요구하기에 이르렀다.

쿠데타, 외국의 간섭, 사회적 갈등이 폭증하다

독립이라는 구호는 급속도로 퍼져나갔으며, 본국에서도 식민지의 지속가능성에 대한 회의가 싹텄다. 유럽의 주요 강대국들은 더 이상 피할 수 없게 된 해방운동의 흐름을 통제하려고 시도했다. 영국은 독립 과정을 통제하는 것이 식민지 지배체제를 유지하는 것보다 비용면에서 더 효율적이라는 것을 깨달은 첫 번째 국가였다. 영국은 가나의 콰메 은

← 펠라 쿠티의 〈서퍼 헤드〉 오리지널 음반 커버, 1981년.

대중 가수이자 색소폰 연주자인 펠라(1938~1997)는 음악을 통해 나이지리아 엘리트들의 타락한 풍속을 고발했다. 정치에 입문한 그는 국민운동당을 창당해 1983년 대통령 선거에 출마하려 했다. 그러나 경찰의 탄압으로 이 계획은 좌초됐다.

→ 〈티에르노〉, 오마르 빅토르 디오프의 사진, 2012년.
연작 사진집 《덧없는 스튜디오》에서 발췌.

↠ 1966년 세네갈 출신 작가이자 영화감독인 우스만 셈벤의 〈흑인 소녀(La Noire de...)〉는 아프리카 흑인 영화감독이 제작한 최초의 장편영화이다.

크루마나 케냐의 조모 케냐타 같은 몇몇 식민지 독립운동 지도자들을 석방했다. 이들은 가나와 케냐가 독립한 뒤 각각 초대 대통령이 되었고, 이따금 영국이 정한 노선에서 벗어나기도 했다.

프랑스도 영국과 같은 길을 걸었지만 좀 더 치밀하고 강제적이었다. 프랑스는 아프리카 식민지의 독립을 결정할 당시(대개의 경우 1960년대에 이루어졌다), 독립할 나라의 차기 지도자들에게 외교 및 군사·경제·재정 권한을 제한하는 조약에 서명하게 했다. 기니의 세쿠 투레나 토고의 실바뉘 올랭피오처럼 제한적 독립을 수용하지 않는 지도자들은 가혹한 결과를 감수해야 했다. 소위 '프랑사프리크(Françafrique, 프랑스와 아프리카의 관계를 지칭하는 표현이지만 프랑스 측에서 보면 아프리카를 식민 통치한 과거 프랑스 정권을 일컫는 표현이기도 하다. 현재 프랑스 정부는 공식적으로는 프랑사프리크가 소멸되었다고 한다-옮긴이)'라고 명명한 이런 식의 체제를 강제하기 위해 프랑스

는 식민지의 독립운동을 분쇄하려고 카메룬에서처럼 전쟁을 벌이기도 했다(1956~1964).

몇몇 나라는 평화적으로 독립을 쟁취한 반면, 어떤 나라는 피 흘리는 분쟁에 휘말리기도 했다. 자원이 풍부한 아프리카는 냉전체제하에서 강대국의 각축장이 되었으며, 이로 인해 아프리카의 상황은 더욱 악화됐다. 1960년 6월에 발발한 내전으로 고통받던 벨기에령 콩고(현 콩고민주공화국)와 포르투갈 식민지들(앙골라, 모잠비크, 기니비사우, 카보베르데)은 1975년이 되어서야 식민지 굴레에서 벗어났다.

1970년대에 이르러 거의 대부분 독립을 이룬 아프리카 국가들은 정치·사회·문화 등 다양한 분야에서 새로운 희망과 이상을 싹틔웠다. 그러나 유럽에 의해 그어진 문제투성이의 국경선 그대로 식민 통치에서 제각각 벗어난 아프리카는 종종 포악한 독재자의 통치를 받으며 허약하고 분할된 상태로 남았다. 아프리

카인들은 어렵게 되찾은 자유를 누리지도 못한 채 외국의 간섭과 쿠데타, 내전, 사회적 갈등이 승쪽하는 것을 지켜봐야만 했다. ■

프랑스 교과서는 식민화에 대한 저항운동을 피상적으로만 다루고 있는 데 반해, 프랑스 아셰트 출판사에서 발행해 아프리카 프랑스어권 국가의 학교에 배포한 교과서에서는 식민지 저항운동에 관해 상대적으로 많은 지면을 할애하고 있다.

검은 대륙 아프리카에서 식민지화가 진전될수록 무장 저항운동도 어려워졌다. 유럽인들이 무기를 압수하고 통제 지역에서 수시 검문을 강화했다. 일부 저항운동 지도자들은 도피 상태에서 활동해야 했다. 그들은 군소 무장단체들의 도움을 받아 이동하면서 식민지 개척자들을 약탈하고 수확물을 파괴하고 관공서와 상인들을 공격했다. 전투 중에 농민들의 도움을 받기도 했다. (…) 아프리카 주민들은 자주 수동적인 저항을 택하기도 했다. 강제노역에 참가하지 않거나 세금 납부 및 의무 경작, 식민지 군대에 입대하는 것을 거부했다. 그들은 식민지 지배층들로부터 탈출할 수 있는 다양한 전략을 고안해냈다. 일부는 관리인이 자신들의 마을을 방문할 때 도망치기도 했다.

식민지 알제리, 100년 동안의 독립전쟁(1)

그동안 식민지 시기 군이나 경찰 관련 서류를 비롯한 과거 문서에 대한 열람이 허용되지 않았기에 알제리전쟁에 대한 과학적 연구에 한계가 있었다. 귀국자, 당시 전투원 등 여러 증언과 영화, 그리고 작가들의 저작물 등을 통해 부분적으로만 파악할 뿐이었다. 1990년대 들어서야 고문, '강제징집', 프랑스군의 비리 들이 밝혀졌다.

역사책에 따르면, 알제리전쟁은 1954년 11월 1일에 시작됐다. 이날 첫 번째 포성이 오갔으며, 민족해방전선(FLN)이라는 낯선 단체가 출현했다.

사실상 알제리 국민들의 저항은 1830년 프랑스군이 상륙해 식민 통치를 개시한 날부터 시작됐다. 소위 프랑스와의 '강화'는 정복에 대항한 알제리군의 에미르(émir, 아랍어로 '통치자' 혹은 '군 사령관'이라는 뜻) 압델 카데르가 항복한 1847년 12월에서야 이루어졌다. 이날부터 지역별 혹은 지방별로 폭동이 계속 이어졌다. 후반기의 대표적인 독립운동 중 하나인 1945년 5월 세티프에서 일어난 독립 요구 시위는 수많은 희생자를 내고 진압됐다. 세티프 학살 사건은 알제리 사회에 결코 치유될 수 없는 상처를 남겼다.

실패한 평화적 해결책과 산발적 봉기

모든 봉기가 알제리라는 국가의 이름으로 행해졌을까? 19세기에 일어난 초기 봉기에 관해 역사가들은 여전히 의견이 분분하다. 분명한 사실은 알제리인들의 애국심은 외국 군대의 점령에 저항하면서 점진적으로 형성되었다는 것이다. 알제리 민족운동 조직인 '북아프리카의 별'(1926)과 '알제리 인민당'(1937)이 그러한 과정을 잘 보여준다. 이 두 단체는 메살리 하지라는 걸출한 인물이 있었기에 가능했지만, 메살리 역시 1954년 11월 폭동이 발발했을 때 그보다 젊은 동료에 의해 뒤로 밀려났다. 그해 11월 봉기는 결국 알제리 독립전쟁으로 이어졌다.

그 당시 독립운동 단체들은 평화적 해결책과 산발적인 봉기가 실패하자 보다 조직적이고 집중화된 저항운동이 필요하다는 결론에 이르게 되었다. 게다가 이보다 수개월 전 지구 반대편에서 벌어진 베트남의 디엔비엔푸 전투에서 베트남군이 프랑스군을 상대로 승리를 거두었다는 소식은 모든 식민지 국민에게 거대한 희망을 불러일으켰다(122쪽 참조).

프랑스 정부는 무슨 일이 일어나고 있는지 정확하게 파악하지 못하고 있었다. "알제리는 프랑스 자체다. 플랑드르에서 콩고까지 단 하나의 국가, 단 하나의 의회만이 있을 뿐이다", "협상은 없다"라는 상투적인 주장이 당시 프랑스 내무부 장관 프랑수아 미테랑의 연설을 장식했다. 주둔군 장교들 입장에서 반격은 당연했다. 미테랑이 보여준 '단호함'은 결국 폭력, 즉 '전쟁'이었다.

언론계와 정치계는 거의 한목소리로 같은 '해결책'을 추천했다. 몇몇 저명인사들만 이의를 제기했다. 그러한 지식인들 중에는 샤를 앙드레 줄리앙, 프랑수아 모리아크, 앙드레 망두즈, 프랑시스 장송이, 언론에서는 《테무아나주 크레티앙(Témoignage chrétien)》, 《위마니테(L'Humanité)》, 《프랑스 옵세르바퇴르(France-Observateur)》가 있었다. 당시에 유일한 전국 단위의 정치 권력이었던 프랑스공산당은 진압에 반대하고, 알제리 문제의 특수성을 고려해야 한다고 주장했으나 알제리의 독립권을 인정하지는 않았다.

과연 전쟁이 있었던가? 1954년부터 1962년까지 전쟁이라는 단어가 공식 논평에 등장한 적은 결코 없었다. 1999년 10월에 의회의 결정이 있고 나서야 이 단어가 공식적으로 인정됐다!

1954년에 일어났던 것은 분명히 전쟁이었다. 이때부터 전투원뿐 아니라 주민들까지 공범으로 몰아 모두를 공포에 떨게 하는 비인간적인 수단이 사용됐다. 수색, 체포, 고문은 물론 마을 전체를 소개하고 민간인을 강제로 군대에 징집하거나 때로는 네이팜탄까지 동원해 폭격

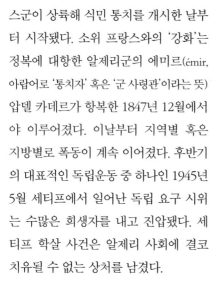

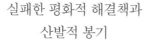

세계의 교과서 들여다보기 ● 알제리

독립 이후 알제리 정부는 아르키에 대한 전 국민적 증오심을 부추겼다. 2000년대 초에 편찬된 고등학교 교과서가 그 증거다.

19세기에 처음 독립운동이 일어났을 때부터 일부 사람들은 돈과 재물과 명예를 탐하며 적에게 지조를 팔고 자기 형제들과 싸우기를 선택했다. 이 일군의 알제리인들이 바로 '아르키'였으며, 이들이야말로 알제리 주민들에게 가해진 가장 심한 탄압의 책임자들이었다. 마을을 불태우고, 주민들을 심문하고 고문하는 등 아르키는 프랑스 군대의 더러운 일을 도맡았다.

을 가했다.

몇 개월이 지났지만 전쟁은 계속되었다. 전쟁 초기 단계에 프랑스 지도자들은 "우리는 문명의 전파자다. (…) 토착민들은 우리에게 감사해야 한다"며 한 세기가 넘도록 식민지는 영원하다는 맹신에 젖어 핵심을 이해하지 못했다. 피에르 망데스 프랑스, 에드가 포르, 기 몰레 총리로 이어진 프랑스 제4공화국 정부는 다소간 차이는 있지만 똑같은 정책을 유지했다.

최악은 '공화전선'이라 불렸던 기 몰레 내각이었다. 기 몰레는 1956년 알제리 문제에 대해 알제리 민족해방전선과 타협하는 평화적인 해법을 제시해 공산당의 지지를 받아 총리에 선출됐다. 공산당은 곧 이 지지를 후회하게 되었다. 기 몰레는 알제리 방문 이후 평화협상을 포기하고 사실상 전쟁을 더 악화시키는 방향으로 정책을 취했다. 바로 이 정부가 1957년 초 전쟁 당시에는 완곡하게 '알제리 전투'라고 불렀지만 실상은 흉포한 인간 사냥을 비호한 정부였다. ■

→ 마스카라 점령, 1835년 12월 5일 프랑스 군대가 압델 카데르가 이끄는 군대를 물리치고 도시를 점령했다. 에피날 이마주(Image d'Epinal), 1836년경.
← 장 드라트르 드타시니 프랑스 원수의 기념재단 선전 포스터, 1956~1958년.

↓ 다음 임무를 위해 작전을 짜고 있는 알제리 민족해방군 병사들, 크린 타코니스의 사진, 1957년.
↓↓ 마을을 순찰 중인 알제리 민족해방군 병사들을 환영하는 농부들, 크린 타코니스의 사진, 1957년.
→ 질로 폰테코르보의 영화 〈알제리 전투〉의 푸에르토리코 상영 당시 포스터, 안토니오 마르토렐의 작품.
↓ 알제리 민족운동 조직 '북아프리카의 별' 행사 안내문, 1934년.

식민지 알제리, 100년 동안의 독립전쟁(2)

알제리 독립전쟁이 시작된 지 4년 후 샤를 드골이 전쟁의 혼란 속에서 '프랑스의 알제리'를 지지하는 세력을 등에 업고 권력을 쟁취했다. 다수의 프랑스 교과서에 따르면, 당시 드골은 알제리 독립에 대해 '주저하는' 입장이었다고 한다. 그러나 그의 전략은 비교적 분명했다. 취임 후 처음 1년 반 동안은 외관상으로는 핵심적인 것, 즉 알제리에서 프랑스의 지배권만은 보존하려 했다.

1954년 당시 프랑스 국민 대다수의 무관심 속에서 시작됐던 알제리 전쟁은 마침내 프랑스의 체제 자체를 뒤흔들어놓았다. 프랑스 정부가 이러지도 저러지도 못하며 점점 더 신용을 잃어가고 있던 차에, 4년 동안 침묵을 지키고 있던 샤를 드골이 자신이 움직일 때를 엿보고 있었다. 1958년 드골이 자신의 권위로 옹호하고 있던, '프랑스의 알제리'를 사수하려는 다소간 비밀스런 인맥들이 움직이기 시작했다. 그해 5월 13일, 또다시 정부에 위기가 닥치자 이들은 무력시위를 벌여 드골이 권력을 다시 잡도록 분위기를 조성했다. 제2차 세계대전의 레지스탕스 영웅이 국가의 수장이 된 것은 외관상으로는 합법적이었지만, 이는 분명 국가 질서를 위협하는 반란에 의한 것이나 다름없었다.

많은 역사가가 드골이 정말로 알제리를 사수해야 한다고 생각했던 것인지, 아니면 권력을 잡고자 인맥을 동원해 전쟁 출구 전략을 세웠던 것인지 당시 드골의 속마음을 추측해보려고 했다. 실제로 취임 후 처음 1년 반 동안 드골은 알제리 민족해방전선의 저항을 분쇄하려고 할 수 있는 모든 것을 다했다. 동시에

알제리를 프랑스라는 체제 안으로 끌어들여 위상을 부여하는, '콘스탄틴'이라고 명명한 전대미문의 거대한 계획을 갖고 있었다. 드골의 계산은 알제리에서 최초가 될 진정한 보통선거를 수용하거나, 새로운 정치를 표방하는 몇몇 알제리 정치단체를 허용해주는(이는 민족해방전선 세력을 분열시켜 저항 세력을 약화시키는 효과를 노렸다) 등 몇 가지를 양보하되, 핵심은 그대로 유지하겠다는 것이었다.

'신식민주의'라는 이름의 이 정책을 실행하기 위해서는 한 가지 조건이 따랐다. 즉, 피식민지 주민들 혹은 적어도 정치·사회 분야 엘리트층의 최소한의 협력이 전제되어야 했다. 그런데 드골은 바로 이 최소한의 협력자도 얻지 못했다. 그가 알제리에서 한 모든 대화와 접촉은 언제나 똑같은 결론으로 끝났다. 프랑스가 어렵사리 영토는 통제했지만 시골과 도시에서 주민들을 통제하지는 못했다. 또한 군사적으로 승리를 거두더라도 그것이 정치적 해결책으로 이어지지는 못했다. 드골은 통찰력이 있었다. 그는 이 사실을

인정하고 상황을 받아들였다. 그래서 예전에 자신을 권좌에 올리는 데 일조했던, 하지만 이제 자신을 비난하는 분노한 지지 세력에 용감하게 맞섰다. 그는 1961년 4월 "탈식민지화야말로 우리에게 이익이며, 결과적으로 우리의 정책과 부합하는 것이다"라고 설명했다.

식민주의가 실패한 주요 원인 가운데 하나는 무엇보다 프랑스로 이주한 사람들을 비롯해 전체 알제리 국민들이 애국심을 회복하여 저항에 나선 점이라 할 수 있다. 그러나 또 다른 중요한 이유도 빼놓을 수 없다. 바로 프랑스 국내 여론의 역할이다. 처음에는 몰이해와 혼란이 있었으나 점차 프랑스 내에서도 알제리 독립의 불가피성을 이해하고 받아들였다.

> 프랑스에서 '가방 운반자'들이
> 알제리 민족해방전선 요원들에게
> 가짜 여권을 마련해주었다

목격자들의 증언에 따르면, 1955년 가을에 일어난 프랑스 식민 통치에 대한 최초의 저항운동은 아주 미미했다. 점차 평

화주의자들이 참여해 여론을 형성했고, 공개적인 형태(1961년 10월 수백 명의 사상자를 낳은 알제리인들의 항의 집회, 1962년 2월 8명의 사상자가 발생한 프랑스 샤론 지역에서의 알제리인 집회 등)이거나 혹은 은밀한 형태(알제리 민족해방전선을 지원하는 네트워크인 소위 '가방 운반자들')로 항의를 조직화했다. 또 이 전쟁은 역사가 피에르 비달-나케, 철학

자 장 폴 사르트르, 수학자 로랑 슈바르츠 같은 프랑스 좌파 지식인들의 적극적인 참여가 두드러졌다. 프랑스 지식인들 중 일부는 1960년 9월에 이른바 '121인 선언'이라는 이름의 '불복종 권리 선언', 즉 알제리에서의 군복무를 거부할 권리가 있음을 주장했다.

1962년 3월 18일, 에비앙조약이 체결됐지만 그 대가는 참혹했다. 프랑스 측에서는 수만 명의 사상자가, 알제리 측에서는 엄청난 규모의 민간인이 포함된 수십만 명의 사상자가 발생했다. ■

참고자료

2001년 2월에 발간된 《르몽드 디플로마티크》 기사에서 모리스 마치노는 정치권이 알제리전쟁에 대한 역사가들의 작업을 어떻게 방해하는지 폭로했다.

1957년 9월: 야당인 좌파의 압력을 받아 프랑스 정부가 임명한, 각계의 인물들로 구성된 '개인의 자유와 권리 보호 위원회'는 알제리에서 고문이 일상적으로 행해졌다는 비판적인 내용을 담은 보고서를 제출했다.

2000년 12월: 《르몽드》가 과거의 논란을 뒷받침할 고문에 관한 새로운 증거들을 발표했다. 당시 리오넬 조스팽 총리는 "소수의 폭로"라고 평가했다. 이는 첫 번째 위선이었다. 그는 역사가들이 이와 같은 '폭로'를 계속해서 진행하는 것에 반대하지 않는다고 말했다. 두 번째 위선이었다. 1997년 7월 27일, 총리 취임 직후 그가 했던 약속과는 반대로 확실하게 인정된 경우가 아니면 민감한 내용을 담은 과거 문서는 여전히 열람이 불가능하다.

← 1962년 6월 17일 크림 벨카셈(왼쪽)이 프랑스 육군비밀결사대(OAS, 알제리 독립을 막기 위해 조직된 극단적인 성향의 프랑스 보수 군인단체-옮긴이)의 일원인 두 명의 포로와 이야기하고 있다.
알제리 민족해방전선의 전설적인 지도자이자 에비앙조약의 서명 당사자였던 크림 벨카셈은 알제리 혁명의 영웅 중 한 사람으로 손꼽힌다. 그러나 1967년 실각해 망명한 뒤, 1970년에 독일 프랑크푸르트에서 살해됐다.

↑ 1962년 7월 3일, 알제리 자결권 투표 결과가 발표된 뒤 기뻐하는 알제리 국민들.

← 1960년대 전 세계의 투사들이 알제리의 수도 알제로 모여들었다. 미국의 급진적 흑인단체인 블랙 팬서(Black Panther)의 핵심 인물인 엘드리지 클리버와 티모시 리어리가 미국에서의 정치적 박해를 피해 1969년 알제에 정착했다.

←← 1961년 알제리 자결권에 관한 투표 홍보 포스터.

↖↖ 시네의 데생, 1962년.

←←← 1961년 프랑스 육군비밀결사대(OAS)의 포스터.

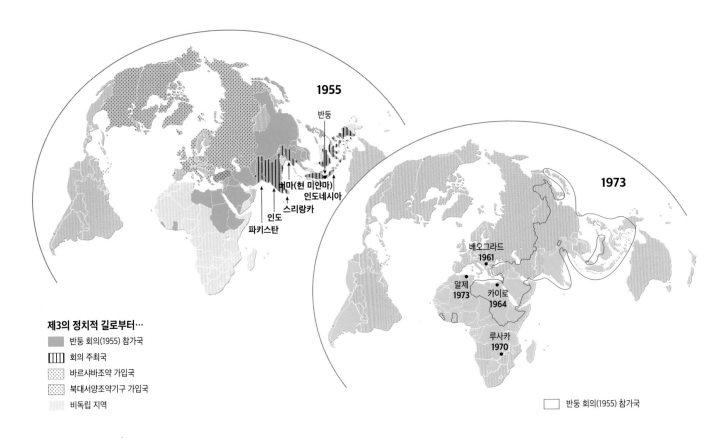

1955

반둥

버마(현 미얀마)
인도네시아
스리랑카
인도
파키스탄

1973

베오그라드
1961
알제
1973 카이로
1964
루사카
1970

제3의 정치적 길로부터…
■ 반둥 회의(1955) 참가국
▥ 회의 주최국
▦ 바르샤바조약 가입국
▦ 북대서양조약기구 가입국
▨ 비독립 지역

☐ 반둥 회의(1955) 참가국

반둥 회의와 비동맹운동

세네갈의 작가이자 초대 대통령이었던 레오폴 세다르 상고르는 마치 거대한 "족쇄를 벗은 것 같다"고 묘사했다. 1955년 4월, 아시아와 아프리카의 29개국 대표가 모인 반둥 회의는 식민지 시대를 마감하고 '제3세계'의 개념을 정립했다. 특권을 손에 쥔 귀족 같은 유럽이나 성직자 같은 미국에 속하지 않는 나머지 인류가 자기 목소리를 내기 시작한 것이다.

1920년대부터 서방 제국주의에 반대하고, 식민지 종속을 거부하며 시작된 초기 민족주의운동은 제2차 세계대전 이후 더욱 강화되었다. 1954년 7월 20일 프랑스의 인도차이나 지배에 종말을 고했던 제네바조약 이후, 아시아에서 30여 개국이 독립을 이루었다.

전 세계가 소비에트연방과 서방이라는 두 진영으로 나뉜 냉전 상황에서 새롭게 주권을 얻은 나라들은 다른 식민지들의 독립을 독려하려 했다. 그리하여 인도네시아, 버마(현 미얀마), 실론(현 스리랑카), 인도, 파키스탄 등 5개국이 나서서 아시아가 식민지 강대국들이 처음으로 패배를 경험한 지역이라는 의미를 살려 인도네시아 자와 섬의 자그마한 마을인 반둥에서 1955년 4월 18~24일까지 최초의 아시아-아프리카회의(AA회의)를 조직하기로 결정했다.

이들의 초대에 29개국이 응했다. 아시아 14개국(아프가니스탄, 버마, 캄보디아, 실론, 중국, 인도, 인도네시아, 일본, 라오스, 네팔, 파키스탄, 필리핀, 타이, 남북 베트남[베트남민주공화국, 베트남공화국]), 서아시아 9개국(사우디아라비아, 이집트, 이라크, 이란, 요르단, 레바논, 시리아, 터키, 예멘), 아프리카 6개국(골드 코스트[현 가나], 에티오피아, 라이베리아, 리비아, 소말리아, 수단)이었다.

30여 개국의 반식민지 저항운동 지도자들도 참관인 자격으로 참가했다. 대략 1,000명이 모여 일주일 동안 '제3세계'에 속하는 12억 5,000만 명의 인구를 대표했다. '제3세계'라는 용어는 1952년 프랑스의 인구통계학자인 알프레드 소비가 구체제하의 제3신분이란 용어를 참조해 만든 용어다. "마침내 그동안 마치 제3신분처럼 무시당하고 모욕당하고 착취당했던 제3세계가 스스로 무엇이 되고자 했다."

참가국들은 모든 국가와 민족의 동등한 주권을 주장했다

참석자 중에는 인도의 자와할랄 네루, 이집트의 가말 압델 나세르, 중국의 저우언라이도 있었다. 반식민주의, 통합, 인종차별 반대, 평화 추구가 주된 의제였다. 인도네시아 대통령 수카르노는 개막 연설에서 "우리 모두는, 그리고 나는 확

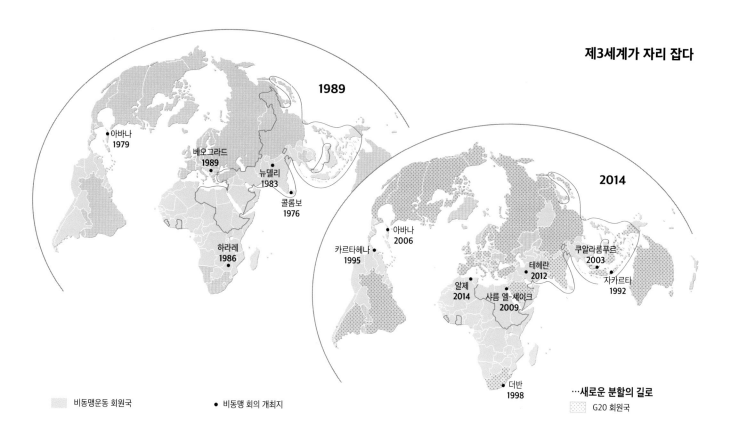

제3세계가 자리 잡다

1989

1979 • 아바나

베오그라드
1989

뉴델리
1983

콜롬보
1976

하라레
1986

2014

아바나
2006

카르타헤나
1995

쿠알라룸푸르
2003

테헤란
2012

자카르타
1992

알제
2014

샤름 엘-셰이크
2009

더반
1998

…새로운 분할의 길로

비동맹운동 회원국 ● 비동맹 회의 개최지 ░ G20 회원국

신합니다. 우리는 우리를 갈라놓고 있는 외양적인 차이보다 훨씬 중요한 동질적인 특성에 의해 단결했습니다. 우리는 그 형태가 어떠하든 간에 식민주의에 대한 공통된 혐오감으로 단합한 것입니다. 우리는 인종차별주의를 반대하고, 전 세계에 평화를 정착시키고 보존하려는 공통의 의지로 함께합니다"라고 열변을 토했다.

최종 성명서에서 참가자들은 민족 자결권을 주장하며 식민주의와 인종차별주의를 비난했다. 모든 민족과 국가의 동등한 주권과 인권 존중, 국제연합 헌장의 준수를 요구하고, 국가 간의 문화적·경제적 상호협력을 역설했다. 양극화된 세계의 항구적인 긴장 상태에 우려를 표명하면서 군비 축소와 핵무장 금지, 대량 살상무기 금지를 제안했다. 이러한 원칙들을 열거하면서 '평화 10원칙'을 발표했다.

세 개의 진영이 자리 잡다

반둥 회의에서는 소비에트연방이나 미국에 대해서는 어떤 입장도 표명하지 않았다. 참가국은 세 진영으로 나뉘었다. 파키스탄, 타이, 터키, 베트남공화국, 라오스, 캄보디아, 필리핀, 일본, 이라크, 이란, 레바논, 에티오피아, 리비아, 라이베리아 등의 친서방 진영, 마오쩌둥주의의 중국과 베트남민주공화국으로 대변된 '동구 진영', 그리고 인도, 이집트, 인도네시아, 버마, 아프가니스탄, 시리아, 요르단, 사우디아라비아, 예멘, 수단, 골드코스트 등 비교적 중립적인 제3진영이 자리 잡았다. 각국이 개별적으로 체결한 동맹관계는 냉전 시대에 하나의 중립적인 세력을 형성하려고 한 네루의 의도에 장애물로 작용했다. 이러한 상황에서 파키스탄과 그 밖의 다른 나라들은 반대 입장에 서서 자유롭게 집단 방어체제에 가입하는 것을 지지했다.

그러나 반둥 정신은 중립주의와 비동맹이라는 관념을 확산시켰다. 독립적인 제3의 길을 모색하게 된 것이다. 1년 후, 1956년 유고슬라비아의 브리오니 섬에서 이집트의 나세르, 인도의 네루, 유고슬라비아의 티토가 3국회담을 개최했다. 이것은 1961년 비동맹운동이 시작되는 전주가 되었다. ■

세계의 교과서 들여다보기 ● 중국

중국 고등학교 교과서에서는 국제정치의 전환점을 반둥 회의보다는 중국공산당 외교부 부장이었던 저우언라이(재임 1949~1958)가 '평화 공존 5원칙'을 제창한 데서 기인했다고 평가하고 있다. 따라서 반둥 회의는 상대적으로 간략하게 다루고 있다.

국가 수립을 선포한 지 얼마 안 된 젊은 중화인민공화국은 이웃 나라들은 물론 식민지에서 벗어난 나라들과 유익한 관계를 맺기 시작했다. 1953년 12월, 저우언라이는 인도 대표단을 만났으며 그 자리에서 처음으로 '평화 공존 5원칙'을 발표했다. 영토와 주권의 상호 존중, 상호 불가침, 내정 불간섭, 호혜 평등, 그리고 평화 공존 (…) 이 다섯 가지 원칙이 국제무대에 영향력을 행사해 국가 간 분쟁을 해결하는 기준이 되었다.

나세르와 범아랍주의의 꿈

아랍 민족의 통합을 목표로 하는 사상적·정치적 운동으로서의 범아랍주의는 19세기에 등장했다. 수에즈 운하 위기를 성공적으로 해결하고, 범아랍주의를 구체적으로 실행에 옮기려 한 가말 압델 나세르 이집트 대통령은 1950년대에 전성기를 맞았다. 그러나 서방측의 반대와 내부 분열로 통합 희망은 좌초되고 말았다.

19 52년 7월 23일, 이집트에서 군사 쿠데타가 일어나 영국의 지지를 받던 파루크 왕을 몰아냈다. 쿠데타 후, 1948~1949년 제1차 팔레스타인 전쟁 당시 이집트군에 복무했던 영관급 장교들이 주축이 된 '자유장교단'이 정권을 잡았다. 이들의 혁신안은 이집트에서 가장 세력이 컸던 자유주의 정당인 와프드당(Wafd party)은 물론, 공산주의자에서 이슬람 형제단까지 모든 정치 조직으로부터 환영받았다. 군대 개혁과 독립 국가 추구, 부패 추방과 연방주의 반대가 혁신안의 골자였다. 소유권을 제한하는 토지개혁도 신속히 추진했다. 압류한 왕가 소유 토지는 군소 자작농들에게 매매했다. 사회단체들은 새로운 체제에 지지를 보냈다.

1953년 6월 18일 이집트공화국이 수립되었다. 그리고 다음 해 1954년, 자유장교단의 일원이었던 가말 압델 나세르가 1952년에 정권을 잡았던 무하마드 나기브를 제거하고 이집트의 실권자가 되었다. 나세르는 이집트

를 현대화하고, 중공업 산업을 육성하고, 공공 분야를 강화하고자 했다.

1956년 나세르는 수에즈 운하의 국유화를 선언했다. 수에즈 운하는 1869년에 개통된 이후 영국과 프랑스가 주축이 된 수에즈운하주식회사에서 관리하고 있었는데, 국유화 선언으로 인해 이 문제가 국제 위기로 비화됐다. 수에즈 운하 국유화는 아스완 댐 건설에 필요한 비용 대출을 철회한 서방에 대한 보복 차원에서 이루어진 대응책이었다. 이 조치로 이집트 정부는 전략적 가치가 있는 운하에서 나오는 수익을 회수하여 댐 건설 비용으로 충당할 수 있게 되었다.

영국의 경계심

이 충격적인 발표는 아랍권 전체에 커다란 반향을 일으켰다. 일국의 정치가가 감히 유럽에 맞선 이 사건은 독립을 향한 새로운 신호로 받아들여졌다. 나세르는 아랍권의 우상이 되었다.

→ 음반 〈베이드 아낙(Beid annak)〉의 커버에 실린 움 쿨숨의 초상, 1965년.

'동방의 별'이라 불린 움 쿨숨이 1948년 나세르를 만났을 때 이미 그녀의 명성은 대단했다. 1950년대부터 범아랍주의의 이념에 목소리를 빌려준 그녀는 이집트 국민뿐 아니라 아랍 민족 전체의 자긍심을 일깨우는 역할을 했다. 2011년 '아랍의 봄' 당시에 그녀의 노래가 다시 불렸다는 사실에서 아직도 아랍인들이 가슴 속에 품고 있는 열정을 엿보게 된다.

영국은 강한 영향력을 행사하고 있던 이라크와 요르단에서 나세르의 인기가 높아지는 것을 못마땅하게 지켜보며, 이 같은 상황을 경계했다. 알제리전쟁이라는 곤경에 처해 있던 프랑스도 마찬가지로 나세르 지지 세력의 증가를 걱정하지 않을 수 없었다.

> 이집트는 소련의 지원으로 건설된 아스완 댐을 통해 전기를 공급받았다

이집트의 대응에 위협을 느낀 영국·프랑스·이스라엘 3국은 운하 통제권을 장악하기 위해 군사 개입을 결정했다. 그러나 국제사회의 반발, 특히 3국이 군사 개입에 대해 미리 협의하지 않은 데 격분한 미국의 질책으로 영국과 프랑스는 한 발 물러서야만 했다. 미국과 소련이 공동으로 국제연합에 휴전 결의안을 제출하자, 안전보장이사회는 오랫동안 사용하지 않던 카드인 즉각적 휴전을 명령했다.

수에즈 운하 위기 당시 유럽의 군사 개입은 완벽한 실패로 끝났다. 구식민지 강국들은 아랍세계에서 내쫓긴 반면, 아스완 댐 건설 비용을 지원한 소련은 지명도를 얻었다. 또한 이집트는 아스완 댐을 통해 전기를 공급받아 산업화에 박차를 가하게 되었다.

이때부터 이집트는 아랍세계의 맹주이자 혁명적 민족주의의 중심지가 되었다. 카이로에서 송출되는 유명한 라디오 방송 '아랍의 목소리'는 1956~1967년 동안 아랍권에서 발생한 수많은 전복에 일조했다. 나세르는 아랍세계를 정치적으로 통일하고, 이스라엘에 대한 팔레스타인 해방을 지지하고, 모든 외국의 간섭에서 벗어나는 것을 목표로 한 범

جبرائيل تلحمى
فريد شوقي هندي رسم
يوسف شاهين
باب الحديد

●1999년까지 이스라엘 교과서에서는 팔레스타인 전쟁에서 승리한 유대인을 마치 골리앗과의 싸움에서 승리한 다비드처럼 묘사했다. 1984년 이스라엘 교육부가 편찬한 교과서에는 "수적으로 불균형한 대치 상황은 아주 절망적이었다. 유대인은 65만 명이었고, 아랍인은 총 4,000만 명이었다"고 서술되어 있다.

●15년 후, 이스라엘 역사학자 에얄 나베가 편집한 교과서에서는 다른 이야기를 들려주었다. "거의 모든 전선과 전투에서 유대인이 아랍보다 조직과 군 장비에서뿐 아니라 직업적인 전투원의 규모까지 모든 면에서 우위에 있었다." 2001년 아리엘 샤론이 이끄는 보수 정부가 들어서자마자 이 교과서는 학교에서 사용이 금지되었다.

← 유세프 샤힌이 연출한 영화 〈카이로 중앙역〉, 1958년.

유세프 샤힌은 1950년 첫 작품 〈바바 아민(Baba Amin)〉을 발표한 이래 이집트 영화의 황금기에 최고의 자리에 있었다. 투쟁적인 코미디 영화에서부터 국제적 명성을 안겨다준 신사실주의 영화인 〈카이로 중앙역〉 등, 이집트를 섬세하게 관찰한 이 예술가는 세계화와 보수주의를 비판했다. 그런 탓에 그의 작품은 자주 검열 대상이 되었다.

↓ 나세르의 생애를 기리기 위해 이집트에서 출판된 코믹스 표지에 실린 그의 초상, 1975년경.

아랍주의운동을 이끌었다. 이렇게 나세르는 범아랍주의부터 시작해서 1940년대에 사회주의를 주창하며 창설된 바스 당(Baath party)이 추진해온 이념을 되살렸다.

1958년 나세르는 이집트와 시리아의 통합을 추진해 통일아랍공화국(RAU)을 수립했다. 하지만 1961년 9월 28일 시리아의 장교 집단이 이집트의 중앙집권적 정부 운영과 감독에 반발해 독립을 선언하며 쿠데타를 일으켰다. 이로써 아랍세계의 통일이라는 꿈도 단기간에 막을 내렸다.

1967년 이스라엘과의 6월전쟁(제3차 아랍-이스라엘 전쟁으로, 이스라엘은 '6일전쟁'이라고 부르지만 아랍 측은 이런 굴욕적인 표현 대신 '6월전쟁'이라고 부른다-옮긴이)에서 이집트군이 패하자 나세르의 이미지는 추락했다. 게다가 이집트 영토인 시나이 반도를 이스라엘에 점령당했다. 비록 아랍세계의 통합이라는 나세르의 꿈은 이루어지지 못했지만, 1970년 9월 나세르가 사망하자 그의 장례식에 수백만 명의 인파가 몰려 그가 아랍인들에게 큰 영향을 미쳤음을 증명해주었다. ■

선진국이 제3세계의 지배권을 유지하다

탈식민지화가 이루어진 뒤에도 선진국과 후진국 간의 교역은 여전히 불평등했다. 제3세계는 산업구조 자체가 부실한 데다 원자재는 약탈당하고 농업 생산물을 수출해야만 하는 상황이었기에 필연적으로 선진국에 의존할 수밖에 없었다. 이러한 굴레에서 벗어나려고 몇몇 지도자들이 국내 생산을 육성하려 했으나 서방측의 방해로 이마저도 쉽지 않았다.

1955년에 열린 아시아-아프리카 반둥 회의는 식민주의를 비난하며, 민족 자결권을 주장했다(130쪽 참조). 식민지 착취가 막을 내렸음에도 불구하고 식민 통치가 낳은 경제 문제로 어려움에 처한 새로운 독립 국가나 독립을 염원하는 국가의 지도자들은 후진국 간 상호 경제협력의 필요성을 강조했다. 이들은 특히 뒷날 제3세계라고 불리게 될 지역에서 무역을 증진하고 다양화하기 위한 국제 원조체제를 구축할 것을 요구했다. "아시아와 아프리카 국가들은 경제성이 높은 상품의 경우 가능한 한 원자재를 직접 가공하여 수출 품목을 다각화해야 한다"라고 최종 성명서에서 당부했다. 이는 경제적 해방을 정치적 주권과 따로 떼어놓고 이룰 수 없음을 보여주는 것이다.

1960년대에 이르러 아프리카 국가 대부분이 독립하면서 반둥의 꿈이 실현될 기회를 맞았다. 이제 제3세계가 국제연합 총회에서 다수를 차지하게 된 것이다. 이 국가들은 1970년대를 경제 개발의 시대로 만들기를 원했다. 이러한 노력의 정점에 1973년 서방을 공포로 몰아넣은 원유 가격 인상이라는 석유수출국기구(OPEC) 회원국 간의 공동결정이 자리하고 있다.

그러나 새 국가들은 정치·경제적으로 약화되고 분열되어 서방 국가들의 지배

에 효과적으로 대응하지 못했다. 불공정 무역은 사라지지 않고 모양만 바뀐 채 지속되었다. 이처럼 해방의 물결이 휩쓸고 지나갔음에도 과거 식민 통치의 영향은 독립 국가들의 운명을 짓누르고 있었다.

기업과 제국주의 강대국 들이 여전히 부를 증식해나가고 있는 동안, 네덜란드령 인도네시아의 고무, 벨기에령 콩고의 구리 광산, 가나의 카카오, 코트디부아르의 커피 등 원자재를 약탈당했던 구식민지 국가들은 빈사 상태에 처했다. 원자재를 미가공 상태로 낮은 가격에 식민지 본국으로 수출한 탓에 현지에서는 어떤 산업도 육성하지 못했다. 이와 동시에 예전 식민지 강국들이 자신들의 제국에서 이 원자재를 대량 가공해서 식민지에 비싼 가격으로 되파는 바람에 대부분의 식민지 주민들은 더욱 가난해졌다. 결국 식민지는 농업에 적합한 좋은 땅을 수탈당하고 수출용 작물 재배가 일반화되면서 식량을 생산하는 농업이 피폐해졌다. 이는 농촌 주민들이 고향을 등지고 대도시의 빈민촌으로 몰려드는 대량 탈출로 이어졌다.

제3세계 국가들은 원자재에 대한 공정한 가격 책정과 선진국과 후진국 간 호혜적 교역에 바탕을 둔 '새로운 국제 경제질서' 확립을 요구했으나 결과는 기대에 못 미쳤다. 경제 개발에 필요한 재원을 마련하기 위해 과도한 부채를 져야 했으며, 결과적으로 선진국에 더 의존하게 되었다.

세계은행, 서방 선진국과 은행 등에서 대출 형태로 제공된 '개발 원조 자금'은 종종 선진국의 완제품을 구매해야 한다는 조건과 맞물려 있었다. 그런데 선진국의 완제품 가격은 꾸준히 상승했다.

이 같은 상황에 대처하기 위해 후진국 경제는 농업 수출과 광물 채굴을 강화하고, (자신들이 한 번도 통제하지 못했던) 원자재 가격 상승에 기댈 수밖에 없었다. 하지만 1980년대에 카카오나 커피 같은 주로 농업 분야의 원자재 가격이 폭락하면서 후진국들은 과도한 부채 위기에 빠지게 되었다. 결국 국제통화기금은 후진국에 신자유주의 논리를 적용했다. ■

1985년, 세계의 3분의 2가 제3세계에 속하다

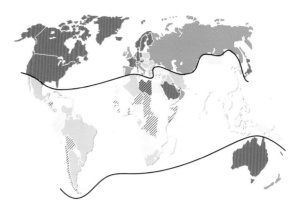

1985년 1인당 GNP
(단위: 달러)
- 9,000 이상
- 4,500~9,000
- 1,500~4,500
- 400~1,500
- 400 이하
- 1965~1985년 GNP가 마이너스 성장을 한 국가
- 1985년 제3세계의 경계

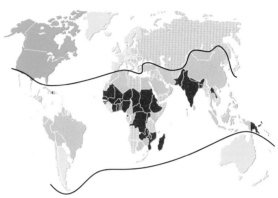

1985년 인간개발지수(HDI)
- 0.9~1   아주 높음
- 0.8~0.9
- 0.7~0.8
- 0.5~0.7
- 0.2~0.5   아주 낮음
- 자료 확인 불가

인간개발지수(HDI)는 기대수명, 교육 수준, 1인당 소득이라는 세 가지 변수를 고려해 산출한다.

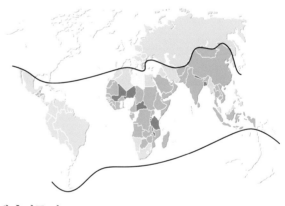

1985년 농업 분야 노동력 비중
(단위: %, 전체 노동력에 대한 비율)
- 80 이상
- 50~80
- 20~50
- 20 이하

← 〈세계화의 도전〉, 세리 세링, 2004.

↓ 1967년부터 2009년 사망할 때까지 가봉 대통령을 지낸 오마르 봉고는 '프랑사프리크'의 상징과도 같은 인물이었다. 샤를 드골에서 니콜라 사르코지까지 모든 프랑스 대통령과 사진을 찍었다. 후임 대통령에 당선된 그의 아들 알리 봉고도 프랑수아 올랑드 프랑스 대통령과 포즈를 취했다.

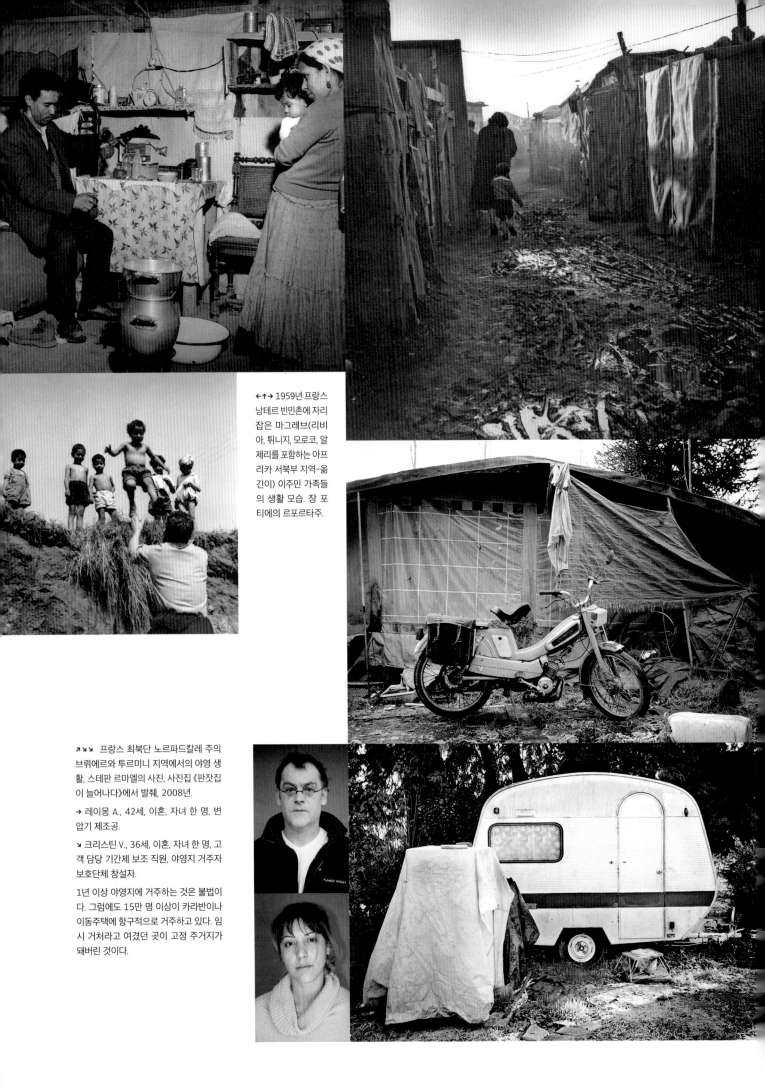

←↑→ 1959년 프랑스 낭테르 빈민촌에 자리 잡은 마그레브(리비아, 튀니지, 모로코, 알제리를 포함하는 아프리카 서북부 지역-옮긴이) 이주민 가족들의 생활 모습. 장 포티에의 르포르타주.

↗↘↘ 프랑스 최북단 노르파드칼레 주의 브뤼에르와 투르미니 지역에서의 야영 생활, 스테판 르마엘의 사진, 사진집 《판잣집이 늘어나다》에서 발췌, 2008년.

→ 레이몽 A., 42세, 이혼, 자녀 한 명, 변압기 제조공.

↘ 크리스틴 V., 36세, 이혼, 자녀 한 명, 고객 담당 기간제 보조 직원, 야영지 거주자 보호단체 창설자.

1년 이상 야영지에 거주하는 것은 불법이다. 그럼에도 15만 명 이상이 카라반이나 이동주택에 항구적으로 거주하고 있다. 임시 거처라고 여겼던 곳이 고정 주거지가 돼버린 것이다.

8

성장하는 나라들: 프랑스 '영광의 30년'

(1945~1973)

제2차 세계대전 이후 프랑스는 심각한 주택 문제에 부딪혔다. 수많은 이민자가 도시 변두리 판자촌에서 지내야만 했다. 알제리인들은 낭테르에, 포르투갈 이민자들은 샹피니에 자리를 잡았다. 최근 몇 년 사이에 이제는 사라졌다고 생각했던 임시 주택들이 도로나 철로 변에 카라반이나 이동주택, 양철가옥의 형태로 다시 등장했다.

"옛날이 더 좋았다…"

21세기의 여명을 어둡게 하는 경제 위기가 심각해지면서 프랑스에서는 '영광의 30년'에 대한 향수가 싹트고 있다. 완전고용과 사회복지 실현, 정치·문화적 도약으로 요약되는 '축복받은' 시대를 그리워하는 것이다. 그러나 이 황금빛 전설은 일부 현실을 가리고, 미래를 준비하는 데 장애가 된다.

우울한 현재, 꽉 막힌 미래…. 그래서 과거를 꿈꾼다. 19세기 말의 유럽, 아편전쟁에서 패한 중국, 1930년대의 미국 등 과거의 전통과 가치로 회귀하려는 움직임이 유행한 적이 있었다. 오늘날 프랑스에서도 '복고풍' 문화가 유행하고 있다. 미니 쿠퍼가 다시 등장하고, 키치를 숭배하고, 1960년대 시리즈물이 환영받고 있다. 또한 미래의 전망을 어둡게 하는 심각한 경제 위기와 쉽게 이용할 수 있는 일상성을 벗어난 기술 발전 속도가 결합해 사업가들의 부에 대한 향수를 자극하고 있다.

그들은 "옛날이 좋았다"고 반복해서 부르짖는다. 세계화 이전, 탈공업화 이전, 실업 증가 이전, 우체국 폐쇄 이전, 학교·정당·성당 같은 사회 조직의 쇠퇴 이전이 좋았다고 회고한다. 우파와 좌파를 막론하고 부러움 가득한 시선으로 1945년 프랑스 해방 이후 1970년대 후반까지의 '영광의 30년'을 그리워한다.

이와 같은 과거 회귀 경향이 현재에 활력을 불어넣을 수도 있다. 제2차 세계대전 종전 이후의 사회복지와 노동운동, 프랑스 사회를 휩쓸고 간 사조 등을 다시 소환하는 것만으로도 현재 프랑스가 안고 있는 문제를 해결해나가는 데 단 하나의 정책, 이를테면 긴축정책(166쪽 참조)만이 가능하다는 생각을 충분히 반박할 수 있다. 지금보다 더 어려운 상황에서도 프랑스 국민은 불가능해 보이는 것들을 이룩해왔다. 2010년 출판되어 수백만 부가 팔린 소책자《분노하라》에서 저자 스테판 에셀은 이 점을 강조했다. 전쟁으로 폐허가 된 프랑스에서 국민들은 노령 보험을 비롯한 사회보장제도를 마련하고, 공공직 개념을 도입했으며, 직원 대표제를 부활하고, 언론을 금권으로부터 구출해냈으며, 금융과 에너지 부문을 국유화했다. 이는 레지스탕스 전국회의(CNR, 1943년에 창설된 단체로, 드골의 지도하에 8개 레지스탕스 단체와 6개 정당 및 2개 노조 등 프랑스의 거의 모든 레지스탕스 운동을 결집했다-옮긴이)가 1944년 3월 15일에 정식 채택한 '레 주르 에르유(Les Jours heureux, 행복한 날들)'라는 이름의 강령을 그대로 실천한 것이다. 이처럼 역사는 기존 체제가 영원한 것도 자연스러운 것도 아님을 보여주며 늘 숙명론에 맞서고 있다.

그러나 '영광의 30년'을 만병통치약처럼 지표로 삼는 것은 바람직하지 못한 결과를 가져올 수 있다. '30년'이 끝난 시점의 경기 침체 규모를 따져볼 때, 전후 경제 모델이 사회 정의의 정점 혹은 진보주의의 최대 한계치를 의미한다는 것을 추정할 수 있다. 그런데 과연 정말 그럴까?

> 화학공장의 열악한 노동조건보다도
> 생활수준의 향상이 더 쉽게 떠오른다

서유럽에서 1940년대 후반기에 사회개혁의 시대를 열었다고 하지만 당시를 사회적 낙원으로 회고하는 시각은 허상에 불과하다. 레지스탕스 전국회의 구성원들이 합의한 강령 '레 주르 에르유'는 수많은 문제를 도외시했다. 탈식민지 문제도 그중 하나였다. 1947년 냉전이 시작되자, 해방의 기세는 이미 한풀 꺾였다. 그 이듬해, 프랑스 정부는 동부와 북부 지역 광부들의 파업을 진압하기 위해 탱크까지 출동시켰다. 사회개혁이 이루어졌음에도 불구하

et leur joie durera…

…ils ont choisi leur téléviseur dans l'incomparable gamme Philips!

고 생산수단 대부분은 민간 부문의 소유물이 되어, 이익이라는 논리에 종속되었다. 미국 역사가 리처드 퀴젤이 지적했듯이, "프랑스의 계획경제는 사회주의적 또는 조합주의적 성격보다는 신자유주의적 성격을 지녔다".

오늘날처럼 자유주의와 사회자유주의(자유주의 사상을 기반으로 사회복지 실현 등 사회주의 요소를 도입하자는 이론-옮긴이) 사이가 아닌 사회주의와 사회민주주의 사이에서 미래가 흔들리던 당시로서는 이런 귀결이 당연한 것은 아니었다. 뉴딜 정책이 추진되던 시기처럼 지도자들은 자본주의를 구하기 위해 자본주의를 현대화하고자 했다. 1947년 6월 당시 뱅상 오리올 프랑스 대통령은 이렇게 지적했다. "레지스탕스의 최전선에 섰던 노동자 계층은 심도 있는 사회구조 개혁을 기대했으나 결과적으로 똑같은 경제체제에 사회적 이기주의만 가미됐을 뿐, 자본 및 노동과의 관계는 아무것도 변하지 않았다." 이러한 상황은 1968년 5월까지 지속됐다.

1950년대는 식민지 전쟁시대보다도, 혹은 화학공장이나 항만 혹은 여성이 대거 진출한 식품업의 열악한 노동조건보다도 생활수준의 향상이 더 쉽게 떠오른다. 그런데 1962년 프랑스에서 산업재해로 목숨을 읽은 사람은 2,100명에 달한다. 물론 경제활동인구가 지금보다 훨씬 적긴 했지만, 이 수치는 2012년의 4배에 해당하는 수준이다.

'영광의 30년'은 삽과 곡괭이와 망치, 그리고 저임금노동자의 시대였다. 또한 인종차별적 노동분업에 따라 고된 일에 종사하며 사회적으로 격리되어 빈민촌에서 살아간 북아프리카 이민자의 시대였다. 아울러 환경 파괴와 도덕적 속박, 성적 금기도 이 시대의 대표적인 이미지다. 대부분의 평범한 노동자들은 경제 성장 시대의 혜택을 1968년 이후에나 누릴 수 있었지만, 그나마도 1974~1975년 이후로는 실업자 증가와 세계적 경제 위기의 영향으로 그 혜택이 사라지고 말았다.

선진국이든 후진국이든 전후 사회에 나타난 공통된 특징이 있다. 기존 질서는 극단적인 비판을 받았고, 상당수 국민은 체제 전복을 희망했다. 미래에 대한 낙관적 전망은 TV와 현대식 주방이 널리 보급된 것처럼 모든 것이 바뀔 수 있고 또 다른 세계도 가능하리라는 확신에서 나왔다. '영광의 30년'에 대한 향수에 빠진 이들의 모순이 바로 여기에 있다. 앞선 세대들이 그토록 바꾸려고 애썼던 과거의 체제를 지금 그리워하는 것이다. ■

la lutte continue

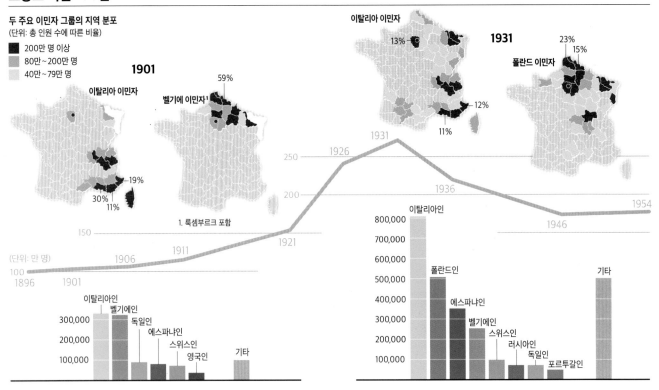

두 주요 이민자 그룹의 지역 분포
(단위: 총 인원 수에 따른 비율)

- 200만 명 이상
- 80만~200만 명
- 40만~79만 명

누구를 위한
대규모 주택단지인가?

1940년대 후반까지만 하더라도 파리나 리옹에서 불과 수 킬로미터밖에 떨어지지 않은 지역에서 여전히 채마밭을 일구며 살아가는 사람들이 있었다. 그런데 30년이 지난 뒤에는 이런 대도시 교외 지역이 높고 낮은 공영주택으로 뒤덮였다. 당시 이 주택들은 운 좋게 입주권을 획득한 사람들에게는 엘도라도 같은 곳이었다. 물론 입주권을 차지한 사람들은 주로 프랑스인들이었다. 그 당시 프랑스는 외국인의 주택 문제까지 걱정해줄 형편이 아니었다.

제2차 세계대전으로 인구가 급감한 탓에, 1945년 3월 샤를 드골 총리는 "프랑스는 안타깝게도 사람이 부족하다"고 선언했다. 그러고는 이 빈자리를 메우기 위해 "1,200만 명의 예쁜 아기"를 낳으라고 호소했고, 동시에 "프랑스 사회는 향후 몇 년 동안 치밀하고 효율적인 계획하에 양질의 이민을 받아들일 필요가 있다"고 강조했다. 그가 말한 이 두 가지 비전에 대한 지적은 정확했다.

1945~1960년, 매년 80만 명의 신생아가 태어났다(이른바 베이비붐 현상). 동시에 전쟁 기간 중에 잠시 중단됐던 이촌향도 현상이 1950년대에 다시 시작됐다. 4분마다 1명꼴로 시골 사람들이 파리로 몰려들었다. 이민 물결도 점점 늘었다. 스페인, 이탈리아뿐 아니라 알제리, 모로코에서 이민자들이 몰려와 건설과 산업 분야에 노동력을 제공했다. 1945년 설립된 이민국(ONI)은 해당 국가에 가서 이민자들을 직접 모집했다. 그러나 이 제

도는 잘 가동되지 않아서 새로 도착한 이민자들은 대부분 이민국의 관할 밖에서 모집이 이루어졌다. 때로는 기업이 해당 국가에 파견단을 보내 노동자들을 직접 모집하기도 했다. 1975년 프랑스에는 300만 명이 넘는 외국인이 있었다. 그중 포르투갈인이 75만 9,000명, 알제리인이 71만 1,000명, 에스파냐인이 49만 7,000명, 이탈리아인이 46만 3,000명, 모로코인이 26만 명이었다.

전간기(戰間期, 제1차 세계대전 종료부터 제2차 세계대전 발발 전의 기간)부터 이미 잠재되어 있던 주택 위기는 인구의 자연 증가 및 농촌 인구의 대도시 유입, 외국인 이민자 등으로 악화되었으며, 전쟁 피해(200만 호의 주택이 파괴되거나 훼손됐다)로 더욱 심화됐다. 프랑스 전역에 걸쳐 250개의 빈민굴 판자촌이 있었는

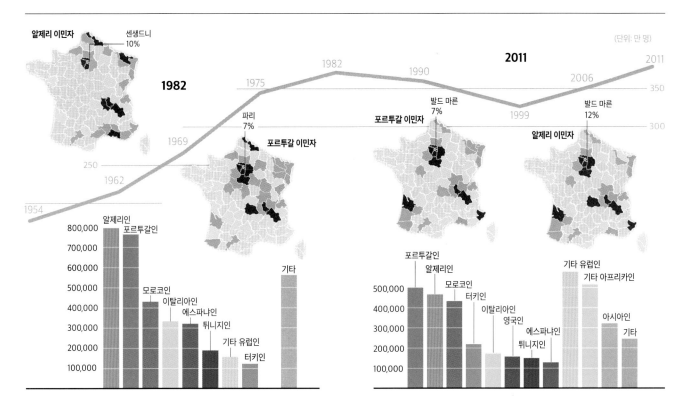

단위: 만 명

알제리 이민자
센생드니
10%

1982

1975

파리
7%

포르투갈 이민자

2011

발드 마른
7%

포르투갈 이민자

1982
1990
2006
2011
1999

발드 마른
12%

알제리 이민자

350

300

알제리인
포르투갈인

800,000
700,000
600,000
500,000
400,000
300,000
200,000
100,000

모로코인
이탈리아인
에스파냐인
튀니지인
기타 유럽인
터키인

기타

포르투갈인
알제리인
모로코인
터키인
이탈리아인
영국인
에스파냐인
튀니지인

500,000
400,000
300,000
200,000
100,000

기타 유럽인
기타 아프리카인

아시아인
기타

데, 그중 몇몇 지역(상피니, 낭테르, 마르세유 등)에는 1만 명 이상의 거주자가 살고 있었다. 외국인 이민자가 이런 곳에 거주하지 않으려면 비싼 가격의 아주 좁은 주택인, 소위 '잠자리 상품'을 구매해야 했다. 가구가 딸린 주택이나 임시방편으로 얻은 비위생적인 아파트나 '개조한 화물기차'(철도청이 주거용 공간으로 개조)에 거주했던 프랑스인 노동자들은 그나마 좀 나은 편이었다. 1954년 프랑스 주택부가 실시한 한 조사에 따르면, 주택 가운데 샤워기나 욕조가 없는 경우가 90%, 화장실이 없는 경우는 63%, 심지어 상수도 시설도 없는 주택은 38%나 되었다.

정부 당국은 유례없는 대규모 주택정책을 실시했다. 1950년대 초 프랑스는 1년에 10만 채씩, 20년 후에는 연간 55만 채를 지었다. 1953~1975년까지 800만 채 이상의 주택이 공급되었다. 그중 80%는 '보조금을 지원받은' 주택이었다. 또한 250만 채가량의 주택이 저소득층을 위한 저가 임대주택이었다. 중앙집권적인 계획하에 이루어진 이 주택정책은

자본주의 경제의 성공 비법을 답습했다. 표준화, 대량 생산, 조립식 자재 이용에 따른 비용 절감 등 공공주택사업에 일종의 테일러리즘이 적용된 것이다. 이렇게 해서 높고 낮은 공공주택 단지가 들어섰다.

이런 유형의 주거 형태는 오늘날 많은 문제점을 낳고 있다. 천편일률적인 외양에다 이웃과의 사회적인 교류가 힘든 폐쇄적인 구조, 범죄를 유발하는 도시계획, 질 나쁜 건축 자재 등. 그렇다 해도 '영광의 30년' 동안, 현대적인 편의시설을 갖춘 주택단지는 판자촌이나 인구가 밀집한 아파트만 경험했던 당시 주민들에게 지역 발전의 상징으로 보였다.

교외 지역의 빈곤화는 1973년부터 프랑스를 강타한 위기와 도시정책의 방향 전환에 그 원인이 있었다. 기존의 '건축 보조금'과 '인두(人頭) 보조금'을 대신해 개인 주거 보조금(APL)과 다양한 주택 구입 장려금, 그리고 1977년 당시 총리인 레몽 바르의 이름을 딴 바르법(건설업자를 지원하여 공공임대주택을 확보하던 간접 지원 방식에서 입주자에게 직접 지원하는

형태로 주택 지원금 지급 방식이 바뀌었다-옮긴이)이 신설됐다. 건설 보조금이 줄어들자 신축 사업의 규모도 줄어들었다. 은행에서 신용이 좋은 사람들, 대개 프랑스인이었던 이들은 개인에게 지급되는 보조금을 받아 저가 아파트 단지를 떠났다. 경제 위기가 닥쳐왔고 인구가 빠져나가 버린 상황에서 실업 상태의 노동자들만 세입자로 남게 되었다. 이들 중 대다수는 이민자이거나 이민자 2세들이었다. ■

참고자료

조르주 퐁피두 정부 말기에 주택부 장관을 맡은 올리비에 기샤(1920~2004)는 1973년 대단위 공동주택 건설을 금지했다. 그해 5월 17일 국회에서 그 이유를 이렇게 설명했다.

전반적으로 프랑스 도시계획은 허술했으며, 그 때문에 사람들이 빈곤해졌다고 할 수 있습니다. 도시 정비는 대부분 복잡한 교통 상황을 개선하는 방향으로 이루어졌습니다. 줄지어 늘어선 공동주택 단지는 아름답지도 않고, 활기도 없습니다. 오직 기능적인 면만을 우선시했기에, 건축이 일상적인 주위 환경의 미적인 측면도 보장해야 한다는 점을 고려하지 못했습니다. 우리 나라에서는 주거 구역이 매우 밀집된 형태로 조직돼서 무엇보다 대형화에 치중했습니다. 그러다 보니 공공임대주택 담당국은 자연스레 대규모 밀집 단지를 건립하는 안을 밀어붙일 수밖에 없었습니다. 이렇게 공공임대주택이 많이 들어서면서 해당 지역의 가치도 낮아졌습니다.

저항문화를 공유하다

누벨바그에서 누보로망까지, 포크송에서 비트닉까지, 상황주의에서 구조주의까지 '영광의 30년'은 전 세계에 걸쳐 예술적·지적 소용돌이의 시대였다. 이러한 다양성에도 불구하고 이 운동들은 포기하는 것을 거부하고, 주류 문화를 인정하지 않는 태도를 공유했다.

19 50~1970년대까지 소비사회와 매스미디어의 지배가 확고히 자리 잡은 한편, 청년들은 자신들만의 고유한 가치와 스타일, 그리고 자기주장을 내세우며 처음으로 인구 구조에서 특별한 범주로 묶일 정도로 존재감을 확실히 드러냈다. 이들은 차후 하나의 주요한 시장(市場)을 형성했다 당시 시대 분위기는 어수선하고 무모했다. 미래는 새롭게 만들어가는 것이라 믿었고, 현대성은 칭송의 대상이자 과거에 맞서는 당돌한 어떤 것으로 여겼다. 이 시대는 감수성의 영역에 속하는 각종 편견과 현실을 옥죄는 규칙, 그리고 환상으로부터의 해방과 자유라는 특징을 띠었다. 시대정신을 표현하는 방식은 다양했지만, 공통적으로 반항이라는 성격을 띠고 있었다.

↓ 왼쪽에서 오른쪽으로 순서대로, 니나 시몬, 아치 셰프, 잭 케루악, 영화 〈변증법은 벽돌을 격파할 수 있는가?〉 포스터, 밥 말리, 클래쉬 밴드의 베이시스트인 폴 시모논(클래쉬의 앨범 〈런던 콜링〉의 커버 이미지 일부)을 합성한 포토 몽타주

양식을 거부하다

19세기와 20세기 초 마르크스주의와 정신분석학은 모든 개인이 자유롭게 생각하고 행동한다는 관념에 부정적이었다. 모든 개인은 사회적, 이념적, 혹은 측정할 수는 없지만 무의식에 의해 이미 정해진 것들로부터 완전히 벗어날 수는 없다는 주장이었다. 이는 곧 자기 자신도 낯선 존재일 수밖에 없다는 것 아닐까? 그렇다면 도대체 어떤 진리를 믿어야 하는가? 나탈리 사로토의 '누보로망'(1950년대에 등장한 프랑스 소설의 새로운 유형-옮긴이)에서부터 장 뤽 고다르의 '누벨바그'(1950년대 말 기성 사회의 권위에 도전한 젊은 영화인들이 주도한 영화의 흐름-옮긴이)까지, 사뮈엘 베케트의 '부조리극'(《고도를 기다리며》, 1953)에서 이브 클라인의 회화까지, 예술가들은 더 이상 예전 방식으로 인간과 예술을 말하는 것이 불가능하다는 것을 보여주고자 했다. 우리가 말하고 창조하는 것들의 의미가 고정적이지 않고 끊임없이 변화한다고 믿었기 때문이다. 구조주의를 떠받치고 있던 이러한 흐름은 국제적 호응을 얻었지만 일반 대중의 관심과는 동떨어진 것이었다.

소외 문제에 맞선 싸움은 또 다른 방식으로 이루어졌다. 양식과 주류 문화에 대한 거부, 다른 말로 하면 가치 체계, 즉 기존 질서를 거부하는 것이었다. 대중문화와 '고급문화'의 구분에 반기를 든 이들은 때로는 신선한 충격을 주는 '반문화'를 발전시켰다. 반항과 위반이 핵심 코드인 반문화의 대표적인 사례로 록(1956년부터), 만화(1960년에 창간된 고약하고 어리석은 풍자 월간지 《하라-키리(Hara-Kiri)》 등), '소수'로 분류되는 장르들(탐정소설, SF 등)이 있었다.

1980년대부터 워크맨이 음악을 개인화하다

기존 질서에 대한 거부는 소수자에게 권리를 돌려주는 것으로 이어졌다. 여성은 자신의 이야기를 하기 시작했으며(144쪽 참조), '유치하고 편집적'이거나 '가공되지 않은 원초적인' 작품도 예술로 인정받았다(1962년 장 뒤비페는 아웃사이더들의 미술인 '아르 브뤼art brut' 작품들을 발표했다). 연극은 카페나 거리에서도 공연되어(리빙 시어터Living Theatre) 또 다른 관객들을 만났다. 이러한 시도를 통해 정치와 사회에 대한 민감한 감수성이 더욱 폭넓은 틀에서 다루어졌다. 전쟁(알제리, 베트남), 독재(에스파냐, 포르투갈 등), 인종차별 문제 등은 다양한 형태의 참여 예술을 낳았다. 포크송(밥 딜런), 참여극(아르망 가티의 연극), 블랙 팬서(극좌 성향의 미국 흑인 과격단체-옮긴이)의 투쟁과 관련된 프리 재즈 등,

지배적인 코드와 관점을 전복하려는 시도는 삶을 바꾸려는 의지의 표현이었다. 그 안에는 '인식의 경계'를 넓히려는 열망과 죄의식

을 느끼지 않고 살고픈 바람, 그리고 노동의 의미를 생각하고 존재를 예술로 바꾸고자 하는 의지가 담겨 있었다. 1968년 오스트리아의 정신분석학자 빌헬름 라이히가 주장한 '성의 혁명'은 커다란 호응을 받았다. '직업적인 문화혁명가를 조직하려던 시도'로서 '스펙터클 사회'를 고발하고 자신을 자유롭게 사용하자고 주장한 '국제 상황주의자' 조직은 지하에서 활동했지만 강한 영향력을 행사했다. 욕망의 분출과 육체의 신비에 대한 깨달음뿐 아니라 삶의 의미에 대한 유럽적 사고의 한계를 초월하려면 사고의 지평을 넓혀야 한다는 것은 비트닉(비트족)과 히피가 추구한 이상이었다. 데이비드 보위의 '앤드로자인(androgyne, 생물학적 개념이 아닌 추상적 의미에서 한 인격체 내에 남성성과 여성성을 동시에 지닌 양성성을 뜻하는 젠더 용어. 글램록의 선구자인 데이비드 보위의 특징적인 스타일로 언급되곤 한다-옮긴이)', 그리고 질 들뢰즈와 펠릭스 가타리의 《안티오이디푸스》(1972)에 나타난 욕망까지 한계에 달한 부와 깨지기 쉬운 현실의 호사스러움, 일상생활에서의 부르주아 경제 거부 등도 이런 맥락 속에 자리했다.

이 30년 동안은 무엇보다 포기하는 것을 거부하고 정해진 모델을 따르지 않으며 저항의 힘을 공유함으로써 펑크에서 레게에 이르기까지 예술에 활력과 빛을 가져다줄 수 있다는 믿음을 키워온 시대였다.

참고자료

엘르: 자동차 운전을 하는 데 여성이 남성에 비해 소질이 어떠하다고 생각합니까?
- 더 많다
- 더 적다
- 똑같다

여성해방운동: XX 염색체 속에 더블 클러치 유전자가 들어 있다고 생각합니까, 그렇지 않다고 생각합니까?

엘르: 여성이 직업을 갖는 것이 절대적으로 바람직하다고 생각합니까?

여성해방운동: 남편에게 전적으로 의존하고 있는 전업주부들은 무료로 주당 70시간씩 일하고 있습니다. 반면 남성들은 주당 40시간씩 일하면서 경제적 독립을 이루고 있습니다. 만약 전업주부가 경제적으로 독립하려면 주당 110시간을 일해야 한다고 하는데, 이에 대해 어떻게 생각합니까?

당신이 임신했는데, 아이를 원하지 않는다면 무엇을 선호하겠습니까?
- 뜨개질 바늘
- 포도나무 가지
- 철사, 구리철사, 황동철사, 가시철사
- 2,000프랑을 벌려고 거리에서 몸을 판다

여성의 자립 욕구는 어디에서 비롯된다고 생각합니까?
- 림프 비대증
- 생존 욕구
- 남성 소유욕
- 불감증의 징조

여성 페미니스트는 어떤 사람인가요?
- 정신분열증 환자
- 히스테리 환자
- 동성애자
- 단순히 고약한 여자

1980년대 전환기에는 사회를 근본적으로 변화시킬 수 있다는 이상에 대한 희망의 상실과 진보의 시대는 끝났다는 느슨한 생각이 만연했다. 문화적 실천은 워크맨과 샘플러 같은 상품이 등장하면서 개인화됐고, 누구나 예술가가 된 것처럼 느꼈다. 다시 사회 불평등을 바로잡으려는 개혁의 시대가 도래하고, 집단적 취향을 되찾기 위한 축제의 문이 열렸다. 메시지를 담고 있는 랩과 무아의 경지로 이끄는 테크노가 승리를 거두었다. 다른 한편에서는 아카데미즘의 부활과 과거를 그리워하는 향수가 싹트기 시작했다. ■

L'OISEAU DE MINERVE et TÉLÉMONDIAL présentent
LA DIALECTIQUE PEUT-ELLE CASSER DES BRIQUES?

여성의 정계 진출

1968년 5월혁명의 후광을 입은 프랑스 페미니즘은 새로운 모습으로 거듭났다. 보다 급진적인 새로운 조직들이 생겨나 사회적·성적 억압을 고발하고 남녀평등을 요구했으며, 여성의 몸에 대한 자기 결정권을 옹호했다. '도발적'이고 '신경질적'이라 비난받았던 1970년대의 투사들은 마침내 소중한 권리를 쟁취했다.

미국에서 1970년 8월 26일은 여성이 참정권을 획득한 50번째 기념일이었다. 뉴욕에서 2만 명의 시위대가 가두행진을 했다. 시위에 참가한 미국 여성들은 모든 권리의 완전한 평등을 요구했다. 연대의 표시로 파리에서도 한 무리의 여성들이 개선문에 모여 "남성들보다 덜 알려진" 여성 무명용사들을 기리며 화환을 바쳤다. 같은 해 봄, 뱅센느 대학에서는 소란스러운 집회가 열렸고, 이어서 가을에는 프티-로케트 여자 감옥 앞에서 시위를 벌이고, 잡지 《엘르》가 주최한 삼부회에서 소란을 일으켰다. 이처럼 일련의 눈부신 활동을 펼치는 다양한 여성

여성의 의회 점유 비율[1]

0   25   65%

[1] 단원제 의회이거나 하원 의원만 대상으로 함. 2014년 3월.

운동 단체에 대해 프랑스 언론은 나중에 미국의 여성해방운동(Women's Liberation Movement)을 모델로 한 프랑스의 '여성해방운동(Mouvement de Liberation de la Femme, MLF)'이라고 명명했다. 여기에 동조했던 사람들은 매우 독특한 유형인 단수 형태의 표기('la femme')가 나중에 영어('women')에서처럼 복수 형태('des Femmes')로 바뀌는 것을 경험하게 될 터였다. 그러나 프랑스 여성해방운동은 많은 단체와 연합하여 지속적으로 활동해왔지만 그 이후로도 공식적인 조직 형태를 갖추지는 않았다. 다만 연합한 단체 중의 하나인 '정신분석과 정치

가정폭력에 대한 법적 처벌 여부

■ 예   ■ 아니오

(Psychanalyse et Politique)'의 지도자였던 앙트아네트 푸크가 1979년 '여성해방운동(MLF)'이라는 명칭을 하나의 등록 상표처럼 공식적으로 사용 특허를 받았다. 그러나 특허 신청이 다른 단체들의 동의를 구하거나 의견을 취합한 후에 이루어진 것은 아니었다.

"일종의 등불"과도 같은

68년 5월혁명 당시 학생들이 소르본 대학을 점령했을 때 여기에 참석한 여성단체는 한 곳뿐이었다. 안 젤렌스키와 자클린 펠드망이 창설한 '여성·남성의 미래(FMA)'였는데, 이 단체는 후일 '마르크스 행동주의 페미니즘'으로 이름을 바꾸었다. 비록 동참한 여성단체는 한 곳에 불과했지만, 여성해방운동은 분명 68혁명의 한 축을 담당했다. 당시 여성해방운동은 모든 사회 계층의 여성들을 결집하고자 하는 측면에서는 좌파의 영향을 받아 결성되었다고 할 수 있지만, 동시에 좌파에 반대하며 결성된 조직이기도 했다. 당시 여성해방 운동 조직은 내부적으로 많은 갈등을 겪었다. 단체 간 주도권 쟁탈전, 권력 다툼, 독단적 태도, 파벌주의 등 쓰라린 상처를 남겼다.

여성의 권리

엘살바도르
아이티
니카라과
도미니카공화국
몰타
칠레

낙태의 법적 허용 여부

■ 허용

■ 건강상 이유 및 사회·경제적으로 불가피한 경우 외 금지

■ 건강상 이유 외 금지

■ 산모의 생명에 위험이 있는 경우 외 금지

■ 금지

주 2014년 7월 현재, 에스파냐에서 낙태권을 제한하는 법안에 대한 토론이 의회에서 진행 중이다.

여성 고용 비율

10 45 60 90%

하지만 여러 단체의 관계자들 가운데 한 사람이었던 카티 베르네임이 말했던 것처럼, "일종의 등불"과도 같은 '여성해방운동' 안에서 각 단체는 가장 가까운 사람들과 함께 정치를 하는 즐거움을 발견했다. 이 단체들은 결혼의 속박, 출산과 가사노동의 의무, 낙태 금지, 동성애 탄압 등을 문제 삼았다. "사적인 것이 정치적인 것이다"라는 주장은 그들이 내세운 수많은 구호 가운데 하나였다.

카롤 루소폴로가 비디오카메라로 촬영한 다큐멘터리 〈일어나라!〉, 〈그럼, 그짓 하지 마!〉 등은 당시 운동이 얼마나 혼란스럽고, 즐겁고, 괴상하고, 불손하고, 온갖 권위에 도전적이었는지를 증명해준다. 이러한 페미니즘 운동의 흐름은 (19세기 말에서 20세기 초에 참정권을 쟁취하기 위해 일어났던 페미니즘의 '제1의 물결'에 이어) '제2의 물결'이라 불리며 충분한 이론적 성찰을 거쳤다. 베이비붐 세대 여성들은 대다수가 대학교육에 접근한 첫 세대였다. 이들보다 나이가 더 많은 여성들도 곧 이들과 합류했다.

1967년 뇌비르트(Neuwirth)법에 의해 피임약 판매가 합법화되었다. 이 시기에 가장 큰 이슈는 여성의 임신중절에 대한 권리 요구였다. 당시 매년 250~300명에 이르는 여성들이 불법 낙태 시술로 사망했다. 1971년 4월, 《르 누벨 옵세르바퇴르(Le Nouvel Observateur)》(1960년대 후반부터 편집진이 모두 여성으로 구성되었다)에 〈343명의 선언문〉이 실렸는데, 이 글에서 수많은 익명 혹은 저명인사들이 낙태 경험이 있다고 고백했다. 처음으로 주

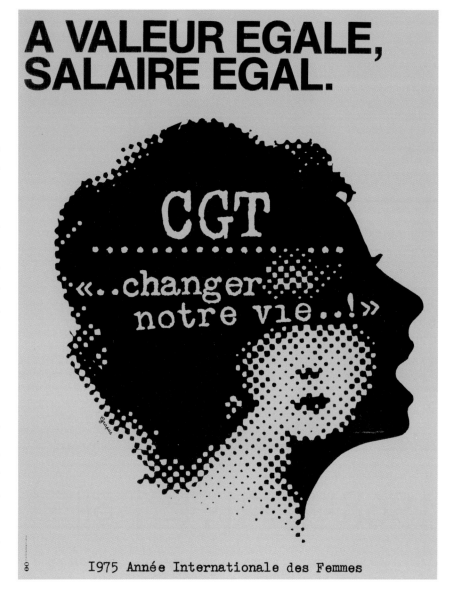

A VALEUR EGALE,
SALAIRE EGAL.

CGT
«..changer
notre vie..!»

1975 Année Internationale des Femmes

요 당사자들이 "자신의 몸을 스스로 소유할" 권리를 요구한 것이었다. 그때까지 임신 중절은 의사, 법률가, 신학자, 정치가 같은 남성들의 결정 사항이었다.

1972년 가을, 프랑스 보비니에서 재판이 열렸다. 변호사 지젤 알리미는 강간당한 후 임신한 16세의 사춘기 소녀가 낙태를 했다는 이유로 강간범으로부터

C'EST TOUT DE MÊME PLUS CHOUETTE DE VIVRE QUAND ON EST DÉSIRÉ

AVORTEMENT CONTRACEPTION LIBRES GRATUITS

MLAC

고발당한 사건의 변호를 맡았다. 소녀의 어머니와 낙태 시술을 한 사람도 이른바 '공모자'로 고발당했다. 여성 변호사는 이 재판을 정치 토론장으로 바꾸어놓았다. 작가 시몬 드 보부아르, 배우 델핀 세리그, 시인이자 의원인 에이메 세자르 같은 저명인사들이 줄줄이 증인으로 나왔다. 소녀는 무죄로 풀려났고, 여의사는 집행유예 판결을 받았다. 이로 인해 수개월 동안 온 나라가 소란스러웠다. 좀 더 나은 조건에서 불법 낙태를 시행할 수 있도록 여러 단체가 연대해 조직적으로 움직였다. 1974년 말, 당시 보건장관이었던 시몬 베이유는 반대자들의 공격에도 불구하고 임신 중절을 허용하는 법안을 의회 표결에 부쳤다. ■

← 미국의 어느 공민권 운동 활동가가 살해당한 마틴 루터 킹 목사 추도 시위에서 "나는 사람입니다"라고 적힌 팻말을 들고 있다. 멤피스, 테네시 주, 1968년, 밥 애들먼의 사진.

1968년, 이단의 해

역사가 피에르 노라에 따르면, "괴물 같은 사건"인 1968년 5월 프랑스 학생운동은 교과서에서 특별히 중요하게 다루고 있다. 이 운동은 단 한 해의 사건으로 한정해서는 안 되며, 전 세계에 저항의 꽃을 피우게 한, 보다 광범한 맥락 속에서 이해되어야 한다. 학생운동의 사상과 구호, 투쟁이 세계 곳곳으로 퍼져나갔다.

19 68년에는 사회·정치운동이 각국의 정치체제와 상관없이 여러 나라를 뒤흔들었다. 8명의 사람들이 바르샤바조약군에 의해 침략당한 체코슬로바키아를 지지하는 플래카드를 들고 모스크바의 붉은광장을 행진한 이래 아메리카, 유럽, 아프리카, 아시아에 이르기까지, 수많은 항의와 시위의 중심에 청년들이 있었다. 그러나 운동에 참여한 사회계층은 그들만이 아니었다. 프랑스, 에스파냐, 이탈리아에서는 노동자들이 대규모로 참여해 학생들과 합류했으며, 일본에서는 농민들도 동참했다.

1968년 1월 아바나에서 열린 회의에 장 폴 사르트르, 시몬 드 보부아르, 미셸 레이리스 등 수많은 지식인이 참여했다. 1967년 10월에 미국 중앙정보국의 지원을 받은 볼리비아군에 의해 살해된 에르네스토 체 게바라의 업적에 힘입어 쿠바는 제국주의 열강인 미국에 저항하면서 라틴아메리카 전역과 그 밖의 제3세계에 영향력을 확대했다. 베트남전쟁과 민간인 폭격 반대 시위, 몇몇 동유럽 국가들의 소련 영향력 반대 시위는 전 세계 청년들을 아우르는 공통분모가 되었다. 예컨대 중국과 소련의 공산주의뿐 아니라 미국의 자본주의도 거부했던 일본에서는 전일본학생자치회총연합(전학련)의 청년들이 농민과 합세해 미군의 나리타 공항 사용과 오키나와 미군기지에 반대하는 시위에 동참했다.

1968년 한 해는 전 지구적인 저항의 해로 자주 언급되어왔다. 청년들의 저항은 정부와 대학 서열, 가족 그리고 일부 유럽 국가에서는 기업과 교회까지 포함해 모든 권위에 대한 저항이라는 공통된 문화적 양상을 띠었다. 동일한 사상과 구호, 투쟁 방식이 전 세계 곳곳으로 퍼져나갔다. 이러한 흐름을 타고 록에서 팝에 이르기까지 음악은 물론, 라이프 스타일과 문화적 모델과 가치도 함께 확산되었다.

미국에서 일어난 반문화운동은 대학 캠퍼스에서 베트남전쟁 반대 토론회를 개최해 징병 반대 전선을 형성하고(학생들은 징병 통지서를 불살라버렸다), 인종차별과 빈곤이 없는 보다 평등한 사회와 평화를 촉구하기 위해 워싱턴까지 행진했다. 4월 4일에 평화주의자인 흑인 목사 마틴 루터 킹이 암살되자, 미국의 여러 대도시에서 인종 폭동이 잇따라 40여 명의 사상자가 발생했다. 시카고에서는 아프리카계 미국 흑인 고등학생들과 대학생들이 보다 나은 교육을 요구하며 경찰과 대치했다. 이보다 앞서 8월에는 대학생들이 민주당 전당대회에서 같은 주장을 했다.

'프라하의 봄'

비슷한 시기에 유럽에서도 시위가 이어졌다. 프랑스에서는 노동자들과 학생들이 5월부터 거리로 뛰쳐나와 지구 반대편에서 들려왔던 구호들, 즉 노동조건의 개선, 제국주의와 소비사회 비판, 성(性)의 혁명 등을 제창했다.

체코슬로바키아에서는 공산당 내부에서 민주화 과정이 시작됐다. 그러나 이 '프라하의 봄'은 8월 바르샤바조약군의 군홧발에 짓밟혔다.

군대가 멕시코시티의 삼문화 광장에 모인 학생들을 향해 발포했다

→ 1968년 '프라하의 봄' 당시 체코 학생들이 만든 포스터.
소련의 붉은 군대(적군) 병사는 1945년에는 해방군으로, 1968년에는 살인자로 그려졌다.

튀니지, 세네갈 특히 멕시코에서는 또 다른 투쟁들이 정치권력에 의해 폭력적으로 진압됐다. 멕시코 학생운동은 7월 26일~10월 2일까지 2개월 이상 계속된 대학의 자율화와 민주화에 관한 토론회에서부터 촉발됐다. 10월 2일 멕시코시티의 삼문화 광장(Plaza de las Tres Culturas)에서 집회가 열렸다. 그런데 집회 참가자들에게 군인들이 발포를 해 200~300명이 사망했다(틀라텔롤코 대학살). 멕시코 대통령은 10월 12일 올림픽이 열리기 전에 질서를 회복해야 한다며 군대 동원이라는 결정을 내렸던 것이다.

멕시코 정부의 군사작전은 성공적이었다. 국제 언론은 미국의 인종차별에 대한 항의의 표시로 올림픽 시상대에 오른 두 명의 아프리카계 미국 흑인 육상 선수가 장갑을 낀 주먹을 쳐든 것만 경쟁적으로 보도했다. 멕시코에서의 대규모 학살은 곧 잊히고 말았다. ■

세계의 교과서 들여다보기 ● 이탈리아

항의의 물결은 1968년에 끝나지 않았다. 2008년에 발간된 교과서에서 언급된 것처럼, 이탈리아에서는 활동가들이 1970년대 내내 무장투쟁으로 전환했다.

우파의 테러리즘은 공포를 퍼트리고 일거에 국면을 전환하고자 무차별적인 살육이 야기될 수도 있는 공공장소에서의 폭탄 테러 같은 방법을 사용한다는 점에서 좌파의 테러리즘과 구별된다.

부정부패에 찌든 허약한 국가, 우파에 의한 테러리즘의 만연, 쿠데타 발발에 대한 강박관념 등을 배경으로 좌파의 테러리즘이 탄생했다. 실제로 무장투쟁 기조는 오래전부터 1968년 운동을 이상화하고 전파하는 데 기여한, 급진적이고 혁명적인 모든 이론의 토대였다.

그런데 이 무렵에 라틴아메리카의 게릴라 투쟁과 팔레스타인의 무장투쟁에 영감을 받아 '붉은 여단(Le Brigate Rosse)' 같은 좌파 테러 단체가 결성됐다. (…) 격리된 지역을 방화하거나, 산업체 경영자와 판사를 납치하거나 감금하는 사건이 이어졌다.

↑ 1968년 멕시코 올림픽 기간 중 멕시코 학생들이 만든 '표현의 자유' 포스터.

1968년의 저항

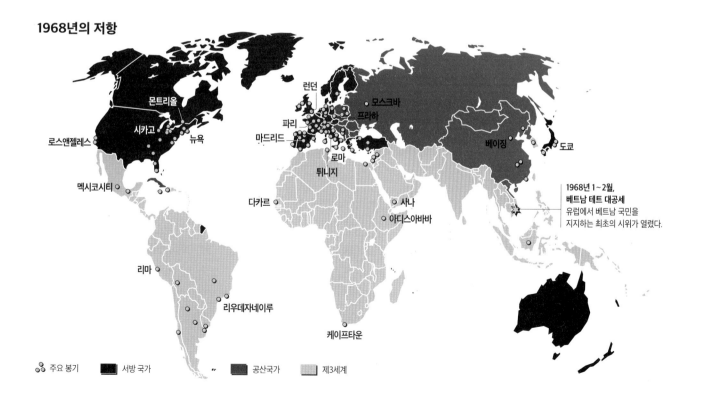

런던
모스크바
파리
프라하
마드리드
로마
로스앤젤레스
시카고
뉴욕
몬트리올
베이징
도쿄
멕시코시티
다카르
튀니지
사나
아디스아바바
리마
리우데자네이루
케이프타운

1968년 1~2월,
베트남 테트 대공세
유럽에서 베트남 국민을 지지하는 최초의 시위가 열렸다.

🔴 주요 봉기　■ 서방 국가　■ 공산국가　　제3세계

실업을 무기로 노동자를 협박하다

"프랑스에서 어느 날 실업 인구가 50만 명을 넘으면 혁명이 일어날 것이다." 1967년 조르주 퐁피두 프랑스 대통령은 이렇게 말했다. 그리고 10년 뒤, 구직자 수가 100만 명을 넘어섰다. 공장은 줄줄이 문을 닫았지만 어떠한 대중적 봉기도 없었다. 대량 실업이 현실화되자 일종의 '사회적 공포감'이 생겨나 임금 노동자들은 봉기나 시위에 쉽게 동참할 수 없었기 때문이다.

↑ 롱위에 있는 위지노르 철강회사의 퇴근 풍경.

→ 롱위의 '라디오 로렌의 강철 같은 사람들' 스튜디오, 앙드레 르자르의 사진, 1979.

1974~1980년까지 로렌의 철강 산업은 4만 1,000개의 일자리가 사라졌다. 1979년 프랑스 노동총연맹의 지도 아래 노동자들이 자신들의 요구를 세상에 알릴 해적방송을 만들었다. '라디오 로렌의 강철 같은 사람들'은 1979년 3월 파리에서 열린 철강 노동자 시위에서 상당한 반향을 일으켰다.

'영광의 30년'은 1968~1973년까지가 딱 그 이름에 걸맞은 시대였다. 프랑스는 세계 제4위의 경제 강국으로, 무역수지는 엄청난 흑자를 기록했고 국내총생산(GDP)의 연평균 성장률은 5%를 웃돌았다. 거의 완전고용에 가까운 상황이 오히려 노동자들의 동요를 부추겼으며, 노동조합은 연이어 사회적 성과를 거두었다. 1968년 기업 내 노동조합 분회 설립, 1969년 4주간의 유급 휴가제 실시, 1970년 최저임금제(SMIC) 실시와 출산 일일 수당 지급, 1971년 최고 노동시간 제한, 1972년 이주노동자의 직업 선거(종업원 대표 혹은 기업위원회 노동자 대표를 선출하는 선거-옮긴이) 투표권 확보, 기업 퇴직연금인 보조연금 도입 등.

그렇지만 미래를 어둡게 할 몇 가지 전조가 벌써부터 감지됐다. 1945년 전쟁이 끝난 이후 재건축 붐으로 살아났던 경기는 다시 헐떡거리기 시작했다. 1967년 2.7%에 달했던 인플레이션은 1972년 6%까지 상승했다. 1968년 7월 1일 로마조약에 가입한 6개국 간 관세 장벽 철폐로 프랑스 산업은 국제 경쟁이라는 된서리를 맞았다. 가장 부실한 산업 분야부터 충격을 받았다. 북부에서는 광업과 철강 산업 분야의 고용이 1960년대 말부터 줄어들었다.

1973~1979년까지 계속된 오일쇼크로 상황이 악화되다

경제 상황은 1973년 이스라엘-아랍 전쟁의 연장선에서 불거진 제1차 오일쇼크(석유파동)로 악화됐다. 그해 10~12월 사이에 원유 가격은 배럴당 3달러에서 12달러로 4배 상승했다. 이어서 1979년 이란 혁명에 의해 촉발된 제2차 오일쇼크가 닥쳤다. 또다시 원유 가격은 배럴당 19달러에서 33달러로 치솟았다. 원유 사용 의존도가 높은 선진국에는 치명적이었다. 석유는 교통과 난방, 산업의 주 에너지원이었다. 또한 고무, 나일론, 플라스틱 등의 원자재로도 석유가 사용됐다. 생산 비용이 상승하자 구매력과 가계 소비가 감소했다. 파산을 면한 기업은 임금을 삭감해 적자를 메우려 했다. 결과적으로 실업이 폭발했다.

긴축과 불안정

1973년 1월, 프랑스는 36만 명의 구직자가 있었다. 4년 뒤에는 노동자, 청년, 학위 소지 실업자를 합쳐 구직자가 100만 명을 넘어섰다. 이 현상을 일시적인 것이라 여겼던 시라크 정부(1974~1976)는 원인을 찾아 근본적인 대책을 마련하기보다 일시적인 처방에 치중했다. 자크

← 〈위시니 고브랑즈〉, 카롤린 포티에르의 사진, 2008년.

1985년 앙드레 르자르를 비롯한 일단의 사진가들이 파리에 '플로레알 바(Bar Floréal)'를 설립했다. 이 바는 사회적 사진의 첨병이 되었다. 프랑스 전역의 도시와 공장 들을 답사했지만 특히 로렌 지방을 많이 다루었다. 작품집 《로렌으로 귀환》은 1979~2008년까지 산업 구조조정의 희생양이 된 지역의 사회적 혼란과 외형적 변화를 추적하고 있다.

이 사진은 소린느 지역의 전직 철강공이 아들과 함께 포즈를 취하고 있는 장면이다. 그의 아들은 현재 룩셈부르크에서 냉각기 차체 제작공으로 일하고 있다.

시라크 총리는 실업자에게 실업수당을 지급하는 법안을 표결에 부쳤다. 그런데 이 조치는 경제가 살아나지 않으면 재정 적자폭을 악화시킬 뿐이었다. 자크 시라크의 뒤를 이어 레몽 바르가 총리로 취임했을 때에는 실업 퇴치보다는 공채를 줄이는 것이 최우선 과제였다. 프랑스 정부의 긴축정책은 인플레이션을 줄이고 국가 재정의 안정을 목표로 두었는데, 이후 30년 동안 프랑스의 경제정책 방향을 결정짓게 되었다. 오직 프랑수아 미테랑 대통령의 7년 임기가 시작된 첫 몇 달만이 여기에서 벗어났을 뿐이다. 1981~1982년에 미테랑이 이끄는 사회당 정부는 경기 부양과 일자리 나눔을 위해 최저임금을 인상하고, 주당 39시간 노동과 60세 은퇴 같은 정책을 선택했다. 그러나 무역수지가 악화되는 바람에 1983년에 다시 긴축으로 돌아섰

다. 그 이듬해 실업자 수는 200만 명을 넘어섰다.

대량 실업은 임금 노동자 세계에 '사회적 공포'를 조성한다. 끊임없는 해고 위협 아래서 임금 노동자들은 노동조건을 개선하는 데 동참하기보다는 일자리를 지키는 데 급급할 뿐이다. 일자리가 부족한 상황에서는 기업 간 인력 경쟁이 불가능하기 때문에 노동자들은 기업주가 제시하는 조건을 수용할 수밖에 없다. 기업주는 더 나아가 근로기준법에서 '유연성'을 강화하기 위해 고용 압박도 서슴지 않았다. 1979년 바르 총리는 한시적 계약 노동을 허용하는 법안을 처음으로 제출했다. 1985년 로랑 파비우스 총리는 임시 계약직 고용을 권장했다. 1986년 총리직에 있던 자크 시라크는 파트타임(시간제 근무)을 부추겼다. 이런 불안정한 고용이 일반화되었지만 이에 반

대하는 사회운동이나 파업은 일어나지 않았다. 질 발바스트르가 감독한 영화 〈실업에는 역사가 있다〉에서 노조원 앙리 크라쉬키가 분석한 것처럼, "사용자들이 피고용인을 강제하는 데 실업보다 더 폭력적인 방법은 없다". ■

← 칠레 산티아고 국립 스타디움에 끌려나온 정치범들, 1973년 9월, 마르셀로 몬테시노의 사진.

↙ 산티아고의 아르마스(Armas) 광장에서 열린 세계인권의 날 기념식에 참석했다가 체포된 젊은 노동자, 1985년 12월 10일, 후안 카를로스 카세레스의 사진.

↓ 1988년 군사궁정에서 피노체트는 자신의 권력을 공고히 하기 위해 기획된 국민투표에 후보자로 나섰음을 공식적으로 발표했다, 칠레 산티아고, 클라우디오 페레스의 사진.

베네수엘라에서 찍은 조르지 바르톨리의 사진들.

← 미란다 주에 사는 가난한 농부들의 농가 내부, 2010년.

→ 미란다 주의 초콜릿 회사 창립식에 참가한 여성 농부들, 2010년.

↓ 2004년, 카무나레 로호에서 가까운 산타 루시아에서 수많은 소작농이 거대 사유 농지의 극히 일부분을 점유해 경작하고 있다. 차베스 정부의 지원을 받고 있는 농부들은 때때로 살인청부업자들에게 공격을 사주하는 토지 소유주들과 고집 센 지방 관리들에 맞서 투쟁했다.

주권이 침해된 시기

(1980~2008)

1970년 사회주의자 살바도르 아옌데가 칠레 대통령에 당선되었다. 당시 라틴아메리카에 불어온 희망의 바람은, 미국의 지원을 받은 피노체트 장군이 쿠데타를 일으킨 직후인 1973년에 중단되고 말았다. 30년이 지난 뒤, 볼리비아, 베네수엘라, 에콰도르, 아르헨티나에서 좌파 지도자들이 대통령으로 선출되면서 불기 시작한 사회주의 열풍은 라틴아메리카 대륙이 여전히 종속을 거부하고 있음을 보여준다.

기업들이 일자리를 창출한다?

제2차 세계대전이 막을 내린 뒤 전후 합의에 따라 국가는 임금 노동자들과 기업들 간의 상반된 이익을 중재하는 역할을 맡게 되었다. 1980년대에는 노사 간 사회적 적대의식에서 벗어나 이른바 '낙수 이론(trickle-down theory)'을 선호하는 분위기였다. 즉, 기업의 성장을 장려하면 임금 노동자의 보수를 올려줄 수 있고 동시에 일자리도 만들어낼 수 있다는 것이다. 그에 따라 다시 정부의 역할이 바뀌게 되었다.

1961년 미국의 소설가 아인 랜드는 '미국에서 가장 박해받는 소수자인 기업 경영인'이라는 제목의 강연을 했다. 급진적 자유주의자인 이 지식인은 그 시절 90%에 육박하는 법인세율이 미국에서 '사회주의적인 독재'의 불법성을 보여준다고 지적했다. "국가를 통제하려고 하는 모든 운동은 소수집단을 반드시 희생양으로 삼으려 한다. 소련에서 희생양은 부르주아였고, 나치스 독일에서는 유대인이었다. 미국에서는 바로 기업가들이다."

그 당시 젊은 배우였던 로널드 레이건은 커다란 성공을 거두었다. 과거 민주당 당원이었던 레이건은 1962년에 공화당 진영에 합류했다. 여기서 레이건은 홀로 물리적·실질적 경계선을 넓혀가는 개척자들의 꿈이자 아메리칸 드림의 특징이랄 수 있는 '기업가 정신'을 짓누르는 '비대해진' 국가를 비난하면서 유명세를 얻었다. 그리하여 1980년에 배우인 레이건이 대통령에 선출됐다.

세계 경제가 위기에 빠지고, 실업이 증가하고 있을 때, 레이건 미국 대통령과 마거릿 대처 영국 총리는, 수십 년 전부터 형성되어온 사상의 영향을 받아(154쪽 참조), 소위 말해 '공급 측면'을 강조하는 경제정책을 채택했다. 그 경제정책의 논리를 요약하면 다음과 같다. 실업자나 가난한 사람들에게 각종 수당 같은 보조금을 주어 그들을 돕는 것이 아니라, 법인세를 인하하고, '노동 비용'을 줄이고, 신용 대출을 늘리는 등 기업의 활동을 지원하고 장려하자는 것이다. 당시에는 세계 거의 모든 지역에서, 기업들이 일자리를 창출하고 공공의 이익을 지킬 수 있도록 기업가들의 요구를 들어주어야 한다는 사고가 팽배해 있었다.

그 결과, 예전에 아인 랜드가 강한 인상을 주기 위해 '박해받는 소수자'로 묘사한 기업 경영인들이 현대판 영웅의 반열에 올랐다. 곧이어 '부의 창조자'라는 명성을 얻게 된 그들은 그 후 미디어에서 높은 평가를 받게 된다.

'TF 1' 채널의 〈야망〉이라는 프로그램에서 베르나르 타피는 청년들의 창업을 지원했다

프랑스에서 베르나르 타피(스포츠용품 업체 아디다스 전 소유주이자 축구 구단 마르세유의 전 구단주-옮긴이)는 활동적이고 대담하며 에너지가 넘치는 '자수성가형' 기업가의 이미지를 소개하고 만들어내는 대표적인 인물이다. 1986~1987년에 베르나르 타피는 당시 민영화 과정에 있던 방송 채널 'TF 1'에서 방영하는 〈야망〉이라는 프로그램의 진행을 맡았다. 이 방송 프로그램의 콘셉트는 생중계로 청년들의 창업을 지원하는 것이었다. 예전의 반자본주의 신문들까지 나서서, 신자유주의 혁명 이전의 사회조직 시스템이라 할 수 있는 보수주의를 유일하게 분쇄할 수 있는 것은 기업이라며 찬양했다. 1984년 세르주 줄리와 로랑 조프랭은 《리베라시옹(Libération)》에 이렇게 썼다. "전쟁 기술의 혁신으로 뒤로 밀려나 부수적인 역할밖에 하지 못하는 낡은 요

←← 1970년에 출간된 제리 루빈의 《행하라!(Do it!)》는 미국 히피 세대의 선언문으로 인정받았다.

← 1980년 새 직장인 존 뮤어 펀드 투자회사의 월스트리트 사무실에서 근무 중인 제리 루빈.

'1960년대' 미국의 반문화 전도사였던 제리 루빈은 1967년 국제청년당(Youth Internation party) 창설에 참여했다. 국제청년당은 급진적 사고와 반(反)군국주의를 내세우는 정치단체였다. 그런데 베트남전쟁 이후 루빈은 미국의 기업가 이데올로기를 증진하는 데 앞장섰으며, 로널드 레이건의 충실한 지지자가 되었다.

몇 주 전부터 BP* 본부의 분위기가 심각하다. 그런데 갑자기…
(*BP: British Petroleum Company, 영국 석유회사 브리티시 패트롤리움)

여러분, 더 이상 걱정하지 말아요! 내가 당신들 문제를 해결해주겠소!

놀랍군요, 자유시장맨! 당신의 계획은 무엇입니까?

하늘을 보세요!

만약 보이지 않는다면 우리가 어떻게 그를 볼 수 있습니까?

왜 사람들은 사소한 일에 저리 신경을 많이 쓸까?

좋아요. 맨 먼저 해야 할 일은 해로운 정보의 흐름을 통제하는 것입니다! 카메라를 검은 기름띠가 둥둥 떠다니는 바다에서 멀리 떨어뜨려놓기 위해서는 그 지역의 법을 이용해야 합니다! 우리는 해변을 청소하는 노동자들이 비밀조항에 서명하도록 움직여야 할 것입니다. 만약 노동자들 중 한 사람이 질병에 걸린다면, 우리는 그 원인을 식중독으로 돌릴 것입니다.

그런 뒤, 멋진 해변과 행복한 펠리컨을 보여주는 광고에 5,000만 달러를 쏟아부을 겁니다! 또 우리는 검색엔진에서 상당수의 키워드를 구매할 것입니다. 누군가가 그 키워드들을 입력하면, 그 사람은 원유 유출에 대한 언론 보도 자체가 바로 진짜 재앙이라는 점을 가르쳐주는 페이지들을 보게 될 것입니다.

내 생각엔 그것으로 충분할 것 같습니다!

그럼 유출된 원유는 어떻게 하실 건가요?

당신은 나를 슈퍼환경맨으로 착각하는 것 같습니다!

나는 석유산업이 특정 지역의 과도한 규제로 인해 피해를 입지 않도록 하기 위해 여기 있는 것입니다!

환경 피해에 대해서는 당연히 납세자들이 지불할 것입니다.

당신도 알다시피, 자유시장은 그렇게 작동되는 것입니다.

새들처럼, 프랑스의 우울한 대중은 점점 더 쓸모없는 고성(古城)을 닮아가고 있다. 생의 원동력은 다른 곳에 있다. 그 힘은 기업에 의해, 주도적 행위에 의해, 의사소통에 의해 생겨난다.”

프랑스에서 이런 담론들이 1983년 인플레이션에 따른 임금의 물가연동제 폐지, 1986년 해고에 대한 행정적 허가제 폐지 같은 정책들을 비호하는 바람에 매년 생산된 부의 분배에서 임금 노동자들에게 돌아간 몫은 1986년과 2009년 사이 72%에서 69%로 하락했다. 반면, 주주들에게 배당금으로 분배된 몫은 1982년과 2007년 사이 3.2%에서 8.5%로 급격히 상승했다.

주주들에게 부여된 우선권은 지금도 여전히 지속되고 있다. 우선권은 민간 부문의 활력이 경제 성장과 실업 감소를 보장한다는 사고에 근거하고 있다. 2013년 3월 13일자 프랑스경제인연합회(MEDEF)

의 성명서에서는 “일자리를 창출하는 것은 기업들이다”라고 주장했다. 그러나 이 중 어느 것도 ‘기업이 일자리를 창출한다’는 주장을 제대로 뒷받침하지는 못한다. 경제학자 프레데릭 로르동은 다음과 같이 말한다. “기업들은 자신들이 제공하는 일자리를 스스로 창출할 수 있는 수단을 갖고 있지 않다. 이러한 일자리는 기업들 자신이 당연히 결정할 수 없는 경기의 흐름을 관찰한 결과일 뿐이다. 경기 상황은 기업 외부에서, 다시 말해 고객들의 건전한 소비 욕망에서 비롯되는 것이다.” 달리 말해 경제활동을 활성화하고 일자리를 창출하는 것은 기업들이 아니라 소비자들의 수요이다. 실업을 타파하기 위해서는, 임금 노동자들이 경제활동에 부담을 주는 ‘비용’의 큰 몫을 차지한다고 생각하기보다는 임금 노동자들의 급여를 올려서 내수시장의 활기를 회복하는 것이 더 낫다는 것이다. ■

↑ 미국 주간지 《더 네이션 (The Nation)》에 실린 만화에서 작가 톰 투모로우는 ‘보이지 않는 손을 가진 자유시장맨’이라는 이름의 슈퍼영웅을 등장시켰다. 이 슈퍼영웅은 어려움에 처한 기업들에 도움을 준다. 여기서는 해상 원유 유출 사고로 곤경에 빠진 석유회사 BP를 구해낸다.

1980년대 신자유주의의 공격

1980년대 초 신자유주의의 물결이 전 세계를 휩쓸었다. 1979년 마거릿 대처가 총리로 선출된 영국에서부터 로널드 레이건의 미국, 브라이언 멀로니의 캐나다, 심지어 사회주의자 프랑수아 미테랑의 프랑스에까지 신자유주의의 거센 파고가 들이닥쳤다. 몇 년 사이에 자유시장 원칙이 경제를 지배하는 이데올로기로 자리 잡았다.

1979년은 세계 경제·사회 정책의 역사에서 전환점이 된 해라 할 수 있다. 영국에서는 보수주의자 마거릿 대처가 총리직에 오른 한편, 미국은 인플레이션을 잡기 위한 총력전에 돌입했다. 철의 장막의 다른 한쪽에서는 소련이 아프가니스탄에서 전쟁을 감행했다. 이 전쟁으로 소련은 이미 엄청나게 손상된 이미지를 더욱 망가뜨리게 된다. 덩샤오핑이 이끄는 중국은 '사회주의 시장경제'로 전환했다. 미국에서는 1980년 11월에 공화당의 로널드 레이건이 백악관 입성에 성공하면서 거대한 정책 변화가 예고됐다.

'시카고 보이즈'

제2차 세계대전 이래 정부의 공적 개입으로 경제 성장이 촉진되었던 반면, 오늘날에는 각국 정부가 자유경쟁시장으로 방향을 전환하고 있다. 이에 대해 영국의 대처 총리는 "대안은 없다"고 못 박았다. 신자유주의가 유럽의 주요 국가들과 세계은행(IBRD), 국제통화기금(IMF), 유럽위원회(EC) 등의 국제기구들을 장악했다.

'보수혁명'(1980년대 이전 유럽은 국가가 경제에 개입하는 '사회적 보수주의'를 시행했으나 이후 미국의 레이건과 영국의 대처의 뒤를 쫓아 서유럽 전체가 자유보수주의를 시행한다. 이런 현상을 '자유보수주의 혁명' 혹은 '보수주의 혁명'이라 한다–옮긴이)을 뒤따른 처방이 곳곳에서 적용되었다. 각국은 재정 지출을 축소하고, 공기업을 민영화하고, 국가 경제의 광범한 규제 완화를 단행했다. 예들 들면, 1986년과 1988년 사이 프랑스의 자크 시라크 정부가 수행한 일련의 조치가 바로 이런 것들이다.

세계는 이미 1980년대 이전에 몇 가지 주요한 신자유주의 조치를 채택했다. 1949년부터 독일연방공화국(서독)은 자유경쟁과 가격 안정에 유리한 자발적 경제정책인 '사회적 시장경제(Social Market Economy, 공정한 경쟁과 복지국가를 함께 고려하는, 사회주의와 자유시장 자본주의의 혼합경제 모델-옮긴이)를 표방했다. 프랑스는 발레리 지스카르 데스탱 대통령과 레몽 바르 총리의 주도하에 1976~1981년에 이 모델을 따르려고 노력했다. 칠레는 1973년 피노체트 독재의 권위주의 정치와 시카고학파 신봉자들인 '시카고 보이즈(Chicago Boys, 미국의 시카고대학 경제학파가 길러낸 칠레의 경제학자들을 가리키는 별칭-옮긴이)'가 추진한 경제자유주의가 혼합된 정책을 실험했다.

사상적인 측면에서 경제자유주의의 재정복은 오래전부터 시작됐다. 냉전 상황에서 사회주의가 세계 각지에서 순항하고 있는 와중에 몇몇 경제학자, 정치가, 자유주의 경영인 들이 국제적인 자유주의자들의 모임을 조직했다. 경제학자 프리드리히 하이에크에 의해 1947년 창설된 '몽페를랭(Mont Pelerin) 소사이어티'는 대기업들의 재정 지원을 받아, 수많은 나라에서 싱크탱크라는 형태로 뿌리를 내렸다. 마르크스주의의 퇴조를 배경으로 신자유주의는 1970년대 후반부터 이념전쟁에서 앞서 나갔다. 경제 및 사회적 상황은 정치적·사상적 지형의 변화를 받아들일 태세를 갖추었다.

1973년 오일쇼크 이후 실업률이 지속적으로 상승하면서 케인스주의의 경제 활성화 정책은 큰 타격을 입은 한편, 높은 인플레이션으로 지배 계급의 자산 가치도 하락을 면치 못했다.

신자유주의는 노동조합을 길들이고 개혁주의 정당을 약화시키다

신자유주의의 물결은 정치적 논쟁의 성격을 근본적으로 바꾸어놓았다. 영국과 미국에서 신자유주의는 노동조합을 길들이고, 개혁주의 정당을 지속적으로 약화시켰다. 프랑스에서는 1981년 선거에서 승리해 집권하게 된 사회당의 좌파

연립정부가 자본주의와 단절하려던 계획을 포기하고 점차 경제자유주의로 전향하게 되었다.

1989년 베를린 장벽 붕괴 후에 그 충격파는 동유럽 국가들에 큰 영향을 미쳤다. 새로 선출된 권력들은 자국의 경제를 근본적으로 개혁하고, 유럽연합과의 화해를 시도했다. 유럽연합 회원국들을 본받아 동유럽 국가들은 공공분야를 축소하고 긴축정책을 실시했다.

사회적 관점에서 보면 신자유주의는 전혀 중립적이지 않다. 신자유주의는 사회적 불평등을 심화하고, 그 불평등을 합법화한다. 신자유주의의 힘은 아마, 예를 들어 세계무역기구(WTO) 같은 신자유주의를 지속적으로 뒷받침하는 기관들을 갖추고 있다는 사실에 있을 것이다. 게다가 좌파의 경쟁력이 그에 미치지 못한 탓에 신자유주의는 점차 지배 이데올로기로 정착됐다. ■

→ 영화 〈바람과 함께 사라지다〉의 포스터 패러디, 주연은 로널드 레이건과 마거릿 대처.
영국 신문 《사회주의 노동자》를 위해 그래픽 디자이너인 밥 라이트와 존 휴스턴이 제작, 1982년.

세계의 교과서 들여다보기 ● 볼리비아

20세기 후반의 '세계화된 경제 성장'을 찬양하는 프랑스 교과서와는 달리, 볼리비아 교과서들은 신자유주의에 의해 야기된 불평등한 발전에 초점을 맞추고 있다. 사회주의자 에보 모랄레스 볼리비아 대통령이 집권한 지 2년 뒤인 2008년에 출간된 고등학교 교과서에서 발췌한 다음 글에 그 내용이 잘 드러나 있다.

지난 40여 년 동안 부유한 20개국의 국내총생산(GDP)은 300% 증가한 반면, 가난한 20개국은 겨우 26% 증가했다. 부유한 20개국은 전 세계 통신선의 74%를 사용하고 있는 반면, 가난한 20개국은 1.5%를 사용한다. 또한 부유한 20개국은 전 세계 에너지의 50%를 소비하고 있는 반면, 가난한 20개국은 4%를 소비한다. 결과적으로 세계화의 주요 수혜국은 선진국들이다. 그들이 국제통화기금, 세계무역기구, 세계은행 등 거대 국제금융기구를 통제한다. 그들은 자신들의 이익에 기여하는 규제 시스템을 만들었다. 무역 자유화에 따른 관세 장벽의 철폐로 그들은 새로운 시장에 대한 접근과 상품 판매가 용이해졌다. (…) 오늘날 다국적기업들은 다수의 국가보다 더 강력한 힘을 갖고 있다. 힘이 약하고 작은 국가에서 다국적기업들은 정부의 결정에 영향을 미치는 강력한 수단을 보유하고 있다.

제3세계에 대한 원조의 대가

이미 1980년대 초반에 남반구의 많은 국가가 2008년 금융 위기 이후 그리스나 아이슬란드가 부채 문제로 경험한 상황과 유사한 상황을 맞았다. 국가 부채 위기에 내몰린 남반구 국가들은 지불불능(디폴트) 사태를 피하기 위해 국제통화기금에 지원을 요청하고, 민영화, 예산 삭감 등 국제통화기금이 요구하는 가혹한 조건들을 받아들일 수밖에 없었다. 그 당시 부채 탕감을 요구하는 목소리 또한 곳곳에서 터져나왔다.

1944년 7월 22일 미국 브레턴우즈에 모인 44개국은 국제통화기금과 세계은행을 창설하기로 결정했다. 1929년의 대공황 같은 또 다른 위기를 피하기 위해 서구 국가들은 두 개의 강력한 통제기구를 만든 것이다. 국제금융기구 창설자들에 따르면, 국제통화기금은 통화의 안정성을 보장하고 자본의 흐름을 통제한다. 그리고 세계은행은 제3세계 국가들의 재건과 발전을 위해 노력한다.

그런데 1971년 8월 15일 모든 것이 뒤집혔다. 그 당시 전 세계에 유통되던 통화량은 530억 달러에 달했는데, 이 액수는 미국 금 보유량의 다섯 배가 넘는 규모였다. 달러에 대한 신용도가 폭락하자, 리처드 닉슨 미국 대통령은 달러의 금 태환 정지를 선언했다. 그 결과 세계 화폐시장은 변동환율제에 의해 굴러가게 되었다. 세계 화폐를 관리하던 국제통화기금은 자신의 최고 무기를 잃게 된 것이다.

국제연합 식량특별조사관을 지낸 경제학자 장 지글러는 "국제금융기관의 부채 서비스는 잠시 안심시키는 눈속임에 불과한 조치"라고 말했다

1979년은 신자유주의 출현의 전환점이 되는 해이다. 자기 유산을 갉아먹고 있는 인플레이션을 멈추게 하려고 미국 연방준비제도이사회 의장 폴 볼커는 갑자기 미국의 이자율 인상을 발표했다. 이 조치로 제3세계 국가들은 미국의 이자율 상승에 연동하여 부채가 급증하는 바람에 위기에 빠졌다. 1982년 멕시코는 채무 지불불능 상태에 내몰렸다.

이때 국제통화기금이 채무국에 '도움을 주기 위해' 다시 전면에 나섰다. 국제통화기금은 돈을 빌려주는 대가로 채무국에 대규모 민영화, 화폐의 평가절하, 내수를 희생한 수출 증대, 예산 삭감 등의 구조조정 계획을 강요했다. 남반부 국가들은 부채로 인한 부담이 점점 목을 옥죄는 상황에서 국제통화기금이 강제한 조치를 이행해야 했다. 국제연합 식량특별조사관을 지낸 경제학자 장 지글러는 "국제금융기관의 부채 서비스는 잠시 안심시키는 눈속임에 불과한 조치"라고 말했다. 사회적 측면에서 그 결과는 드라마틱했다.

대출 수도꼭지

남반구에서 논란을 빚었던 국제통화기금의 처방은 2007~2008년 금융 위기의 바람을 타고 북반구에서 새로운 터전을 찾았다. 유럽에서 국제통화기금은 유럽위원회(EC), 유럽중앙은행(ECB)과 더불어 '트로이카'를 형성해 그리스, 아일랜드, 포르투갈, 키프로스, 에스파냐 등과 같이 어려움에 처한 국가들에 긴축을 강요했다.

세계은행이 좀 더 인간적인 모습을 띤 것 같지만, 세계은행 역시 비슷한 원칙에 따라 운영되고 있다. 창설 당시부터 세계은행은 프랑스 혹은 네덜란드 같은 식민 강국들에 재정을 지원했다. 그 당시 식민 강국들은 해방 투쟁을 하고 있는 식민지 주민들과 전쟁 중이었다. 식민지들이 해방됐을 때, 세계은행은 식민지 본국의 부채를 예전의 식민지에 전가했다.

1968년부터 로버트 맥나마라 총재의 지휘 아래, 세계은행은 서구 진영 동맹국들에 재정을 지원했다. 세계은행의 지원을 받은 국가들은 콩고민주공화국의 모부투 세세 세코 혹은 인도네시아의 수하르토 정권같이 인권을 짓밟고 부패한 국가들이었다. 반면, 자국 발전의 주인공으로 남길 원했던 진보주의 체제들(1970~1973년 칠레 살바도르 아옌데, 1980년대 니카라과의 산디니스타 민족해방전선)에 대해서는 대출 수도꼭지를 잠가버렸다. 이 때문에 남반구 국가들의 부채는 폭발적으로 늘어났다.

신자유주의적 세계화를 선도하는 국제통화기금과 세계은행은 항상 미국 아니면 유럽 출신 총재의 지휘를 받았다. 특히 미국은 이 기구들에서 사실상 거부권을 행사할 수 있다. 이 기구들은 중요 결정에 대해 의결권의 찬성 비율이 85%를 넘어야 하는데, 미국이 의결권 지분을 15% 이상 갖고 있기 때문에 미국이 반대하면 안건이 통과되기 힘든 구조다. 1972년부터 아옌데는 제3세계 주민들이 '브레턴우즈에서 의견을 개진할 수 없다'는 사실을 간파했다. 아옌데는 국제연합 무역개발협의회(UNCTAD)를, '국제 무역의 확대와 같은 제3세계 국가들의 개발금융을 담당하기 위해 모든 국제 공동체가 함께 연구하고 준비하고 관리하는 새로운 금융체제'를 담당할 상설기구로 바꾸자고 제안한다. 하지만 이런 제안은 결코 받아들여지지 않았다. ■

●프랑스와 독일의 공동교과서(나탕 출판사/클레트 출판사, 2권, 2012)는 19세기 유럽 제국주의를 무비판적으로 기술하고 있다. "유럽은 세계의 중심이다. 유럽의 배들이 지구의 바다 곳곳을 누비고 다닌다. 유럽의 기업가들이 세계 시장을 지배하고 있다. 수백만 명의 유럽 이민자가 자신들의 문화, 언어, 신앙을 전 세계 곳곳에 퍼뜨리고 있다"라고 저자들이 쓰고 있는데, 이 저자들은 미국, 아르헨티나 등으로 간 이민자들과 식민지 개척자들을 전혀 구별하지 않고 뭉뚱그려 기록하고 있다.

●2004년 르완다에서 후투족이 저지른 투치족에 대한 대량 학살은 10여 년이 지난 사건이다. 그해 프랑스 나탕 출판사에서 출간한 고등학교 3학년용 교과서에서는 이 비극으로 수십만 명의 사망자가 발생했다고 기술했다. "르완다에서는 후투족과 투치족 사이에 대량 학살이 벌어졌다"라는 문장을 "폴란드에서는 나치스와 유대인 사이에 대량 학살이 벌어졌다"라는 문장을 읽고 있는 거나 마찬가지라고 한다면 지나친 비약일까?

남부 국가들의 부채

개발에 대한 심각한 장애물

2012년 고정 달러로 표시된 부채 총액

국가의 외채 총액 비율에 따라 변형된 국가별 면적(애너모픽 기법)

저·중간 소득 국가의 부채만 제시됨

국내총생산(GDP) 대비 외채 비율(%)

30 60 100 200

자료 없음

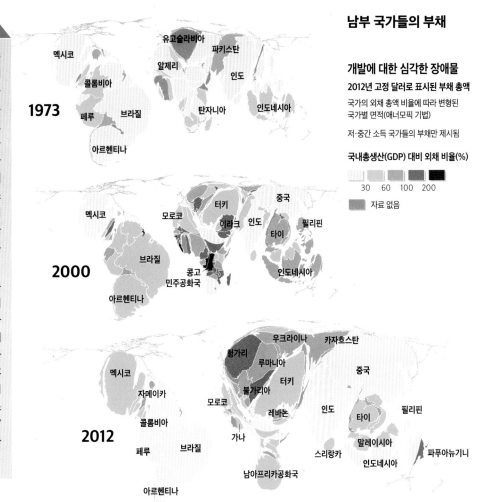

수많은 '구제' 계획

국가 부채의 탕감, 축소 혹은 일정 조정 협정

재협상한 액수
(단위: 10억 달러)

60
40
10

민간 채권자와 체결한 협정(은행 등)

국제통화기금(IMF), 세계은행(WB), 경제협력개발기구(OECD) 같은 국제기구들과 협력해 활동하는 공공 채권국 그룹인 파리클럽과 체결한 협정

파리클럽 회원국

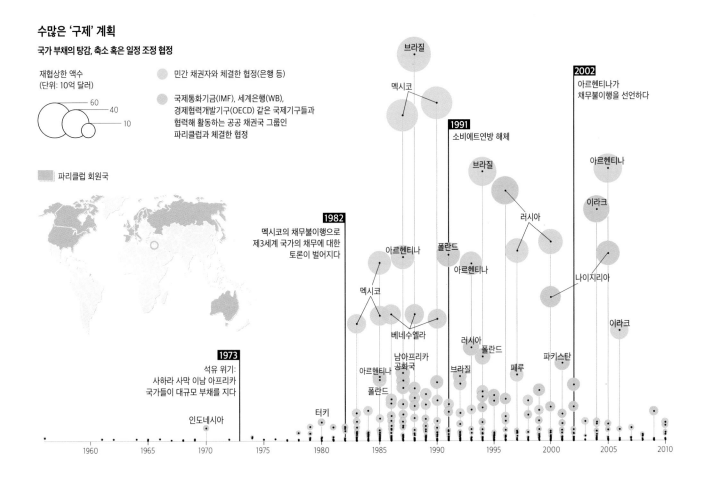

누가 네트워크를 통제하는가?

1990년대부터 시작된 인터넷의 대중화는, 지구를 해저 케이블로 뒤덮은 19세기에 시작된 커뮤니케이션 혁명을 계승하고 있다. 산업혁명 시대부터 '글로벌 정보사회'에 이르기까지 네트워크의 세계화는, 다수의 요구를 외면한 채 시공간을 끊임없이 재생산하고 있다.

19세기에 생시몽주의자들은 '전 세계를 연결하고', 기업정신과 공익을 조화시킬 꿈을 꾸었다. 그들은 운송수단의 발달로 물리적 거리가 줄어들면 계급 간 격차도 줄어들 것으로 생각했다. 산업자본주의의 물질적 네트워크에 의해 전 지구가 연결되는 데 한 세기가 걸렸으며, 그사이에 파나마 운하(1914)와 시베리아 횡단철도(1916)가 개통되었다. 전 세계 유통구조는 제국주의 시대 세계 공간의 서열화를 본뜬 구심적인 형태를 띠었다.

해저 전신 케이블을 표시해놓은 지도에서 네트워크의 출발점은 빅토리아 시대 대영제국의 수도인 런던에 위치해 있다. 빅토리아 제국은 1851년 영국 도버와 프랑스 칼레 사이에 최초로 케이블을 설치한 이래, 1902년에 태평양을 잇는 마지막 케이블을 설치해 전 세계의 전신망 연결을 마무리 지었다. 영국의 동부전신회사(Esten Telegraph Company)가 전 세계 통신 분야의 상업적 독점권을 누리게 되었으며, 강대국들은 공보를 발송할 때 어쩔 수 없이 이 회사의 전신망을 이용해야만 했다. 영국 외무부는 이러한 상황을 이용해 중요한 전략적·외교적 이익을 취했다.

1965년 통신위성이 성공적으로 발사되면서 통신 분야에서 텔레마티크(Telematique, 통신과 컴퓨터를 결합한 정보 서비스-옮긴이) 기술 개발의 길이 열렸다. 1970년대부터 선진국들은 경제적·사회적 위기에서 벗어나기 위해 정보사회화에 뛰어들었다. 에너지 문제가 불안하기는 했지만, 생산제일주의에 대한 오래된 믿음과 소비 모델을 문제 삼을 정도는 아니었다.

그러나 같은 시기에 비동맹운동의 압력을 받은 국제기구에서 정보의 유통 및 기술 분야의 불평등한 접근에 관한 토론이 벌어졌다. 그 당시 전 세계 정보의 약 85%가 4대 통신사(AP, UPI, 로이터, AFP)에 의해 생산되고 있었다. 제3세계는 이러한 불평등한 상황을 개선하기 위해 공공정책을 제안했으나 아무런 성과도 얻지 못했다.

> '지구촌'에 대한 막연한
> 기대와 함께 주식시장에서도
> 투기 거품이 일었다

1970년대의 뒤를 이은 그다음 10년간은 규제 완화로 무역 세계화와 유통 자유화를 앞세운 신자유주의 모델이 일반화되었다. 무한 진보라는 낡은 도그마 대신 그 자리에 정보통신 이데올로기와 사회 변화에 대한 단기적인 전망이 들

→ 〈TV 붓다〉, 백남준, 1974~1982년.

1960년대 초 플럭서스(Fluxus, 전위예술운동-옮긴이) 운동에 참여한 실험적인 예술가들은 "모든 것이 예술이다"라고 주장했다. 이들은 일상생활에서 소재를 취하며, 새로운 기술의 도래에 대해 비웃음조로 질문한다. 비디오 아트의 선구자인 한국의 백남준은 TV를 현대사회의 새로운 숭배 대상이라고 보았다. 〈TV 붓다〉에서는 무한 반복 촬영된 신성한 조각상이 TV 화면에 그대로 비치고 있다. (…) 백남준은 여러 대의 TV를 조합해서 만든 인간 형상의 설치 작품으로 유명하다.

↑ 세계무역센터 테러는 역사상 가장 많이 사진으로 찍힌 사건 가운데 하나다. 그럼에도 불구하고 프랑스·미국·영국 등의 TV와 신문은 모두 다 몇 개의 똑같은 이미지만 계속해서 내보냈다. 이런 역설은 미디어적 표현의 세계화와 거대 신문·방송 그룹들이 이미지에 대한 통제를 강화하고 있다는 사실을 증명하는 것이다. 결과적으로 시각 자료의 빈곤화를 초래했다.

어섰다. 상업적 표현의 자유가 인권으로서의 표현의 자유와 긴장관계에 놓였다. 정보 집중을 향한 초국가적 경쟁으로 미디어 재벌과 정보통신 사업자라는 새로운 주역이 등장했다(178쪽 참조).

'지구촌'에 대한 담론 거품은 주식시장에서 투기 거품에 해당한다고 할 수 있다. 지구촌에 대한 담론이 넘쳐나지만 현실은 사회적 불평등을 반영한 '정보 격차(digital divide)'가 버젓이 존재하고 있다. 2007년 선진국에서는 인터넷 이용자가 100명당 62명인 데 비해, 인터넷 접근 비용이 훨씬 비싼 개발도상국에서는 17명에 불과하다. 또한 개발도상국에서는 20시간 동안 인터넷 접속에 드는 비용이 50~170달러인 반면, 선진국에서는 12~15달러에 불과하다.

냉전이 끝나고 웹 같은 복합 통신 서비스가 확대되자, 미국 국방부와 외교부에서는 전 세계 헤게모니 장악을 위한 새로운 수단이란 측면에서 네트워크 구축을 전략지정학적 구상의 핵심으로 삼았다. 그리하여 한쪽에서는 사이버전쟁과 외과 수술식 정밀타격을 수행하고, 다른 쪽에서는 다른 나라에 정치적 과제를 부과하는 데 필수적인 복합 정보망을 모두 장악한 상태에서 소프트파워(Soft Power)를 행사하고 있다.

보편화된 감시

21세기 벽두부터 세 가지 현상이 자유무역론적 정보통신 패러다임을 뒤흔들고 있다. 먼저, 테러리즘에 맞선 대응이라는 전제하에 안보정책은 개인 간 주고받는 대화나 재화, 메시지에 대한 감시를 강화하고 있다. 그 과정에서 개인 정보의 카드화, 유전자 지문 감식, CCTV, 전파 식별 칩, 도청 장치, 드론 등 일련의 추적 기술이 이용되고 있다.

그와 동시에 새로운 세상을 만들어낼 것이라는 시장만능주의에 대한 믿음이 흔들리면서 기술만능주의가 정보 격차를 해소할 능력이 있다는 신념 또한 깨져버렸다. 마지막으로, 사회운동은 '글로벌 정보사회'에 대한 기술관료주의적 사고를 구조화하는 생산제일주의 논리에 반대하며 정보·문화·지식을 시민이 평등하고 자유로운 조건하에서 정당하게 이용할 수 있도록 공공재로 인정해야 한다고 주장한다.

지식과 권력이라는 관점에서 보면 '커뮤니케이션 혁명'은 사실상 이제 시작 단계에 불과하다. ■

아르헨티나에서 베네수엘라까지, 라틴아메리카가 반기를 들다

1823년 먼로 독트린은 라틴아메리카를 미국이 보호하는 사냥터로 변화시켜버렸다. 150년 뒤, 칠레의 독재자는 라틴아메리카를 신자유주의의 실험장으로 만들었다. 하지만 군사적 개입이나 경제적 후원, 어느 것 하나 충분하지 못했다. 21세기 초부터 라틴아메리카에서는 미국의 마음에 들지 않는 지도자들이 잇따라 당선되었다.

19 70년대부터 특히 칠레의 사회주의자 대통령인 살바도르 아옌데 정권을 뒤엎은 아우구스토 피노체트 장군의 쿠데타(1973) 이후부터, 라틴아메리카는 신자유주의 정책의 실험장 역할을 하게 되었다. 그 결과 라틴아메리카는 다른 대륙들보다 더 빨리 신자유주의 정책의 사회적·정치적 영향을 받았다.

1980~2010년 사이 빈곤의 문턱에 선 주민들의 수가 이 지역에서만 1억 2,000만 명에서 2억 1,000만 명 이상으로 급격히 늘어났다. 2001년 아르헨티나 정부가 채무불이행을 선언하면서 나라 전체가 심각한 위기에 빠지게 되었다. 이보다 1년 전에는 대규모 시위가 발생해 볼리비아의 코차밤바에서 물 관리 시스템의 민영화가 중단되었다. 이 '물 전쟁'에 이어 2003년에는 천연가스 민영화를 둘러싼 유사한 분쟁이 일어나 볼리비아의 곤살로 산체스 데 로사다가 대통령직에서 물러났다. 라틴아메리카 대부분의 지역에서 대규모 민중 시위가 일어나 신자유주의와의 단절을 요구하고 있다.

민주주의를 민주화하다

이 시기에 진보주의운동은, "권력 쟁탈을 벌이지 않고서 세상을 바꾼다"라고 아일랜드 출신 철학자 존 홀로웨이가 이론화한 전략과 단절한다. 이들은 자신들의 활동을 선거에 집중해 좌파 정치 지도자들을 국가수반에 올리려고 노력했다. 1998년 우고 차베스가 베네수엘라에서, 2002년과 2006년 루이스 이나시오 룰라 다 실바가 브라질에서, 2003년 네스토르 키르치네르가 아르헨티나에서, 2005년과 2009년 에보 모랄레스가 볼리비아에서, 2006년과 2009년 라파엘 코레아가 에콰도르에서 국가수반에 오른다. '민주주의를 민주화하고' 사회 진보를 이루려고 노력하는 이 지도자들은 신자유주의가 붕괴시키고자 한 대중 권력의 힘을 복원하고, 제국주의가 흔들어놓았던 국가 주권을 강화하고 있다.

1999년 차베스의 주도하에 베네수엘라 국민은 볼리바르공화국의 근간이 될 원칙을 담은 신헌법에 찬성표를 던졌다. 신헌법은 원주민의 언어를 공식적으로 인정하고, 특히 선출직에 있는 이들을 그 직무에서 끌어내릴 수 있는 국민소환투표를 허용하는 등 진전된 형태의 참여민주주의를 장려했다. 또한 자국 영토 내에 외국군의 군사기지 건설을 금지하고, 석유 같은 천연자원을 사적으로 소유할 수 없는 공공재로 규정했다. 베네수엘라는 세계 최고의 석유 매장량을 자랑하는 나라로, 차베스 정부는 석유를 탐사하는 회사들이 내는 납부금을 인상하여 그 돈을 다양한 사회 프로그램에 사용했다. 베네수엘라의 뒤를 이어 에콰도르와 볼리비아에서도 유사한 방식으로 새 헌법을 채택했다.

> 2007년 에콰도르는 공공부채 감사 결과 외채의 3분의 2 이상이 불법 채권이라고 밝혔다

대부분의 국가가 공공비용을 엄청나게 늘렸음에도 불구하고 오히려 공공 서비스가 후퇴한 것을 목격하게 된다. 금속노동자 출신의 '룰라'가 통치한 브라질에서 '국가의 귀환'은 돈을 찍어내어 빈민층을 지원하는 형태를 띠고 있다. 가장 혜택을 받지 못한 사람들에게 보건과 교육 혹은 주거 영역에서 더 많은 민간 서비스를 소비할 수 있는 수단을 제공하는 것이다. 이러한 해결책은 지역 경영자들에게 새로운 판로를 열어주었다.

↑ '미션 수크레' 로고. 이 프로그램은 빈민층에 무상으로 고등교육을 제공하고 있다.

MISION SUCRE

쉬어가기

미국에서 많이 사용되는 권위 있는 교과서 가운데 하나로 손꼽히는 《아메리칸 패전트》(센게이지 러닝, 제14판, 2010)에 '재정 비용과 미국이 치른 주요 전쟁의 사망자 수'를 보여주는 도표가 게재되어 있다. 그 취지는 좋지만, 미국인 사망자만 계산되어 있고 대(對)인디언전쟁에 대해서는 침묵하고 있다. 북서부아메리카 인디언전쟁(Northwest Indian War, 1785~1795)에 대해서도 전혀 언급이 없는데, 교과서에 언급된 에스파냐-미국 전쟁(1898)보다 이 전쟁에서 훨씬 더 많은 사상자가 발생했다.

금융권의 로비에 굴복한 유럽이 은행들을 구제하느라 떠안게 된 부채를 상환키로 승인한 반면, 에콰도르는 2007년에 은행 채권들에 대한 감사를 실시했다. 채무 감사를 통해 에콰도르가 인정한 부채 총액은 32억 달러에서 9억 달러로 급격히 낮아졌다. 외교적 측면에서 국가 주권의 수호는 새로운 국가 간 기구를 창설해 지역의 자율성을 증진시킴으로써 이룰 수 있다. 예를 들어, 2008년 공식 출범을 선언한 남아메리카국가연합(USAN)이나 2011년에 출범한 라틴아메리카-카리브 해 국가공동체(CELAC, 이 기구에는 미국과 캐나다를 제외한 아메리카 대륙의 모든 국가가 가입해 있다)가 바로 새로운 국가 간 기구들이다.

경제적 어려움

2000년대 중국의 급속한 경제 성장에 크게 힘입었던 라틴아메리카 국가 대부분은 2008년 경제 위기 뒤에 사회적·외교적 재량이 축소될 정도로 심각한 어려움에 직면했다. 경제적 어려움은 라틴아메리카 국가들이 독자적인 행보를 이어가는 데 큰 장애물이 될 수도 있다. ∎

← 에보 모랄레스 볼리비아 대통령의 비공식 경호단인 '빨간 판초단(Ponchos Rojos)', 니콜라스 포우스트호미스의 사진, 2005년

↑ 베네수엘라에서 '미션 바리오 아덴트로'('마을 속으로'라는 뜻의 베네수엘라 무상 보건의료 시스템으로, 차베스와 카스트로가 협정을 맺어 베네수엘라가 싼 값으로 쿠바에 석유를 공급하고 쿠바는 그 대가로 의사를 파견하고 있다-옮긴이)에 참여하고 있는 1,000명의 쿠바인 의사 가운데 한 사람. 이 제도 덕분에 빈민 지역 주민들은 무상 치료를 받을 수 있게 됐다. 피에트로 파올리니의 사진, 2004년.

← '엘 시스테마'라는 프로그램에 의해 어린이들이 카라카스에서 음악을 공부하고 있다. 메레디트 코후트의 사진, 2012년.

1975년 경제학자이자 피아니스트인 호세 안토니오 아브레우는 베네수엘라의 빈민 지역 청소년들을 위한 음악교육 프로그램인 '엘 시스테마'를 만들었다. 재능이 뛰어난 청소년은 이 프로그램에서 운영하는 오케스트라의 단원으로 활동하게 된다. 그중 가장 유명한 것은 '시몬 볼리바르 오케스트라'다. 오늘날 '엘 시스테마'는 라틴아메리카 전역으로 확산되었다. 베네수엘라에서만 매년 50만 명의 어린이가 이 프로그램에 참가하고 있다.

↑ '서브프라임 모기지(비우량 주택담보 대출)' 사태로 압류당해 버려진 주택, 플로리다 주 데이토나 비치, 마이크 버루비의 사진, 2009년.

투기 경제의 탄생

1980년대에 이루어진 정책적 결정 때문에 경제가 은행 권력에 종속되었다. 그 당시 프랑스, 영국 혹은 미국 정부는 금융활동에 대한 규제를 완화하기로 결정했다. 결과적으로 규제 완화로 투기 경제의 출현이 용이해졌고, 언제고 그 거품은 꺼질 것이다.

1962년 미국의 경제 수익에서 금융 분야는 약 16%를, 산업 분야는 약 49%를 차지했다. 40년 뒤에는, 금융 분야가 43% 이상을 차지했고, 산업 분야는 8% 이하로 떨어졌다. 30년 전부터 유사한 변화가 대부분의 국가에서 이루어졌다. 금융권의 성장으로 '금융화'(재화의 생산에서 금융으로 경제활동의 중심이 이동하는 것을 말한다. 금융시장 및 금융기관들과 이 분야의 엘리트들이 경제는 물론 정부를 포함한 사회의 다른 기관들에 미치는 영향력이 증대되면서 성장 저해와 변동성을 높이는 결과가 나타났다-옮긴이)가 이루어진 것이다.

신자유주의 정책(154쪽 참조)의 가동으로 가능해진 금융화 과정은 전적으로 경제 규제 완화를 목적으로 한 정책 결정에 따른 결과이다. 1986년 10월 27일 영국에서 마거릿 대처가 런던 주식시장의 빅뱅을 예고했는데, 이것은 미국에서 로널드 레이건 공화당 행정부가 그랬던 것처럼 주식 거래에서의 규제 완화를 목표로 삼은 조치였다.

프랑스에서는 사회당의 경제금융장관인 피에르 베레고부아가, 1990년 자본 수익에 대한 세금을 축소하기 전인, 1986년에 금융시장의 규제 완화법을 통과시켰다. 1999년 미국의 클린턴 행정부는 '글래스 스티걸(Glass-Steagall) 법'을 폐기했는데, 이 법은 1933년부터 상업은행(예금은행)과 투자은행을 분리한 법이었다.

금융화는 전 세계의 생산 시스템(즉 재화와 서비스가 생산되는 방식)과 은행 시스템(즉, 돈이 경제를 돌게 하는 방식)을 완전히 바꿔놓았다. 미국은 경제의 금융화로 인한 이러한 변화로 기업의 해외로의 공장 이전 전략에 속수무책인 데다, 경제 순환에도 적신호가 켜졌다. 1930년대부터 1986년 당시까지 국제적인 시스템 위기에 봉착하지 않았던 금융계가 그 뒤 30년 동안 세 가지 중요한 시스템 위기를 겪게 된다. 1980년대 초 제3세계의 부채 위기, 1990년대 말 신흥공업국의 금융 위기, 2007년부터 미국의 '서브프라임' 위기에 의해 촉발된 심각한 경기 침체가 이에 해당한다.

'15%의 독재'

다국적기업 대부분이 주식시장에 상장된 기업의 주식을 보유한 민영 금융기관의 통제하에 들어가면서 기업의 경제활동 목표가 바뀌어버렸다. 거대 기업의 목표는 판매를 늘리는 것이 아니라 금융 수익성, 다시 말해 이익을 더 늘리는 것이다. 이제는 거대 주주들이 수익률을 규정하는 힘을 우선적으로 갖게 되었다. 이것이 바로 1990년대와 2000년대에 등장한 '자기자본이익률(ROE) 15%를 먹는 독재'라는 것이다.

제라르 뒤메닐과 도미니크 레비 같은 경제학자의 주장처럼, 수익성이 최초의 목표는 아니었다 해도 수익성을 중시하는 경제가 가져오는 결과는 다음과 같다. 생산된 부 중에서 금융 수익은 급격히 증가하고, 임금 노동자들의 몫은 감소한다. 세계화는 지구상에서 가장 부유한 10%의 상류층과 기업의 외국 이전 혜택을 받은 중국 같은 신흥 공업국의 중산층에게 이익이 되었다. 반면, 가장 가난한 10%

와 선진국의 중산층에게는 부정적인 영향을 미쳤다. 인플레이션을 고려하면, 선진국 중산층의 수입은 오히려 침체했기 때문이다.

불투명한 위험에 놓인
국제적인 금융 사슬

유동성 확대를 명목으로 다양한 금융혁신 조치가 시행되자 은행들은 대출과 관련된 위험 부담을, 특히 상환 불능 상태의 채권을 투자은행, 투기펀드 같은 새로운 금융기관에 떠넘길 수 있게 되었다. 그 결과 경제에 투기 거품이 일기 시작하고, 은행들과 그 외 금융 당사자들이 연결되어 있는 국제적인 금융사슬에 불투명한 위기들이 발생하게 된다. 미국의 '서브프라임' 같은 '금융혁신 상품들'

이 '해로운 것'으로 밝혀지기까지 금융혁신 상품들은 대출 시스템 전체에 대해 전반적인 불신을 조장하고, 은행 간 거래를 마비시키고, 리먼브라더스를 파산으로 이끌었으며, 2008년 10월의 금융 대재앙을 일으켰다.

금융을 위해 국가의 후퇴를 주장하며 30년간 활개를 쳐온 신자유주의 이데올로기가 최근에는 국가에 구원을 요청했다. 정부는 긴급 상황에서 어떤 대가도 없이 대규모 은행 구제 계획을 마련했다. 이 과정에서 민간의 부채가 공공부채로 전환되면서 전 세계적인 경기 침체와 각국의 부채 위기를 야기했다. 유로존에서는 부채를 축소하기 위해 긴축정책이 실시되면서 복지 예산이 줄고 실업이 증가했다. 결과적으로 은행 위기가 사회 위기로 치닫게 된 것이다. ■

참고자료

가수이자 기타리스트인 우디 거스리가 대공황에 빠진 미국을 비꼬았다. 그의 노래 〈즐거운 은행가(The Jolly Banker)〉는 금융업계가 1939년 이후에도 그렇게 많이 바뀌지 않았음을 증언하고 있다.

내 이름은 톰이고,
나는 즐거운 은행가야.
즐거운 은행가는 바로 나야.

나는 농부들, 과부들, 고아들을 지켜주지.
나는 노래해. "나는 즐거운 은행가고, 즐거운 은행가는 바로 나야."

흙먼지 폭풍이 불어와 농작물을 망가뜨리면
나는 그 손실을 계산하고 담보물 가격을 낮추겠지.
나는 노래해. "나는 즐거운 은행가고, 즐거운 은행가는 바로 나야."

당신이 돈이 필요하다면, 내가 대출을 해줄게.
내가 하나를 빌려주면, 나에게 둘을 가져와.
나는 노래해. "나는 즐거운 은행가고, 즐거운 은행가는 바로 나야."

만약 당신의 자동차가 고장 나고, 당신 발밑의 땅이 꺼지면,
나는 당신의 집과 차, 당신의 옷장을 압류하리라.
나는 노래해. "나는 즐거운 은행가고, 즐거운 은행가는 바로 나야."

금융의 톱니바퀴

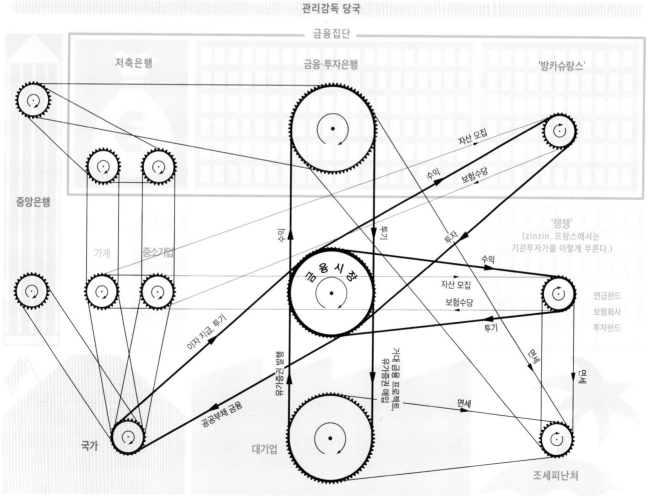

《돼지들(The pigs)》에서 발췌한 카를로스 스포토르노의 사진들.

영국의 경제신문에서 단어의 첫 글자를 조합해서 만든 'PIGS'(영어의 'pigs'를 뜻함)라는 약어는 포르투갈, 이탈리아, 그리스, 에스파냐를 가리킨다. 유럽 내륙의 북부 국가들에 얹혀산다고 비난받는 이 4개국은 다양한 사진 이미지의 대상이 되고 있다. 《돼지들》에서는 이 4개국을 더 멋지게 비난하기 위해, 《더 이코노미스트(The Economist)》의 지면 레이아웃을 그대로 사용해 경제 위기를 자초한 듯한 인상을 주기에 딱 알맞은 이미지만 골라서 배치했다.

↑ 에스파냐 남부의 항구 도시 알헤시라스, 2009년 8월.

↗ 환경운동가들의 반대에도 불구하고 지역 자치단체의 묵인 아래 자연보호구역에 건축 중이던 엘 알가로비코(El Algarrobico) 호텔이 결국은 불법 건축물로 판결나 공사가 중지됐다. 2012년 에스파냐 법원은 이 건물의 철거를 명령했다.

《기념물(Monuments)》 시리즈에서 발췌한 마티외 베르나르 레몽의 사진들.

↗ 원유 가격, 2008년.

↑ 이자 수익 비교, 2005년.

→ 중국의 물과 공기의 오염도, 2007년.

마티외 베르나르 레몽의 이 시리즈는 풍경 속에 경제 관련 그래프의 형태를 띤 대상들이 배치되어 있다.

앞으로 다가올 세상

에스파냐, 그리스, 아일랜드가 '자신들의 수준 이상'으로 살았다는 이유로 국제통화기금 같은 국제금융기구는 이들 국가에 긴축 재정안을 강요했다. 이후 수치와 수익성이라는 독재권력이 사회 각 분야에 침투했다.

긴축만이 경제 위기에 대한 유일한 해결책일까?

브뤼닝 총리의 독일에서, 피노체트 장군의 칠레에서, 살라자르 총리의 포르투갈에서 적용된 긴축정책은 경제를 다시 활성화할 거라는 예상을 빗나갔다. 주민들의 생활은 더욱 취약해졌고, 사회는 불안정해졌으며, 경제는 부실해졌다. 그러나 유럽연합은 긴축정책을 단념하지 않았다. 엄격한 긴축정책이야말로 재정 위기에 대한 기적적인 해결책이라고 생각했다.

"**공**공비용의 삭감 없이는 어떤 정책도 믿을 수 없다." 2011년에 《르 피가로》의 한 논설위원은 이렇게 썼다. 2년 뒤 한 시사평론가도 프랑스 라디오 방송 '유럽 1(Europe 1)'에서 "보건 비용의 축소, 지방자치단체에 대한 차입 감축, 그리고 무엇보다 경쟁력 제고를 위한 구조개혁"을 주장하면서, 완전히 똑같은 의견을 내놓았다. '대침체(Great Recession, 162쪽 참조)'(2007년 시작된 서브프라임 사태 이후 미국과 전 세계가 겪고 있는 경제 침체 상황을 1930년대 대공황에 빗대어 일컫는 말 – 옮긴이)의 초기부터 수많은 기자와 정치가, 경제학자가 긴축정책을, 다시 말해 공공비용의 감축을 경제 회복에 꼭 필요한 조건으로 제시했다. 그뿐 아니라 미래 세대를 짓누르고 있는 무거운 부채 부담 때문에 모두의 희생과 개개인의 노력이 필요하다는 식의 상투적인 조언도 빠뜨리지 않았다.

그러나 긴축정책이 시행된 부문마다 정반대의 효과가 나타났다. 긴축정책으로 경기 침체가 지속되고, 공공부채 수준이 더욱 높아지고, 재정

적자가 심화됐다. 2008~2013년 말에 국내총생산(GDP)은 이탈리아가 8.3%, 포르투갈이 7.8%, 에스파냐가 6.1% 하락했다. 공공부채는 2007년 이후 아일랜드가 국내총생산의 25%에서 117%로, 프랑스가 64%에서 103%로, 그리스가 105%에서 175%로 상승했다. 이들은 모두 긴축정책을 신봉하며 이행해온 국가들이다.

'트로이카'는 이탈리아에서 기술관료 정부를 수립하는 데 앞장섰다

사회보장 수당의 감소, 인플레이션으로 인한 실질임금 감소, 공무원 채용 인원 동결이라는 세 가지 주요 긴축 방안은 실업률 상승의 직접적인 원인이었다. 유럽연합에서 12% 근처에 머물러 있던 실업률이 그리스에서는 2007년 10%에서 2013년 27.9%로, 에스파냐에서는 7.3%에서 26.7%로, 포르투갈에서는 6.1%에서 16%로, 아일랜드에서는 4.7%에서 약 15%로 높아졌다. 결과적으로 긴축정책은 경제활동의 주요 동력인 소비를 위축시키고, 국민의 건강에까지 악영향을 미쳤다. 그리스에서는 보건복지부의 예산이 2009~2011년 23.7% 감소하자, 몇 가지 질병들이 다시 유행했다. 예를 들어, 에이즈 바이러스 감염자 수가 2010~2011년 57% 증가했고,

← 그리스의 아테네 교외에 위치한 헬리니콘(Helinikon) 사회·의료 센터는 사회보장제도의 혜택을 받지 못하는 가정에 무료 진료를 시행하고 있다. 스테파니아 미자라의 사진, 2012년.

↗ 보리스 세메니아코의 포토몽타주, 페루지노의 그림 〈목자들의 경배〉(1510)를 모델로 삼았다.

이탈리아의 주요 매체와 시사평론가들이 일제히 같은 의견을 냈듯이, 2008년 출간된 이탈리아 교과서에서도 경제 위기를 벗어나기 위한 방안으로 긴축정책 외에는 별다른 대안을 제시하지 못하고 있다.

사실, 마스트리히트조약에 의해 강요된 긴축재정정책이 시행되면서 오래전부터 구대륙 경제에 불이익을 주고, (…) 아시아와 북아메리카 시장에 대해 구대륙의 경쟁력을 떨어뜨려온 몇몇 요인들이 드러났다 (결과적으로 긴축재정은 이러한 문제를 바로잡는 데 기여할 것이다). 과도한 공공비용, (…) 재정 측면에서 지속 불가능한 사회보장제도, (…) 청년과 실업자 들을 위해 새로운 기회를 마련해주기보다 기득권 보존을 더 중시하는 노동시장의 경직성이 그 요인들에 해당한다.

부채'를 무효화하거나 은행 시스템을 국유화할 수 있다. 그러나 유럽에서는 가본 적이 없는 길이기에 감히 모험을 해보려는 정부가 드물다. 특히나 국제금융기구들의 압력이 너무 강하기 때문이다.

안토니우 드 올리베이라 살라자르(재임 1932~1968)의 포르투갈이나 아우구스토 피노체트(재임 1973~1990)의 칠레처럼 예전에 독재에 의해 강요된 긴축정책이 오늘날 선출되지 않은 초국가적 기구들의 '강요'에 의해 대대적으로 시행되고 있다. 그리스와 포르투갈에서는 '트로이카(유럽위원회, 유럽중앙은행, 국제통화기금)'가 이들 국가의 공공비용을 감시하기 위해 각 부처에 자기 기관의 직원들을 파견했다.

자살자의 수도 22.7% 급상승했다.

지도자들은 역사에서 큰 교훈을 얻지 못하고 있다. 1930년대에 이미 프랑스의 피에르 라발 총리, 영국의 램지 맥도널드 총리, 독일의 하인리히 브뤼닝 총리가 실시한 디플레이션 프로그램으로 인해 유럽 국민들은 빈곤에 빠졌다. 유사한 사례로 1991년 소비에트연방이 해체된 뒤, 예산 삭감 때문에 엄청난 희생을 치렀다. 1991~1994년 사이 남성의 평균수명이 64세에서 57세로 추락할 정도였다.

다른 정책들이 가능할 수도 있다. 투자 진작을 위해 임금과 공공투자를 늘리거나(미국의 뉴딜 정책이 이 같은 방식을 적용해 상당한 성과를 거뒀다) 혹은 '부당한

이탈리아에서 트로이카는 기술관료(테크노크라트)인 마리오 몬티를 총리로 앞세워 기술관료 정부를 출범시켰다(2011~2013). 2014년 3월 정치가 아주 불안정한 상황에 빠진 우크라이나에서 국제통화기금은 퇴직연금의 동결과 공무원 정원의 10% 감축을 강요했다. 2013년에 최종적으로 유로존의 '안정·협력·거버넌스 관련 협약(TSCG)'이 발효되면서 유럽연합 회원국들은 우선적으로 예산에 대한 감시를 받게 되었다. 이 협약으로 회원국들에 허용된 예산 적자는 과거 국내총생산의 3% 수준에서 0.5% 이내로 한정되었으며, 이 '예산 규율'은 모든 경제활동 활성화 정책을 금지하고 있다. ■

세계화를 어떻게 생각할 것인가?

1990년대 초 많은 관찰자는 냉전의 종식을 자본주의와 서구 모델의 최종적인 승리로 해석했다. 또 다른 사람들은 세상의 무게중심이 북반구에서 남반구로 이동하는 커다란 변화가 일어날 것으로 예측했다. 이런 시나리오들이 지난 20년간의 시험에 어떻게 되었을까?

자본주의의 세계화는 새로운 현상이 아니다. 세계화는 유럽의 산업혁명과 식민지 확대로 처음 이루어졌다. 증기선, 전신 등 다양한 기술 진보를 통해 대륙 간 교역이 엄청나게 증가하면서 용이해진 세계화는 점점 더 통합된 세계 경제 시스템을 만들어갔다.

긴장과 모순이 교차하는 첫 번째 세계화는 자본주의의 핵심 국가들(식민지 본국)과 의존적 주변 국가들(식민지) 사이의 지배관계에 의해 구조화되었다. 식

민지들은 국제적 분업에 강제 편입되어 제1차 생산물의 생산과 수출이라는 종속적 활동에 머물게 되었다. 이런 불평등 때문에 19세기 말부터 그다음 세기에 식민지 각국의 독립 투쟁이 일어나게 된다. 불평등은 또한 유럽 강대국들 사이의 경제적·정치적 경쟁 속에서도 표출되었다. 세기 말에 민족 분열이 뚜렷해지면서 1914년 세계대전의 발발로 제1차 세계화가 붕괴되었다. 그로부터 75년 뒤 소비에트연방의 몰락과 더불어 자본주의가 다시 세계적으로 펼쳐졌다.

국가의 역할

이런 역사적 개관은 세계화의 효과에 대한 냉전 종식 후의 지적 논쟁을 더 잘 이

해하게 해준다. 프랜시스 후쿠야마 같은 자유주의자들이나 위르겐 하버마스 같은 네오마르크스주의자들이 서로 다른 이유로 세계화를 옹호하는데, 그 첫 번째 논점은 세계화가 민족국가의 틀을 초월하는 조건을 만들어낸다는 것이다. 자본의 세계화에 의해 민족국가는 자신의 자리를 민영이든 공영이든 상관없이 다국적기업, 비정부기구, 각종 클럽, 국제기구 같은 '초국가적' 권력기관에 양도할 것이다. 세계화는 이런 식으로 힘의 분산을 가져올 것이다. 네오마르크스주의자들에 따르면, 민족과 국가로부터 완전히 자율적인 초국가적 자본 계급이 형성된다.

반대로 '현실주의적' 접근법에 따르면, 국가는 다극화되고 분열된 세계에서 여전히 주요 당사자로 남아 있게 된다. 현실주의적 접근을 주장하는 사람들은 국제기구와 민간 거버넌스(private governance) 체제의 허약성을 지적함과 동시에 국제 경제체제에 대해 정의를 내리거나 실행 및 규정을 준수하는 데 지배적 국가들 간의 역할과 힘의 차이(예를 들면, 국제통화기금 내에서 미국과 유럽연합이 결정적인 영향력을 행사하고 있다)가 있음을 강조하고 있다.

자본의 세계화와 새로운 강대국들의 출현이라는 이중적 경향

다양한 이론적 시각에는 결함과 맹점이 존재하기 마련이다. 국가의 사회적·정치적 역동성에 대해 둔감한 현실주의 지지자들은, 국가 간 대립과 충돌을 국가의 생존을 위한 경쟁 논리에 포함된 역사적 영속성으로 간주한다. 반면, 자유주의자들은 주로 세계화된 자본에 대한 제어 기술에만 초점을 맞추고 있다.

몇몇 논자들은 냉전 이후 국가와 국제기구, 그리고 민간 부문 간 상호작용이 일어나고 있는 "복잡한 권력 구도"(로버트 W. 콕스)를 분석하면서 이분법적인 논쟁에서 벗어나려고 노력한다. 이런 관점에서 보면 "통합과 분열은, 지구적 차원에서 엄청난 이익과 손실을 재분배하는 자본주의 경제의 상호보완적 측면이다"(장 크리스토프 그라즈).

현재 세계의 정치·경제적 지형은 19세기 말과 비슷하다. 첫 번째 세계화가 진행될 당시 경제의 국제화는, 구제국과 신흥 경쟁국들 사이의 첨예한 경쟁 및 엄청난 민족 분열과 더불어 이루어졌다. 현재의 세계화 흐름은, 자본의 세계화와 중국 같은 거대 강국과 브라질·인도·터키 같은 중견 강국 등 새로운 강국들의 출현이라는 이중적 움직임으로 특징지을 수 있다. 이 두 움직임 사이의 긴장이 21세기 세계 시스템의 경로를 만들어낼 것이다. ■

↖↖ 디지털 예술가 존 래프맨이 구글 스트리트 뷰(Google Street View)에서 수집한 이미지들, 2009년 이후.
→ 〈굶주린 유령(hungry ghost)〉, 타이의 현대미술 작가인 마닛 스리와니치품의 포토몽타주, 2003년.

산업이 동쪽으로 이동하고 있다

공업은 사양 산업이 되기는커녕 여전히 세계 경제에서 중요한 역할을 하고 있다. 그러나 1980년대부터 공장들이 서구를 떠나 남반구 국가들, 특히 노동력이 풍부하고, 임금이 낮고, 노동조합이 약하거나 존재하지 않는 아시아로 이동하고 있다.

2011년 봄 중국은 한 세기를 이어온 미국의 세계 지배에 종지부를 찍으며 세계 제1의 제조업 강국이 되었다. 그동안은 미국이 20세기 전환기에 영국을 제친 이후 줄곧 산업 강국의 자리에 있었다.

지난 10여 년 동안 세계 공업 생산은 65% 증가했다. 주요 선진국들의 생산량이 60%에서 46%로 추락한 반면, 4대 신흥 강국인 브라질·러시아·인도·중국의 생산량은 11%에서 27%로 상승했다.

2007년에 시작된 금융·경제 위기는 적어도 20여 년 전부터 그 기반이 다져진 역사적 과정을 가속화했을 뿐이다. 중국은 1978~1992년에 이뤄진 개혁을 통해 '세계의 공장'이 되면서 세계 제1위의 자리에 올랐다. 그사이 중국은 세계 공업 성장의 41%를 이루었다.

서구 산업자본의 재편이 가속화되고 있다. 그 과정은 많은 노동력을 필요로 하는 엄청난 산업재화의 생산(섬유 및 의류, 소비 가전제품, 자동차 등)을 외국으로 이전한 뒤에, 다시 그 상품들을 재수입하는 방식으로 이루어지고 있다. 선진국 시장이 침체에 빠지자 서구의 다국적기

산업 중심지의 이동

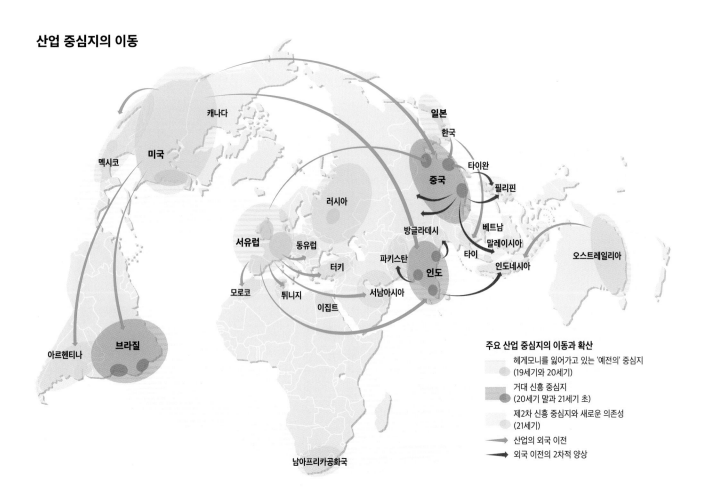

주요 산업 중심지의 이동과 확산

헤게모니를 잃어가고 있는 '예전의' 중심지
(19세기와 20세기)

거대 신흥 중심지
(20세기 말과 21세기 초)

제2차 신흥 중심지와 새로운 의존성
(21세기)

산업의 외국 이전

외국 이전의 2차적 양상

← 인도 벵갈루루의 상업 중심지인 포럼몰(Forum Mall), 에드 카시의 사진, 2007년.

남반구 개발도상국에서 산업화와 경제 발전은 새로운 중산층의 출현을 낳았다. 소비욕이 강한 젊은이들은 지난 15년 동안 거대한 쇼핑센터가 건설된 대도시에 주로 거주한다.

↑ 멕시코 북부의 국경 도시 시우다드후아레스의 RCA 톰슨(RCA Thomson)사에 근무하는 이 여성 노동자는 주당 48시간 근무에 290페소를 받는다. 이 외에 식품 등의 구입에 사용되는 72페소짜리 교환권도 추가로 받는다. 그러나 이 임금은 그곳에서 불과 몇 킬로미터 떨어진 미국에서 일할 경우 받는 임금의 10분의 1에도 못 미치는 금액이다. 패트릭 바드의 사진, 1997년.

업들은 값싼 노동력과 새로운 고객을 찾아, 그리고 그 고객에게 직접 서비스하기 위해 개발도상국으로 이전하고 있다. 신흥국 시장에서 유럽의 200대 기업은 2011년에 31%의 판매율을 차지하고, 수익률은 24%에 이르고 있다.

파키스탄은 직물, 말레이시아는 전자, 슬로베니아는 자동차 산업에 특화되어 있다

그러나 아주 새로운 사실은 신흥 산업 강대국들이 등장하여 교육과 혁신, 그리고 강력한 산업·기술 정책을 통해 전략적 자율성을 확보하기 위해 매진하고 있다는 점이다. 중요한 장비 계약 협상에서 전력을 다해 기술 이전을 약속받고 집중적인 노력을 쏟은 덕택에 남반구의 주요 개발도상국, 특히 중국은 항공, 우주, 전자, 통신, 화학 등 선진국의 핵심 기술 분야를 점차 따라잡고 있다.

중국이 동원할 수 있는 연구자들의 규모는 일본의 두 배 수준으로, 유럽연합보다는 조금 더 많고, 미국과는 비슷한 규모이다. 전 세계 연구자들 가운데 중국인의 비율은 향후 5년 내에 현재 20%에서 30%를 넘게 될 것이다.

신흥 대국들이 한 세대쯤 뒤에는, 만약 그때까지도 엔지니어, 기술자, 매니저 같은 직업군이 남아 있다면, 산업 및 생산직, 그리고 사회전문직 분야에서 주요 선진국들과 경쟁할 수 있을 것이다. 인도는 타타 컨설턴시(Tata Consultancy), 위프로(Wipro Technologies), 인포시스(Infosys) 등의 강력한 기업들과 벵갈루루 시(市) 같은 경제특구의 발전 덕택에, 유럽연합의 뒤를 이어 컴퓨터 소프트웨어와 서비스 분야에서 세계 제2의 수출국(전 세계 수출량의 22%)이 되었다.

이처럼 새로운 서열화와 함께 기업의 외국 이전도 또 다른 국면을 맞이하고 있다. 중국 중부와 남부 연안 지방의 임금 상승에 의해 경쟁력을 잃게 된 일부 직물 산업과 전자 산업이 이제는 중국 내륙 지방 혹은 아시아의 남동부나 남반구의 다른 국가로 이동하고 있다. 그 결과 파키스탄, 방글라데시, 터키, 튀니지 혹은 모로코가 중국과 치열한 경쟁관계에 있음

에도 불구하고 직물 및 의류 분야에 특화되어 있다. 타이, 말레이시아, 필리핀은 전자 분야에 특화되어 있고, 유럽에서는 슬로바키아, 슬로베니아 혹은 헝가리가 자동차 산업에 특화되어 있다.

이러한 발전의 이면을 보면, 제조업 분야의 고용이 2002~2010년 미국에서 25%, 영국에서 27%, 유로존에서 10% 감소했다. 이런 국가들에서 제조업이 희생된 대신 서비스업의 몫이 증가하고 있다는 사실을 부정적인 현상이라고만 볼 수는 없다. 이 점은 현대사회에서 교육·여가·상업·건강·금융 같은 서비스 분야 발전의 중요성을 보여 준다. 교육·여가·건강 등과 연관된 경제활동이 예전에는 제조업 분야에서 계산되어 통계수치로 나타났는데, 이제는 이런 활동들이 서비스업에 포함되고 그에 따라 제조업 분야의 몫이 감소된 것을 감안해서 통계수치가 수정되었다. 요컨대 예전의 지배 국가들은 여전히 많은 자산을 가지고 있다. 특히 중간 혹은 고급 수준의 제품 생산과 연구 혹은 혁신 영역에서 상당히 전문화되어 있다. ■

중국의 눈부신 발전

2010년 중국은, 1968년부터 일본이 차지하고 있던 세계 제2위의 경제대국 위치에 올라섰다. 인구 13억 명에 세계 최대의 수출국이자 미국 재무부 채권의 주요 보유국인 중국은 21세기에 미국의 헤게모니를 뒤흔들 수 있을 것이다. 그러나 그 길에는 수많은 장애물이 도사리고 있다.

19 70년대 중국 사회에서 소수의 지도자들을 제외한 대중은 근근이 생활할 정도로 빈곤에 처해 있었다. 오늘날 중국은 대중 소비시대에 접어들었다. 불평등이 엄청나게 심해졌음에도 불구하고, 가장 가난한 사람들조차 구매력이 상승됐다. 농민들은 도시로 이주하

↓〈하이 플레이스(High Place) 042-02, 자유의 29층〉, 리 웨이, 2003년.

리 웨이의 국제적 명성은 오늘날 중국의 전위예술이 성공했음을 증명하고 있다. 그의 행위예술과 사진에서 이 유미주의 곡예사는 무중력에 매료되어 있다. 마천루 꼭대기의 허공 속에 정지된 채로 매달려 반사경 속에서 손을 움켜잡고 있는 사진이다. 자신의 예술을 통해 그는 생글거리면서 동시에 매력적인 시선으로 베이징의 광적인 도시화를 바라본다. 도시화는 그가 선호하는 주제다.

여 농민공이 되었고, 반면에 예전 사회주의 시절의 노동자, 피고용인과 그 후손들은 이제 질 좋은 일자리, 흔히 고도의 기술력이 요구되는 일자리를 차지하고 있다. 1978년에는 특정 연령대의 1.5%만 고등교육을 받을 수 있었는데, 현재는 그 비율이 30%에 달한다. 이제 중국인의 4분의 1 혹은 3분의 1이 유럽 중산층과 비슷한 생활수준을 누리고 있다. 이들은 한 채 혹은 여러 채의 아파트와 자동차를 소유하고 있으며, 외국으로 여행을 가고, 자녀들을 서구 대학에 유학 보낸다. 중산층의 세계화가 민족감정을 약화시키기보다 오히려 강화시키는 경향이 있으

며, 세계화는 오늘날 중국 민족주의를 확산시키는 힘 가운데 하나다.

사회적 갈등은 수없이 많다. 주민들은 지도자들의 부패와 지역 관료주의의 독단을 규탄하며 더 많은 법적 보호 장치를 요구하고 있다. 그러나 1989년 톈안먼 사태 이후 그런 방식의 저항운동에 대해 동조하지 않으며, 보통선거에 기반을 둔 민주주의가 안정성을 해칠 것이라는 두려움 때문에 주민들은 단일 정당 체제가 유지되는 것을 그리 나쁜 것으로 여기지 않는다.

이런 상황에서 외국인의 투자 외에도 중국의 거대 다국적기업이 형성되고, 부동산 경제가 비약적으로 성장함에 따라 중국은, 1인당 국내총생산(GDP)이 아닌 전체 총생산에서 세계 제2위의 경제대국이 되고, 세계 제1의 수출국이 되었다. 중국 정부는 미국 재무부의 채권을 구매

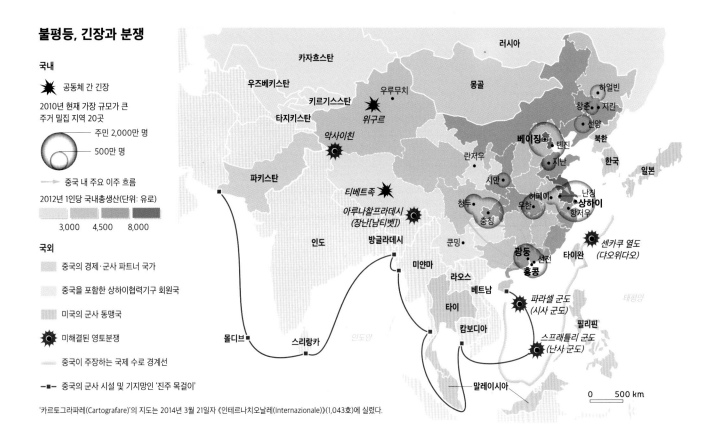

불평등, 긴장과 분쟁

국내

✹ 공동체 간 긴장

2010년 현재 가장 규모가 큰
주거 밀집 지역 20곳

○ 주민 2,000만 명
○ 500만 명

→ 중국 내 주요 이주 흐름

2012년 1인당 국내총생산(단위: 유로)

3,000　4,500　8,000

국외

□ 중국의 경제·군사 파트너 국가

□ 중국을 포함한 상하이협력기구 회원국

□ 미국의 군사 동맹국

☾ 미해결된 영토분쟁

— 중국이 주장하는 국제 수로 경계선

-■- 중국의 군사 시설 및 기지망인 '진주 목걸이'

'카르토그라파레(Cartografare)'의 지도는 2014년 3월 21일자 《인테르나치오날레(Internazionale)》(1,043호)에 실렸다.

지도 라벨: 러시아, 카자흐스탄, 우즈베키스탄, 몽골, 하얼빈, 창춘·지린, 키르기스스탄, 우루무치, 선양, 타지키스탄, 위구르, 베이징, 북한, 악사이친, 텐진, 한국, 일본, 지난, 파키스탄, 시안, 란저우, 허페이, 난징, 티베트족, 상하이, 항저우, 아루나찰프라데시(장난[남티벳]), 청두, 우한, 충칭, 인도, 방글라데시, 쿤밍, 센카쿠 열도(다오위다오), 미얀마, 광둥, 선전, 타이완, 라오스, 홍콩, 베트남, 타이, 파라셀 군도(시사 군도), 필리핀, 캄보디아, 스프래틀리 군도(난사 군도), 몰디브, 스리랑카, 인도양, 말레이시아, 태평양

0　500 km

해 미국 정부에 대한 압력 수단을 갖게 되었지만, 이 때문에 결과적으로 미국 경제의 안정성에 의존하게 되었다.

국제연합에서 중국은 영토 통합에 대한 상호 존중과 내정 불간섭 등의 원칙을 옹호하고 있다

중국은 대외정책을 수행하기 위해 온갖 수단을 동원한다. 타이완 문제를 둘러싼 주요 방안으로 군사적 수단에 대한 지속적인 현대화가 추진되고 있다. 중국 정부는 공식적으로는 타이완을 중국에 재통합하기 위해 경제 통합을 계산에 넣고 있지만, 무장분쟁 역시 가능한 선택지로 남겨두고 있다. 특히 재통합 정책은, 댜오위다오(센카쿠 열도) 주변 동중국해에서 최근 벌어진 영토 침입이 증명해주듯, 육상과 해상 국경분쟁의 해결 같은 다양한 목적으로 군대를 파견하는 유용한 핑계가 되고 있다.

중국은 국제연합 안전보장이사회 상임이사국의 일원임을 내세워 영토 통합

의 원칙을 일관성 있게 추진하고 있다. 또한 예전 코소보와 현재 시리아의 공개적인 분쟁 상황을 지켜보듯, 다른 국가의 내정 문제에 대해 불간섭 원칙을 내세우고 있다. 이런 원칙을 넘어서 중국은, 민주주의에 대한 온갖 찬양에 얽매이지 않은 채, 남동아시아와 아프리카에 원조와 투자를 하면서 서구 출자자들이 부과하는 조건들을 이 국가들에 면제해주고 있다. 이 중에는 독재 정부도 있는데, 그들도 혜택을 그대로 받고 있다.

국제무대에서 중국의 눈부신 발전은 중국 외교관들의 전문성에 조명을 맞추어 평가해야 할 것이다. 중국 외교관들은 수많은 다자간 협상기구에 활발히 참여하며 열성적으로 자국의 중요 이익들을 옹호하고 있다. 하지만 중국의 실질적인 행동은 상대국의 태도 여하에 달려 있다. 중국은 1996년 미국에 이어 포괄적 핵실험금지조약에 서명한 두 번째 국가다. 그러나 중국은, 미국이 비준하기를 신중하게 기다리면서 아직 그 조약을 비준하지는 않았다.

마지막으로, 세계에서 중국의 문화적 영향력은 공자학원(중국 정부가 자국의 언어와 문화 등 소프트파워를 전파할 목적으로 세계 각국에 설치하고 있는 교육기관-옮긴이)의 증설에 힘입어 계속해서 커지고 있다. 이 밖에도 중국 문화의 부흥은 부분적으로, 중국 화교들이 사는 지역에서 중화제국의 문화를 서구 엘리트들이 매력적으로 경험하고 있다는 사실에 기인하고 있다. 중국 화교들이 중국의 전통을 재발견해 발전시키고 있기 때문이다. ■

쉬어가기

블라디미르 푸틴이 대통령에 선출된 뒤에 개정된 러시아 교과서는 그에 대해 끊임없이 찬양하고 있다. 2000년부터 사용된 교과서 《20~21세기 초의 역사》(제11판, 프라스베셰니에 출판사, 2006)에서는 이렇게 서술되어 있다. "국가가 연방권력의 강화, 법적 질서, 법치국가 건설, 국가의 생산성 증가, 사회문제 등에 대한 관심을 확대하고 있다. (…) 대통령과 의회가 협력하여 노동법뿐 아니라 행정 및 조세법 채택 같은 중요한 사법개혁을 단행했다." 하지만 러시아 경제의 석유 의존성, 엄청난 인플레이션 혹은 권력의 독선은 언급되지 않았다.

국제연합은 죽었는가?

UNITED NATIONS

2012~2013년 사이, 국제연합은 50년 만에 두 번째로 예산 삭감을 채택했다. 공식적으로 금융 위기에 의해 정당화된 예산 삭감은 심각한 위기를 잘 대변해준다. 다시 말해, 한때 겉으로는 다자주의적 이상을 내세우던 국제연합이 오늘날에는 강대국들에 많은 몫을 배당해주는 '외교 클럽'으로 변해버린 것이다.

'**다**자주의(multilateralism, 국가 간 협력 촉진을 위해 범세계적 협의체를 두고 규범과 절차를 만들어 이를 준수하도록 하자는 외교정책−옮긴이)'라는 용어는 1945년 국제연합의 탄생과 함께 등장했다. 이 혁명적인 아이디어는 이후 국가 간 관계가 상호협력 증진을 바탕으로 한 새로운 외교 형태를 취하게 될 것

임을 예고했다. 국제연합 창설 당시부터 안전보장이사회의 5대 상임이사국(중국, 미국, 프랑스, 영국, 소비에트연방)은 자국의 이익을 저해할 우려가 있는 모든 결정을 거부할 수 있는 거부권을 가졌다. 냉전이 이런 상황을 더욱 공고히 해왔으며, 양 진영 간 경쟁으로 미국과 소련 2대 강국의 힘은 더욱 커졌다. 안전보장

이사회 내부에서 2대 강국은 경쟁하는 한편, 평화적 공존을 위한 최소한의 합의에 도달할 수 있는 타협안을 마련하기도 한다.

1989년 베를린 장벽 붕괴와 미소 양극 간 대립이 막을 내리면서 새로운 희망이 싹텄다. 국제연합이 세계의 정부 역할을 하는 데는 실패했다 하더라도, 마지막까지 분쟁을 조정하고 해결하는 구심체가 될 수는 있을까? 몇 가지 지표가 이에 대한 가능성을 뒷받침하고 있다. 그동안 안전보장이사회에서 통과된 결의안을 보면, 1945~1989년에 겨우 600여 건이었던 반면, 1990~2014년에는 1,500건에 달했다. 코피 아난 사무총장의 지도 아래 국제연합은 사회문제에도 개입했다. 2000년 국제연합에서 채택된 '새천년개발목표'는 전 세계 기아와의 전쟁을 목표로 삼았다. 이를 통해 '인류의 안전보장'이라는 이상이 군사적 안보에 한정된 평화만이 아닌 식량·보건·환경 문제까지 포괄한다고 상정했다.

소다자주의

그럼에도 불구하고 수많은 제한 조치가 유지되고 있다. 5대 상임이사국은 신흥국가들(브라질, 인도)에, 혹은 제2차 세계대전에서 패배한 강대국들(일본, 독일)에 안전보장이사회를 개방하는 것을 거부하고 있다. 이처럼 전 세계 대부분의 국가가 소외되어 있다. 5대 상임이사국은 효율성이라는 핑계 아래, 세계의 운명을 직접 결정하기 위해 '소다자주의(minilateralism)'에 심취해 있다. 이와 같은 '외교클럽'은 G8(미국, 일본, 독일, 영국, 프랑스, 캐나다, 이탈리아 그리고 1998년부터 러시아)을 통해 제도화됐다. 또한 진짜 중요한 협상은 국제연합 밖에서 이루어지는 것을 우리는 목도하고 있다. 팔레스타인

해방기구(PLO)와 이스라엘 간 협정, 이란 핵협상, 2013년 9월 시리아에 대한 미국 외무장관 존 케리와 러시아 외무장관 세르게이 라브로프의 양자 대담 등 수많은 사례가 있다.

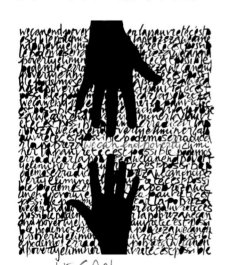

한편으로 국제연합은 아직까지 전 세계 공공의 이익을 보장하는 '국제 공동체'의 상징으로 유지되고 있다. 1988년 국제연합 총회에서 승인된 '인도주의적 개입 의무'라는 개념이 점차 발전해나가기 시작했다. 이후 이 개념은 '보호의 책임(responsibility to protect)'이라는 원칙으로 명확히 표현됐고, 국제연합 60주년에 채택된 선언 속에서 다시 언급됐다. 이 선언에는 해당 국가가 자국민들이 위험에 처했을 때 보호할 의지가 없거나 보호할 힘이 없을 경우, 해당 국가를 대신해 그 국가의 고유 영토에까지 개입하는 것이 다른 모든 국가의 의무라고 밝혀져 있다. 따라서 해당 국가의 주권은 결국 정지되는 것이다.

이런 개입 가운데 확실한 결실을 맺은 경우도 몇 차례 있다. 1999년 국제연합의 위임하에 시작된 군사작전에 의해 2002년 포르투갈의 예전 식민지인 동티모르가 독립을 맞았다. 그러나 대부분의 개입은 애매한 결과를 내거나 실패했다. 1993년 소말리아 내전 개입, 2001년 아프가니스탄 전쟁 개입, 2011년 리비아 내전 개입 등이 그 실례다.

사실 이런 개입 행위들의 정당성에 대해 두 가지 정도 질문이 제기되고 있으며, 이 질문들은 국제연합 시스템의 한계를 드러내준다. 하나는 누가 어떤 통제를 받으며 개입하는가? 또 하나는, 분쟁의 원인이 흔히 후진성(저개발 상태)과 사회문제에서 비롯된 것인데, 이 새로운 전쟁에 맞서 과연 군대가 무엇을 할 수 있는가? 결국 국제연합의 힘 또는 국제연합에 대한 환상이 이 조직의 목을 더욱 조이고 있는 것이 현실이다. ■

↖ 아르헨티나의 그래픽 디자이너 파에즈 토레스의 국제연합 포스터, 1948년.
↑↑ 반세계화운동 단체인 '아탁(Attac)'의 기관지 표지, 보리스 세메니아코의 포토몽타주, 2003년.
↑ 새천년의 목표들을 장려하기 위한 국제연합 포스터, 니콜 로벵송-장, 2010년.
→ 국제연합의 평화유지 임무 가운데 하나로, 한 오스트레일리아 군인이 동티모르의 수도 딜리 항에서 순찰을 돌고 있다, 1999년 9월 20일

↑ 1992년 12월 5일 소말리아의 수도 모가디슈 북부에서 프랑스의 보건부 장관이자 인도주의 실천가인 베르나르 쿠슈네르가 기아에 허덕이는 소말리아 주민들을 위해 프랑스 어린이들이 제공한 쌀가마를 옮기고 있다. 당시 몇몇 사람들은 '미디어 쇼'라고 비난했다. 이 이미지는 교묘하게 연출됐고, 쿠슈네르 장관은 만족할 만한 사진이 나올 때까지 카메라 앞에 여러 번 섰다.

드론, 초정밀 타격: 새로운 전쟁 유형

전쟁은 더 이상 예전과 같지 않다. 과거에 전쟁은 국가끼리 맞서 주로 군인을 살상했다. 이제 전쟁은 한 국가 내에서 벌어지고, 희생자들 대부분이 민간인이다. 전쟁의 목표는 부와 영토, 심지어 권력 획득에 집중되어 있다. 전쟁 무기들은 이런 변화에 맞춰 진화되고 있다. 이제는 '반군들'을 추적하는 데 드론을 띄우는 상황이다.

돌이켜 생각해보면, 냉전은 상대적으로 평화로운 시기였던 것처럼 보인다. 미소 양극화와 핵 억지력이 반세기 동안 세계의 안전을 보장해주었던 것이다. 하지만 이러한 시각은 냉전이 잉태했던 '주변부' 분쟁들(한국전쟁, 베트남전쟁, 아프가니스탄전쟁)과 '우두머리들'의 독려하에 몇몇 국가에서 자행된 대규모 억압들을 망각하는 것이다. 동부유럽과 에티오피아에서의 소비에트연방, 인도네시아·이란·칠레에서의 미국, 캄보디아에서의 중국, 사하라이남 아프리카에서의 프랑스가 그 '우두머리들'에 해당한다.

경쟁의 지속

소비에트연방이 붕괴되자 사람들은 유럽에서 전쟁이 다시 일어날까봐 두려워했다. 실제로 유고슬라비아의 내부 분열은 (1991~1999) 폭력적이었다. 러시아는 체첸의 독립을 막기 위해 체첸과 두 번의 전쟁(1994~1996, 1999~2000)을 치렀고, 조지아(2008)와 우크라이나(2014)에서 강경한 수단을 사용했다. 소비에트연방 해체로 발생한 분쟁들은 캅카스에서 '동결'되었다. 몇 차례 충돌이 빚어졌지만, 유럽 대륙에서의 전쟁은 많지 않았다.

전반적으로 지구적 차원에서 볼 때, 국가 간 분쟁은 점점 줄어들고 있다. 이러한 현상은 전 세계에 민주주의를 채택한 정부의 수가 늘어나고, 국가 간 상호 의존도와 국제기구의 활동이 커진 데 가장 큰 이유가 있다. 하지만 아직도 심각한 경쟁이 이스라엘과 주변의 몇 나라, 인도와 파키스탄, 일본과 중국과 주변국들 사이에서 지속되고 있다.

고용 민병대

1990년대에 아프리카에서 자주 발생했던 국가 내부 분쟁 혹은 이웃 국가의 침략에 의한 '국제화된' 분쟁 들이 2000년대 들어 뜸해졌다. 그런데 2011년에 시작된 시리아 내전, 말리, 중앙아프리카공화국, 이라크 혹은 나이지리아에서의 대결은 이런 유의 분쟁이 재출현하고 있음을 보여준다. 분쟁이 다시 점화되면서 '전쟁문화'가 정착하고, '군벌'들이 부와 권력을 쌓기 위해 혼란을 이용하고 있다.

21세기 초, 미국은 다른 모든 나라의 군사비 총액에 맞먹는 군사비를 지출하는 패권국으로서 이미 오래전부터 세계의 '보안관' 역할을 자처해왔다. 미국의 외교가 때로는 몇몇 지역의 균형을 보장해주기도 했지만, 2000년대에 아프가니스탄과 이라크에서처럼 미국의 군사 개입으로 오히려

↑ 미국의 로봇 제작 업체인 보스턴다이내믹이 미국과 공동으로 개발한 휴머노이드 로봇

분쟁이 지속되기도 했다. 이 두 번의 실패 때문에 미국은 결국 전략을 바꿔야 했다. 2010년부터 미국은 군사비 예산을 조금씩 삭감하고, 전 세계에서 군사 개입 반경을 축소하고 있다.

한편, 민주주의 사회들은 자국 군인들의 죽음을 점점 더 받아들이지 못하고 있다. 그런 탓에 아프리카에서 국제연합의 평화활동을 지원하는 '평화유지군'은 대부분 남반구의 저개발 국가 출신들이다. 같은 이유로, 북반구의 선진국에서는 민간 보안 회사들을 이용하는데, 이러한 민간 보안 회사들이, 예를 들어 이라크에서처럼 현지 전투원을 모집하고 있다. 민주국가들은 적국에 대해, 특히 민간인에 대해 무차별적인 폭력행사를 제한하려고 노력한다. 그런 노력의 결과, '초정밀타격'과 '표적 작전'이라는 개념들이 등장했다. 전쟁은 간접적으로 수행되면서 법의 적용을 받게 되었다.

새로운 대결 무대에서 전통적인 무기와 전략은 거의 무용지물이 되고 있다. 식민지 전쟁의 모델을 따라 한쪽에서는 폭도들을 타격해 봉기를 진압하는 한편, 경제적 원조를 통해 민간인들의 '마음과 정신을 얻는' 전투를 병행하고 있다. 미국은 이라크와 아프가니스탄에서 전쟁을 결행했지만 얻은 것이 거의 없었다.

2001년 9·11테러 이후 세계화된 '대테러 전쟁' 현장에서 테러리스트들을 제거하기 위해 자주 드론을 사용하고 있다. 2011년 오사마 빈 라덴 제거 작전에서처럼 테러리스트를 체포하거나 암살하려는 '특수작전'에서 특히 그렇다. 앞으로 이런 작전들은 로봇에 의해 수행될 것이다. 미군의 기술자와 과학자 들이 이 분야에 전념하고 있다. ■

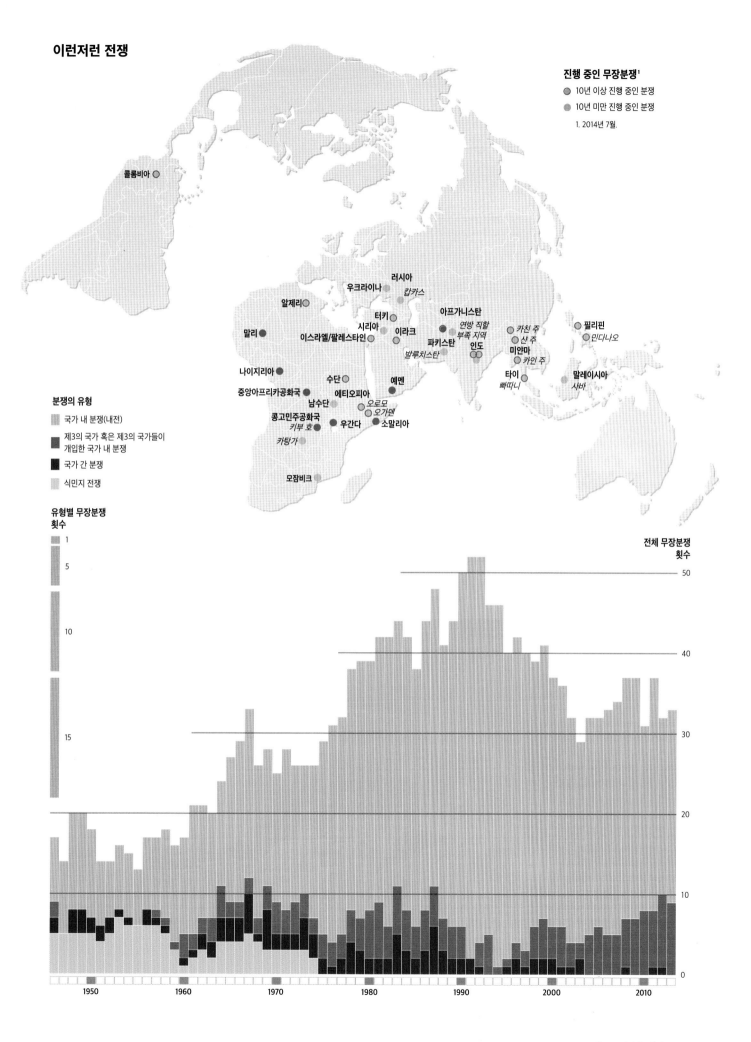

이런저런 전쟁

→ 유고슬라프 브라호빅의
디자인.

인터넷에 고전하는 뉴스

교과서들이 미디어에 대해 언급하는 이유는 대부분 표현의 자유에 대한 미디어의 공헌을 높이 평가하거나, 인터넷에 의해 제공된 여러 가능성을 칭송하기 위해서다. 반면, 광고가 많아지거나 디지털 혁명으로 끊임없이 가속화되고 있는 정보 집중 현상에 대해서는 큰 관심을 두지 않는다.

영화, 라디오, TV, 인터넷 등 한 세기 전부터 엄청나게 증가한 대중 커뮤니케이션 기술들이 문자언론 옆에 자리를 잡았다. 이 모두를 '미디어'라고 부르긴 하지만, 대중 커뮤니케이션 기술들을 모두 동일한 미디어로 취급하기에는 너무 이질적이다. 전문 집필진과 디자이너가 기사를 생산하고, 교정자들이 수정하며, 노동조합의 일원인 노동자들이 인쇄하는 신문은, 물질적 혹은 집단적 제약 없이 머릿속에 떠오르는 것을 자기 집에서 끊임없이 표현해내는 개인 블로그 같은 종류의 미디어가 아니다.

상처 건드리기

수백 년 동안 프로파간다는 국가의 영역이었고, 정보는 기자들의 고유 영역이었다. 이상적으로 생각할 때, 기자가 되는 것은 독립적이 된다는 것, 다시 말해 사회적·정치적 질서에 반대할 준비가 되어 있다는 것, 혹은 프랑스의 유명 언론인인 알베르 롱드르의 말처럼 "세상의

상처에 펜을 가져다 댈" 준비가 되어 있다는 것을 의미했다. 종교적 교리에 반하는 천체운동 법칙을 옹호했던 갈릴레이처럼, 전설적 기자는 권력에 맞서 진실을 말해야 한다. 그리고 때때로 권력을 무너뜨렸다. 1972년 6월 19일자 《워싱턴 포스트》는 '워터게이트 사건'과 관련된 최초의 탐사 기사를 발표했고, 이 기사 때문에 리처드 닉슨 미국 대통령은 2년 후 사임해야 했다.

기자들은 정치권력과의 공모, 광고주의 요구나 사주의 이익과 어긋날 때 갖게 되는 독립성의 한계, 거대 전쟁과 그 뒤에 이어지는 분쟁들에 대한 '거짓말' 속에서 자신들이 수행하는 사악한 역할에 대해 말하기보다는, 영광의 순간들을 상기시키고 싶어 한다. 이처럼 기자들은 자신들에게 유리한 선택을 하면서도 더 많은 정보와 커뮤니케이션이 당연히 더 많은 자유를 가져다줄 것이며, 권력의 부패를 밝히는 것이 부패를 제거하는 것이라고 주장해왔다.

1980년에 최초로 24시간 연속 정보 채널 CNN(케이블 뉴스 네트워크)을 창설한 미국인 테드 터너는 다음과 같은 환상을 이론화했다. "CNN의 창설 이래 냉전이 막을 내렸고, 중앙아메리카의 분쟁이 종결됐으며, 남아프리카에 평화가 찾아왔다. CNN은 서아시아와 북아일랜드에 평화를 건설하려고 노력했다. 사람들은 전쟁을 하는 것은 바보짓이라는 것을 잘 안다. CNN과 더불어 전 세계에 정보가 유통되고 있고, 어느 누구도 멍청이처럼 보이고 싶어 하지 않는다. CNN은 평화를 건설하고 있으며, 이것이야말로 현명한 일이다." 그러나 CNN은 물론이고 다른 채널들이 내보낸 어떠한 영상도 콩고, 스리랑카, 시리아에서 발생한 폭력적인 내전을 막지는 못했다. 1994년 르완다에서의 대량 학살도 막지 못했다.

인터넷 역시 어린애 같은 도취감에 똑같이 빠져 있다. 전 세계 모든 사람이 텍스트와 이미지를 동시에 전파하고 받을 수 있기 때문에, 진실이 밝혀지는 것을 막을 수 없다고 사람들은 이야기한다. 이런 주장은 인터넷상에서 메시지의 무한 증식이 점점 더 편협한, 심지어 편집증적인 이데올로기나 공동체의 정보와 논평에 빠져들게 할 수 있다는 점을 망

1877년 설립된 《워싱턴 포스트》는 미국 정치사에서 가장 큰 두 가지 스캔들을 폭로했다. 하나는 1972년 워터게이트 사건이고, 또 하나는 2013년 국가안보국(NSA) 도청 사건이다. 2013년 이 신문은 아마존 창립자이며 사장인 제프 베조스에게 소유권이 넘어갔다.

각한 것이다. 개개인에게 현실을 제대로 알리기보다는 현실을 부인하라고 독려할 우려가 있는 것이다.

> 민주주의를 수호하는 데에는 집단적 행동이 그 어떤 기술보다 훌륭하다

게다가 모든 블로그, 논평 혹은 인터넷상의 질문은 경찰과 검색엔진이 자신들의 이득을 위해 자원으로 이용하고 있다. 구글은 자신들의 서비스 혹은 고객들의 서비스를 향상시킬 목적으로, 독점적 지위를 이용해 자신들에게 전달된 정보와 요구 들을 조작한다. 그것은 또한 구글 경쟁사들의 서비스의 질을 떨어뜨릴 목적에서 이루어지기도 한다. 언론의 집중을 통해 이미 언론은 최고 부자들의 손에 넘어갔다. 프랑스에서는 베르나르 아르노(레제코 그룹과 '라디오 클라시크'), 세르주 다소(《르 피가로》, '스포츠 24', '날씨 채널', 《프레스 오세앙》, 《르 프로그레》 등), 프랑수아 피노(《르 푸엥》), 뱅상 볼로레(《디렉트 마탱》, 여론조사기관 CSA), 자비에 니엘(《르몽드》, 《르 누벨 옵세르바퇴르》, 《텔레라마》 등)이 주요 미디어를 소유하고 동시에 각각 60억 유로에서 240억 유로를 보유하고 있다. 인터넷에서도 똑같은 현상이 벌어지고 있다. 마이크로소프트, 아마존, 구글과 페이스북의 소유자들이 세계 20대 부자에 속한다.

문자언어, 소리, 이미지를 한 곳에 집중시킨 디지털 혁명은 컴퓨터와 인터넷 사용자의 일상생활을 편리하게 만들어 줬지만, 동시에 네트워크 주인들의 힘을 증대시켰다. 구텐베르크 이후 어떤 기술도, 민주주의를 탄생시키고 지켜나가는 데 집단적 행동을 대체하지는 못했다. 이 역사는 지금도 계속되고 있다. ■

지역 일간 언론 소유자

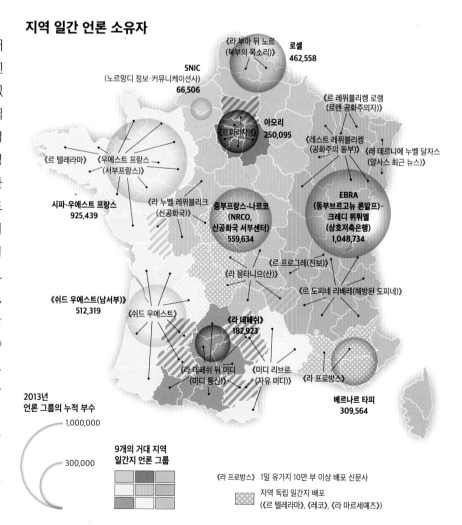

환경 위기의 긴 여정

생물학적 다양성 붕괴, 대기권에 존재하는 몇몇 가스의 비정상적인 농축 등 현재의 환경 위기에 관한 사안들은 잘 알려져 있지만, 환경 위기의 기원에 대해서는 대부분 관심이 없다. 환경 위기는 단순히 산업혁명과 소비사회의 결과라기보다는 지배 계획에 따른 선택의 결과라 할 수 있다.

지구의 거대한 균형에 인간이 영향력을 행사하는 새로운 지질학 시대, 즉 '인간 중심 시대'로 지구가 진입한 것인가? 수치상으로 보면 그런 것 같다. 1750년과 비교할 때, 인간이 배출하는 가스에 의해 대기에는 메탄이 150%, 아산화질소 63%, 이산화탄소가 43% 더 '풍부'해졌다. 이산화탄소의 농도는 산업혁명 전에 280ppm에서 2013년 400ppm에 이르렀는데, 300만 년 이래로 가장 높은 농도를 나타내고 있다.

같은 기간 동안 생물학적 다양성도 붕괴됐는데, 정상적인 생물학적 리듬과 비교할 때 100~1,000배 빠르게 진행됐다. 생물학자들이 지구상에 생명체 출현 이후 '여섯 번째 집단적 소멸'을 이야기할 정도로 상황이 심각하다. 다섯 번째 집단적 소멸은 공룡의 소멸이었다. 물, 질소, 인산염의 생물지구화학적 순환이 엄청나게 변해버렸다. 예를 들어, 15미터 이상의 4만 5,000개의 댐이 현재 전 세계 강물의 15%를 담수하고 있다.

이 새로운 양상의 원인은 지배 프로젝트에서 기인한다. 19세기와 20세기에 세계를 지배한 절대 강국인 영국과 미국은 1900년에 누적 이산화탄소 배출량의 55%를, 1950년에는 65%, 1980년에도 여전히 50%를 차지했다. 또한 전쟁으로 인해 에너지를 대규모로 소비하는 기술이 발달했다. 특히 제2차 세계대전은 석유의 보급 방식을 급격히 변화시켰다. 군사적 필요에 의해 파이프라인과 정유 능력이 급격히 증대되었다.

> 1870년 무렵, 미국에서 수력은 여전히 산업에너지의 75%를 차지하고 있었다

냉전 역시 최고 수준의 생태발자국(Ecological Footprint)을 남겼다. 예를 들어, 서독 항공운송의 15%가 북대서양조약기

민간 핵개발과 재앙

☢ 후쿠시마(2011)

쓰리마일 섬 (1979)

키시팀 (1957)

윈드스케일 (1957)

체르노빌 (1986)

탐욕의 대상, 핵에너지…
2013년 에너지 생산 중 핵의 비중

　10　30　50　80 %

원자로 보유국들
■ 건설 중　　□ 계획 중

…그러나 위험하고 비난받는 에너지
☢ 주요 핵 관련 사고
▨ 핵에너지 생산 중지를 계획한 국가들
■ 예전 핵에너지 생산국들[1]

1. 카자흐스탄과 리투아니아는 핵생산을 멈췄지만, 향후 몇 년 안에 재개할 계획이다.

전 세계 누적 핵전력
(단위: 기가와트)

　0　100　200　300　400

1954 / 1960 / 1970 / 1980 / 1990 / 2000 / 2011

라틴아메리카

동유럽

북아메리카

서남아시아

서유럽

아시아

아프리카

구의 군사훈련과 연관되어 있었다. 요컨대 냉전 시기에 미국과 소비에트연방이 배출한 가스의 10~15%가 군사작전에 기인한 것이었다.

그러나 화석에너지 사용의 증가를 피할 수 없었던 것은 아니었다. 1870년경 미국에서는 수력이 산업에너지의 75%를 담당했고, 영국에서도 상선 적재량의 92%를 범선에 의존하고 있었다. 또한 그 시절에는 미국 미드웨스트 평원에 600만 개의 풍차를 가동해 농업 개발에 이용했다. 캘리포니아와 플로리다는 탄광에서 멀리 떨어져 있고 햇볕이 쨍쨍 내리쬐었기 때문에 1950년에 이미 주민 80%가 태양열 온수기를 갖추고 있었다. 그런데 20세기 들어서 석탄보다 더 비싼 석유가 전 세계 에너지원으로 사용되면서 그 비중이 1910년 5%에서 1970년 60% 이상으로 증가했다. 이런 증가세를 어떻게 설명할 것인가?

석유 사용의 증가 추세는 무엇보다 도시의 팽창과 서구 사회의 자동차 생활화에서 비롯됐다. 이러한 과정은 1920년 미

《열대의 선물(Tropical Gift)》시리즈에서 발췌한 크리스티앙 루츠의 사진들, 2010년

↑ 나이지리아 델타 주 그바라마투(Gbaramatu) 지역 부족의 장례식.
→ 나이지리아의 수도 아부자에 위치한 나이지리아석유공사(NNPC) 건물에서, 2010년.

세계의 교과서 들여다보기 ● 몰타

1986년, 몰타에서 사용된 생물 교과서에서는 과감하게 환경 손실과 경제 발전을 연결시키면서 에너지 이행의 문제를 이미 제기했다.

몇몇 사람들은 자동차가 무연 휘발유로는 굴러가지 않을 것이라고, 혹은 무연 휘발유가 엔진에 손상을 줄 것이라고 주장한다. 이는 근거가 없는 견해다. 유연 휘발유를 대체할 에너지를 찾아내는 것은 어렵지도, 비싸지도 않다. 만약 우리가 필요한 경비를 지불할 준비가 되어 있다면, 각종 형태의 오염을 사전에 차단할 수 있다. 우리 발전소에서 배출되는 이산화황을 제거하려면 전기요금이 5% 상승할 것이다. 무연 휘발유는 어쩌면 유연 휘발유보다 약간 더 비쌀지도 모른다. 그러나 만약 우리가 환경을 보존하고자 한다면, 추가 비용을 부담해야 한다. 게다가 이런 환경 조치 등의 비용을 환경과 보건 재해 비용과 비교해보면, 지불해야 할 비용이 그렇게 크지 않다.

국의 보수적인 지도자들에 의해 강력히 추진됐다. 그들은 도시를 주변부로 확대하는 교외화(suburbanization) 정책이 노동계급의 영토적 기반을 잠식함으로써 공산주의를 차단할 최고의 방어벽이 될 것이고, 동시에 경제도 활성화할 것이라고 보았다. 게다가 이 정책은 노동자들이 대출을 해서라도 소비를 하도록 부추겼다. 1926년부터 미국 가정의 절반은 자동차를 보유하게 되었지만, 그중 3분의 2가 외상으로 구입한 것이었다.

게다가 석탄을 주요 에너지원으로 사용하던 시기에는 광부들이 에너지 흐름을 방해할 수 있는 힘을 가졌던 데 비해 에너지원의 '석유화'가 이루어지면서 노동운동이 힘들어졌다. 1880년대부터 분

출한 광부들의 대규모 파업은 보통선거의 확대와 사회보장법 시행에 큰 기여를 했다. 하지만 석유는 생산 과정에 노동력보다 자본의 영향력이 훨씬 큰 자본 집약적인 에너지원이기 때문에 생산 및 유통 과정을 감시하기가 좀 더 수월하다. 또한 석유 생산 과정에는 다양한 사업 분야가 결합되고 인력도 유동적으로 배치되기 때문에, 마치 석유의 유동성 통제가 어려운 것처럼 노동자가 석유 생산 과정을 통제하기란 매우 어렵다. 게다가 파이프라인과 탱크가 설치되면서 선적 단절 시간도 줄어들었다. 국제 에너지 네트워크를 구축하는 등 이제 세계화된 자본주의는 국내 노동자들의 요구에 휘둘리지 않을 정도로 아주 강해졌다. ■

1 산업화, 식민화, 대중의 정치 참여 (1830~1900)

| 12p |
1889년 파리 만국박람회 당시 이미지
© Musée Nicéphore-Niépce, Ville de Chalon-sur-Saône/adoc-photos ; © Coll. Stavrides/Kharbine-Tapabor ; © Musée Nicéphore-Niépce, Ville de Chalon-sur-Saône/adoc-photos.
말레이시아의 레고랜드
© Ian Teh/Agence VU.

■ 19세기는 자유주의의 산물?
| 14p |
〈노예의 선상 반란〉
© Photo Josse/Leemage.
| 15p |
《파렴치한 사회》
Camille Pissaro, © Coll. Dixmier/Kharbine-Tapabor.

■ 산업혁명의 신기루
| 16p |
〈생 라자르 역〉
Claude Monet, © Luisa Ricciarini/Leemage ; © De Agostini Picture Lib./akg-images.
| 17p |
세계의 교과서 들여다보기
Jean Defrasne et Michel Laran, *Histoire 1re. Le Monde de 1848 à 1919*, Hachette, 1962.
노동환경
L. R. Villermé, *Tableau de l'état physique et moral des ouvriers employés dans les manufactures de coton, de laine et de soie*, Renouard et Cie, 1840.
아시아의 쇠퇴
P. Bairoche, 《International industrialization levels from 1750 to 1980》, *The Journal of European Economic History*, n° 11, 2, 1982.

■ 파라과이, 자유무역에 당하다
| 18p |
〈1865년 8월 17일, 야타이 전투 후 포로가 된 부상당한 파라과이 군인들〉
© DeAgostini/Leemage ; © Masterman, George Frederick/British Library.
| 19p |
삼국동맹전쟁 당시의 브라질 군인들
© Corbis.
세계의 교과서 들여다보기·프랑스
David Kennedy, Lizabeth Cohen et Thomas Bailey, *The American Pageant*, Cengage Advantage

Books, 2010 ; Elsa Morales Cordero (sous la dir. de), *Historia 8. América de la prehistoria a la actualidad*, Editorial Santilla, 2012.

■ 노동자, 가난과 저항의 아이콘
| 20p |
독일 탄약 공장
© Doc Anciens/DR.
| 21p |
1831년 견직물 노동자들의 반란
© Coll. Jonas/Kharbine-Tapabor.
〈마룻바닥을 긁어내는 남자들〉
Gustave Caillebotte, Musée d'Orsay © Luisa Ricciarini/Leemage.

■ 1830년, 혁명기의 유럽
| 22p |
〈아, 자네는 프레기에 깔려 죽을 작정이로군…〉
© Coll. Kharbine-Tapabor.
| 23p |
〈프랑크푸르트 연방국회 점거〉, 〈영광의 3일, 부르봉 왕가에 대항한 부르주아와 노동자 계층의 봉기〉
© akg-images.
〈런던 회의〉
© Coll. Grob/Kharbine-Tapabor.

■ 1848년, '민중의 봄'
| 24p |
참고자료
Alexis de Tocqueville, *De la démocratie en Amérique*, livre 2, 1840.

■ 파리 코뮌, '자유도시'
| 26p |
바닥에 쓰러진 방돔 기념탑
© Bruno Braquehais/BNF.
| 27p |
폭동의 수도
carte 《Paris en 1871》, #Atlas des travaux de Paris, 1889 ; Jacques Rougerie, Paris libre 1871, Seuil, 1971 ; 《Les barricades de la Commune》, Gavroche, revue d'histoire populaire, n° 3, avril-mai 1982 ; Michel Huard, carte 《Paris en 1850》, paris-atlas-historique.fr.
참고자료
Ernest Lavisse, cité dans *Les Manuels scolaires, miroirs de la nation#*, L'Harmattan, 2007 ; *Carnets intimes de Victor Hugo 1870-1871*, Gallimard ; 《Lettre de George Sand à Alexandre Dumas fils, 22 avril 1871》, citée dans Paul Lidsky, *Les Ecrivains contre la Commune*, La Découverte, 2010 ; Emile Zola, *Le Sémaphore de Marseille*, 3 juin 1871 ; Anatole France, cité dans Paul Lidsky, *op. cit.*

■ 독일, 개량주의자 vs 혁명주의자
| 28p |
로자 룩셈부르크의 연설 모습
© akg-images.
| 29p |
〈카를 리프크네히트를 쓰러뜨려라!〉
《A bas Karl Liebknecht!》 Hommage à Karl Liebknecht (1871-1919), George Grosz (1893-1959), 1919 © Photo Josse/Leemage © The Estate of George Grosz, Princeton, N.J./Adagp, Paris 2014.
1919년 1월 베를린의 바리케이드
© Coll. Kharbine-Tapabor.

■ 언론검열은 어떻게 민영화되었나
| 30p |
미국 탄광에서 일하는 아이들
© Lewis Hine/Library of Congress.
가스통 루루의 연재 소설 광고 포스터
© Coll. Dixmier/Kharbine-Tapabor.
| 31p |
미국 방적공작에 고용된 어린 소녀들
© Lewis Hine/Library of Congress.
〈'뿌양'과 '전단지'의 결혼식〉
© Selva/Leemage.

■ 식민 지배로 얼룩진 4세기
| 32p |
독일령 남서아프리카의 헤레로인들
© akg-images.
| 33p |
1914년 당시 제국들
Georges Duby, *Grand Atlas historique*, Larousse, 2007 ; *Atlas des Empires coloniaux*, Autrement, 2012.
세계의 교과서 들여다보기·프랑스
Paul Kaeppelin et Maurice Teissier, *La Géographie du brevet*, Hatier, 1920.

2 만국의 희망과 함께한 국제분쟁 (1914~1920)

| 34p |
1914년 사라예보에서 암살당한 페르디난트 황태자 부부
© akg-images.
사라예보 터키인 거리의 시장 광장
© Delius/Leemage.
1992년 사라예보 포위전 당시 사진
© Jerôme Brézillon.

■ 참호 속 병사들은 한마음이었나?
| 36p |
알제리 원주민 병사들과 중대장 무그
© Les Amis de J.-B.- Tournassoud/Docpix.
세네갈 원주민 보병

© Paul Castelnau/Docpix.

| 37p |

1914년의 동원

© akg-images.

에밀 콩브와 쥘리 수녀

© Coll. Kharbine-Tapabor.

■ 사라예보 사건, 전쟁에 대한 지나치게 편의적인
해명

| 38p |

제1차 세계대전은 정말로 '세계적인' 전쟁이었을까?
Atlas historique Duby, Larousse, 2007 ; www.
firstworldwar.com ; Anthony Livesey, *Atlas de
la première guerre mondiale, 1914-1918*,
Autrement, 1996.

| 39p |

제1차 세계대전 초기 전투를 묘사한 삽화

© Bianchetti/Leemage.

세계의 교과서 들여다보기·프랑스

Albert Malet et Jules Isaac, *Histoire de France
et notions d'histoire générale de 1852 à 1920*,
manuel de 3ᵉ année du brevet élémentaire,
Hachette, 1922 ; Hans Marte, *Deutsches Werden.
Geschichtsunterricht für die höheren Un-
terrichtsanstalten*, C.C. Buchners Verlag,
1929. Cités dans Stéphanie Krapoth, 《Visions
comparées des manuels scolaires en France et en
Allemagne》, *Cahiers d'histoire. Revue d'histoire
critique*, n° 93, 2004.

■ 대량 학살을 위한 신무기

| 40p |

〈전쟁〉

The War, Otto Dix (1891-1969), 1929-1932, trip-
tyque © akg-images/De Agostini Picture Lib./E.
Lessing © Adagp, Paris 2014.

| 41p |

제1차 세계대전의 인명 피해

Martin Gilbert, *First World War Atlas*, Weidenfeld
and Nicolson, 1989.

세계의 교과서 들여다보기·팔레스타인

Wizaraal-Tarbiyya Waal-Ta'limal-'Ali, Al-Tarikh
al-'Arabi al-Hadith wa al-Mu'asir (《Histoire
arabe moderne et contemporaine》), classe de
9ᵉ, 2004.

제1차 세계대전 당시 프랑스의 한 군수 공장

© Rue des Archives/Tallandier.

■ 반란, 탈영, 불복종

| 42, 43p |

20세기 분쟁으로 인한 사망자 수

Milton Leitenberg, 《Deaths in wars and conflicts
in the 20th century》, Cornell University, Peace
Studies Program, 3ᵉ édition, 2006 ; Monty G.
Marshall, 《Major episodes of political vio-
lence 1946-2013》, Center for Systemic Peace,
2014(www.systemicpeace.org) ; Matthew White,
《Necrometrics. Death tolls across history》,
2014(www.necrometrics.com).

■ 러시아 혁명에 맞선 10개국 군대

| 44p |

〈10월의 수호〉

© DR.

| 45p |

〈새벽의 공포탄〉

© akg-images.

영화 〈10월〉

© The Kobal Coll.

〈영화의 눈-즉흥적 삶〉 포스터

© Rue des Archives/BCA.

■ 베르사유에서 평화를 읽어버린 전쟁

| 46p |

〈다다이즘 학자의 자화상〉

Autoportrait de dadasophe, Raoul Hausmann (1886-
1971), 1920 © akg-images © Adagp, Paris 2014.

| 47p |

〈모두가 자기 일을 했다면 세계는 평화롭게 돌아갔
을 터이다〉

© Marinus(dit), Kjeldgaard Marinus Jacob/Mu-
sée français de la photographie/Conseil général
de l'Essonne, Barbara Le Lann.

■ 구세계를 뒤흔든 제국의 몰락

| 49p |

아르메니아 학살 사건 당시 추방당한 사람들

© akg-images/ullstein bild.

세계의 교과서 들여다보기·터키

Maral N. Attallah, *Choosing Silence : The United
States, Turkey and the Armenian Genocide*, Master
of Science Thesis, Sociology Humboldt State
University, 2007.

■ 식민지의 선구적 항쟁

| 50p |

오스카어 가르펜스의 풍자화

© akg-images.

시리아 혁명 당시 유격대 기병

© Rue des Archives/Tallandier.

| 51p |

인도 망갈로르를 방문한 마하트마 간디

© Carl Simon Archive/United Archives/Roger-
Viollet.

세계의 교과서 들여다보기·시리아

Tarikh al-'Arab al-Hadith wa-l-mu'asir(《Histoire
moderne et contemporaine des Arabes》), ministère
de l'éducation de la République arabe syrienne,
2008-2009.

3 양차 세계대전 사이 (1920~1939)

| 52p |

프랑수아 콜라르의 사진

© François Kollar/Bibliothèque Forney/Roger-
Viollet.

라파엘 헬레의 사진

© Raphaël Helle/Signatures.

■ 1929년, 대공황으로 히틀러가 권력을 잡았다?

| 54p |

구호 식량을 먹고 있는 실업자들

© *Süddeutsche Zeitung*/Rue des Archives.

투표소 앞 나치스의 선거운동

© akg-images.

'독일의 극심한 우울증'

© 출처 : www.simplicissimus.info/DR.

| 55p |

〈전쟁과 시체-부자들의 마지막 희망〉

War and Corpses. The Last Hope of the Rich,
John Heartfield © akg-images © The Heartfield
Community of Heirs/Adagp, Paris 2014.

■ '효율성에 대한 열망'이 공장을 점령하다

| 56p |

〈디트로이트의 산업 또는 사람과 기계〉

The Detroit Industry Fresco Cycle by Diego Rivera
© Rue des Archives/PVDE © 2014 Banco de México
Diego Rivera Frida Kahlo Museums Trust, Mexico,
D.F./Adagp, Paris 2014.

프랑스 시트로엥 자동차 공장의 조립 라인

© Keystone-France.

| 57p |

영화 〈모던 타임스〉의 프랑스어판 포스터

© Coll. Christophel.

미국 헨리포드 자동차 공장에 최초로 도입된 자동차
조립 라인

© Costa/Leemage.

■ 영세농민 사회의 더딘 종말

| 58p |

파리 지역에서 경작하는 장면

© François Kollar/Bibliothèque Forney/Roger-
Viollet.

| 59p |

과반수를 차지한 농촌 인구

Nations unies, *Growth of the World's Urban and
Rural Population, 1920-2000*, 1969.

생산성은 점점 더 늘고, 수는 점점 줄어드는 농부

P. Bairoch, 《Dix-huit décennies de développement
agricole français dans une perspective internatio-
nale》, *Economie rurale*, n° 184-186, 1988.

1세기 동안 프랑스 인구의 도시 집중화

J. C. Toutain, 《La population de la France de 1700
à 1959》, *Cahiers de l'Institut de science économique*

appliquée, n° 133. 1963.
프랑스의 유아 사망률
A. Monnier, 《La mortalité》, *La Population de la France*, Cicred, 1974.

■ **미국 국민을 위한 뉴딜 정책**
| 60p |
대불황
Paul Bairoch, *Victoires et Déboires III. Histoire économique et sociale du monde du XVIe siècle à nos jours*, Gallimard, 1997.
| 61p |
〈이주민 어머니〉
© Dorothea Lange/Library of Congress.
세계의 교과서 들여다보기·영국
Ben Walsh (sous la dir. de), *Modern World History*, John Murray Publishers, 2004.

■ **기업들이 일조한 이탈리아 파시즘**
〈낙하산이 펼쳐지기 전에〉
Tullio Crali, exposition temporaire du Guggenheim NY.
| 63p |
〈무솔리니의 두상〉
Renato Bertelli, 출처 : Fondation Marinela Ferrari/DR.
팔라초 델라 치빌타 이탈리아나
© Fotogramma/Ropi-REA.
세계의 교과서 들여다보기·이탈리아
Giovanni Sabbatucci et Vittorio Vidotto, Storia contemporanea. Il Novecento, Editori Laterza, 2008.

■ **인민전선이 노동자의 위대한 쟁취를 이끌어내다**
| 64p |
농구 시합 전, 르발루아, 1936년
© Coll. France Demay.
| 65p |
〈자닌의 초상화〉
Jacques Prévert, Coll. privée Jacques Prévert © Fatras/Succession Jacques Prévert.

■ **스탈린, 강제 농업 집단화와 산업 개발**
| 66p |
〈동지들, 우리 콜호즈에 가입해요!〉
© Russian Picture Service / akg.
| 67p |
〈풀베기〉
Kasimir Malevitch, © Fine Art Images/Leemage.
토지를 몰수당한 부농의 추방
© akg-images.
세계의 교과서 들여다보기·러시아
Aleksandr Tchoubarian (sous la dir. de), *Otetchestvennaïa istoria XX - natchala XXI veka*

(《Histoire nationale. XXe - début du XXIe siécle》), classe de 11e, Prosvechtchenie, 2006.

4 검은 동맹 (1934~1945)

| 68p |
1936년 10월 에스파냐
© Chim/Magnum Photos.
오푸스 데이가 설립한 사립 남학교
© Guillaume Darribau/Pituretank.
바르셀로나 도심 점령 시위
© Mario Fourmy/REA.

■ **유럽이 미국에 자유를 빚졌다고?**
| 70p |
캡틴 아메리카
© 출처 : Marvel/DR.
피노체트 독재체제 희생자 추모 시위
© Reuters/Ivan Alvarado.
| 71p |
〈1945년 얄타 회담〉
© Agan Harahap.
콜린 파월 미국 국무장관
© Mark Garten/UN Photo.

■ **에스파냐, 사회혁명에서 내전까지**
| 72p |
〈우리는 승리할 것이다〉
© Jean Vigne/Kharbine-Tababor.
1977년의 게르니카 폭격을 기념하는 추모식
© Leonard Freed/Magnum Photos.
| 73p |
공화파 포스터 〈승리, 그 어느 때 보다도 지금〉
© Biblioteca Nacional de Espana.
세계의 교과서 들여다보기·에스파냐
Juan Blasco Cea, *Historia moderna y contemporánea universal y de España*, Bruño, 1972 ; Julio Valdeo (sous la dir. de), *Geografía de España y de los países hispánicos*, Anaya, 1978 ; Julio Aróstegui (sous la dir. de), Hispania. *Historia de España*, Editorial Vicens Vives, 2010.

■ **1939년 8월, 소련이 나치스와 협정을 맺다**
| 74p |
의기투합하는 독일과 소련 장교들
© Ehlert/akg-images.
평화의 자유 벽보
© Coll. Dixmier/Kharbine-Tababor.
| 75p |
1927년 바우하우스에서 출간한 라슬로 모호이 너지의 책 표지
© *Malerei, Fotografie, Film*/Moholy-Nagy Laszlo, 1927 © Musée français de la photographie/Conseil général de l'Essonne, Barbara Le Lann © Adagp,

Paris 2014.
세계의 교과서 들여다보기·러시아
Serguei Karpov (sous la dir. de), *Istoria Rossii. XX - natchala XXI veka*(《Histoire de la Russie. XXe - debut du XXIe siécle》), classe de 11e, Prosvechtchenie, 2010.

■ **수차례 일어난 '제2차 세계대전'**
| 76p |
나치스의 우크라이나 유대인 학살
© Keystone-France.
| 77p |
〈어지러운 행성〉
La Planète affolée, Max Ernst, 1942 © akg-images © Adagp, Paris 2014.
큰 격차
S. Cordellier (sous la direction de), *Dictionnaire historique et géopolitique du 20e siècle*, La Découverte, 2002 ; J. Delmas, *La Seconde Guerre mondiale*, Hachette, 2008 ; D. Jordan & A. Wiest, *Atlas de la seconde guerre mondiale*, Histoire & Collections, 2013 ; *Grande Atlante Storico del Mondo*, Touring Club Italiano-La Repubblica, 1997.

■ **일본 제국주의가 태평양전쟁의 방아쇠를 당기다**
| 78p |
아시아·태평양전쟁
M. Nouschi, *Petit Atlas historique du XXe siècle*, Armand Colin, 2010 ; *Großer Atlas zur Weltgeschichte*, Westermann ; *Grande Atlante Storico del Mondo*, Touring Club Italiano-La Repubblica, 1997.
| 79p |
〈싱가포르는 왜 무너졌는가〉
© Coll. Kharbine-Tababor.
일본군에 의해 산 채로 매장되는 중국인 포로
© Keystone-France.
일본군 '위안부'였던 여성
© Seokyong Lee/*The New York Times*/Redux-REA.
〈중국이여 절규하라〉
© akg-images.
세계의 교과서 들여다보기·일본
New Social Studies: History, Tokyo Shoseki, 2012 ; *Middle School Social Studies: A New History of Japan*, Ikuhosha Publishing, 2012. Cités dans 《A Shifting View of Japanese History》, *The New York Times*, 28 décembre 2013.

■ **비시 정부 시기의 프랑스**
| 80p |
애국투사수용포로연맹의 선전용 카드 / 페텡파에서 배포한 선전용 책자
© Coll. Casagrande/adoc-photos.
《르피가로》 건물
© André Zucca/BHVP/Roger-Viollet.
1940년 강제노동국 홍보용 광고

ⓒ Coll. Kharbine-Tapabor.

| 81p |

레지스탕스 활동가 이본느 데비뉴

ⓒ Robert Doisneau/Rapho.

1942년 파리 벽보

ⓒ Andre Zucca/BHVP/Roger-Viollet.

참고자료

Cité dans Owen Chadwick, *Britain and the Vatican During the Second World War*, Cambridge University Press, 1988.

■ '유대인 문제의 최종 해결…'

| 82p |

20세기의 대량 학살

Parlement européen ; Nations unies ; Cour pénale internationale ; CIA, *The World Factbook*, 2009 ; Cambodian Human Rights and Development Association ; www.peacereporter.it ; Human Rights Watch (www.hrw.org) ; Deutsche Welle ; www.genocidebangladesh.org ; Gendercide Watch. Pour les victimes du nazisme et du stalinisme : Timothy Snyder, *Bloodlands : Europe Between Hitler and Stalin*, Basic Books, octobre 2010.

| 83p |

프랑스에서 강제수용된 유대인 청년들 중 일부

ⓒ Charles Platiau/Reuters.

수정의 밤에 불탄 독일 유대교 사원

ⓒ Hans Asemissen/akg-images.

5 승전의 결과와 민주주의의 시련 (1945~1950)

| 84p |

〈베를린 장벽의 붕괴〉

ⓒ Alexandra Avakian/Contact Press Images.

2013년 12월, 대치중인 우크라이나 시위대와 경찰

ⓒ Maxim Dondyuk.

■ 전체주의는 전부 한통속이다?

| 86p |

소년 파시스트 단체의 열병식 모습

ⓒ adoc-photos.

| 87p |

〈일사, 시베리아의 암호랑이〉 영화 포스터 / 〈일사, 나치스 친위대의 암늑대〉 영화 포스터

ⓒ DR.

■ 미국이 평화를 진두지휘하다

| 88p |

'자유세계'와 독재정권

Marc Nouschi, *Petit Atlas historique du XXe siècle*, Armand Colin, 2007 ; Zohl Dé Ishtar, *Daughters of the Pacific*, Spinifex Press, 1994; www.us-foreign-policy-perspective.org ; *Le Monde diplomatique*,

articles de 1974 à 2009.

| 89p |

《자유만세》 / 전후 재건을 홍보하는 선전 포스터

ⓒ Coll. IM/Kharbine-Tapabor.

■ 1945년, 골리앗 미국의 적수가 되지 못했던 소련

| 90p |

소련의 체제 선전 포스터

ⓒ akg-images.

핵 방공호에 비축해놓은 생필품을 소개하는 미국의 한 가정주부

ⓒ Hulton Archive/Getty Images.

| 91p |

태프트-하틀리법 통과를 저지하기 위해 운집한 시위대

ⓒ Sam Falk/*he New York Times*-Redux-REA.

제4차 경제 개발 5개년 계획을 홍보하는 소련의 선전 포스터

ⓒ Coll. BDIC.

결코 대등하지 않은 두 초강대국(1945~1990)

J. Bolt et L. van Zanden, 《The Maddison Project》, 2013 ; 《USA/USSR : facts et figures》, Census Bureau, 1991 ; V. M. Shkolinikov et F. Meslé, 《The Russian Epidemiological Crisis as mirrored by mortality trends》, RADN ; C. Wolf *et alii*, *Long-Term Economic and Military Trends, 1950-2010*, RAND, 1980 ; 《Global nuclear stockpiles, 1945-2006》, *Bulletin of the Atomic Scientists*, 2013

■ 냉전은 누가 일으켰을까?

| 92p |

〈넘버 1A〉

Number 1A, Jackson Pollock, 1948 ⓒ akg-images ⓒ Adagp, Paris 2014.

| 93p |

'평화자유용사들'이 발간한 소책자 표지

ⓒ Coll. Casagrande/adoc-photos.

껌 상자를 들고 포즈를 취하는 여성

ⓒ INP/AFP/ Photo colorisée.

참고자료

Cité dans Anders Stephanson, *Kennan and the Art of Foreign Policy*, Harvard University Press, 1992.

■ 무엇을 위한 마셜 플랜인가?

| 94p |

마셜 플랜 홍보 포스터 그리기 대회

ⓒ DR/adoc-photos.

| 95p |

달러 단비가 내린 지역

Agency for International Development, 1975 ; www.nato.int ; Alan S. Milward, *The Reconstruction of the Western Europe, 1945-1951*, 1984 ; Paul Bairoch, *La Suisse dans l'économie mondiale*, Droz, 1990.

참고자료

Manuel d'histoire de terminale, Nathan, coll.

《Jacques Marseille》, 2004 ; François Denord et Antoine Schwartz, *L'Europe sociale n'aura pas lieu*, Raisons d'agir, 2009.

■ 이데올로기, 체제 선전, 안보 강박증

| 96p |

TV를 시청 중인 미국의 한 가정

ⓒ Harold M. Lambert/Getty Images.

| 97p |

1947년 소련 체제 선전 포스터

ⓒ W. Koretzki/akg-images.

■ 라틴아메리카에서 아시아까지 독버섯처럼 퍼져나간 독재정권

| 98p |

쿠바의 과테말라민족혁명연합 지지 포스터

ⓒ 출처 : affiche tirée du livre *L'Affiche triconti-nentale de la solidarité*, de Richard Frick, Comedia, Berne, 2003/DR.

| 99p |

베트남전을 기리는 영화를 제작한 존 웨인

ⓒ DR.

올더스 헉슬리의 《멋진 신세계》

ⓒ akg-images/Interfoto/ Sammlung Rauch.

'라디오 프리 유럽'의 광고

ⓒ DR.

6 동서 대결 (1950~1991)

| 100p |

문화혁명당시 하얼빈중앙광장에 운집한 인파

ⓒ Li Zhensheng/Contact Press Images.

평양 지하철역 / 평양 김일성 초상화

ⓒ Tomas van Houtryve/VII.

■ '공산주의, 겪어봐서 다 안다고?'

| 102p |

〈무제〉

ⓒ Ion Barladeanu/2006/Coll. Emmanuel Rioufol.

| 103p |

우크라이나 얄타 광장에서 열린 무도회

ⓒ Davide Monteleone/VII.

세계의 교과서 들여다보기·루마니아

Anisoara Budici, Mircea Stanescu et Dragos Tigau, *Istorie*, Sigma, 2006. Cité dans Pierre Boutan, Bruno Maurer et Hassan Remaoun (sous la dir. de), *La Méditerranée des Méditerranéens a travers leurs manuels scolaires*, L'Harmattan, coll. 《Manuels scolaires et sociétés》, 2012.

■ 냉전을 비추는 거울, 베를린

| 105p |

반세기에 걸친 분열

Atlas des villes, la Vie/Le Monde, 2013.

■ **지배 수단으로 전락한 과학**

| 106p |

뉴욕에서 일어난 비행접시 충돌 모습을 그린 삽화
© Coll. Agence Martienne.
수천 번의 핵실험
X. Yang, R. North, C. Romney et P. G. Richards, *World-wide Nuclear Explosions*, Columbia University, 2005 ; C. Bataillé et H. Revol, *Rapport sur les incidences environnementales et sanitaires des essais nucléaires effectués par la France entre 1960 et 1996 et éléments de comparaison avec les essais des autres puissances nucléaires*, Assemblée nationale, 2001 ; Agence internationale de l'énergie atomique.

| 107p |

영화 〈지구 최후의 날〉 포스터
© Coll. Christophel.

■ **세계를 위협한 일촉즉발 핵전쟁 위기**

| 108p |

영화 〈닥터 스트레인지러브〉의 포스터
© Coll. Kharbine-Tapabor.
쿠바 병사들에게 둘러싸인 피델 카스트로
© Elliott Erwitt/Magnum Photos.

| 109p |

쿠바 체제 홍보 포스터
© 출처 : affiche tirée du livre *L'Affiche tricontinentale de la solidarité*, de Richard Frick, Comedia, Berne, 2003/DR.
세계의 교과서 들여다보기·쿠바 vs 캐나다
José Cantón Navarro, *Historia de Cuba, El desafio del yugo y la estrella*, Editorial SIA-MAR, 2000 ; Alvin Finkel (sous la dir. de), *History of the Canadian Peoples : 1867 to the Present (vol. 2)*, Copp Clark Pitman, 1993.

■ **사회주의 진영의 이단아, 중국**

| 110p |

문화혁명 당시 베이징 시위 모습
© Solange Brand, courtesy Ars Libri & Robert Klein Gallery.

| 111p |

9인의 예술가가 제작한 중국 체제 선전 포스터
© International Institute of Social History.
1934~1935 마오쩌둥의 대장정 / 1937~1945 항일투쟁을 위한 국공합작 / 1946~1949 공산당 승리
Encylopedia Britannica ; *Großer Atlas zur Weltgeschichte*, Westermann, 1997 ; *Grande Atlante Storico del Mondo*, Touring Club Italiano-La Repubblica, 1997; T. Sanjuan, *Atlas de la Chine*, Autrement, 2007.

■ **미국에 치욕스런 패배를 안겨준 베트남전쟁**

| 112p |

응웬 티 쑤언 군대의 여성 영웅

© Chu Chi Thành/Association de préfiguration Patrick Chauvel.
미국 평화운동 포스터
© Coll. Dixmier/Kharbine-Tapabor.

| 113p |

베트콩에게 물자를 보급 중인 라오스인
© Doan Công Tinh/Association de préfiguration Patrick Chauvel.
하이퐁 항의 민병대 / 무장한 채로 입수 훈련 중인 민병대
© Mai Nam/Association de préfiguration Patrick Chauvel.
세계의 교과서 들여다보기·독일
Handreichungen für den Unterricht, Cornelsen, 2007.

■ **소련 해체의 기나긴 여정**

| 114p |

바르샤바조약군의 전차들이 프라하에 입성한 모습
© Josef Koudelka/Magnum Photos.
소련 탱크 위에 올라가 항거하는 헝가리 시위대
© Rue des Archives/FIA.

| 115p |

탱크 위에 올라가 군중에게 총파업을 호소하는 옐친
© AP/SIPA.

7 식민지 독립기부터 선-후진국 분열의 시대 (1945~1970)

| 116p |

피에르 브르디외의 사진
© Pierre Bourdieu.
부뤼노 부제랄의 사진
© Bruno Boudjelal/Agence VU.

■ **식민 통치는 긍정적인 결과도 가져왔다?**

| 118p |

《파리 마치》의 표지
© Izis/Paris Match/Scoop.
식민 통치 반대 포스터
© Rue des Archives/Coll. Jean-Jacques Allevi.

| 119p |

〈프란츠 파농의 발자취〉
© Bruno Boudjelal/Agence VU.
《검은 피부, 하얀 가면》의 미국판 표지
© DR.

■ **좌초된 팔레스타인 분할 계획**

| 121p |

〈부재한 것들〉
© Bruno Fert/Picturetank.
세계의 교과서 들여다보기·시리아
Tarikh al-'Arab al-Hadith wa-lmu'asir(《Histoire moderne et contemporaine des Arabes》),

ministère de l'éducation de la République arabe syrienne, 2008-2009.

■ **인도차이나 수렁에 빠진 프랑스와 미국**

| 122p |

〈베트남은 승리할 것이다〉
© 출처 : affiche tirée du livre *Cuba Gráfica, de Régis Léger*, L'Echappée, Paris, 2003/DR.
영화 〈317 소대〉 포스터
© Coll. Christophel.

| 123p |

30년 전쟁
Marc Nouschi, *Petit Atlas historique du XXe siècle*, Armand Colin, 2007 ; Hugues Tertrais, *Atlas des guerres d'Indochine*, Autrement, 2004 ; Michael P. Kelley, *Where We Were in Vietnam : A Comprehensive Guide to the Firebases, Military Installations and Naval Vessels of the Vietnam War, 1945-1975*, Hellgate Press, 2002 ; Stanley Karnow, *Vietnam : A History*, Penguin Books, 1997 ; Thao Tran, Jean-Paul Amat et Françoise Pirot, 《Guerre et défoliation dans le Sud Viêt-Nam, 1961-1971》, Histoire & mesure, XXII - 1, 2007 (histoiremesure.revues.org/2273).

■ **1960년대의 아프리카, 독립을 향한 행진**

| 124p |

펠라 쿠티의 〈서퍼 헤드〉 오리지널 음반 커버
© DR.

| 125p |

세계의 교과서 들여다보기·카메룬
Histoire 3ᵉ (seconde moitié du XIXᵉ siècle - XXᵉ siècle), Hachette international, coll. 《L'Afrique et le monde》, 1995.
〈티에르노〉
© Omar Victor Diop Courtesy Galerie MAGNIN-A, Paris.
영화 〈흑인 소녀〉
© DR.

■ **식민지 알제리, 100년 동안의 독립전쟁(1)**

| 126p |

장 드라트르 드타시니 기념재단 선전 포스터
© Coll. Dixmier/Kharbine-Tapabor.
세계의 교과서 들여다보기·알제리
Cité dans Benjamin Stora, 《Guerre d'Algérie et manuels algériens de langue arabe》, *Outre-Terre*, n° 12, 2005.

| 127p |

마스카라 점령
© Coll. Kharbine-Tapabor.
영화 〈알제리 전투〉의 푸에르토리코 상영 당시 포스터
© Antonio Martorell/DR.
작전을 짜고 있는 알제리 민족해방군 병사들 / 마을을 순찰 중인 병사들

© Kryn Taconis/Magnum Photos.
알제리 민족운동 조직 '북아프리카의 별' 행사 안내문
© DocPix.

■ 식민지 알제리, 100년 동안의 독립전쟁(2)
| 128p |
시네의 데생
© Siné/Iconovox.
1961년 프랑스 육군비밀결사대의 포스터
© Coll. Kharbine-Tapabor.
| 129p |
프랑스 육군비밀결사대 포로와 이야기하는 크림 벨카셈
© Marc Riboud.
알제리 자결권 투표 결과를 듣고 기뻐하는 알제리 국민들
© Rue des Archives/AGIP.
1961년 알제리 자결권에 관한 투표 포스터
© Coll. Dixmier/Kharbine-Tapabor.
미국의 급진적 흑인단체 '블랙 팬서'의 기관지
© 출처 : www.blackpanther.org/DR.

■ 반둥 회의와 비동맹운동
| 130, 131p |
제3세계가 자리 잡다
XVIe sommet du mouvement des non-alignés
(www.nam.gov.ir).
| 127p |
세계의 교과서 들여다보기·중국
Putong gaozhong Kecheng bioazhun shiyan
jiaokeshu, Lishi yi (《Manuel expérimental
officiel du programme des lycées généraux.
Histoire 1》), Maison d'édition de l'éducation
populaire, 2007.

■ 나세르와 범아랍주의의 꿈
| 132p |
음반 커버에 실린 움 쿨숨의 초상
© DR.
| 133p |
영화 〈카이로 중앙역〉
© Coll. Christophel.
이집트 코믹스에 실린 나세르의 초상
© Rue des Archives/CCI.

■ 선진국이 제3세계의 지배권을 유지하다
| 134p |
〈세계화의 도전〉
© Chéri Chérin/Courtesy Galerie Magnin-A, Paris.
| 135p |
1985년 세계의 3분의 2가 제3세계에 속했다
-1985년 1인당 GNP
Banque mondiale.
-1985년 인간개발지수(HDI)
Programme des Nations unies pour le dévelop-
pement, 《 Rapport mondial sur le développement

humain 2005 》.
-1985년 농업 분야 노동력 비중
département des affaires économiques et
sociales, ONU, 1985.
가봉의 오마르 봉고 대통령과 프랑스 대통령들
© Keystone-France ; © STF/AFP ; © Gérard Fouet/
AFP ; © Patrick Kovarik/AFP ; © Gérard Cerles/
AFP ; © Mustafa Yalci/Anadolu Agency/AFP.

8 성장하는 나라들: 프랑스 '영광의 30년'
(1945~1973)

| 136p |
프랑스 낭테르 빈민촌에 자리잡은 마그레브 이주민
가족들
© Coll. Pottier/Kharbine-Tapabor.
프랑스 최북단에서의 야영 생활
© Stephane Remael.

■ "옛날이 더 좋았다…"
| 138p |
필립스 TV 광고
© Coll. Jonas/Kharbine-Tapabor.
| 139p |
유괴되었던 레위니옹 섬 아이들
© Riclafe/SIPA.
에콜 데 보자르의 민중 공방 포스터
© 출처 : Atelier populaire des Beaux-Arts.

■ 누구를 위한 대규모 주택단지인가?
| 140, 141p |
프랑스 이민 100년
Gérard Noiriel, Le Creuset français. Histoire de
l'immigration XIXe-XXe siècle, Seuil, 1988 ; Cité
nationale de l'histoire de l'immigration ; Insee,
recensements de la population.
| 141p |
참고자료
Journal officiel, 17 mai 1973.

■ 저항문화를 공유하다
| 143p |
참고자료
MLF. Textes premiers, Stock, 2009.

■ 여성의 정계 진출
| 144p |
여성의 권리
Center for Reproductive Rights, The World's
Abortion Laws 2014 ; Nations unies, World
Abortion Policies 2013 ; Banque mondiale,
Women, Business and the Law, 2014 ; Nations
unies, Progress of the World's Women, 2011 ;
Banque mondiale, Organisation internationale du

travail, données 2012.

| 145p |
1975년 '여성의 해' 포스터
© Coll. Dixmier/Kharbine-Tapabor.

■ 1968년, 이단의 해
| 146p |
마킹 루터 킹 목사 추도 시위에 참가한 공민권 운동
활동가
© Bob Adelman/Corbis.
| 147p |
체코 학생들이 만든 '프라하의 봄' 포스터 / 멕시코 학
생들이 만든 '표현의 자유' 포스터
© DR
세계의 교과서 들여다보기·이탈리아
Giovanni Sabbatucci et Vittorio Vidotto, op. cit.
1968년의 저항
S. O'Hagan, 《Everyone to the barricades》, The
Observer, 20 janvier 2008 ; '68: una rivoluzione
mondiale, Manifestolibri ; Civil Rights Movement
Veterans, 《History and timeline of the Southern
Freedom Movement 1951-1968》, www.crmvet.
org ; Matthew White, Historical Atlas of the
Twentieth Century, 1999.
D'après une carte de Nieves Lopez Izquierdo
pour Cartografare il presente, publiée dans
Internazionale n° 984, 25 janvier 2013.

■ 실업을 무기로 노동자를 협박하다
| 148p |
위지노르 철강회사 퇴근 풍경 / 라디오 '로렌의 강철
같은 사람들' 스튜디오
© André Lejarre/Le Bar Floréal.
| 149p |
〈위시니 고브랑즈〉
© Caroline Pottier/Le Bar Floréal.

9 주권이 침해된 시기 (1980~2008)

| 150p |
칠레 산티아고 국립 스타디움에 끌려나온 정치범들
© Marcelo Montecino/VU distribution.
세계인권의 날 기념식에 참석했다가 체포된 젊은 노동자
© Juan Carlos Caceres/VU distribution.
국민투표 후보자로 나섰음을 공식 발표하는 피노체트
© Claudio Perez/VU distribution
베네수엘라에서 찍은 조르지 바르톨리의 사진들
© Georges Bartoli/Divergence.

■ 기업들이 일자리를 창출한다?
| 152p |
제리 루빈의 《행하라!》
© DR

월스트리트 사무실에서 근무 중인 제리 루빈
© Bettmann/Corbis.

| 153p |

《더 네이션》에 실린 '보이지 않는 손을 가진 자유시
장맨'
© Tom Tomorrow.

■ 1980년대 신자유주의의 공격

| 154p |

북아일랜드 벨파스트의 가톨릭교도 구역
© Pierre-Jérôme Jehel.

| 155p |

영화 〈바람과 함께 사라지다〉 포스터 패러디
© DR.
세계의 교과서 들여다보기·볼리비아
José Manuel Fernández Ros, Jesús Gonzáles
Salcedo et Germán Ramírez Aledón, *Historia del
mundo contemporáneo*, Santillana, 2008.

■ 제3세계에 대한 원조의 대가

| 157p |

남부 국가들의 부채
Banque mondiale, *International Debt Statistics
2014* ; www.clubdeparis.org ; U. S. Das, M. G.
Papaioannou et C. Trebesch, *Sovereign Debt
Restructurings 1950-2010 : Literature Survey,
Data, and Stylized Facts*, Fonds monétaire
international, 2012.

■ 누가 네트워크를 통제하는가?

| 158p |

〈TV붓다〉
© TV Buddha, Nam June Paik, 1974-1982.

| 159p |

미디어에서 내보낸 세계무역센터 테러 장면
montage 11-Septembre : *Libération, USA Today,
The New York Times, Le Monde*, CNN, TF1, LCI.

■ 아르헨티나에서 베네수엘라까지, 라틴아메리카가
반기를 들다

| 160p |

'미션 수크레' 로고
© DR.

| 161p |

에보 모랄레스 볼리비아 대통령의 비공식 경호단
© Nicolas Pousthomis/Sub.Coop/Picturetank.
베네수엘라에 파견된 쿠바인 의사
© Pietro Paolini / TerraProject/Picturetank.
'엘 시스테마'에 참가한 어린이들
© Meridith Kohut.

■ 투기 경제의 탄생

| 162p |

'서브 프라임 모기지' 사태로 압류당해 버려진 주택
© Mike Berube/Laif-REA.

10 앞으로 다가올 세상

| 164p |

《돼지들》에서 발췌한 카를로스 스포토르노의 사진들
© Carlos Spottorno.
《기념물》 시리즈에서 발췌한 마티외 베르나르 레몽
의 사진들
© Mathieu Bernard-Reymond/Galerie Baudoin
Lebon.

■ 긴축만이 경제 위기에 대한 유일한 해결책일까?

| 166p |

그리스의 헬리니콘 사회·의료 센터
© Stefania Mizara/Haytham Pictures.

| 167p |

보리스 세메니아코의 포토몽타주
© Boris Séméniako.
세계의 교과서 들여다보기·이탈리아
Giovanni Sabbatucci et Vittorio Vidotto, *op. cit.*

■ 세계화를 어떻게 생각할 것인가?

| 168p |

구글 스트리트 뷰에서 수집한 이미지
© Courtesy of Jon Rafman.

| 169p |

포토몽타주 〈굶주린 유령〉
© Manit Sriwanichpoom/Agence VU.
세계의 교과서 들여다보기·중국
*Putong gaozhong Kecheng bioazhun shiyan
jiaokeshu. Lishi yi* 《Manuel expérimental
officiel du programme des lycées généraux.
Histoire 1》), Maison d'édition de l'éducation
populaire, 2007.

■ 산업이 동쪽으로 이동하고 있다

| 170p |

인도 벵갈루루의 상업 중심지인 포럼몰
© Ed Kashi/VII.

| 171p |

멕시코 시우다드후아레스의 RCA 톰슨사에 근무하는
여성이 받는 주급
© Patrick Bard/Signatures.

■ 중국의 눈부신 발전

| 172p |

〈하이 플레이스 042-02, 자유의 29층〉
Li Wei, © Courtesy Galerie Paris-Beijing.

| 173p |

불평등, 긴장과 분쟁
《Les défis intérieurs de la République po-
pulaire》, *Carto - Le monde en cartes n° 19*,
septembre-octobre 2013 ; 《Chine, état critique》,
Manière de voir, n° 123, juin-juillet 2012 ; D.
Ortolland et J.-P. Pirat, *Atlas géopolitique des
espaces maritimes*, Technip, 2010 ; K. W. Chan,

《Migration and development in China : Trends,
geography and current issues》, *Migration and
Development* vol. 1, n° 2, déc. 2012 ; revue de
presse Reuters, *Wall Street Journal*, Bloomberg,
The Atlantic, Le Monde.

■ 국제연합은 죽었는가?

| 174p |

1948년 국제연합 포스터
© Coll. BDIC.

| 175p |

'아탁'의 기관지 표지
© Boris Séméniako pour Attac.
새천년의 목표들을 장려하기 위한 국제연합 포스터
© Unric.
1992년 소말리아에서 연출된 '미디어쇼'
© Eric Feferberg/AFP.
동티모르 수도 딜리 항에서 순찰을 도는 오스트레일
리아 군인
© Reuters.

■ 드론, 초정밀 타격: 새로운 전쟁 유형

| 176p |

휴머노이드 로봇
© 출처 : www.bostondynamics.com/DR.

| 177p |

이런저런 전쟁
UCDP/PRIO Armed Conflict Dataset v.4, 2014.

■ 인터넷에 고전하는 뉴스

| 178p |

유고슬라프 브라호빅의 디자인
© Jugoslav Vlahovic.

| 179p |

《워싱턴포스트》가 폭로한 미국 정치 스캔들
© DR.
지역 일간 언론 소유자
Organisme de justification de la diffusion ;
Francis Balle, *Médias & Sociétés*, LGDJ-Lexten-
so éditions, 2013.

■ 환경 위기의 긴 여정

| 180p |

민간 핵개발과 재앙
Elecnuc ; BBC ; World Nuclear Association ;
Agence internationale de l'énergie atomique.

| 181p |

《열대의 선물》 시리즈에서 발췌한 크리스티앙 루츠
의 사진들
© Christian Lutz/Agence VU.
세계사 교과서 들여다보기·몰타
D.G. McKean, *Biology*, John Murray, 1986. Cité
dans Pierre Boutan, Bruno Maurer et Hassan
Remaoun (sous la dir. de), *op. cit.*

실비 아프릴(Sylvie Aprile) 24쪽
릴3대학(Université Lille-III) 현대사학 교수. 《민중을 인도하는 자유: 1830년 유럽의 혁명들(La Liberté guidant les peuples: Les révolutions de 1830 en Europe)》(공저, Champ Vallon, 2013).

이자벨 아브랑(Isabelle Avran) 120쪽
저널리스트 겸 역사학자. 《팔레스타인, 이스라엘: 하나의 나라인가, 두 개의 나라인가?(Palestine, Israël: un Etat, deux Etats?)》(공저, Actes Sud, 2011).

베르트랑 바디(Bertrand Badie) 174쪽
파리정치대학(Sciences Po Paris) 교수. 《모욕당한 자들의 시대(Le temps des humiliés)》(Odile Jacob, 2014).

브누아 브레빌(Beônit Bréville) 86쪽, 106쪽, 140쪽, 148쪽
《르몽드 디플로마티크(Le Monde diplomatique)》 부편집장.

마르틴 뷜라르(Martine Bulard) 110쪽
《르몽드 디플로마티크》 부편집장. 《중국, 인도: 용과 코끼리의 경주(Chine, Inde: La course du dragon et de l'éléphant)》(Fayard, 2008).

로랑 카루에(Laurent Carroué) 170쪽
지리학자. 《캐나다·미국·멕시코: 구 신세계(Canada·Etats-Unis·Mexique: Un ancient Nouveau Monde)》(Bréal, 2012).

모나 슐레(Mona Chollet) 144쪽
《르몽드 디플로마티크》 편집장. 《치명적 아름다움: 여성 소외의 새로운 얼굴들(Beauté fatale: Les nouveaux visages d'une aliénation féminine)》(Zones, 2012).

프랑수아 코셰(François Cochet) 40쪽
로렌-메츠 대학(Université de Lorraine-Metz) 현대사학 교수. 《대규모 전쟁: 세계의 종말, 세기의 시작(La Grande Guerre: Fin d'un monde, début d'un siècle)》(Perrin, 2014).

조르주 코름(Georges Corm) 48쪽
경제학자 겸 역사학자, 베이루트 세인트요셉 대학(Université Saint-Joseph de Beyrouth) 부설 정치학 연구소(Institut de sciences politiques) 교수. 《유럽과 동양. 발칸화에서 레바논화까지: 아직 끝나지 않은 현대성에 관한 역사(L'Europe et l'Orient. De la balkanisation à la libanisation: Histoire d'une modernité inaccomplie)》(La Découverte, 2002).

로랑스 드 코크(Laurence De Cock) 32쪽
낭테르 졸리오퀴리 고등학교(Lycée Joliot-Curie de Nanterre) 역사지리 교사. 《역사를 제조하는 학교라는 공장(La Fabrique scolaire de l'histoire)》(공저, Agone, 2009).

토마 델통브(Thomas Deltombe) 124쪽
에디터. 《카메룬! 프랑사프리카의 기원이 된 은폐된 전쟁 1948~1971(Kamerun! Une guerre cachée aux origines de la Françafrique 1948~1971)》(공저, La Découverte, 2011).

콩탱 들뤼에르모즈(Quentin Deluermoz) 14쪽
파리13대학(Université Paris-XIII) 현대사학 부교수. 《도시의 경찰: 파리 치안의 확립 1854~1914(Policiers dans la ville: La construction d'un ordre public à Paris 1854~1914)》(Publications de la Sorbonne, 2012).

프랑수아 드노르(François Denord) 154쪽
사회학자, 프랑스 국립과학연구원(Centre national de la recherche scientifique, CNRS) 연구원. 데이비드 하비(David Harvey)가 저술한 《신자유주의, 간략한 역사(Brève Histoire du néolibéralism, Les Prairies ordinaires)》(2014)의 프랑스어판 서문을 집필했다.

장 아르노 데랑스(Jean-Arnault Dérens) 38쪽
역사학자 겸 저널리스트, 《르 쿠리에 데 발칸(Le Courrier des Balkans)》(발칸 반도 지역 소식을 전문으로 다루는 온라인 뉴스 사이트-옮긴이) 편집장.

장 뉘마 뒤캉주(Jean-Numa Ducange) 28쪽
루앙 대학(Université de Rouen) 현대사학 부교수. 《프랑스 혁명과 사회민주주의: 독일과 오스트리아의 역사 전승 및 역사의 정치적 이용, 1889~1934(Révolution française et la social-démocratie: Transmissions et usages politiques de l'histoire en Allemagne et en Autriche 1889~1934)》(Presses universitaires de Rennes, 2012).

사뮈엘 뒤물랭(Samuel Dumoulin) 46쪽
아비용 루소 중학교(collège Rousseau d'Avion) 역사지리 교사.

마르크 페로(Marc Ferro) 44쪽
역사학자, 프랑스 파리사회과학고등연구원(Ecole des hautes études en sciences sociales, EHESS) 명예연구책임자. 《로마노프 가문의 비극에 관한 진실(La Vérité sur la tragédie des Romanov)》(Tallandier, 2013).

프랑수아즈 푀가스(Françoise Feugas) 130쪽, 134쪽
저널리스트, 《오리앙 XXI》(중동, 아랍, 이슬람권 뉴스를 전문으로 다루는 온라인 뉴스 사이트-옮긴이) 편집자.

에릭 푸르니에(Eric Fournier) 26쪽
파리1대학(Université Paris-I) 현대사학 부교수. 《코뮌은 죽지 않았다: 1871년부터 현재까지 과거의 이용(La Commune n'est pas morte: Les usages du passé de 1871 à nos jours)》(Libertalia, 2013).

장 바티스트 프레소즈(Jean-Baptiste Fressoz) 180쪽
역사학자, 프랑스 국립과학연구원 연구원. 《행복한 종말: 기술적 위험의 역사(L'Apocalypse joyeuse: Une histoire du risque technologique)》(Seuil, 2012).

에마뉘엘 퓌렉스(Emmanuel Fureix) 22쪽
파리동부대학(Université Paris-Est) 현대사학 부교수. 《가능성의 시대 1814~1914(Le Siècle des possibles 1814~1914)》(Presses universitaires de France, 2014).

필립 S. 골럽(Philip S. Golub) 168쪽
파리 아메리칸 대학(American University of Paris, AUP) 교수. 《미국 패권의 또 다른 역사(Une autre histoire de la puissance américaine)》(Seuil, 2011).

알랭 그레슈(Alain Gresh) 50쪽, 118쪽
《르몽드 디플로마티크》 기자. 《팔레스타인은 무엇을 상징하는 이름인가?(De Quoi le Palestine est-elle le nom?)》(Les Liens qui libèrent, 2010)가 있다.

피에르 그로세르(Pierre Grosser), 176쪽
파리정치대학 역사연구소(Centre d'histoire de Sciences Po Paris) 연구원. 《악마와 담판을 짓는다고? 21세기 외교의 진짜 이슈(Traiter avec le diable? Les vrais enjeux de la diplomatie au XXIe siècle)》(Odile Jacob, 2013).

자네트 아벨(Janette Habel) 160쪽
국제전략문제연구소(International Institution for Strategic studies, IISS) 소속 정치학자.

세르주 알리미(**Serge Halimi**) 70쪽, 178쪽
《르몽드 디플로마티크》 프랑스어판 발행인. 《대대적 후퇴(Le Grand Bond en arrière)》(Agone, 2012).

프랑수아 자리주(**François Jarrige**) 20쪽
부르고뉴 대학(Université de Bourgogne) 현대사학 부교수. 《기술주의 비평: 기계의 거부에서 기술과학에 대한 반발까지(Technocritiques: Du refus des machines à la contestation des technoscience)》(La Découverte, 2014).

르노 랑베르(**Renaud Lambert**) 18쪽, 152쪽, 160쪽
《르몽드 디플로마티크》 부편집장.

아녜스 르발루아(**Agnès Levallois**) 132쪽
서아시아 전문가, 프랑스 국립행정학교(l'Ecole Nationale d'Administration, ENA) 강사.

앙드레 로에즈(**André Loez**) 42쪽
파리 빅토르 위고 고등학교(Lycée Victor-Hugo)와 몰리에르 고등학교(Lycée Molière)의 그랑제콜 준비반 역사 교사, 파리정치대학 연구원. 《14~18. 전쟁의 거부: 반란자들의 역사(14~18. Les refus de la guerre: Une histoire des mutins)》(Gallimard, 2010).

니콜라 마리오(**Nicolas Mariot**) 36쪽
역사학자, 프랑스 국립과학연구원 연구책임자. 《참호 속에서 모두가 단합했다고? 1914~1918, 지식인 민중을 만나다(Tous unis dans la tranchée? 1914~1918, les intellectuels rencontrent le peuple)》(Seuil, 2013).

로제 마르텔리(**Roger Martelli**) 88~99쪽, 108쪽, 114쪽
역사학자, 크레믈랭비세트르 다리위스밀로 고등학교(Lycée Darius-Milhaud du Kremlin-Bicêtre) 전 역사지리 교사, 월간 《시선(Regard)》 공동주필. 《공산주가 남긴 족적: 프랑스공산당과 프랑스 사회 1920~2010(L'Empreinte communiste: PCF et société française 1920~2010)》(Eiditions sociales, 2009.

아르망 마틀라르(**Armand Mattelart**) 158쪽
파리8대학(Université Paris-VIII) 정보통신학 명예교수. 《인구 프로파일링: 노동자 등록증에서 사이버 감시까지(Le Profilage des populations: Du livret ou-vrier au cybercontrôle)》(La Découverte, 2014).

프랑수아 망쟁(**François Mengin**) 172쪽
정치학자, 파리정치대학 국제관계연구소(Centre d'études et de recherches internationales, CERI) 연구책임자. 《끝나지 않은 전쟁의 편린들: 타이완의 경영자들과 중국의 분열(Fragments d'une guerre inachevée: Les entrepreneurs taiwanais et la partition de la Chine)》(Karthala, 2013).

다미앵 미예(**Damien Millet**) 156쪽
오를레앙 지역 이공계 그랑제콜 준비반 교사, 제3세계외채탕감위원회(Committee for the Abolition of the Third World Debt, CADTM) 프랑스지부 대변인. 《빚이냐 생명이냐(La Dette ou la Vie)》(Aden-CADTM, 2011).

세드릭 페랭(**Céderic Perrin**) 16쪽
투르 그랑몽 고등학교(Lycée Gramont de Tours) 역사지리 교사, 에브리 대학(Université dd'Evry) 연구원. 《스페인과 프랑스가 걸어온 산업화 여정: 중소기업과 지역개발, 18~21세기(Les Chemins de l'indus-trialisation en Espagne et en France: Les PME et le développement des territoires, XVIIIe~XXIe siècles)》(Peter Lang, 2011).

에블린 피예에(**Evelyne Pieiller**) 142쪽
《르몽드 디플로마티크》 기자. 《청소년에게 들려주는 록 이야기(Le Rock raconté aux ados)》(Au diable Vauvert, 2013).

도미니크 팽솔(**Dominique Pinsolle**) 30쪽
보르도몽테뉴 대학(Université de Bordeaux-Mon-taigne) 현대사학 부교수. 《'르마탱'(1884~1944): 돈과 협박으로 얼룩진 미디어('Le Matin'(1884~1944): Une presse d'argent et de chantage)》(Presses universitaires de Rennes, 2012).

알랑 포플라르(**Allan Popelard**) 166쪽
모 장빌라르 고등학교(Lycée Jean-Vilar de Meaux) 역사지리 교사.

리오넬 리샤르(**Lionel Richard**) 54~67쪽, 104쪽
피카르디 대학(Université de Picardie) 현대사학 명예교수. 《종말 이전: 베를린, 1919~1933(Avant l'apo-calypse: Berlin, 1919~1933)》(Autrement, 2013).

피에르 랭베르(**Pierre Rimbert**) 138쪽
《르몽드 디플로마티크》 편집장. 《'리베라시옹', 사르트르에서 로스차일드까지('Libération' de Sartre à Rotschild)》(Raison d'agir, 2005).

장 루이 로카(**Jean-Louis Rocca**) 172쪽
사회학자, 파리정치대학 교수, 파리정치대학 국제관계연구소 연구책임자. 《중국의 사회학(Une sociologie de la Chine)》(La Découverte, 2010).

알랭 뤼시오(**Alain Ruscio**) 112쪽, 122쪽, 126~129쪽
역사학자. 《프랑스해외영토사전(Dictionnaire de la France d'outre-mer)》(Les Indes savantes, 근간).

에릭 투생(**Eric Toussaint**) 156쪽
리에주 대학(Université de Liège) 부교수, 제3세계외채탕감위원회(Committee for the Abolition of the Third World Debt, CADTM) 벨기에 지부장. 《빚이냐 생명이냐(La Dette ou la Vie)》(공저, Aden-CADTM, 2011).

폴 바니에(**Paul Vannier**) 166쪽
모 앙리 무아상 고등학교(Lycée Henri-Moisson de Meaux) 역사지리 교사.

도미니크 비달(**Dominique Vidal**) 72~83쪽, 102쪽
역사학자 겸 저널리스트. 《2015년 세계현황(L'Etat du monde 2015)》(공저, La Découverte, 2014).

아르노 자카리(**Arnaud Zacharie**) 162쪽
브뤼셀자유대학(Université libre de Bruxelles) 부교수, 프랑스 국립협력개발센터(Centre national de coopération au développement, CNCD) 사무총장. 《세계화: 누가 승자이고 패자인가. 개발의 정치경제학에 관한 에세이(Mondialisation: qui gagne et qui perd. Essai sur l'économie politique du développement)》(Le Bord de l'eau-La Muette, 2013)가 있다.

미셸 장카리니 푸르넬(**Michelle Zancarini-Fournel**) 146쪽
리옹1대학(Université Lyon-I) 현대사학 교수. 《68 혁명의 순간: 논란의 역사(Le Moment 68: Une histoire contestée)》(Seuil, 2008).

르몽드 디플로마티크 | 기획

'진실을, 모든 진실을, 오직 진실만을 말하라'라는 언론관으로 유명한 프랑스 일간지 《르몽드(Le Monde)》의 자매지이자 국제관계 전문 시사지인 《르몽드 디플로마티크》는 국제 이슈에 대한 깊이 있는 분석과 참신한 문제제기로 인류 보편의 가치인 인권, 민주주의, 평등박애주의, 환경보전, 반전평화 등을 옹호하는 대표적인 독립 대안언론이다. 미국의 석학 노암 촘스키가 '세계의 창'이라고 부른 《르몽드 디플로마티크》는 신자유주의 세계화의 폭력성을 드러내는 데에서 더 나아가 '아탁(ATTAC)'과 '세계사회포럼(WSF)' 같은 대안세계화를 위한 NGO 활동과, 거대 미디어의 신자유주의적 논리와 횡포를 저지하는 지구적인 미디어 감시기구 활동에 역점을 두는 등 적극적으로 현실사회운동에 참여하고 있다. 발행인 겸 편집인 세르주 알리미는 "우리가 던지는 질문은 간단하다. 세계로 향한 보편적 이익을 지속적으로 추구하면서 잠비아 광부들과 중국 해군, 라트비아 사회를 다루는 데 두 바닥의 지면을 할애하는 이가 과연 우리 말고 누가 있겠는가? 우리의 필자는 세기의 만찬에 초대받은 적도 없고 제약업계의 로비에 휘말리지도 않으며 거대 미디어들과 모종의 관계에 있지도 않다"라고 하면서 신자유주의 질서에 맞서는 편집진의 각오를 밝힌 바 있다.

한국 독자들 사이에서 '르디플로'라는 애칭으로 불리는 《르몽드 디플로마티크》는 20개 언어, 37개 국제판으로 발행(2015년 기준)되고 있으며, 국내에서도 2008년 10월 재창간을 통해 한국 독자들과 만나고 있다(www.ilemonde.com 참조). 이 잡지에서는 이냐시오 라모네, 레지스 드브레, 앙드레 고르즈, 장 셰노, 리카르도 페트렐라, 노암 촘스키, 자크 데리다, 에릭 홉스봄, 슬라보예 지젝, 알랭 바디우 등 세계 석학과 유명 필진이 글을 기고함으로써 다양한 의제를 깊이 있게 전달하고 있다.

김육훈 | 해제

서울대학교 역사교육과를 졸업하고, 중·고등학교에서 역사를 가르치고 있다. 4년간 전국역사교사모임 회장을 지냈고, 현재 역사교육연구소 소장을 맡고 있다. 중·고등학교 교과서 집필에 여러 번 참여했으며, 민주공화국의 시민 형성을 지향하며 역사교육과정과 교과서의 대안을 탐색하고 실천하고 있다. 《살아있는 한국사 교과서》《살아있는 세계사 교과서》《외국인을 위한 한국사》《거리에서 국정교과서를 묻다》와 '처음 읽는 세계사 시리즈' 등을 여러 교사와 함께 펴냈고, 《살아있는 한국 근현대사 교과서》《민주공화국 대한민국의 탄생》을 썼다.

고광식 | 번역

한국외국어대학교 불어불문학과를 졸업하고, 파리8대학에서 〈프랑스어와 한국어의 비교 관점에서 본 한정화 전략〉으로 박사학위를 받았다. 한국외국어대학교에서 프랑스 문화, 프랑스어 작문을 가르치며, 《르몽드 디플로마티크》편집위원을 맡고 있다. 지은 책으로 《문제론 용어사전》이 있으며, 옮긴 책으로 《르몽드 환경 아틀라스》《남자답지 않을 권리》《자유론》《방법서설》《카인》《마르셀 뒤샹》(공역) 등이 있다.

김세미 | 번역

성신여자대학교 불어불문학과를 졸업하고, 한국외국어대학교 통번역대학원 한불과에서 석사학위를 받았다. 여수세계박람회 조직위원회의 공식 통번역사로 재직했다. 현재 전문 번역가로 활동하며 《르몽드 디플로마티크》한국어판 번역에 참여하고 있다.

박나리 | 번역

연세대학교 불어불문학과와 국어국문학과를 졸업하고, 한국외국어대학교 통번역대학원 한불과에서 순차통역/번역학 석사학위를 받았다. 출판사에서 단행본 편집자로 일했으며, 현재 전문 번역가로 활동하며 《르몽드 디플로마티크》한국어판 번역에 참여하고 있다. 옮긴 책으로 《멜라니》《대재난》《경솔한 여행자》《세금 혁명》《제7대 죄악, 탐식》 등이 있다.

이진홍 | 번역

한국외국어대학교를 졸업하고, 파리7대학에서 〈앙리 미쇼와 존재의 문제〉로 불문학 박사학위를 받았다. 한국외국어대학교에서 학생들을 가르치며, 에세이스트이자 비평가로서 여러 매체에 글을 기고하고 있다. 지은 책으로 《여행 이야기》《자살》이 있고, 옮긴 책으로 《진보와 그의 적들》《언론의 미래》《미디어 전략》 등이 있다.

허보미 | 번역

서울대학교 불어불문학 석사과정을 수료하고, 한국외국어대학교 통번역대학원을 졸업했다. 현재 전문 번역가로 활동하며 《르몽드 디플로마티크》한국어판 번역에 참여하고 있다. 옮긴 책으로 《대안은 없다》《신의 생각》《행복에 관한 마술적 연구》《너무 성실해서 아픈 당신을 위한 처방전》 등이 있다.

하나일 수 없는 역사

—르몽드 '역사 교과서' 비평

르몽드 디플로마티크 기획
고광식 김세미 박나리 이진홍 허보미 옮김
김육훈 해제

1판 1쇄 발행일 2017년 2월 6일

발행인 | 김학원
경영인 | 이상용
편집주간 | 김민기 위원석 황서현
기획 | 문성환 박상경 임은선 김보희 최윤영 조은화 전두현 최인영 이혜인 이보람 정민애 이효온
디자인 | 김태형 유주현 구현석 박인규 한예슬
마케팅 | 이한주 김창규 이정인 함근아
저자·독자서비스 | 조다영 윤경희 이현주(humanist@humanistbooks.com)
스캔·출력 | 이희수 com.
조판 | 홍영사
용지 | 화인페이퍼
인쇄 | 청아문화사
제본 | 정민문화사

발행처 | (주) 휴머니스트 출판그룹
출판등록 | 제313-2007-000007호(2007년 1월 5일)
주소 | (03991) 서울시 마포구 동교로23길 76(연남동)
전화 | 02-335-4422 팩스 | 02-334-3427
홈페이지 | www.humanistbooks.com

ⓒ (주)르몽드 디플로마티크 코리아, 2017

ISBN 978-89-5862-682-4 03900

• 이 도서의 국립중앙도서관 출판예정도서목록(CIP)은 서지정보유통지원시스템 홈페이지(http://seoji.nl.go.kr)와
  국가자료공동목록시스템(http://www.nl.go.kr/kolisnet)에서 이용하실 수 있습니다.
  (CIP제어번호: CIP2016027293)

만든 사람들

편집주간 | 황서현
기획 | 최인영(iy2001@humanistbooks.com)
편집 | 엄귀영
디자인 | 김태형